전정9판

Incoterms® 2020 수록

무역영어

Trade English

南豊祐 著

도서출판 두남

전정9판을 내면서

여러 면에서 부족한 졸저를 강의용과 연구용의 교재로서 채택하여 활용해 준 선배 및 동료 교수님들에게 다시 한번 진심으로 감사를 드린다. 독자분 모두가 인정하는 좋은 교재를 만든다는 것은 참으로 힘들고 어려운 작업임을 다시 한번 실감하면서 전정 9판을 다시 출판하게 된 것은 다음과 같은 이유 때문이다.

우선 기존 10여 년 동안 지켜왔던 본 교재의 내용을 대폭 수정·보완하였다. 최근 무역영어와 관련된 자격증, 즉 무역영어 검정시험, 국제무역사, 관세사 등의 각종 자격시험을 대비하는 분들에게 무역영어에 자신감을 불어 넣을 수 있는 기초를 배양하고 무역실무 분야를 충실히 터득하는 데 도움이 되도록 준비되었다.

무한 경쟁사회에서는 단순한 무역영어 Model Letter의 작문이나 해석에 관한 문제와 내용들을 충분히 이해하고, 무역업무에 능동적으로 적용할 수 있는 실무 담당자의 입장에서 업무를 원만히 수행할 수 있는 능력을 구비한 인재를 찾고 있다.

즉 실제 무역현장에서 빈번히 사용되는 신용장, D/P·D/A 및 T/T 계약서의 전문, 계약서, 선적서류 등의 자료들과 개정 Incoterms 2020, 무역현장에서 실무적으로 접근하여 능동적으로 업무를 수행할 수 있는 수준의 수출입절차와 실무 조화 차원에서 영어 능력을 구비한 인재를 요구하고 있는 점을 감안하여 수정·보완하였다.

본시를 이용하여 강의하는 교수님들과 독자들이 전하여 준 수정 부분을 모두 반영하여 내용 전체를 수정하였으나, 나름대로 작업을 해 놓고 보아도 마음에 들지 않지만 오로지 저자의 천학비재에 기인한 것임을 밝히고, 부단한 노력으로 계속적인 수정을 약속하는 바이다.

끝으로 어려운 출판환경에도 불구하고 부족한 원고를 기꺼이 개정·출간해 주신 圖書出版 두南의 全斗杓 社長님과 編輯部 職員 여러분에게 감사를 드린다.

2020년 1월 10일
研究室에서
著 者 識

차례

Part 1 무역의 기초개념 _ THE BASIC CONCEPT OF TRADE

Part 2 무역서신의 본질 _ THE FOUNDATION OF BUSINESS ENGLISH

Model Form 차례

사례 차례

수출입절차 및 주요서식

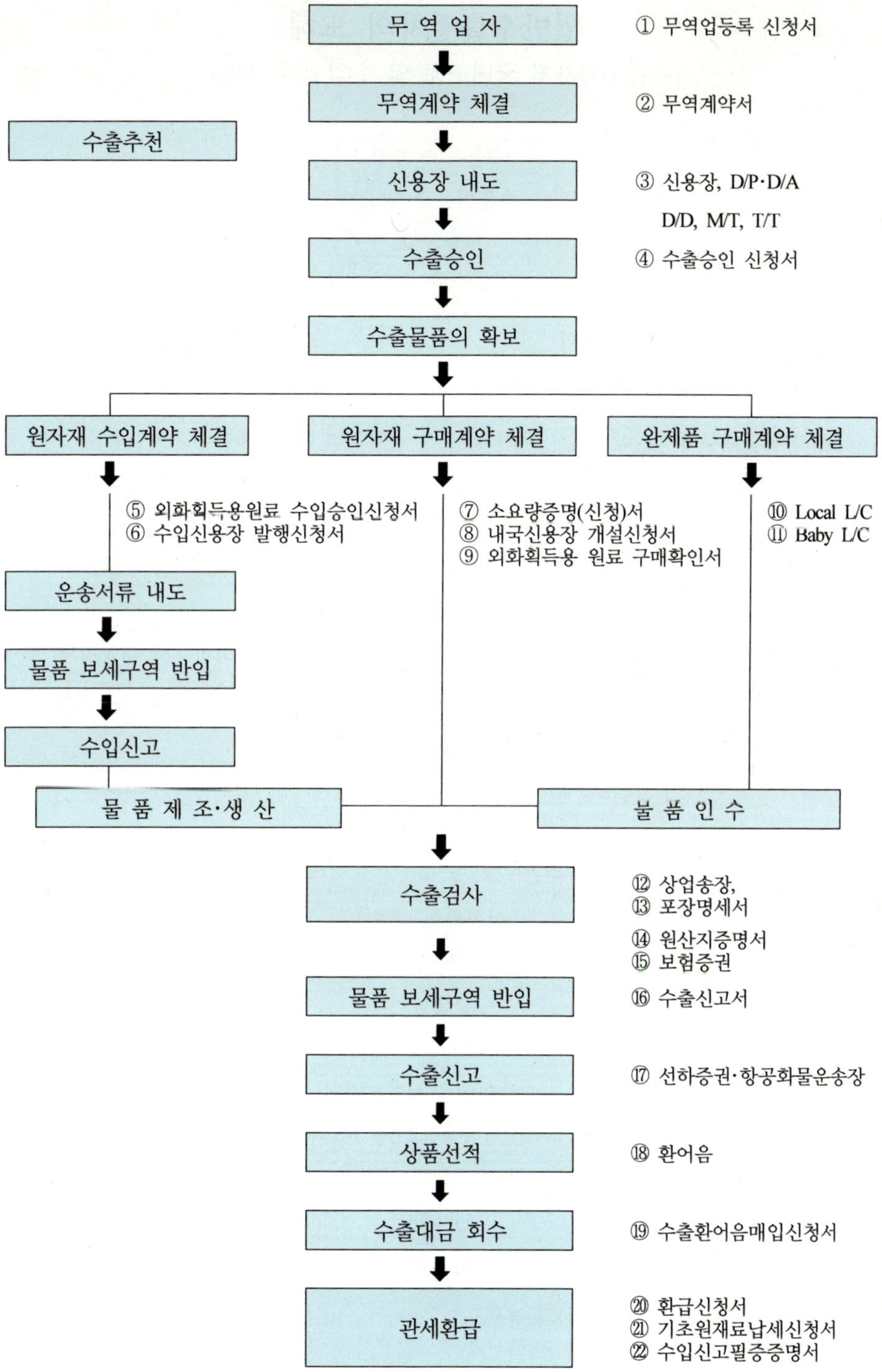
무 역 업 자
① 무역업등록 신청서
무역계약 체결
② 무역계약서
수출추천
신용장 내도
③ 신용장, D/P·D/A
D/D, M/T, T/T
수출승인
④ 수출승인 신청서
수출물품의 확보
원자재 수입계약 체결
원자재 구매계약 체결
완제품 구매계약 체결
⑤ 외화획득용원료 수입승인신청서
⑥ 수입신용장 발행신청서
⑦ 소요량증명(신청)서
⑧ 내국신용장 개설신청서
⑨ 외화획득용 원료 구매확인서
⑩ Local L/C
⑪ Baby L/C
운송서류 내도
물품 보세구역 반입
수입신고
물 품 제 조·생 산
물 품 인 수
수출검사
⑫ 상업송장,
⑬ 포장명세서
⑭ 원산지증명서
⑮ 보험증권
물품 보세구역 반입
⑯ 수출신고서
수출신고
⑰ 선하증권·항공화물운송장
상품선적
⑱ 환어음
수출대금 회수
⑲ 수출환어음매입신청서
관세환급
⑳ 환급신청서
㉑ 기초원재료납세신청서
㉒ 수입신고필증증명서

일반수출절차의 도해

(수출용원자재 국내구매 및 수입절차 포함)

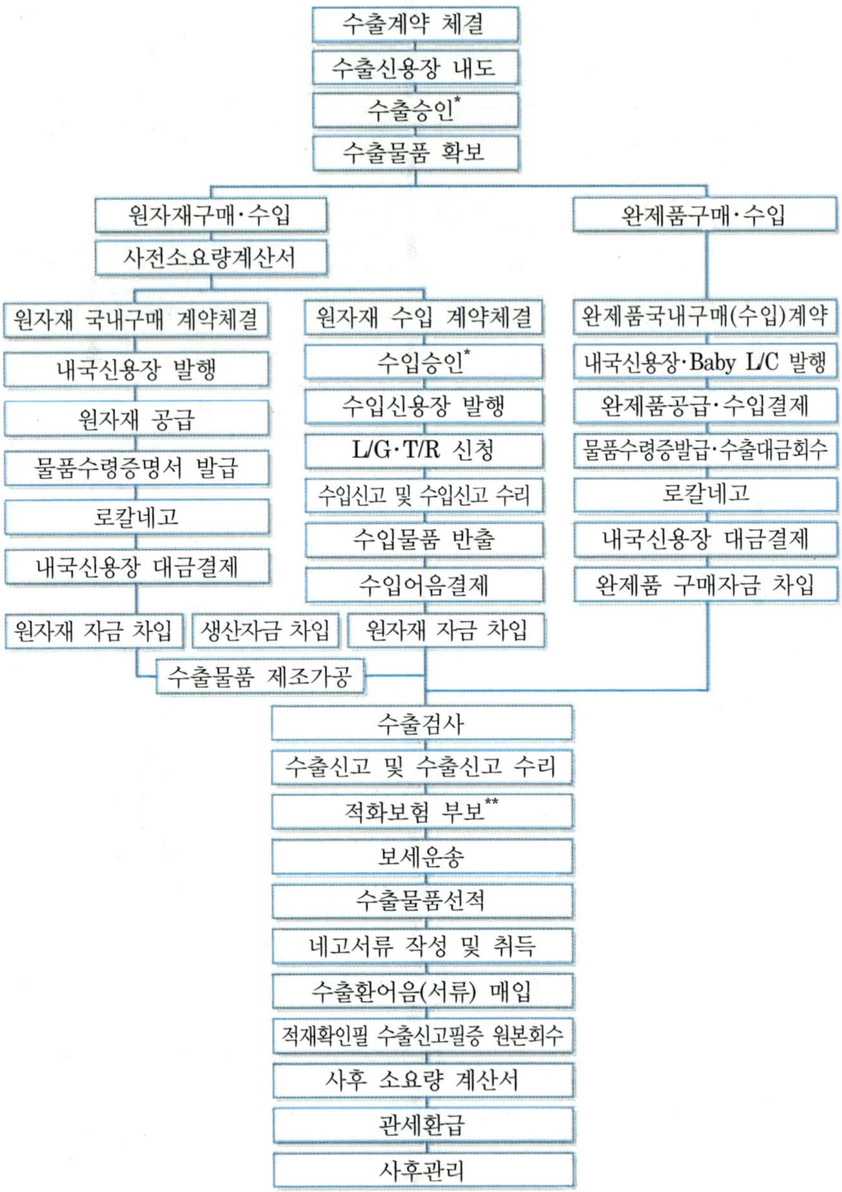

* 수출제한품목 또는 요건확인품목의 경우,

** CIF, CIP거래규칙의 경우

신용장방식 수입절차의 도해

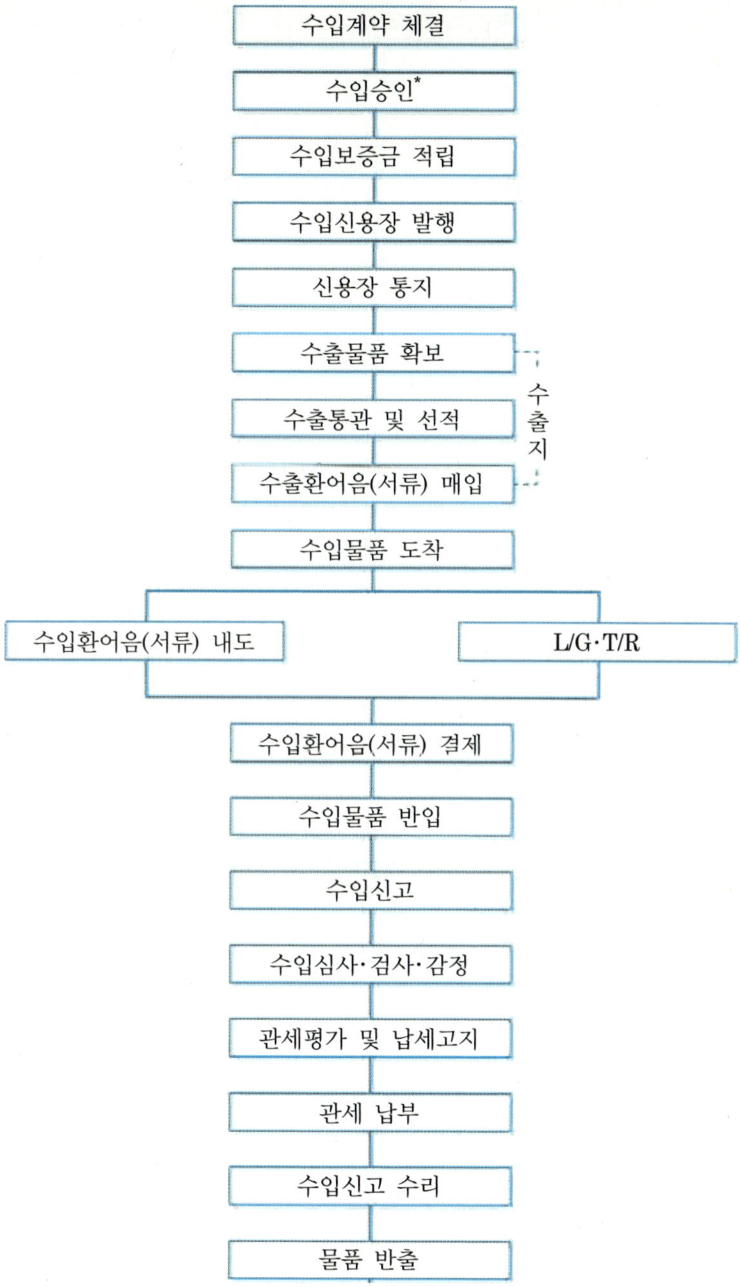

Part 1
무역의 기초개념

Foreign Trade

Chapter 01
무역업

1 무역거래자

"무역거래자(trading partner)"란 "수출 또는 수입을 하는 자, 외국의 수입자 또는 수출자에게서 위임을 받은 자 및 수출과 수입을 위임하는 자 등 물품 등의 수출행위와 수입행위의 전부 또는 일부를 위임하거나 행하는 자"를 말한다.

수출 또는 수입을 하는 자는 무역업사를 의미하고 외국의 수입자 또는 수출자의 위임을 받은 자는 무역대리업자를 의미한다. 물품 등의 수출행위나 수입행위를 위임하거나 행하는 자는 타인으로부터 물품의 판매 또는 구매의 수탁을 받고 물품을 수출입하는 무역대리업자를 말한다. 이와 같이 무역거래자는 자기의 명의로 자기의 계산과 위험 아래 수출 또는 수입하는 자 및 자기명의 이외에 위임을 받아 간접적인 거래로 수수료를 받는 수출입 대리업자를 포함하는 개념으로 정의되고 있다.

"무역업"이란 무역을 업으로 영위하는 것을 말하며, 무역업자란 수출 또는 수입을 하는 자를 말한다. 즉, 영리를 목적으로 자기명의로 수출과 수입행위를 계속적으로 반복하여 행하면서 "자기 명의와 자기 책임하에 수출입업무를 영위하는 자"를 말한다. 즉 수출 또는 수입을 하는 자란 수출을 업으로 하는 수출업자(exporter), 수입을 업으로 하는 수입업자(importer) 그리고 양쪽을 겸하는 수출입업자(exporter and importer)를 말한다. 따라서 무역업자는 수출입거래에 따른 제반사항에 대하여 거래상대방과 본인 대 본인(principal to principal basis)으로 수출입 본 계약을 체결하며 수출입거래의 이행(implementation of import-export trade)에 대하여 책임을 진다.

2 무역대리업

"무역대리업(trading agency)"이란 외국의 수입업자 또는 수출업자의 위임을 받은 자(외국의 수입업자 또는 수출업자의 지사 또는 대리점을 포함)가 국내에서 외국업자의 대리인의 자격으로서 판매계약(Offer 발행) 또는 구매계약(Order 발행)을 체결하고 이에 부대되는 행위를 업으로 영위하는 자이다.

외국 무역업자의 국내 판매대리인(selling agent) 또는 구매대리인(buying agent)으로서 자기명의로 수출입계약을 체결할 수 없고 외국의 무역업자를 위하여 대리권만을 행사한다는 점에서 무역업자와 구별된다.

판매대리점(selling agent)은 외국 수출자의 위임을 받은 자가 국내에서 수입계약의 체결과 이들에 부대되는 행위를 업으로 하며 수출자의 계약대리권만 행사한다. 외국 수출자의 명의와 계산으로 판매계약(국내 입장에서는 수입계약)을 체결하는 자로 물품매도확약서(firm offer)를 발행한다. 구매대리점(buying agent)은 외국 수입자의 위임을 받은 자가 국내에서 수출품의 구매와 이들에 부대되는 행위를 업으로 하며 수입자의 계약대리권만 행사한다. 외국 수입자의 명의와 계산으로 구매계약(국내 입장에서는 수출계약)을 체결한 후 국내에서 물품을 구매한다.

한편 무역대행업자는 무역대행 위탁자와 무역대행업자로 구분된다. 무역대행 위탁자는 다른 무역업자에게 그 무역업자의 명의로 수출입을 대행해 줄 것을 위임·위탁하는 자를 말하며, 무역대행업자는 수출·수입의 대행계약에 따라 일정한 수수료를 받고서 자기 명의로 수출입을 수행하는 것으로서 대외무역법상 무역거래자에 포함되므로 자기의 명의로 거래함에 따른 대외무역법 및 금융거래상 무역업자로서의 책임을 부담하며 대행자와 위탁자의 관계는 대행계약에 의하여 정해진다.

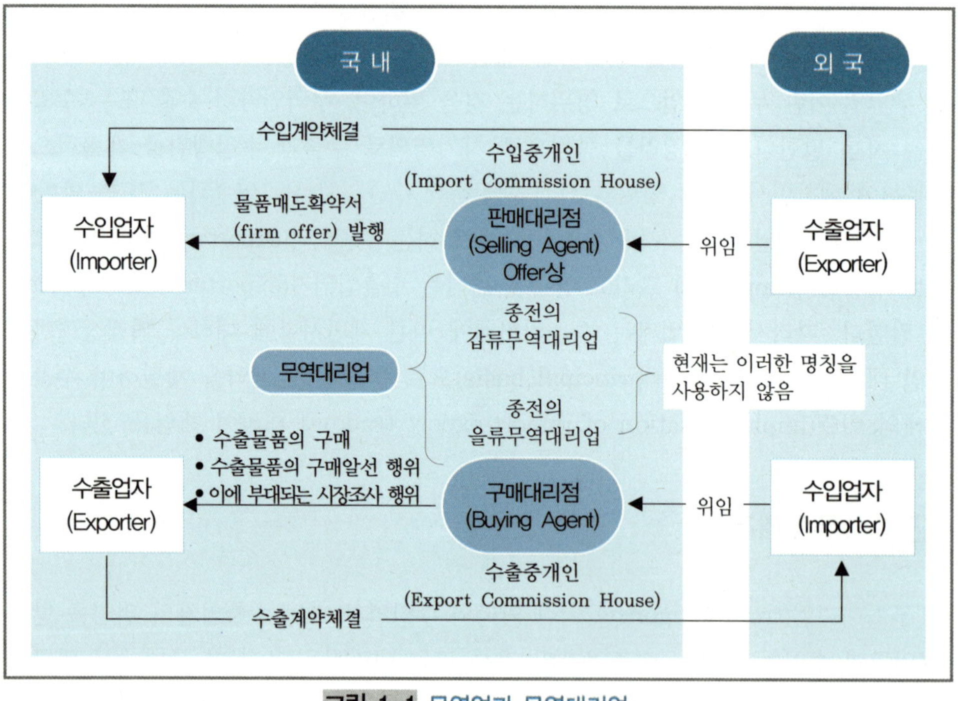

그림 1-1 무역업과 무역대리업

Export-Import Procedures

❚ Chapter 02

수출입의 절차

1 수출의 절차

수출절차(export procedure)라 함은 수출계약의 체결 단계에서부터 수출대금이 회수되어 거래가 종료되는 때까지 걸치는 일련의 거래절차를 말한다. 그러나 모든 거래가 획일적인 절차를 거치는 것은 아니며, 거래형태, 결제방법, 거래품목 등에 따라서 그 절차 또한 매우 다양한 형태로 여러 가시 절차를 거치며 이루어지며, 이러한 절차가 진행되는 과정에는 대외무역법, 외국환거래법, 관세법 등의 각종 국내 법규와 다양한 국제규칙 등의 상호 유기적인 적용을 받게 된다.

수출거래의 매매계약 체결

⬇

수출신용장 수취(D/P · D/A 계약서, D/D, M/T, T/T)

⬇

수출승인 및 요건확인(필요한 경우)

⬇

수출물품의 확보

⬇

수출물품의 제조 · 생산	수출물품의 구매
• 원자재 국내 구매 • 원자재 수입	• 완제품 국내 구매 • 완제품 수입

⬇

수출물품의 통관

⬇

운송 및 적하보험계약 체결

⬇

수출물품의 선 · 기적

⬇

수출대금의 추심 및 회수(Negotiation)

⬇

관세환급 및 사후관리(필요한 경우)

그림 1-2 수출절차의 흐름도

(1) 매매계약의 체결

해외에 물품을 수출하고자 하는 자는 먼저 자사의 제품이 시장성이 있는지의 여부에 대하여 일차적으로 조사한 결과 시장성이 있거나 잠재력이 있는 것으로 판단되면 견실하고 신용있는 수입상을 물색하는 단계로 넘어가게 된다.

여러 가지 방법에 의하여 잠재고객 명단을 확보한 후에는 거래가능성 및 그들의 신용도·거래능력·대금지불 능력 등을 고려하여 견실하다고 판단되는 업체를 선정한 후 본격적인 수출상담에 들어가게 된다.

수출상은 자신들이 선정한 해외의 고객들에 대하여 자사 제품의 성능(product performance), 품질(quality), 가격(price) 등에 대한 소개와 함께 거래제의를 하게 되고 이에 대하여 구매의사가 있는 상대방은 수량(quantity), 가격조건(price terms), 선적시기(shipping period), 대금결제방식(payment method) 등에 대한 보다 구체적인 문의와 함께 Offer의 발행을 요청하게 된다.

수출상이 발행한 Offer에 대하여 고객인 수입상이 그대로 승낙(acceptance) 또는 수입상의 주문(order)에 대한 수출상의 주문승낙(acknowledgement of order)을 하게 되면 매매계약이 체결되는 것이나, 대개 경우에는 양자간에 가격 및 수량 등 각종의 조건에 관한 추가적인 절충의 단계를 거쳐 합의가 이루어진 후에 매매계약(contract of sale)이 체결되게 된다.

수출(export)은 매매의 목적물인 물품을 외화 또는 그에 상응하는 물품을 대가로 외국에 매각하는 행위를 말한다. 무역계약은 수출상이 수입상에게 일정한 가격 및 조건으로 물품을 양도하면 그 대금을 지불할 것을 약정하는 국제간의 물품매매계약으로 무역계약은 국제간에 이루어지는 매매계약을 말한다. 이는 수출상이 수입상에게 상품의 소유권을 양도하여 상품을 인도할 것을 약정하고 수입상은 이를 수령하고 그 대금을 지급할 것을 약정하는 계약이다.

수출계약(export contract)이란 수출상이 외국의 수입상에게 물품의 소유권을 양도하여 물품을 인도할 것을 약속하고 수입상은 이를 받아들이고 그에 상응하는 대금을 지급할 것을 약정하는 계약을 말한다.

일반적으로 수출상이 계약목적물인 상품의 종류(commodity), 품질(quality), 수량(quantity), 가격(price), 인도조건(shipment), 대금결제방법(payment) 등의 계약조건을 수입상에게 서면 또는 기타의 방법으로 제시(offer)하고 수입상이 이를 승낙(acceptance) 또는 수입상의 주문(order)에 대한 수출상의 주문승낙(acknowledgement of order)을 하게 되면 매매계약이 성립되는 것이며, 양 당사자는 매매관계의 확실성을 위해 합의·약정한 사항을 상호 서명하여 각각 1부씩을 교환하게 된다.

(2) 수출신용장의 수취

국제 무역거래의 대금결제 방식에는 송금방식, 추심결제방식, 신용장방식 등 여러 방식이 있지만, 신규 거래선과의 초기 거래시에는 대금회수의 위험 제거를 위하여 대부분 신용장방식을 활용하게 된다.

수출계약의 성립 후 계약조건에 따라 신용장에 의하여 대금을 결제하기로 약정한 경우 수입상은 자기 거래은행인 신용장 발행은행(issuing bank)에 수출상을 수익자(beneficiary)로 하는 신용장 발행을 신청하게 되고 신용장 발행신청을 받은 수입상의 거래은행은 수입상의 신용상태 등을 감안, 신용장 발행 여부를 결정하게 된다.

발행된 신용장은 발행은행에 의하여 수익자가 거주하는 지역에 소재하는 발행은행의 본·지점 또는 환거래은행인 통지은행(advising bank)을 통하여 수익자에게 통지가 이루어지고 이러한 과정을 통하여 수출상은 신용장을 수취하게 된다.

통지은행으로부터 신용장 등을 수취한 수출상은 동 신용장이 계약내용과 일치하는지 여부 등을 검토한 다음 수출물품을 계약조건 및 신용장 조건에 따라 수입상에게 인도하기 위하여 국내에서 수출승인 등의 수출절차 단계를 거치게 된다.

(3) 수출승인 및 요건확인

수출하고자 하는 물품이 수출입공고(export and import announcement), 통합공고(public notification of integration/consolidation), 전략물자수출입고시(notice of import and export of strategic materials) 등에 의하여 거래가 제한되는 경우에는 사전에 그러한 제한을 해제하기 위하여 수출승인, 요건확인, 허가 등의 절차를 거쳐야 한다.

수출승인은 수출입공고 등에 의해 수출이 제한되는 물품을 수출이 가능하게 되도록 승인하여 주는 절차이다. 수출승인을 받아야 하는 승인대상 품목은 수출입승인대상의 관리체계인 Negative System(원칙허용 · 예외규제)인 수출입공고상의 수출제한 품목이다. 따라서 수출상은 해당 상품이 수출승인 대상품목에 적용되는지를 먼저 HS 품목분류표를 근거하여 검토하여야 한다.

한편, 대외무역법 이외의 58여개 개별법에 의한 수출입 제한내용을 통합하여 고시하는 통합공고에 따라 요건확인 등을 받아야 하는 물품은 수출입 승인대상에 포함되지 않는다. 따라서 해당 개별법에서 정하고 있는 바에 따라 요건확인 등을 받은 후 수출입을 이행할 수 있다.

수출입거래는 원칙적으로 민간의 자율에 맡김으로써 별도의 승인 등을 요하지 않는 것이 일반적이나, 무역관리의 목적상 부득이 통제가 필요한 경우에는 거래품목, 거래유형, 결제방법, 거래상대방 등에 대하여 일정한 절차적 제한을 가하고 있다.

따라서 이와 같은 경우에는 수출을 이행하기에 앞서 먼저 관계 행정기관의 장에게 신청하여 수출승인서, 요건확인서, 허가서 등을 발급받아야 한다. 그러나 수출입공고 및 통합공고, 관세법 등의 법령에 의하여 수출입이 금지되는 품목에 대해서는 거래할 수 없다.

수출상은 수출승인 대상물품을 수출하고자 할 경우에는 매 계약건별로 구비서류를 갖추어 수출승인을 신청하여야 하며 수출승인의 권한은 산업통상자원부장관이 지정·고시한 관계행정기관 또는 단체의 장에게 있다. 이렇게 수출승인을 받은 수출상은 승인된 내용에 따라 대외신용의 유지로 건전한 무역질서를 확립하고 효율적인 외환관리를 위하여 수출을 이행하여야 하며 동 수출승인의 유효기간 내에 수출물품의 선적과 수출대금의 영수가 이루어져야 한다. 동 기간 내에 수출이 불가능 시에는 수출승인 유효기간을 연장승인 받아야 한다.

(4) 수출물품의 확보

외국으로부터 수출신용장을 수취하고 난 후 수출승인 해당품목은 해당기관의 장의 수출승인을 받았으면 다음의 절차는 수출물품을 확보하게 된다.

수출물품을 확보하는 방법에는 수출물품을 수출상의 자가 공장에서 직접 제조·생산하는 방법과 수출물품인 완제품 자체를 국내에서 구매 및 국외에서 수입하는 방법이 있을 수 있다. 또한 수출물품을 제조·생산하기 위해서는 당해 물품의 생산에 소요되는 원료를 확보하여야 하는데 그 원료를 확보하는 방법도 외국에서 원료를 수입하는 방법과 동 원료를 국내에서 구매하는 방법이 있다.

내국신용장(Local L/C)에 의한 물품조달은 수출상이 해외의 수입상으로부터 받은 수출신용장(Master L/C) 등을 근거로 하여 수출상의 거래은행인 내국신용장 발행은행이 국내에서 수출용 원자재 또는 완제품을 공급하는 공급업체 앞으로 내국신용장 수혜자격에 의한 조건을 충족하였을 때 대금지급을 하기로 약정하는 증서를 발행함으로써 이루어지며, 구매확인서(purchase confirmation)에 의한 물품조달은 국내에서 생산된 물품을 수출용 원자재 또는 완제품으로 구매하는 경우 외국환은행의 장 또는 전자무역기반사업자(K-NET)가 uTradeHub(utradehub.or.kr) 또는 각 사업자가 발급기관과 직접 연계한 내부전산시스템(ERP) 등을 통하여 전자적으로만 내국신용장에 준하여 구매확인서를 발급함으로써 이루어진다.

내국신용장과 구매확인서의 차이점은 내국신용장이 은행의 대금지급 보장, 무역금융 대상, 수출실적 및 부가가치영세율 적용대상인데 반하여 구매확인서는 은행의 대금지급 보장 및 무역금융의 융자대상이 되지 않는데 반하여 수출실적 인정이나 부가가치 영세율 적용대상으로는 인정받는 제도로서 많이 이용된다.

한편 외국으로부터 수출신용장을 수취(Master L/C)한 당사자는 동 신용장을 견질로 Baby L/C를 발행하여 수출용 원자재 및 완제품을 확보할 수 있다.

수출물품을 확보하는 과정에 소요되는 자금은 한국은행의 총액한도대출 관련 '무역금융 취급세칙' 및 '무역금융 취급절차'에서 정하는 바에 따라 단기의 저금리 원화대출로 지원받을 수 있게 된다. '무역금융'을 지원하는 목적은 수출을 통한 외화획득의 촉진 및 국내의 수출 관련 생산기반에 대한 확충을 도모하기 위함이다.

수출물품을 확보하는 데 필요한 자금은 '용도별금융'에 의하여 자금의 용도별로 구분하여 지원을 받거나, 또는 '포괄금융'에 의하여 용도에 구애를 받지 아니하고 일괄적으로 지원받을 수 있다. '용도별금융'은 원자재를 확보하는 데 필요한 자금을 지원해 주는 '원자재 자금'과 수출물품을 제조·가공·개발하는 데 소요되는 자금을 지원해 주는 '생산자금' 및 완제품을 구매하는 데 필요한 자금을 지원해 주는 '완제품 구매자금'으로 구분되어 있으며, '원자재 자금'은 다시 원자재를 해외에서 수입하는 데 필요한 자금을 지원해 주는 '원자재 수입자금'과 국내에서 구매하는데 필요한 자금을 지원해 주는 '원자재 구매자금'으로 각각 분류되어 취급된다.

수출을 위한 외화획득용 원료 및 제품의 수입에 대하여는 이를 수입하는 때에 납부하였거나 납부할 관세(관세·특별소비세·주세·교통세·농어촌특별세·교육세) 등을 환급받을 수 있으며 또한 수출입공고 및 통합공고 등에 의하여 수입이 제한되는 품목의 경우라도 극히 일부를 제외하고는 별도의 제한없이 수입이 가능하다.

(5) 수출물품의 운송계약의 체결

운송실무상 일반적으로 운송계약은 송화인(shipper)이나 그 대리인인 국제물류주선인이 선박회사가 사전에 작성·공포된 항해일정표(sailing schedule)에서 항로별 선박명, 출항예정일(expected time of departure ; ETD) 및 도착예정일(expected time of arrival ; ETA) 등을 참소하여 화물의 준비상황, 매매계약상의 선적일, 화물 특성에 맞는 선박 등을 선정한 후 운송인에게 선복요청서(shipping request : S/R)를 제출 또는 기타의 방법(fax 및 e-mail 등)으로 선복(ship's space)의 예약을 의뢰하고 선박회사가 이를 승낙(booking)하면 계약이 체결된 것으로 인식되고 있다.

수출물품에 대한 제조 또는 확보가 완료되면 수출상은 수출물품을 수출계약조건이나 신용장 등에서 정한 소정의 선적기한 내에 물품을 선·기적하여야 하므로 당사자는 적합한 운송회사(선박회사·항공회사)를 선정, 운송계약을 체결하여 동 계약에 따라 수출화물을 선·기적할 준비를 하여야 한다. 선적과 관련된 계약내용이라 함은 운송수단, 선적기일, 운송회사 지정 여부, 선적항과 도착항, 분할선적과 환적 및 할부선적에 관한 지시 등을 말한다.

수출상은 상품의 통관과정을 거치면서 수출물품의 제조생산이 완료되면 수출물품의 운송을 위하여 운송회사를 물색 · 선정하여 구체적인 운송을 협의한 후 운송인과 운송계약을 체결하여야 한다. 운송계약과 관련하여 CFR, CIF, CPT, CIP, DAP, DPU, DDP 조건은 수출상이, EXW, FCA, FAS, FOB조건의 경우에는 수입상이 운송을 위하여 운송기관과 운송계약을 체결하여야 한다.

운송인과 운송계약을 체결할 경우에는 운임결정이 제일 중요한 결정요소이며 운임이 결정되면 운송인은 수출상에게 선복요청서(shipping request : S/R)를 요구하게 되고 수출상이 이를 제출함으로써 운송계약의 증거서류가 되며 선·기적이 완료되면 이를 근거로 운송회사는 수출상에게 선하증권(bill of lading : B/L) 또는 항공운송서류(Air Waybill)를 교부해 준다.

(6) 수출물품의 보험계약의 체결

수출상은 수출물품의 특성들을 감안하여 적합한 해상보험약관을 선택하여 해상보험계약을 체결하게 되는데, CIF조건의 수출인 경우 수출상은 보험회사와 수출상품에 대하여 적하보험계약을 체결하여야 한다. 수출상은 운송될 상품의 수량, 용적과 중량 그리고 금액이 파악된 시점에서 보험회사에 소정의 적하보험신청서(cargo insurance application)를 제출하여 보험계약을 체결하여야 하나 실무에서는 편의상 보험회사와 전화 등을 통한 구두로 계약하는 것이 일반적이며, 수출상은 보험계약의 증거로서 보험회사로부터 보험증권(insurance policy)을 교부받는다.

부보조건은 수입상이 발행한 신용장상의 보험조건과 일치하도록 부보를 하여야 하며, 가격조건이 CIF 및 CIP조건에서는 수출상이 물품운송 과정 중에 물품의 손상 및 손실에 대한 수입상의 위험을 담보하기 위한 보험을 부보하여야 하며, DAP, DPU 및 DDP조건에서는 수출상이 자신의 위험에 대하여 자신의 비용으로 보험계약을 체결할 수 있고, EXW, FCA, FAS, FOB, CFR 및 CPT조건의 경우에는 수입상이 자신의 위험에 대하여 자신의 비용으로 보험계약을 체결한다.

따라서 무역거래조건이 수출상이 보험에 부보하여야 하는 경우에는 적절한 보험회사를 선택하여 수출물품의 선적일 이전까지 적하보험에 부보하여야 한다. 보험계약을 체결할 때에는 반드시 신용장에 명시된 모든 위험에 대하여 부보가 이루어질 수 있도록 조치하여야 한다. 부보범위에 관하여는 런던보험자협회(ILU : Institute of London Underwriters)에서 제정한 협회적하약관(ICC : Institute Cargo Clauses) 및 특별약관(Special Clauses) 등의 명칭으로 그 조건을 표시하는 것이 일반적이며, 개정된 협회적하약관(Institute Cargo Clause)인 ICC(A), ICC(B), ICC(C)는 종래의 A/R, WA 및 FPA 조건과 같이 병행하여 실시되고 있다.

한편 수출상은 비상위험(외환거래의 제한 또는 금지, 전쟁 등)이나 신용위험(상대방의 파산 또는 지급불능 등) 등 통상의 운송보험으로 담보할 수 없는 여러 가지 위험에 대해 한국무역보험공사(K-sure)에 수출보험을 부보할 수 있다. 수출보험은 수출상뿐만 아니라 수출과 연관된 생산업자나 금융기관의 손해까지도 담보해 줌으로써 수출상의 불안을 제거하고 안전한 수출을 보장하여 수출진흥을 도모하도록 만들어진 비영리 정책보험을 말한다.

(7) 수출물품의 수출통관

수출통관(export custom clearance)이란 수출하고자 하는 물품을 세관에 신고한 후, 필요한 심사 및 검사를 거쳐 수출신고 수리에 의한 수출신고필증(export permit)을 교부받아 물품을 선박 또는 항공기에 선·기적하기까지의 일련의 절차를 말한다.

수출통관은 대외무역법, 관세법, 외국환거래법 등 각종 수출관련 법규의 이행사항을 최종적으로 확인하여 불법수출이나 위장수출을 방지하기 위하여 의무화하고 있는데, 수출상품의 생산이 완료되거나 수출물품의 구매 등을 통하여 수출물품을 확보한 수출상은 당해 수출물품을 지정된 선박(항공기)에 선·기적하기 전에 관세법에 의한 수출통관 절차(export customs procedures)를 밟아야 한다.

수출통관 절차는 수출의 경우 반드시 이행하여야 할 법적 절차로서 수출물품을 세관검사를 받고자 하는 장소에 장치하고 세관에 수출신고(export declaration)를 한 후 필요한 세관 수출검사를 거쳐 수출신고필증을 발급받아 당해 수출물품을 선박(항공기)에 선·기적하게 되는 과정까지의 일련의 절차를 말한다.

수출통관(export customs clearance)이란 수출신고를 받은 세관장이 수출신고 사항을 확인하여 일정한 요건을 갖추었을 때 이를 즉시 수리하는 것을 말한다. 세관장은 신고된 서류상의 물품과 실제 품목의 일치여부 등을 심사한 다음 수출신고필증(export permit)을 교부하여 준다. 수출신고가 수리되면 수출상은 수출물품을 임의대로 운송 보관을 등을 통하여 30일 이내에 선적지 보세구역(bonded area)에 반입시키게 되며, 비로소 선박 또는 항공기에 선·기적하게 된다.

세관에서는 이러한 통관절차를 통하여 각종 법령상 수출요건의 이행여부를 서면 또는 수출물품과 대조·확인하여 수출물품의 실제 확인과 부정수출방지 등을 하게 되는 것이다. 만약 수출(입)신고를 이행하지 않거나 또는 허위로 신고하는 경우에는 관세법에서 정한 밀수출입죄에 해당하여 엄한 처벌을 받게 된다.

수출(입)신고는 관세청 수출통관시스템(CEDIE : Customs EDI for Export)에 EDI 방식에 의한 전자신고를 원칙으로 하고 있으며 실무적으로는 대부분 관세사에 그 처리를 위탁하고 있다. 수출(입)신고를 받은 세관장은 당해 신고의 형식적 요건을 심사한 후 이상이 없는 경우 이를 수리하게 되며 이에 따라 신고인은 수출(입)신고필증을 교부받게 된다. 신고의 수리는 대부분 서면심사에 의해 이루어지며 현품검사가 생략되는 것이 일반적이나 우범성 정보가 있거나 위장 · 불법 수출(입) 등의 우려가 있는 경우에는 수출(입)신고의 수리 전에 현품검사를 실시하기도 한다.

(8) 수출물품의 선 · 기적

물품의 선적은 수출상이 제출한 선적요청서(S/R : Shipping Request)에 근거하여 선박회사가 본선의 선장 앞으로 발행한 선적지시서(S/O : Shipping Order)와 적하목록(manifest)에 따라 이루어지게 되며, 선박에 적재가 완료되면 화물을 수취한 증거로서 부두수취증(D/R : Dock Receipt) 또는 본선수취증(M/R : Mate's Receipt)을 교부하게 되며, 화주는 본선적재 후 교부받은 부두수취증(D/R) 또는 본선수취증(M/R)을 선사에 제시하고 선하증권(B/L)을 발급받음으로써 물품의 선적과 관련한 일련의 절차가 종료하게 된다.

수출신고의 수리가 이루어지면 수출상은 지정된 선박에 물품을 선적한 후 선사로부터 '선하증권(B/L : Bill of Lading)'을 발급받게 된다. 만약 화물이 항공기에 운송되는 경우라면 기적의 증거로 항공화물운송장(AWB : Air Waybill)이 발행된다.

(9) 수출대금의 회수

수출물품의 세관통관절차를 거쳐 선적이 완료되고 선하증권 등의 운송서류(transport documents)를 발급받으면 수출상은 제반 운송서류를 갖추어 수출대금의 회수단계에 이르게 된다. 수출대금을 회수하기 위해서는 먼저 거래 외국환은행(foreign exchange bank)과 외국환거래약정을 체결하고 선적을 이행한 후, 수출신용장 또는 계약서의 조건(D/P · D/A)에 따라 환어음과 운송서류를 작성하여 매입(negotiation) 또는 추심(collection)을 거래은행에 의뢰하게 되는데, 외국환은행은 환어음을 지급인(drawee) 앞으로 송부함으로써 수출대금의 회수가 이루어진다.

매입은행(negotiating bank) 입장에서 환어음의 매입은 일종의 여신행위로 실무상 이를 네고(negotiation)라 하며, 매입은행은 매입대금을 신용장발행은행(issuing bank)에 상환 · 청구하거나 환거래은행(exchange bank)을 통해 수입상에게 추심하게 된다. 따라서 수출통관과 선적이 완료되면 수출상은 신용장에서 요구하는 환어음과 제반서류(all kinds of documents), 즉 상업송장, 선하증권, 보험증권, 포장명세서, 원산지증명서 등을 준비하고 환어음(bill of exchange)을 발행하여 거래 외국환은행에 수출환어음 매입(negotiation)을 의뢰한다.

매입의뢰를 받은 외국환은행은 선적서류가 신용장 조건과 일치하는지 여부를 검토하고 수출이 이행되었는지를 확인하기 위하여 수출신고필증(export permit)을 제출하게 한 다음 환어음을 매입하여 수출대금을 수출상에게 지급하게 되며, 그리고 서류를 매입한 매입은행은 동 수출환어음을 서류와 함께 신용장 조건대로 지급은행인 발행은행(issuing bank) 또는 상환·결제은행(reimbursing·settling bank) 앞으로 송부하여 대금을 추심하게 된다.

매입신청을 받은 은행은 제시된 서류가 신용장의 제 조건에 일치하는지의 여부를 심사하여 서류상의 하자가 없거나 또는 하자에도 불구하고 채권보전에 문제가 없다고 판단되는 경우 당해 수출환어음을 매입(또는 보증부매입)한 후 그 대전을 지급하게 된다. 매입한 수출환어음 및 관계 선적서류는 발행은행으로 송부되며, 이에 따라 매입은행은 발행은행 또는 상환·결제은행으로부터 그 대금을 회수하게 된다.

(10) 관세환급 및 사후관리

관세환급(duty drawback)이란 수출용 원재료를 수입하는 때에 납부하였거나 납부할 물품으로 수출물품의 제조·가공에 소요되는 원재료를 수입할 때 납부한 모든 간접세(특별소비세·주세·교통세·농특세 및 교육세)를 수출상 또는 수출물품 생산자에게 환급하는 것을 말하며, 다만 부가가치세는 세무서에 부가가치세를 신고할 때 동 세금을 환급받게 되는 것이다.

수출승인기관은 수출·수입승인을 얻은 자가 수출입승인 유효기간 내에 수출이행 또는 수입이행이 수출·수입승인서의 내용에 부합되게 이행되었는지의 여부를 확인하고 당해 수출입승인의 사후관리를 하게 된다. 사후관리 대상물품을 수입한 자는 일정기간 내에 외화획득을 하고 사후관리 은행에 외화획득 이행신고를 하여야 하며, 대응수출을 하지 못했을 경우에는 외화획득용 원료 사용목적 변경승인을 받거나 상사간 양도승인을 받아야 한다. 그러나 자율 관리기업으로 지정된 경우에는 매 건별 사후관리를 면세하도록 하고 있다. 이와 같이 사후관리 대상품목에 대한 외화획득 이행신고를 마지막으로 수출절차는 모두 끝나게 된다.

수출사후관리(export post management)라 함은 일반적으로 매입대금의 입금 사후관리, 수출승인 등에 대한 사후관리, 외화획득용 원료의 수입 및 관세환급에 따른 사후관리, 부가가치세 환급에 따른 사후관리 등을 의미한다. 특히 주의하여야 할 부분은 매입대금이 발행은행으로부터 만기에 입금되지 아니하는 경우나 수출환어음의 부도처리로 인하여 수출상이 매입은행에 그 대금을 이미 자기자금으로 변제한 경우에도 수출상은 당해 외국환은행에 신청하여 채권회수의무 기한연장 인정 또는 채권회수의무 면제인정을 받아야 한다는 점이다.

2 수입의 절차

수입절차(import procedure)란 수입대상물품과 거래선을 선정하여 수입계약을 체결하고, 수입승인을 받아 수입신용장 등을 발행한 후에 수입화물과 운송서류가 도착하면 수입대금을 결제한 다음 당해 수입물품을 통관하는 일련의 절차를 의미한다.

수입계약 체결

↓

수입승인 및 요건확인

↓

수입신용장의 발행 및 통지(신용장거래의 경우)

↓

운송 및 보험계약 체결

↓

서류의 인도

↓

수입대금 결제 및 서류인수

↓

수입통관 및 물품 인수

그림 1-3 수입절차의 흐름도

(1) 수입계약의 체결

수입상은 필요한 물품을 수입하고자 할 경우에 해외시장조사 및 조회(inquiry) 등을 통하여 신뢰성 있는 수출상을 물색하고, 외국의 수출상으로부터 직접(국외발행 오퍼) 또는 그의 국내 대리점을 통하여 간접적으로 전달받은 국내발행 오퍼인 Offer Sheet (물품매도확약서)를 승낙(acceptance)하여 수입계약을 성립시켜 약식의 건별 계약서로 활용하는 것이 일반적이며, 그러한 내용을 확인하고 후일의 분쟁에 대비하기 위하여 별도의 수입계약서를 작성하여 상호 서명한다.

(2) 수입승인 및 요건확인

일반적으로 수입은 원칙적으로 자유롭게 이루어지기 때문에 수입상은 자유롭게 수입할 수 있지만 수출의 경우와 마찬가지로 수출입공고, 통합공고, 전략물자수출입고시 등에 의하여 거래가 제한되는 경우에는 사전에 그러한 제한을 해제하기 위하여 수입승인 등의 절차를 거쳐야 한다. 수입하고자 하는 물품이 대외무역법에 의한 수출입공고

상의 수입제한 품목일 경우에는 수출입공고상의 해당 수입요령에 규정되어 있는 기관으로부터 수입승인(I/L ; Import Licence)을 받아야 한다. 수입물품이 특별법에 의한 통합공고상의 수입요건확인품목일 경우에는 통합공고상의 요건확인기관에 수입요건 확인신청을 하여 수입요건 확인서를 발급받아야 수입할 수 있다.

(3) 수입신용장 발행의뢰

수입대금의 결제방식도 수출의 경우와 마찬가지로 송금방식, 추심결제방식, 신용장 방식 등이 주로 활용되고 있으며 수입대금의 결제를 신용장방식에 의하기로 약정한 경우 수입상은 거래은행에 요청하여 신용장을 발행하게 된다.

거래 외국환은행의 수입승인을 받은 수입상은 수입승인서를 첨부하여 신용장 발행은행에 수입신용장의 발행을 의뢰한다. 신용장발행신청 시에 동 신청서에 기재된 내용은 곧 신용장의 조건이 되기 때문에 모든 사항을 간단·명료하고 정확하게 기재하여야 하며, 그 내용은 수입계약서 및 수입승인서상의 조건과 일치되어야 한다. 수입상은 신용장 발행은행과 외국환거래약정을 체결한 후 거래 시마다 신용장발행신청서(L/C application)를 제출하여 신용장발행을 의뢰한다.

(4) 운송 및 보험계약 체결

매매계약에 합의된 정형거래조건(Incoterms® 2020)에 따라 공장인도조건(EXW), 운송인인도조건(FCA), 선측인도조건(FAS) 및 본선인도조건(FOB)인 경우 수입상이 물품의 운송을 위해 운송인과 운송계약을 체결하여야 하다. 즉 수입상은 수입물품의 운송을 위하여 운송인을 수배하여 수출상에게 통보하고 도착지 및 도착항까지의 운임을 부담하여야 한다. 또한 Incoterms® 2020 규칙상 운송인인도조건(FCA), 선측인도조건(FAS), 본선인도조건(FOB), 운임포함인도조건(CFR) 또는 운송비지급인도조건(CPT)인 경우 수입상이 자신의 위험에 대하여 자신의 비용으로 보험계약을 체결하여야 한다.

(5) 선적서류의 내도 및 수입대금 결제

신용장을 수취한 외국의 수출상은 신용장의 조건대로 물품을 선적한 후, 운송서류(transport documents)와 함께 환어음을 발행하여 신용장에서 요구한 제반 서류들을 작성·구비하여 자신의 거래은행에 매입을 의뢰하게 된다. 매입은행은 다시 발행은행으로 서류를 송부하여 신용장 대금을 청구하게 되며 발행은행은 수입상에게 선적서류를 인도하고 그 대금을 결제받아 매입은행에 지급하게 된다.

발행은행은 내도된 선하증권 등의 서류가 신용장조건과 일치하는지의 여부를 심사한 후 신용장 발행의뢰인인 수입상에게 서류도착통지서(arrival notice of documents)를 발송한다. 발행은행은 수입상으로부터 수입대금을 결제받고 또는 인수한 후 운송서류를 수입상에게 인도한다. 만일, 수입화물은 이미 도착하였으나 우편지연, 매입지연 등의 사유로 운송서류의 원본(B/L)이나 항공화물운송장(AWB)이 도착하지 않은 경우에는 발행은행에서 수입화물선취보증서(L/G : Letter of Guarantee, SSB : Shipside Bond)나 항공화물운송장에 의한 수입화물인도승낙서를 발급받아 이를 선박회사나 항공사에 제출하고 수입화물을 미리 인수할 수 있으며 또한 수입상이 수입화물은 도착하였지만 대금결제자금이 없는 경우에는 발행은행이 수입화물에 대한 담보권과 소유권을 유지하면서 수입상이 수입대금을 결제하기 전에 수입화물을 인도하여 줌으로써 수입상이 적절한 시기에 처분하여 약정기일에 수입대금을 결제할 수 있는 편리한 제도인 대도증서(貸渡證書, trust receipt ; T/R)를 제공하고 서류를 인도받는다.

(6) 수입통관 및 물품인수

수입통관이란 우리나라에 도착된 수입화물은 관세법의 규정에 따라 보세구역(bonded area)에 장치되며, 외국물품을 수입하고자 하는 자가 직접 또는 관세사 등을 통하여 당해 화물의 통관을 위하여 관할 세관 세관장에게 수입신고를 이행하여야 한다. 수입신고를 받은 세관장은 당해 신고의 형식적 요건을 심사한 후에 이상이 없는 경우 이를 수리하고 수입신고필증(import permit)을 교부하며, 수입화물에 대한 과세가격을 평가하여 관세 등을 부과·징수하게 된다.

동 수입신고가 관세법의 규정에 따라 적법하게 신고된 것으로 인정되는 경우에 이를 수리함으로써 수입업자가 보세구역으로부터 물품을 반출하여 자유롭게 사용할 수 있는 것을 의미한다.

수입통관절차(import customs procedures)는 수입신고인이 수입하고자 하는 물품을 세관에 수입신고한 후 신고수리를 받아 물품을 보세구역으로부터 반출하기까지의 일련의 절차를 의미한다. 수입업자는 수입항에 도착한 물품을 보세구역 또는 보세구역 외 장치장소에 장치한 후 직접 또는 관세사에게 의뢰하여 세관에 수입신고를 하고, 필요한 경우 세관의 물품검사 후 관세를 납부하고 수입신고증이 발급되면 수입상은 발행은행으로부터 인도받은 선하증권을 선박회사에 제시하고 운임을 정산하고 발급받은 화물인도지시서(Delivery Order : D/O)와 함께 이를 보세구역에 제시하고 보세구역으로부터 물품을 반출하게 된다.

Part 2
무역서신의 본질

Meaning of Business Letter

Chapter 01

무역서신의 의의

영어는 급변하는 세계화와 국제화 시대에, 하나의 지구촌(global village)에서 세계어(world language)이기 때문에 사람들 간의 소통(communication)에서 그 중요성을 아무리 강조해도 지나침은 없을 것이다. 특히, 문화가 다르고 의식구조가 국제간의 제반여건이 상이한 당사자들 간에 이루어지는 무역거래에서도 영어의 위치와 중요성은 아무리 강조하여도 지나치지 않는다.

국제간의 거래는 영어로 시작해서 영어로 끝난다고 말할 수 있다. 이처럼 무역영어는 일부국의 국한된 언어의 일부로서가 아니라 국제 무역거래에서 사용되는 영어(business english for international trade)로서 영국에서는 Commercial English, 미국에서는 Business English로 표현되는데, 세계 대부분의 국가들이 국제교역의 의사전달수단으로 사용하고, 국제무역의 필수적인 도구로서 배워야 하며, 부존자원(natural resource)이 없이 지속적인 무역신장으로 경제성장을 하여야 하는 우리의 현실을 비추어 볼 때 그 중요성이 부각되고 있다.

무역영어는 우리가 일상적으로 사용하는 영어와는 전혀 별개의 것은 아니라는 것이다. 즉, 일상영어와 무역영어는 별개의 성질의 것이 아니라 일상적인 표준영어(standard english)에 국제간의 무역거래를 위한 커뮤니케이션에 전문용어(technical terms) 및 상업적 표현(commercial expression)이 가미된 것이 바로 무역영어이다.

무역영어는 무역거래에서 당사자 간의 정보나 의사를 효과적으로 전달하거나 무역을 경영하거나 수행하는데 사용되는 언어로 Business English or Business Correspondence(미국), Commercial English(영국), Trade English, Business Communication, Business English for International Trade, Practical Business English for International Trade 등으로 표현되고 있으며, 우리말로는 상업영어, 상업통신, 무역영어, 무역통신, 무역서신 등으로 표현하고 있다.

무역영어의 범위는 종전에는 상업서신(상업통신문)이 중심이었지만 현재에는 무역거래통신뿐만 아니라 인터넷을 이용한 전자메일(e-mail), 인터넷팩스(internet fax) 등 상거래에 이용되는 거의 모든 것을 대상으로 하고 있다.

따라서 무역영어라 하면 국제간의 상거래인 무역거래의 수행 중에 사용되는 영문으로 된 각종 상업통신문(commercial correspondence)이나 서신(letter)뿐만 아니라, 영문으로 된 수출입계약서, 매매계약의 이행과정에서 발생하는 종속계약인 운송·보험 및 결제와 관련된 각종 무역서류(documents), 보고서(reports), 광고(advertisement), 수출입에 관련된 업무 이외에도 국제간의 특허 및 기술제휴(license and technical assistance), 합작투자(joint venture), 현지법인 설립 등에 대한 계약서 그리고 국제무역 관련규칙 등을 포함하는 것으로 무역거래에 수반되는 모든 통신문이나 서류 그리고 규칙 등을 포괄하는 개념으로 이해하여야 한다.

그러므로 무역거래를 수행하는 관련 당사자들은 무엇보다도 이러한 개념의 새로운 정립과 아울러 효과적인 영문무역서신을 작성하기 위해서는 영문서신의 판독과 작성 및 다음과 같은 사전지식을 갖추어야 한다.

첫째, 거래관계가 개설된 후 무역계약의 성립·이행·종료되는 과정에 사용되는 전문적 관용적 용어 및 개념을 확실하게 이해하기 위하여 실무적 이해와 아울러 무역거래의 근간을 이루는 법리적 부분에 대한 국제상무의 충분한 전문적 지식을 가져야 한다.

둘째, 무역영어는 일부 정형화된 서식이용을 제외하고는 거래당사자간의 영문통신에 의하여 이루어지므로 상대국의 상관습과 상대방의 전략에 대하여 상업적 감각과 통찰력을 가지고 작성하여야 하므로 국제무역에 관한 각종 규칙에 대하여도 충분한 검토와 상업적 통찰력과 협상능력을 갖추어야 한다.

셋째, 무역계약·국제운송계약·적하보험계약과 관련된 서류의 작성은 물론 무역대금 결제서류를 신용장 및 결제조건과 상관습에 부합되게 정확히 작성할 수 있어야 하므로 제반 무역서류와 기타 특수서식의 작성방법을 습득 등과 같은 내용을 선행적으로 또는 병행하여 연구하여야 한다. 즉, 무역거래에서 중요한 영문서류인 Letter of Credit(신용장), Bill of Lading(선하증권), Insurance Policy(보험증권), Commercial Invoice(상업송장), Packing List(포장명세서), Consular Invoice(영사송장), Certificate of Origin(원산지증명서), Bill of Exchange(환어음) 및 Letter of Guarantee(수입화물 선취보증서) 등과 각종 무역서식은 영문으로 작성되기 때문에 실무에서 무역영어의 활용도는 매우 높다고 하겠다.

따라서 무역실무를 바탕으로 한 비즈니스 센스(business sense)를 갖추어야 현대의 표준영어(modern standard english)로서 평이하고 간결하면서도 정확·정중하게 무역서신을 작성함으로써 개성이 뚜렷하고 생기 있는 표현을 많이 사용하는 서신을 작성하게 된다.

Parts of Business Letter

Chapter 02

무역서신의 구성요소

무역거래에서 일방의 당사자가 작성한 서신이 상대방으로 하여금 좋은 인상과 호의적인 반응을 기대하기 위해서는 무엇보다도 작성하는 서신의 적절한 용지와 정확한 구성 및 배치(layout) 등이 필요하다. 즉, 무역서신은 서신의 정확한 내용전달을 위해 균형이 있는 배열이 필요한데, 무역서신에는 다음과 같이 반드시 갖추어야 하며 기재되어야 하는 기본요소와 필요에 따라 그때그때 기재하게 되는 보조요소가 적절하고도 조화롭게 배치되어야 한다.

1 기본요소 (Basic Parts)

① Letterhead (인쇄부분 : 서두)
② Date (발신일자)
③ Inside Address (수신자 성명 및 주소)
④ Salutation (서두인사)
⑤ Body of the Letter (본문)
⑥ Complimentary Close (결미어 : 결문인사)
⑦ Signature (서명)

2 보조요소 (Supplementary Parts)

① Reference Number or File Number (참조번호)
② Letter Subject (제목 표시 : 표제명)

③ Attention Line or Particular Address or Special Address (참조인 표시)
④ Identification Marks or Initials or Direction Initials (관련자 약호)
⑤ Enclosure(s) or Enclosure Notation (동봉물 표시)
⑥ Post-script (추신)
⑦ Carbon Copy Notation (사본 배부처)
⑧ Mailing Direction (우편 종별표시)
⑨ Additional Sheet or Continuation Sheet (추가면)

(1) 기본요소 (Basic Parts)

1) Letterhead or Heading (서두)

Letterhead는 대부분의 회사들이 서신용지(stationery of letter sheet)의 상부에 사전에 인쇄하여 사용하고 있다.

이곳에는 회사의 로고, 발신자 및 회사명(firm name or company name), 주소(address), 전신약호(cable address), 우편사서함(P.O.Box no.), 전화나 팩시밀리번호(telephone or fax no.), 인터넷 및 전자우편 주소, 취급영업종목(line of business), 지점, 출장소 및 대리점 소재지(location of branch, office or agent), 회사의 창설년도(established year), 신용조회처(reference)나 상표(brand or trade mark) 및 지점망(branch network), 전자우편(e-mail no.) 등을 기재한다.

Letterhead는 개인의 얼굴이나 회사의 간판과 같은 역할을 하므로, 배열순서, 배열위치, 인쇄된 글자의 크기 등을 나타낼 때, 상대방에게 호감을 줄 수 있도록 신중히 고려하여 작성하여야 한다.

예제 •••

KANGNAM TRADING CO., LTD.
GENERAL EXPORTERS & IMPORTERS
MAIL : CPO. BOX 45 TEL : 797 – 2356 FAX : 797 – 7890 CABLE : KANGCO
19 – 3, Chungdam – dong, Kangnam – ku Seoul, 06010, Korea

2) Date (발신일자)

Date는 서신의 발행일자를 확인하며 후일에 동 서신에 대해 언급하거나 회신을 보낼 경우에 반드시 필요하기 때문에 정확히 기재되어야 하는데, 통상 년(year), 월(month), 일(day)로 구성되며, 서두가 인쇄된 서신에서는 서두의 바로 아래 중앙이나 중앙의 우측에 기재된다.

발신일자를 표기하는 방식에는 미국식(american style)과 영국식(british style)이 있는데, 전자는 월·일·년도의 순서로 하고 일(day)은 단지 1, 2, 3과 같이 Cardinal Number(기수)로 기재하지만, 후자는 일·월·년도의 순서로 배열하되 일자는 1st, 2nd, 3rd와 같이 Ordinal Number(서수)로 기재한다. 그러나 상호간에 거래관계가 오래되고 신용이 확실하다 하더라도 아래 ③과 같이 년도·월·일을 표기하거나, 월을 생략하거나 약어로 표기해서는 안 되며, 년도의 경우도 Oct. 10. 19과 같이 표시하는 것은 바람직하지 못하며, 그리고 본문 가운에서 요일이 월보다 앞설 경우는 on the 15th of March 또는 on the fifteen of March, In reply to your letter of the 22th of Oct.와 같이 서수로 표현한다.

구 분	예 시	
① American Style(미국식)	January 5, 2019.	September 10, 2019.
② British Style(영국식)	3rd February, 2019.	20th October, 2019
③ 잘못된 표시	11/9/2019, Jan. 22nd, 2019.	Oct. 10. '19.

3) Inside Address (수신자 성명 및 주소)

Inside Address는 서신용지 내부에 기재되는 수신인의 주소 및 성명, 회사명을 의미한다. 수신인 주소의 기재 이유는 서신의 우송 도중 봉투의 파손에 따른 주소 확인의 목적과 서신을 보관할 경우 주소 확인의 목적 그리고 많은 서신을 발송해야 할 경우 봉투와 내용물의 상이함을 방지할 수 있다.

서두(heading)로부터 2~행 아래의 좌측 여백에 수신자인 개인 또는 회사의 이름과 주소 등을 기재하게 되는데, 통상 첫째 줄은 수신자의 이름과 직책, 둘째 줄은 회사명, 셋째 줄은 번지수, 거리명, 동명, 넷째 줄은 도시명과 주명(洲名), 우편번호(zip code), 국가명 등의 순서로 기재된다.

여기에 기재되는 개인직함은 남자 단수의 경우에는 "Mr.(Mister)"를, 복수의 경우는 "Messrs(Messieurs)"로 표시한다(Mr. Edwin D. Austin, Messrs. Smith & Brown). 미혼여자 단수인 경우는 "Miss.", 복수의 경우는 "Messrs"를 붙이고, 기혼여자 단수의 경우는 "Mrs.(Mistress)", 복수의 경우는 "Mmes.(Mesdames)"로 표기한다. 그러나 수신인의 이름을 사용하지 않고 직함만을 기재하는 경우 즉, 수신인명을 알고 있는 경우에는 아래의 ②와 같이 그 직함 앞에 반드시 정관사 The를 표기하며, 직책과 관계없이 단순히 회사 앞으로 쓸 경우, 수신인명을 알고 있지 못하거나 특정되어 있지 않은 경우에는 ②의 예에서 직책명만 삭제하면 된다.

Inside Address의 표기는 서신내부의 것과 외부의 봉투의 것이 항상 일치하여 표시되어야 한다. 그것은 서신과 봉투가 엇갈렸을 때는 용이하게 구별할 수 있고, 발송이나 우송시의 부주의로 인하여 봉투가 파손될 경우에도 수신인의 주소 파악이 쉬우며, 유창봉투(window envelope)의 경우는 겉봉투에 수신자의 주소와 성명을 기재할 필요가 없는 이점을 가지고 있기 때문이다.

한편 Inside Address의 형식(form)에는 미국에서 주로 이용되는 Block Form과 영국에서 주로 이용되는 Indented Form이 있다.

구두점(punctuation)은 일직선으로 배열하며, 본문을 제외한 모든 서신요소에 Comma나 Period를 사용하지 않는 Open Punctuation과 피라미드 형태처럼 배열하면서 날짜, 표제 뒤에는 Period를 찍고 Inside Address 끝에는 Comma, 마지막 줄은 Period를 찍는 Closed Punctuation이 있다. 일반적으로 수직식에는 개방식 구두점을 사용하고 사선식은 폐쇄식 구두점을 많이 이용한다.

수 신 인			칭 호	예 시
남성	단수		Mr. (= Mister) Esq. (= Esquire) Dr. (= Doctor)	Mr. J. Tomas H. Smith. Esq. Dr. P.T. Derman
	복수		Messrs (= Messieurs)	Messrs Tomas & Derman
여성	기혼	단수	Mrs. (= Mistress)	Mrs. T. Jane
		복수	Mmes. (= Mesdames)	Mmes. J. Bandy
	미혼	단수	Miss.	Miss. V. Mackin
		복수	Misses.	Misses. C. Mary

예제 •••

(a) Block Form with Open punctuation :

① Messrs. William & Co., Inc
108 Broadway,
New York, N.Y.
U. S. A.

② The sales manager
Pacific Coast Railways, Inc.
2561 California Avenue
Seattle, WA 96514
U. S. A.

(b) Indented form with Closed punctuation :

Mr. Hartman White,
100 Oakside Drive
Cleaveland 3
Ohio

수신인 주소에 사용되는 약어					
Assn.	Association	협회(協會)	Pl.	Place, Plaza	광장
Ave.	Avenue	가(街)	P.O.Box.	Post Office Box	우체국 사서함
Bivd.	Boulevard	대로(大路)	Prov.	Province	도, 주, 성
Bldg.	Building	건물	Rd.	Road	로
c/o	(in) care of	~방, ~씨 댁	Sect.	Section	과, 부
Dept.	Department	부(部)	Sq.	Square	광장
Div.	Division	사업부(국)	St.	Street	가
Dr.	Drive	자동차로	Ter.	Terrace	대지로
Hwy.	Highway	고속도로	Ter.	Territory	속령, 영토
Mfg.	Manufacturing	제조	Co.	Company	회사
Pty.	Proprietary	개인회사	Inc.	Incorporated	주식회사(미국)
Corp.	Corporation	법인회사	Ltd.	Limited	주식회사(영국)

구분	무역상사에서 사용되는 주요 식책명의 예시		
직명	회 장 사 장 부사장	Chairman of the Board ; Chairman of the Directors President (Director or President) Vice President, Deputy President ; Executive Deputy President	
	이 사	대표이사	Representative Director
		전무이사	(Executive, Senior) Managing Director
		상무이사	Standing(Executive, Managing) Director
		이 사	Director
		(상임) 감사	(Standing) Auditor
	부 장	본부장	General Manager
		수출부장	Export Manager
		수입부장	Import Manager
		경리(회계)부장	Finance (Accounting) Manager
		총무부장	Administration (General Affairs) Manager
		인사(노무)부장	Personnel (Labor) Manager
		생산부장	Production Manager
		구매부장	Purchasing Manager
		영업(판매)부장	Sales Manager ; Business Manager
	장	공장장	Factory (Plant) Manager
		기능장	Chief Engineer
		지점장	Branch (office) Manager
		부 장	Manager of the Division (Department)

구분	무역상사에서 사용되는 주요 직책명의 예시	
	차 장	Assistant Manager ; Sub-Manager
	과 장	Section Chief ; Section Manager
대 리	부장대리	Acting Division Manager
	대 리	Pro. Manager, Deputy (Acting) Manager
	계장, 주임	Chief (Chief Clerk), Supervisor

4) Salutation (서두인사)

Salutation 또는 Greeting은 본문을 쓰기 전에 쓰는 간단한 인사말로서 영어의 "How do you do?, How are you?", 우리말의 "근계"(謹啓)에 해당한다.

서두인사는 Inside Address에서 2~3행 아래 왼쪽 여백부분(marginal line)에서부터 시작하여 Colon(:)이나 Comma(,)로 끝나는데, 영국에서는 일반적으로 Comma를 사용하고 미국에서는 Colon을 사용한다.

서두인사는 Inside Address가 단수이면 "Dear Sir"나 "Dear Mr. Adam"과 같이 단수로 표기하고 복수이면 복수로 표기해야 한다. 서두인사의 첫 글자는 반드시 대문자로 표기하여 Dear는 "Dear Mr. Davidson"과 같이 표기하며, "My Dear Mr. John"처럼 첫 글자 이외도 대문자로 표기해서는 안 된다.

그리고 서두인사는 남성에게는 "Sir,", "Dear Sir,", My dear Mr. John :, Dear Mr. John : 등을 사용하고 여성에게는 Madam :, Dear Madam :, My dear Mrs. (Miss) Henry :, Dear Mrs.(Miss) Henry : 등을 사용된다.

단체의 경우에는 미국은 [Gentlemen :], 영국은 [Dear Sirs,]를 사용하고 여성들에게는 Ladies나 Mesdames를 사용한다. 만약 Inside Address가 수신인의 신원을 잘 알지 못하는 경우에는 일반적인 서두인사를 사용하면 된다.

수 신 인	성별	예 시	
		미 국 식	영 국 식
회사나 단체	남	Gentlemen :	Dear Sirs, Gentlemen,
	여	Mesdames : Ladies :	Dear Mesdames, Dear Ladies,
미지의 개인	남	Dear Sir :	Dear Sir,
	여	Dear Madam :	Dear Madam,
친밀한 개인	남	(My) dear Mr. :	(My) dear Miss,
	여	(My) dear Miss :	(My) dear Mrs :

5) Body of the Letter or Message of the Letter (본문)

본문은 무역서신의 구성요소 중 가장 중요한 부분인데, 여기에는 서신을 작성한 이유를 기재하며 일반적으로 다음과 같은 네 가지 부분(OPAP)으로 구성되어 있다.

① Opening : 서신문을 작성하는 이유(the reason for writing)
② Purpose : 서신문을 작성하는 자세한 내용을 설명(provide the details of writing)
③ Action : 상황에 대한 조치, 행동, 결과를 설명(write what will happen next)
④ Polite Expression : 감사표현, 예의표현의 기재(thank the reader)

최초의 행을 어느 정도 들여 쓸 것인지(indented style), 아니면 들여 쓰지 않을 것인지(blocked style)는 업계 또는 기업의 관행에 따르는 것이 보통이며, 서신은 가능하면 한 장에 다 쓰는 것이 좋으나 한 장에 다 쓰지 못하고 다음 페이지로 넘어갈 때가 있는데, 이 경우는 추가로 시용되는 용지는 서두가 인쇄되어 있지 않은 것을 사용하되 지질, 크기, 색깔 등이 앞장, 즉 서두가 인쇄된 것과 동일하여야 한다.

본문의 작성은 서신의 주제를 간결하게 설명하는 도입부분과 용건을 설명하고 발신인이 바라는 바를 수신인에게 적극적으로 설득하고 권유하는 중간부분, 그리고 전달할 용건을 요약 정리하는 종결부분으로 구성하는 것이 바람직하다. 즉 본문은 기승전결(起承轉結)의 문장형식에 의하여 구성하는 것이 거래 상대방에게 효과적으로 내용을 전달할 수 있다.

6) Complimentary Close (결미인사)

Complimentary Close는 인사말과 같이 무역서신의 마지막 부분에 나타내는 경의를 표현하는 결구 인사말로, 영어의 Good Bye, 우리말의 안녕히 계십시오, 「여불비례(餘不備禮), 경구(敬句)」 등과 동일한 표현이다. 보통 본문의 1줄이나 2줄 아래에 타자하는데 첫 단어의 첫 글자는 반드시 대문자로 쓰고 마지막에는 콤마(,)를 붙여야 한다.

결미인사는 영국식과 미국식에 따라 그 표기방법에 차이가 있지만, 미국식에서는 "Yours truly" 또는 "Very truly yours", 영국식에서는 "Yours faithfully" 또는 "Faithfully yours" 등이 사용되며, "Your obedient servant", "Yours very faithfully" 등과 같이 너무 과장되거나 애교 넘치는 문장은 기재하지 않는 것이 좋다.

최근 비즈니스 서신, Fax, E-mail에서는 Best Regards를 가장 많이 사용한다.

수 신 처	예 시
회사 또는 단체	Yours very truly, Very truly yours, Yours truly, Truly yours, Yours respectfully, Respectfully yours,
미지의 개인	Yours very truly, Very truly yours, Yours truly, Truly yours, Yours faithfully, Faithfully yours,
친밀한 개인	Yours cordially, Cordially yours, Yours sincerely, Sincerely yours, Yours friendly, Friendly yours,
영 국	Yours faithfully, Faithfully yours, Yours very faithfully,
미 국	Yours very truly, Very truly yours, Truly very yours,

7) Signature (서명)

Signature는 무역서신에 대한 최종적인 책임소재를 명백히 하는 동시에 법률상의 효력을 발생하게 하는 중요한 법적 요건이 된다. 따라서 무역서신에 있어 자필서명(manual)이 없으면 아무런 쓸모가 없고, 동일인에 의해 이루어진 서명은 항상 동일한 형태의 서명이어야 한다.

서명을 할 수 있도록 된 하단의 일정부분을 서명란(signature area)이라 하는데 이는 회사명, 친필서명(pen-written), 타자한 서명자 명(typewritten name) 및 직명(business title)으로 구성된다. 이때 회사명은 대문자로 타자하고 친필서명은 반드시 펜으로 자서하되 판독하고 이해하기 쉽도록 작성하여야 한다.

회사를 대표하여 서명하는 경우에는 서명란 위에 회사명을 기재하는 방법, 타이핑된 직책아래에 회사명을 기재하는 방법과 회사명을 기재하지 않는 방법 등이 있다.

한편 서명권한이 없는 사람이 대리로 서명할 경우에는 회사명 앞에는 For(영국), 사람 앞에는 By(미국)를 붙이지만 서명자의 직책은 밝히지 않는다. 또한 은행이나 회사 등으로부터 부여된 위임장(power of attorney)에 의하여 법률적으로 대리서명이 위임된 경우에는 라틴어의 Per Procuration(~의 대리로)의 약자인 "p.p." 또는 "p. pro."를 사용한다.

만약 서명권자 또는 대리 서명권자가 서명을 할 수 없는 경우에는 서명란을 빈칸으로 놔두는 것보다는 서명권자가 아닌 다른 사람이라도 서명하여 서신을 발송하는 것이 좋다. 이러한 경우 상대방이 서명권자가 아닌 다른 사람이 서명하였다는 사실을 알 수 있도록 회사 앞에 "By, For" 등을 붙이고 직책은 명시하지 않는 것이 좋다.

또한 여성이 서명하는 경우에는 서명 앞에 기혼, 미혼을 알 수 있도록 Miss 또는 Mrs.를 괄호를 하고 적어야 한다(Miss, Mrs의 표시가 없으면 미혼으로 간주함)

예시

(a) 개인 자격으로 서명할 경우 (회사를 대표하는 입장)
Yours truly,
James Snows......(Signed)
James Snows......(Typed)
Personal Manager

(b) 회사의 직책의 자격으로 서명할 경우
Yours truly,
THE TOMAS COMPANY
James Washington......(Signed)
James Washington......(Typed)
Branch Manager

(c) 대리로 서명할 경우
1) Truly yours,
p.p. The Bank of New York, Ltd.
C.R.Cottrell.
C.R.Cottrell.
Sales Manager

2) Truly yours,
per pro. The Union Bank, Ltd.,
John Adams......(Signed)
John Adams, Cashier...(Typed)
Director

(2) 보조요소(Supplementary Parts)

1) Reference Number (참조번호)

Reference(File) Number는 파일의 보관이나 후일의 입무처리의 편리성을 도모하기 위해 번호를 붙이는 것으로, 규모가 큰 회사의 경우 지역별, 품목별 및 거래처별로 구분해서 정리·보관하여 놓으면 향후에 거래의 신속과 시간을 절약할 수 있다.

참조번호의 위치는 서신 우측에 있는 발신일자의 밑이나 수신자 주소의 바로 위에 타자하면 되며, 주로 서두에 Ref. No. 또는 Your Ref., 또는 Our Ref.라고 인쇄해 두고 거기에 참조번호를 타자하여 사용하고 있다.

상대방의 서신에 대하여 회답을 쓸 경우 상대방의 서신에 Our Ref. No. xx가 있으면 회답에도 Your Ref. No. xx를 표기해 주면 수신자로 하여금 내용 파악에 도움을 주게 되어 좋다.

예	시
① Ref. No. 1234	② Your Ref. KTR-1023
③ Our Ref. 110	④ Our Ref. No. 1001
⑤ Our File No. SP-1002	⑥ In reply, please quote to our reference No. SF-101

2) Letter Subject (표제 명)

Letter Subject는 서신을 수령한 당사자가 서신내용을 읽어 파악하기 전에 그 전체적인 내용이 무엇인가를 쉽게 식별할 수 있도록 하기 위하여 그 서신의 내용을 요약하여 붙인 제목이며, Subject Captioned이라고도 한다.

이는 우리말의 "……에 관한 건"으로, 기재하는 위치는 서두인사의 위나 아래 또는 우측에 간단히 기재한다. 이를 표시하는 방법으로는 Underline을 하던가, "Subject :" 또는 "Re(Regarding ~에 관하여) :"을 쓰고 이어서 제목을 기재하고 있다.

예 시	
① Your Order No. 212	② <u>Offer Sheet No. 10.</u>
③ Subject : Packing List No.3	④ Re : Your of April 10.

3) Attention Line (참조인)

이국간에 이루어지는 무역거래의 주체는 회사가 되는 것이 일반적이므로 무역서신도 대체로 회사 앞으로 발송한다. 그런데 회사규모가 크고 업무가 특정 부서나 사람이 전담하도록 되어 있는 경우는 회사의 특정인이나 특정 부서를 명시하여 서신이 그 앞으로 정확히 전달되도록 발송하는 경우가 있다. 이를 Attention Line(particular address or special address)이라고도 한다. 참조인의 표시는 밑줄을 치는 것이 일반적이며, 이 경우 인사말은 복수형인 Gentlemen : 또는 Dear Sirs,을 쓰면 된다.

예시

(a) Attention : Mr. K. H. Bakers
<u>Attention of Mr. K. H. Adams, President</u>
Attn : Director and Vice President

(b) Mr. W. Baker
C/O American Electric Co., Inc.
100 South Street
New York, N.Y 10022
U. S. A.

Attention : Export Department

Gentlemen :

4) Identification Marks (관계자 약호)

Identification Marks는 서신의 작성자·서명자·Typist 등의 머리글자를 표기함으로써 후일에 어떠한 분쟁이나 오류가 발생했을 경우에 서신작성의 책임소재를 명확히 하기 위한 관련자 약호를 말하는데, 이를 서신작성책임자 식별기호 혹은 Initials or Direction Initials라고도 한다. 이것은 보통 서명란의 바로 밑 좌측여백에 기재하며, 기재방법은 서명자 성명의 첫 글자를 대문자로 먼저 기재하고 " : " 혹은 " / " 및 " - " 표시를 한 다음 Typist의 이름 첫 글자를 대문자나 소문자로 기재하면 된다.

예시

HSH/sr, HSH : sr, HSH-sr,
KGU/ms (Director, Typist or Stenographer)

5) Enclosure Notation (동봉물 표시)

Enclosure Notation은 동봉물 표시 혹은 동봉물 지시문언이라고 하는데, 서신과 함께 수표(check)나 선하증권(bill of lading), 상업송장(commercial invoice), 포장명세서(packing list) 등을 동봉하여 그 사실을 표시하여 두면 서신의 발신자는 분실했을 경우 근거가 되며 수신자로서는 동봉물을 동봉치 않았음을 발견하였을 경우 이를 곧 상대방에 조회하는데 편리하기 때문에 실무거래에서 많이 이용된다.

동봉물 표시는 관련자약호(identification marks)의 아래 1줄이나 2줄 밑에 Enclosure, Enc., Encl., Inclosures, Incs., Incls., Incl. 등으로 기재하고 동봉물의 내용 및 동봉물을 기재한다. 영문통신문상에 기재되는 동봉물의 수의 표시는 통상 ① Enclosure 1, ② Enclosures 2, ③ 3 Incls. (or Incl. 3), ④ Inclosures : 4로 하지만 그 동봉물이 반송되거나 별봉으로 보내지는 경우에는 ① Enc. 2(to be returned), ② Sep. Copy 1, ③ 3 Incl.(1 to be returned)과 같이 표기한다.

예시

1) Encl : Order Sheet No. 1234 or Pro-forma Invoice # 59
2) Encls : 2 B/L, I Invoice
3) Enclosure : A check for US$ 1,500.

6) Post-script (추신)

Post-script는 서신의 작성이 모두 끝난 후 서신의 본문 중에 중요한 사항이 누락되었거나 그 내용을 강조하고 주의를 환기시킬 것을 목적으로 동봉물 표시문언 밑에 P.S.라고 표기하는 것이다.

P.S.는 라틴어 "Postscriptum"의 약어로서 만일 추신이 2개인 경우에는 2번째 추신은 P.P.S.(post post-scriptum)로 표시한다.

예시

P.S. The price remain in force for 48 days only
P.S. Do not forget to air samples before May 20.
P.S. Have you used up the sample of GSW-102K?
P.S. The revised catalog of our latest production sent under separate cover.
PS. The enclosed postcard is for your convenience. Mail it today.
P.P.S. Under separate cover, we are sending you the offer sheet and samples.

7) Carbon Copy Notation (사본배부처)

Carbon Copy Notation은 동일 서신의 사본이 수신인 이외의 제3자 즉, 자기의 지점이나 대리점에 이를 알리기 위하여 "Copy to", "C.C" 혹은 "Copies to"라는 약어를 기재하는 것으로 "사본송부표시"라고 한다.

수신인이 사본송부처를 잘 알지 못하는 경우는 주소나 전화번호를 함께 기재하는 것이 좋으며, 서신을 다른 사람에게 보낸 통보를 누군지 밝히고 싶지 않을 경우에는 BBC(blind carbon copy to)를 쓴다.

예시

Copy to : Miss Alice Dill
Atlantic Trading Co.
Copy to : Export Department Manager
C.C. : Our agent in New York
C.C. : Mr. James Baker
Copies to : Mr. P.H. Comroy
Dr. Thomas Mc Carthy
BBC
Copies sent to : Junyoung, Busan Branch

8) Mailing Direction(우편종별 표시)

Mailing Direction은 우송편 및 기타 지정사항으로 통상 봉투전면의 좌측 상부 또는 중앙우측에 표시된다. Mailing Direction은 직접 우표를 붙이고 우체국에 가는 직원에게 기안자가 어떤 형식으로 이 서신을 발송하라고 지시를 하기 위해 표시하는 것이다. 즉, 우편의 발송인에게 우편종류를 명확히 해주거나 우편료의 정산을 쉽도록 하기 위한 것인데, 위치는 동봉물 표시나 관련자 약호 밑에 Air Mail(항공우편), Registered Mail(등기우편), Special(Express) Delivery(속달우편), Printer Matter(s)(인쇄물), Sample of Merchandise(상품견본), Photo Only(사진재중) 등으로 표시한다.

예시

HSH/sr
Special Delivery

9) Additional Sheet or Continuation Sheet(추가면)

서신은 한 장에 모든 내용을 기재하는 것이 바람직하지만 내용이 방대하여 한 페이지로 끝나지 않고 2면, 3면까지 쓰는 경우에 추가하는 면을 사용하게 된다. 이 경우에는 첫 장과 같은 크기, 색깔 및 지질의 용지를 사용하여야 한다.

서두(letterhead)가 없는 용지나 서두가 있는 것이라도 회사명만이 간결하게 인쇄된 용지를 사용하여 수신인의 성명이나 약자, 페이지 수 및 날짜를 쓰고 내용을 아래에 기재하면 된다.

또한 1면 끝에 P.T.O.(please turn over)란 표시를 하고 뒷면에 계속 기재하는 경우도 있다.

예시

제1면 하단 – to be continue –, – continued –, – page 1 –

제2면 상단 (a) – J. Smith & Co., Inc., –, – page 2 –, April 3, 2019.
(b) – J. Smith & Co., Inc., – 2 –, April 3, 2019.

예시 Ⅰ : Parts of Business Letter

① Letterhead

② Date

③ Inside Address

⑨ Reference Number

⑧ Attention Line

④ Salutation

⑩ Subject

⑤ Body of the Letter

⑥ Complimentary Close

⑦ Company Name
Signature
Title

⑪ Identification Marks

⑮ Mailing Direction

⑫ Enclosure Directions(Notation)

⑬ Carbon Copy Notation

⑭ Postscript

⑯ Additional Sheet

예시 Ⅱ : Layout of the Business Letter

LETTERHEAD

Date

Reference

Inside Address ____________________
____
____

Attention :

Salutation :

Subject

____
______________ Body of the Letter ______________
____
____
____
____
____
____

Complimentary Close

COMPANY'S NAME
(Writer's Signature)
Writer's Typed Name
Title

Initials
Enclosures
C.C
P.S.

Forms of Business Letter

Chapter 03

무역서신의 형식

무역서신을 작성하는 경우에는 앞에서 설명한 여러 가지 구성요소를 용지에 적절히 배치하여야 한다. 그런데 이러한 구성요소를 수직으로 배치하느냐 또는 요철방식으로 배치하느냐 그리고 본문 이외의 각 요소 각 행의 끝마다 구두점을 찍는가의 여부에 따라 다음과 같이 구분할 수 있다.

(1) Block Form(수직식), Open Punctuation(개방식 구두점)

수직식은 미국에서 보편적으로 쓰이고 있는 형식으로 무역서신의 구성요소 중 Date, Complimentary Close, Signature를 제외하고 나머지 요소(salutation, body, inside address, etc.)를 왼쪽 가장자리에 맞추어 배열하는 방식이다.

이 형식은 서신을 작성하는데 소요되는 시간의 절약을 기할 수 있는 능률적인 스타일로 각광을 받고 있는 장점이 있으나 서신의 구성이 한쪽으로 너무 치우치는 단점이 있다.

수직식은 절충식 구두점을 수반하는데, 이는 개방식과 폐쇄식 구두점을 합친 것으로 인사말 뒤에 Colon(:), Complimentary Close 뒤에 콤마(,)를 찍는 것 외에는 본문 이외의 모든 요소 끝에 구두점을 생략하는 형식이 활용된다.

(2) Full Block Form(완전 수직식), Open Punctuation(개방식 구두점)

이 방식은 Complete(pure, extreme) Block Form이라고도 하며 수직식의 변형으로 인쇄된 서두를 제외하고 서신의 모든 구성요소를 구별 없이 전부 왼쪽여백에 일직선이 되도록 배열하는 방법이다. 완전 수직식은 보통 Open Punctuation이 수반되는데 이것은 본문 이외의 모든 구성요소에 콤마(,)나 마침표(.)를 전부 생략하는 형식이다.

(3) Semiblock Form(반수직식), Mixed Punctuation(절충식 구두점)

반수직식은 부분 수직식이라고도 부르는데, 이는 수직식의 변형의 형태로, 일자, 본문, 결미인사, 서명 각 단락의 첫 행을 제외하고 모든 구성요소를 단락의 가장자리에 맞추어 배열하는 형식이다.

반수직식은 본문의 절의 구별이 분명해진다는데 장점이 있으며 이 형식은 보통 Mixed Punctuation을 수반한다. 절충식 구두점은 오늘날 여러 종류의 서한에 가장 많이 사용되고 있는 방식인데, 본문 이외의 다른 구성요소에는 구두점을 사용하지 않는 것으로 서두인사의 뒤에는 Colon을 찍고, 결미인사의 뒤에는 Comma를 찍는다.

(4) Indented Form(사선식), Closed Punctuation(폐쇄식 구두점)

이 형식은 전통적인 양식으로 보수적인 영국에서 현재 사용되고 있는데 미적인 균형미는 있는 반면에, 본문은 물론 모든 구성요소를 Indention하여 타자하는 형식으로서 타자하는데 많은 시간이 걸린다. Indented Form은 보통 폐쇄식 구두점을 수반하는데 이는 각 행의 끝에 콤마(,)를 붙이고 끝 행의 마지막에는 Period(.)로 끝맺는 방법이다.

❙ Letter Forms

(1) Block Form (Mixed Punctuation)

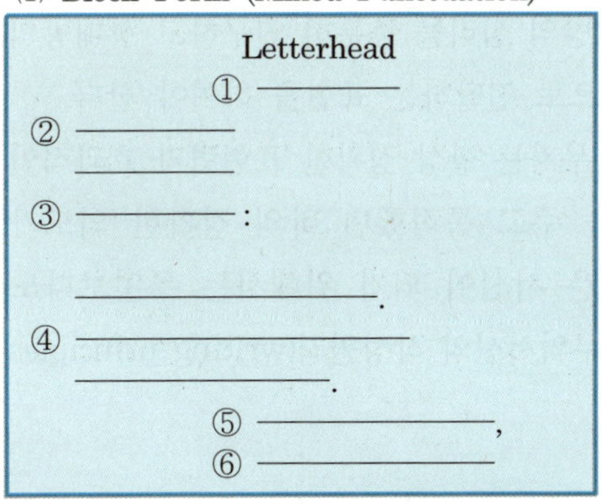

(2) Full Block Form (Open Punctuation)

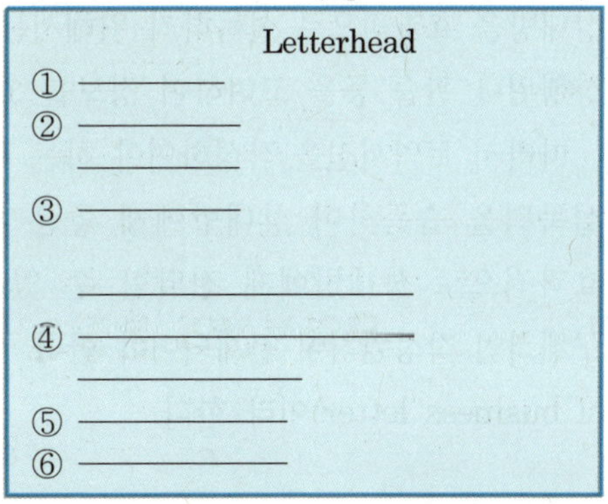

(3) Semi block Form (Mixed Punctuation)

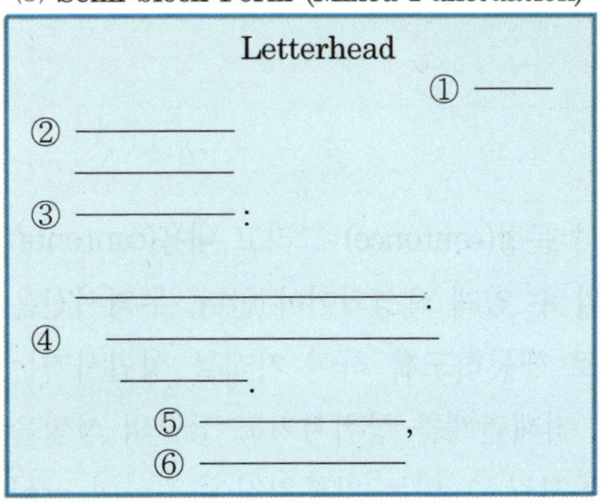

(4) Indented Form (Closed Punctuation)

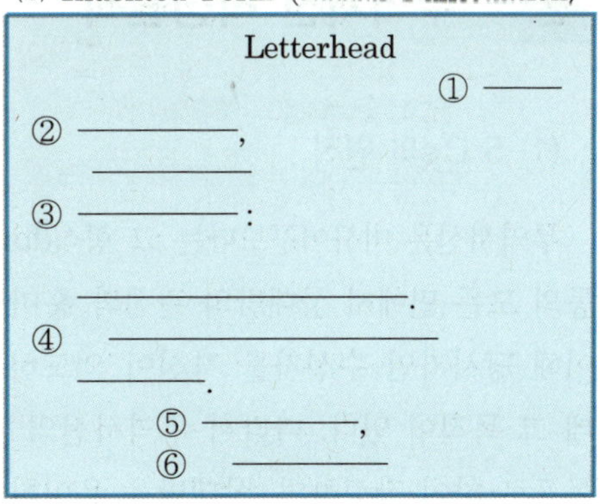

① Date Line ② Inside Address ③ Salutation ④ Body ⑤ Closing ⑥ Signature

Writing Principles of Business Letter

Chapter 04

무역서신의 작성원칙

1 무역서신의 작성개요

무역서신의 목적은 첫째, 상대방에게 정확하게 정보를 제공하기 위한 것이므로 영어를 사용하여 정보를 정확하게 전달하기 위해서는 올바른 어법으로 쉽고 분명하게 내용을 표현하여야 한다. 둘째는 상대방을 효과적으로 설득하기 위한 것이므로 상대방을 효과적으로 설득하기 위해서는 상대방의 심리를 충분히 연구하고 상대방의 상행위나 관습 등을 고려하여 정보를 효과적으로 전달하는 표현을 하여야 한다.

따라서 무역서신을 작성하여야 하는 무역실무자는 항상 정확한 표현력과 효과적인 설득력을 습득하여 상대방에게 좋은 인상을 주고 목적했던 바의 정확한 의도가 효과적으로 상대방에게 전달할 수 있는 좋은 서신이 되기 위해서는 무엇보다도 구체적인 작성원칙이 전제되어야 한다. 이를 무역서신의 작성원칙(writing principles of business letter)이라 한다.

2 무역서신 작성원칙

(1) 5 C's의 원칙

무역서신은 미사어구보다는 그 형식(form)이나 문장(sentence) 그리고 내용(contents) 등의 모든 면에서 상대방의 관심과 흥미를 느낄 수 있게 작성되어야 한다. 무역서신은 이해 당사자인 수신자를 자신이 의도하는 대로 행동하도록 하여 거래를 성립시키는 데 그 목적이 있다. 따라서 무역서신의 내용은 거래관계를 성취시키고 상담의 성립을 목표로 하여 작성하며, 상대방을 용이하게 납득시킬 수 있는 기본원칙에 준하여 작성되어야 한다.

효과적인 무역서신을 작성하기 위해서는 "Business English is the art of using words so as to make men do things for the mutual benefit"라는 정의가 말해 주듯이 상대방으로부터 "Active and Favorable Response"를 기대하면서 「C's of good business writing」이 구비되어야 하는데, G.B. Hotchkiss가 "Handbook of Business English"에서 언급한 무역서신 작성기법의 구비요소인 5C's 내용에 대해서 살펴보기로 한다.

1) 정확성(Correctness)의 원칙

정확한 무역영어 서신이란 서신의 내용 및 형식에 있어서 올바른 방법으로 작성하여야 하며 효과적인 무역서신이 되기 위해서는 서신의 내용을 작성할 때 문법(grammar), 문장의 구조(sentence structure), 독해(reading), 어휘(vocabulary), 철자법(spelling), 구두점(punctuation) 및 대문자(capitalization) 등 각종 문장을 구성하는 모든 요소가 정확하여야 하고, 어법이나 관용표현에 맞게 정확히 작성되어야 하며, 편견이나 차별적인 언어의 구사는 자제되어야 한다. 상품을 설명할 때에는 상품의 명세, 규격, 단가, 결제조건, 인도조건 등의 내용도 정확하게 작성되어야 한다.

2) 명료성(Clearness)의 원칙

명료성의 원칙이란 상대방이 서신의 내용을 정확·명확하고 오해 없이 이해할 수 있도록 작성하여야 한다. 즉 좋은 무역서신이 되기 위해서는 무엇보다도 수신인이 이를 이해하고 해석하는데 오해나 혼란을 일으키지 않도록 하는 것이 가장 중요한데, 이를 달성하기 위해서는 어느 누가(who), 무엇을(what), 언제(when), 어디서(where), 어떻게(how), 왜(why) 하였는지가 구체적으로 나타나야 한다.

3) 간결성(Conciseness)의 원칙

간결성의 원칙이란 서신의 작성자가 표현하고 싶은 내용을 최소한의 단어를 사용해서 무역서신은 내용이 읽기 쉽고 간결하며 직접적인 표현을 사용하여 나타내어야 한다. 왜냐하면 간결한 서신은 발신자나 수신자 모두에게 시간과 경비를 절약해 주고, 빠른 시간에 서신의 내용을 숙지할 수 있다. 그러나 설명문 형식의 긴 문장이나 되풀이되는 문장은 복잡한 무역거래의 내용을 더욱 어렵고 혼란스럽게 만들어 의도한 내용의 정확한 전달을 기대하기 어려울 뿐 아니라 수신자로 하여금 지루함을 느끼게 할 수 있다.

따라서 상업서한의 간결성은 가능한 한 적은 어휘를 이용하여 충분한 의미를 전달해야 하는데, 무역서신이 간결성을 갖기 위해서는 ① 불필요하거나 장황한 내용의 항목은 삭제한다. ② 서한의 본질적인 요소도 아니며 중요하지도 않은 요소는 요약한다. ③ 불필요한 어휘를 간결히 나타낸다는 세 가지의 원칙에 충실해야 한다.

4) 완전성(Completeness)

통신문을 완전하게 작성한다는 것은 중요한 사항을 상세하게 기술하여 목적하는 바를 분명하게 전달함으로써 본래목적을 완전하게 달성하려는 것을 의미하므로, 즉 일방의 당사자가 상대방에게 자기의 의사나 생각 등을 효과적으로 전달함으로써 원하는 목적을 달성하여야 하는 것이므로 우선 그 서신의 내용은 자기가 표현하고자 하는 모든 사항들이 완전하게 나타나야 한다. 불완전한 서신내용은 발신자의 목적 달성을 어렵게 만들 뿐 아니라 수취인도 그 서신내용을 이해하기 어렵기 때문에 무엇보다도 그 내용의 완전하고 질서정연하며 통일성과 일관성을 유지하면서 작성되어야 한다.

5) 예의성(Courtesy)의 원칙

예의성의 원칙이란 상대방의 호감을 얻을 수 있도록 예의있고, 진지하고, 친근감 있게 서신을 작성하여야 한다. 예의성이 있는 서신이 되기 위해서는 예의를 지켜 자기 본위(writer viewpoint)보다는 수신자 본위(reader viewpoint)를 중심으로 사실적이고 진솔하며 능동적으로 감정을 표현하는 내용을 담은 서신이어야 한다. 즉, 가급적 수동보다는 능동형으로 작성하는 것이 좋으며, 진부하고 허식적인 표현은 피하고, "I"· "we" · "our" 대신에 "you"나 "your"의 접근태도를 취하는 것이 바람직하다.

(2) AIDA 원칙

AIDA원칙은 상품을 판매할 목적으로 무역서신을 작성할 경우 주로 사용되는 원칙이며, 불특정 다수인을 상대로 한, 한통의 서신으로 상품이나 서비스를 제공한다는 취지로 Attention(주의환기) → Interest(흥미유발) → Desire(욕구의 창출) → Action(구매행동의 실행)의 첫 글자를 따서 만든 말로, 이 순서로 서신을 작성하는 것이 좋다는 원칙이다. 서신구조에 있어서는 서두구절, 본론, 결미구절의 형태를 취하고 특히 자사 제품은 물론이고, 신제품의 Marketing을 위하여 먼저 독자의 주의를 환기시키고, 관심을 모으고, 상품이나 서비스에 대한 욕구를 창출하여, 구매행동을 자극할 수 있어야 한다는 Sales Letter에 많이 사용될 수 있는 원칙이다.

1) 주의환기 (Attracting Attention)

무역서신에서도 첫 5단어(the first five words)와 마지막 끝의 5단어(the last five words)가 매우 중요하므로 시작하는 문장은 "시작이 반(Well begun is half done)"이라는 말 그대로 더욱 중요하다. 그러므로 시작하는 문단은 한두 문장으로 간략하면서도 매력적이어야 하므로, 인사나 주제를 제시하여 친근감을 주거나 주의를 환기시키는 것도 좋은 방법이다.

2) 관심유발 (Holding Interest)

주의를 환기시킨 내용을 이제 유효하게 흥미를 돋구어야 하므로 수신인의 위안이나 이익을 충족시켜, 흥미를 불러일으킬 수 있도록 자기의 제품과 서비스의 특징을 간결하게 서술하여 관심을 유발한다.

3) 욕구창출 (Creating a Desire)

이제 흥미를 고조시키기 위하여 제시하였던 내용을 더욱 확신시켜 욕망을 불러일으켜야 할 단계이다. 그러므로 논증이나 입증을 위해서 사실과 숫자를 제시하여야 하고, 필요하다면 단계를 더 늘려서라도 수신인을 설득·확신시켜 욕구를 창출하여야 한다.

4) 구매행동자극 (Stimulating Action)

이 단계는 전체의 요약, 행동촉구의 결언을 줌으로써 회신, 그것도 유리한 회신을 받도록 하는 결정적 단계이다. 따라서 힘있는 표현을 사용하여 보이지 않는 명령이 되도록 하거나, 구매행동을 취하기에 불편한 점을 제거해 준다든지(우표를 붙인 봉투와 주문서 동봉), 또는 유인하기 위하여 할인이나 보상책 등의 혜택을 제공하고 그것을 조건부로 하여 즉각적인 행동을 촉구한다.

Tip 무역영어서신 기타 원칙은 다음과 같다.

① 문제의 핵심을 찌르라(Come down to brass Tacks).
② 좋은 소식은 먼저, 나쁜 소식은 뒤에 언급하라(Good news first, bad news last).
③ 한통의 서신에는 하나의 용건만 다루는 것이 좋다(One letter, one subject).
④ 수신자 입장(You attitude)에서 작성한다.
⑤ 간절한 마음(Desire)으로 작성한다.

Addressing of Envelopes

Chapter 05

봉투의 표기방법

봉투주소를 Outside Address 또는 Envelope Address라 부르는데, 이의 작성은 Inside address와 같은 스타일로 작성하되 Double Spacing하는 것이 좋다. 단, 판매촉진에 효과적으로 사용되는 Window Envelope(투명봉투, 유창봉투)를 사용하는 경우는 Outside Address를 기재할 필요는 없다.

(1) 봉투의 주소 표기방법

봉투를 기재할 때에는 발신자는 통신문이 정확하고 신속하게 목적지에 도달할 수 있도록 신중을 기하여야 한다.

일반적으로 무역서신에 사용되는 봉투는 보통 좌측상부 또는 봉투 이면에 발신자 주소(return address)와 상호를 사전에 인쇄해 두고 있으며, 봉투에 기재하는 수신인 주소(mail address, envelope address, receiver address)는 Inside Address에 사용되었던 것과 동일한 내용과 동일한 형태로 기재해야 한다.

(2) 우편지시사항의 기재방법

서신봉투에는 Mail Address 이외에 우편물의 취급에 관한 표시나 특기사항이 기입되게 된다. 예로 Via Air Mail, By Air Mail, Par Avion, Air Mail(항공편), Printed Matter(인쇄물), Photo Only(사진재중), Special(express) Delivery(속달), Registered 혹은 Registered Mail(등기), By Surface Mail(일반우편, 육로나 해상으로), First Class(일종우편), by s/s “Arirang”(아리랑 호 편으로), Via Panama (파나마경유) 등과 같은 사항은 봉투주소의 우측 상부에 기입한다.

(3) 주의사항의 기재방법

서신봉투에는 수신인이나 우체국에서 취급시 주의해야 할 사항으로 봉투의 좌측 하단에 Personal·Private·Confidential(인비·친전), Urgent·Immediate(지급), Sample of No Value(견본 무상), Please Forward to(~에게 전송요망), Hold for Arrival(도착시까지 보관한 다음 전달요망), Attention of Mr. Han(한씨 참조), Kindness of Mr. Richard(리차드 씨에게 부탁함), Sample of No(Commercial) Value(무료견본), Account Numbers(구좌번호) 등의 사항을 기재한다.

▌Envelope Layout Ⅰ

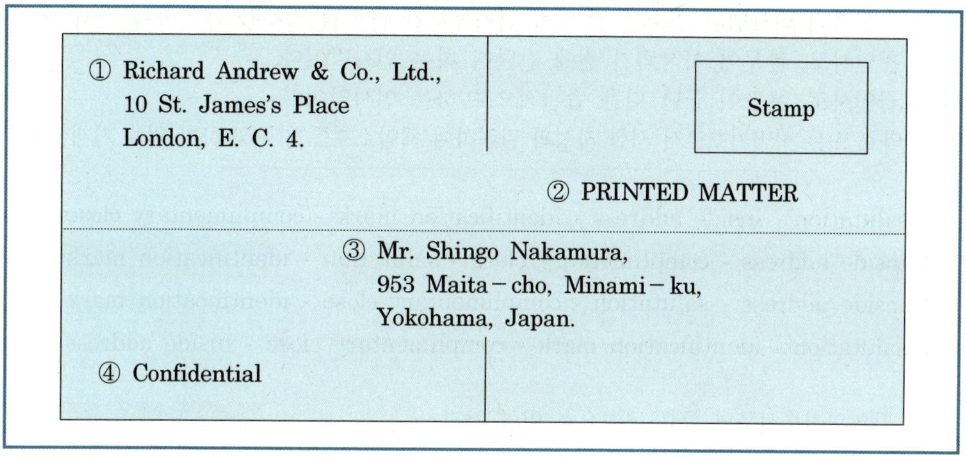

▌Envelope Layout Ⅱ

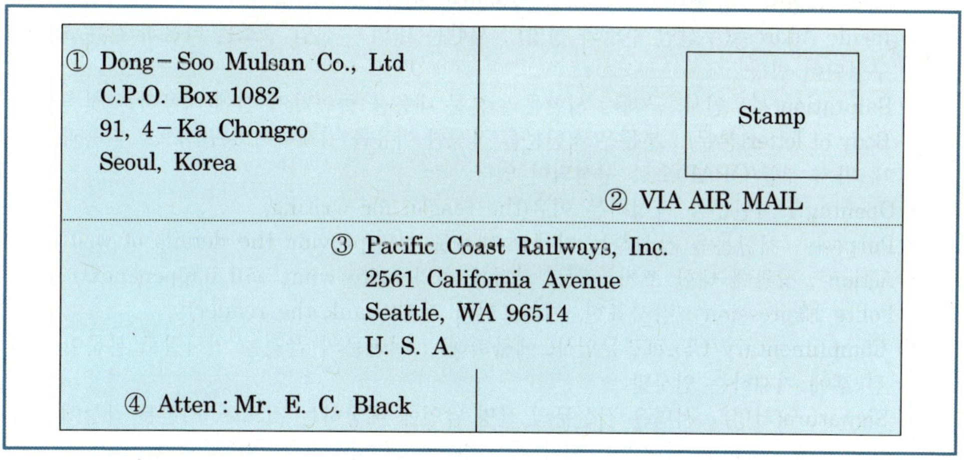

주 ① 발신인 성명과 주소를 기재하는 곳으로 서신이 배달되지 못하면 반송주소(return address)의 역할도 한다.
② 우송지시(mailing direction) 문언으로 발신 우체국이나 발신인이 항공편(via air mail), 등기(registered)와 같은 표시를 하는 곳이다.
③ 수신인의 주소로 우송주소(mailing address)를 기재한다.
④ 주의사항(remarks)을 기재하는 곳으로 발신인이 수신인에 대해 안내사항을 기재한다.

Review Exercises

연습문제

1. 다음은 Business Letter의 구성요소를 설명한 것으로 가장 적절하게 연결된 것은?

> ㉠ 수신자의 회사명과 주소를 말하며, 편지봉투가 파손될 경우를 대비하여 기재한다.
> ㉡ 첫인사로, 본문이 시작되기 전에 간단히 하는 인사말이다.
> ㉢ 끝인사로, 문장이 끝난 다음 습관적으로 하는 인사말이다.
> ㉣ 약호 또는 식별기호로서 서한 작성과 관련하여 책임소재를 명확히 하기 위해 기재한다.

① salutation - inside address - identification mark - complimentary close
② inside address - complimentary close - salutation - identification mark
③ inside address - salutation - complimentary close - identification mark
④ salutation - identification mark - complimentary close - inside address

해설 무역영어통신문의 주요 구성요소 일곱 가지

① Letterhead(서두) : 서한문 상단에 이미 인쇄가 되어 있으며 수신인에게 발신인의 이름과 주소를 통지하여 답장할 곳을 알려주기 위한 것이다.
② Date(발신일자) : 날짜를 기입하는 방법에는 여러 형식이 있는데, 부호 등을 사용하지 않고 August 15, 2019(미국식), 15 August 2019(영국식)의 표현으로 많이 사용한다.
③ Inside Address(수신인 주소와 성명) : 서한문 내의 수신인 주소는 다음과 같은 요소로 구성되어 있다.
④ Salutation(서두인사, 근계) : 서한문의 본문 내용을 들어가기 전에 사용하는 첫 인사말
⑤ Body of letter(본문) : 본문은 서한문을 작성한 이유를 기재하며 일반적으로 다음과 같은 네 가지 부분(OPAP)으로 구성되어 있다.
- Opening : 서한문을 작성하는 이유(the reason for writing)
- Purpose : 서한문을 작성하는 자세한 내용을 설명(provide the details of writing)
- Action : 상황에 대한 조치, 행동, 결과를 설명(write what will happen next)
- Polite Expression : 감사표현, 예의표현의 기재(thank the reader)

⑥ Complimentary Close(결문인사, 예불비례) : 서한문의 끝맺는 인사말로 본문이 종료된 후에 기재하는 인사말
⑦ Signature(서명) : 서명은 서한문의 서명 날인에 해당하는 것으로. 서한문 작성에 대한 책임소재를 밝히고 상대방이 회답하는 경우에 그 당사자를 명확하게 알려준다.

* Identification Marks(발신 담당책임자 식별기호) : 서한문 작성자의 책임소재를 명확하게 하기 위하여 서명자와 타이피스트 이름의 머릿글자(Initial)를 기재한다. 위치는 Signature Section의 두 줄 밑 왼쪽 Marginal Line에 서명자가 Willson Babee이고 타이피스트가 Carrot Baker인 경우 WB/cb 또는 NB:cb 또는 NB-cb 등으로 기재한다.

정답 ③

2. 다음 Business Letter의 구성요소의 표시에 대한 사례가 잘못된 것을 고르시오.

① Mailing Direction : Registered Airmail ② Identification Marks : EK/SM
③ Carbon Copy Notation : 3 Copies of B/L ④ Enclosure Notation : Printed Matter

해설

① Mailing Direction : 서한 우송하는 종별 표시로 Registered Airmail(항공 등기우편), Express Delivery(속달), confidential(인비) 등이 표시된다.
② Identification Marks(관련자 식별 기호) : 서한 작성과 관련하여 책임 소재를 확실하게 하기 위하여 작성자와 타이핑 한 자를 구별하는 표시로, 이를 Initial이라고도 한다.
③ Carbon copy Notation(사본 배부처) 동일한 서한의 사본을 다른 곳으로 보내는 경우 이를 나타내는 표시로, Copy to Mr. Kim(Your New York office)와 같이 기재된다.
④ Enclosure Notation(동봉물 표시) : 서한에 동봉물이 있는 경우 이를 기재하는 표시로 Printed Matter, 3 Copies of B/L 등과 같이 기재된다.

정답 ③

3. 다음 Business Letter의 구성 요소의 표기에 대한 사례가 잘못된 것을 고르시오.

① Letterhead : Order No. 123 ② Salutation : Dear Sir :
③ CC : Mr. David Smith ④ Complimentary Close : Yours truly,

해설

① Letter Head(서두) : 서한용지의 상단에 발신회사의 회사명, 주소, 전화 및 FAX No., E-Mail Address 등을 인쇄해 두는데 이 부분을 총칭해서 Letterhead라고 한다.
• Order No. 123은 Letter Subject(표제명 : 서한 본문의 주제)에 나올 수 있는 내용이다.
② Salutation(서두 인사) : 우리말의 첫 인사에 해당되는 부분으로 본문에 들이가기 전에 수신자에게 경의를 표시하기 위해 쓰는 인사말이다.
③ CC [Carbon copy Notation(사본 배부처)] : 동일한 서한의 사본을 다른 곳으로 보내는 경우 이를 나타내는 표시이다.
④ Complimentary Close(결미인사) : 우리말의 끝 인사에 해당하는 부분으로 본문의 내용이 끝난 다음에 습관적으로 붙이는 인사밀이다.

정답 ①

4. 무역 영문서한에서 지향해야 할 요소로서 Five C's를 들 수 있다. 이에 해당되지 않는 것은 다음 중 어느 것인가?

① Collection ② Conciseness ③ Clearness ④ Completeness

해설 5 C's는 Clearness(명료성, 명확성), 간결성(Conciseness(간결성), Completeness(완비성), Courtesy(예절성, 정중성)이다. 5 C's에는 완비성(Completeness) 대신에 Character(개성)가 포함되기도 한다.

정답 ①

5. 다음 영문서한 작성에서 AIDA도표 원칙과 의미에서 잘못 표현한 것을 찾으시오.

① A = Attracting Attention (주목을 끌어내라.)
② I = Holding Interest (흥미를 유발시켜라.)
③ D = Creating Desire (구매욕구를 갖게 하라.)
④ A = Stimulating Acceptance (구매행동을 자극시켜라.)

해설

AIDA 원칙은 영문서신을 작성하는 경우에 흔히 사용되어지는 원칙으로 A는 Attention(주의환기), I는 Interest(흥미 유발), D는 Desire(거래 욕구 창출) A는 Action(구매행동의 자극)의 첫 글자를 이어서 만든 것이다. 무역거래에서 첫 번째 절차에 해당하는 거래권유장(circular letter)의 작성목적과 유사한 원칙이다. 영문서한 작성시 AIDA원칙에서 마지막 A는 구매행동을 바라는 Action을 의미한다.

정답 ④

6. 다음 내용에 해당하는 서체(letter of style)는 무엇인가?

"It is the best combination of strong points from both the block style and the indented style, indentation of their textbooks and magazines, and saving time in typing the inside address and signature with block style."

① block style ② semi-block style ③ full-block style ④ modified-block style

해설

Block Style과 Indented Style의 장점을 보유하고 대학교과서 등의 문체로 사용되는 것은 Semi-Block Style이다. Modified-Block Style과의 차이점은 수신인 주소와 서명을 Block Style로 작성하는 점이다. 각 행의 좌단을 단계에 들어가서 시작하는 'Indented Form'과 수직으로 하는 'Block Form', 그리고 이 두 가지의 절충식인 'Modified Block Firm'과 'Semi-block Form'이 있다.

정답 ②

7. 다음 문장들의 배열이 의미가 통하도록 올바르게 된 것을 고르시오.

㉮ We have sent you two copies of our latest catalog separately together with price list by another post.
㉯ You are entitled to have a special 8% discount on all orders over U$10,000 if you place orders by the end of this month.
㉰ We believe there is a large demand for the products in your country and would appreciate your opinions on their suitability.
㉱ We expect you to take steps to make a favorable offer without delay.

① ㉰ - ㉮ - ㉯ - ㉱ ② ㉮ - ㉱ - ㉯ - ㉰
③ ㉰ - ㉯ - ㉮ - ㉱ ④ ㉮ - ㉰ - ㉯ - ㉱

해설

조회에 대한 답장의 경우 카탈로그 송부내용
㉮ 시장에서의 성공가능성 ㉰ 할인제공 유인책 ㉯ 응답기대 순서 ㉱로 내용을 정리하여야 한다.
서한문의 본문은 작성한 이유 등을 기재하며 일반적으로 다음과 같은 네 가지 부분(OPAP)을 중심으로 차례로 구성되면 이해하기 좋은 문장이다.

- Opening : 서한문을 작성하는 이유(the reason for writing)
  : ㉮ 내용
- Purpose : 서한문을 작성하는 자세한 내용을 설명(provide the details of writing)
  : ㉰ 내용
- Action : 상황에 대한 조치, 행동, 결과를 설명(write what will happen next)
  : 문제의 ㉯ 내용
- Polite Expression : 향후 조언, 감사표현, 예의표현의 기재(thank the reader)
  : ㉱ 내용

정답 ④

8. **서신 작성에서 날짜표기에 적당한 답을 ㉮㉯㉰㉱㉲ 순서에 맞게 나열한 것은?**

> We are writing about your letter (㉮) 17 July 2019. It is true that the letter is (㉯) 17 July, but we received it (㉰) 28 July and it is (㉱) 24 July. This means it must have been mailed (㉲) 23 or 24 July. The deadline for bids on the contract was 20 July 2019, so I'm afraid your bid arrived too late. We have selected another contractor for this job.

① on - of - on - postmarked - of　　② dated - of - of - postmarked - on
③ of - dated - on - postmarked - on　　④ dated - on - of - postmarked - of

해설

Date는 서신의 발행일자를 확인하며 후일에 동 서신에 대해 언급하거나 회신을 보낼 경우에 반드시 필요하기 때문에 정확히 기재되어야 하는데, 통상 년(year), 월(month), 일(day)로 구성되며, 표기방식에는 American Style은 월·일·년도의 순서로 하고 일(day)은 단지 1, 2, 3과 같이 Cardinal Number(기수)로 기재하지만, British Style은 일·월·년도의 순서로 배열하되 일자는 1st, 2nd, 3rd와 같이 Ordinal Number(서수)로 기재한다.
그리고 본문 가운데서 요일이 월보다 앞설 경우는 on the 15th of March 또는 on the fifteen of March, In reply to your letter of the 22th of Oct.와 같이 서수로 표현하며, 날짜를 표기하는 방법으로 편지의 날짜는 'of' or 'dated'로 표기를 하고 수신한 날은 'on'으로 해야 하며 편지의 날인 날짜는 'postmarked'라고 한다.
정답 ③

Part 3

수출입 절차별 모범 영문서신

Chapter 01

해외시장조사와 거래처 선정

1 무역계약의 의의

무역계약(contracts for the international sale of goods; trade contract)은 국제간 매매계약으로서 매도인이 물품의 소유권을 양도하고 매수인은 이를 수령하고 대금을 지급할 것을 약정하는 국제물품매매계약을 말한다.

따라서 무역거래는 ① 무역계약은 각 계약당사자가 상호 대가적 관계에 있는 급부를 할 것을 목적으로 하여 성립되는 유상계약(remunerative contract)이며 ② 무역계약은 매매당사자간에 계약이 성립됨에 따라 쌍방이 채무를 부담하는 즉, 매도인은 물품인도의 의무, 매수인은 그 대가로 대금지급의무를 갖는 쌍무계약(bilateral obligation contract)이며 ③ 매도인의 청약(offer) 또는 매수인의 주문(order)에 대한 상대방의 승낙(acceptance) 또는 주문승낙(acknowledgement)이 있어야 비로써 계약이 성립되는 합의 또는 낙성계약(consensual contract)이라는 세 가지 법률적 특성이 있다.

계약당사자가 통상적 거래에서 매도인의 청약이 승낙되거나 매수인의 주문에 대하여 주문승낙이 이루어지면 계약은 성립되어 계약서를 작성하게 되는데 무역계약의 종류에는 ㉮ 매 거래시마다 매도인과 매수인간에 거래가 성립되면 품목별거래에 대하여 계약서를 작성하고 그 계약에 대한 거래가 종결되면 그 계약이 종료되는 개별계약(case by case contract), ㉯ 매매당사자간에 상호 장기간 거래를 하였거나 동일한 상품을 계속적으로 거래할 경우에는 장기간 기준으로 계약을 체결하고 필요시마다 거래상품을 선적해 주는 경우의 포괄 또는 장기계약(master contract), ㉰ 특정품목의 수출입에 있어서 수출상은 수입국의 지정 수입상 외에는 동일품목을 Offer하지 않으며, 또 수입상 역시 수출국의 타 수출상으로부터는 동일품목을 취급하지 않겠다는 조건으로 맺어지는 독점계약(exclusive contract) 등이 있다.

2 무역계약의 성립절차

매매계약의 성립은 일반적으로 거래를 체결할 해외시장에 대한 조사를 하는 해외시장조사(foreign market research) 단계와 선정된 거래처와 거래교섭(business negotiation)을 하는 계약체결의 예비교섭단계 그리고 매매당사자간에 일방의 당사자가 계약체결을 청약/주문(offer/order)하고 이에 대한 승낙/주문승낙(acceptance/acknowledgement)에 의해 거래교섭이 체결되는 세 단계를 거쳐서 이루어지게 된다.

(1) 해외시장조사 단계(foreign/overseas market research stage)

해외시장조사(foreign market research)는 특정상품에 대한 판매 또는 구매가능성(selling or purchasing possibility)을 조사하는 것을 말하며 해외시장조사는 무역거래를 체결하기 위하여 이루어지는 첫 단계이다. 해외시장조사는 다각적인 방법을 통하여 해당 물품을 수출하거나 조달하기 위하여 적합한 시장을 물색한 후 거래가능한 상대방에 대한 신용조사(credit inquiry)를 거쳐 거래상대방을 선정하는 일련의 과정을 말한다. 그리고 상담활동은 유리한 무역계약을 체결하기 위해 거래상대방과 진행하는 일련의 협상과정을 의미한다.

무역계약 체결 사전단계인 해외마케팅 단계로서 해외시장조사 과정을 거쳐 거래상대방을 물색하여 거래제의(business proposal 또는 trade inquiry)를 하고, 거래상대방에 대한 신용조사를 하여 신규거래처인 경우에는 거래처를 확보하는 차원에서, 기존의 거래처인 경우는 마케팅채널을 관리하는 차원에서 검토할 수 있다.

(2) 계약체결을 위한 예비교섭 단계(preliminary negotiations stage)

여러 방법에 의한 시장조사를 통하여 해외 목적시장이 선정되면 다음 단계에서는 구체적으로 거래처를 물색하여 계약체결을 위한 예비교섭단계에 들어가게 된다.

거래처의 물색방법으로서는 조사를 통하여 선정된 유력한 거래가능 대상자에게 거래권유서(circular letter)를 보내거나 상품의 판매나 구매의사를 타진하기 위하여 조회(inquiry)를 한다. 또한 무역관계기관이나 기존거래처를 통해 거래처 알선의뢰 서신을 발송하기도 하고 바이어가 직접 거래상담을 진행하기도 한다. 그러나 선정된 거래처와 계약을 체결하기에 앞서 선행되어야 할 것은 거래처에 대한 철저한 신용조사를 하여 거래에서 발생하는 여러 위험들을 사전에 예방할 수 있다.

(3) 계약성립의 단계(stage of establishment of contract)

전술(前述)한 단계를 거쳐서 계약체결에 합의한 당사자가 유효한 계약성립을 수출업자의 청약(offer) 또는 수입업자의 주문(order)에 대한 상대방의 승낙(acceptance) 또는 주문승낙(acknowledgement)이 있어야 비로써 계약이 성립된다.

통상 거래당사자 중 일방인 수출상(seller) 또는 수입상(buyer)이 제시하는 확정적인 청약(offer) 또는 구매주문(order)에 대하여 상대방이 승낙(acceptance)하거나 주문승낙(acknowledgement)함으로써 계약이 성립한다.

무역거래에서 거래당사자는 계약성립 후에는 계약성립을 구체적으로 확인할 수 있는 수출입 본 계약서(sales contract·purchase contract·agreement on general terms and conditions of business·exclusive sales contract)를 서면으로 작성하여 문서로 남겨두어야 사후에 야기될 수도 있는 분쟁을 예방할 수 있다.

무역계약의 체결과정

해외시장조사(foreign market research) → 거래처 선정(prospective buyer) → 거래제의(business proposal) → 거래상품조회(trade inquiry) → 거래상품조회에 대한 회신(replies to an trade inquiry) → 신용조회(credit inquiry) → 청약(offer) → 반대청약(counter offer) → 확정청약(firm offer)과 주문(order) → 승낙(acceptance)과 주문승낙(acknowledgement) → 무역계약 체결(sales contract ; sales note, purchase order note)

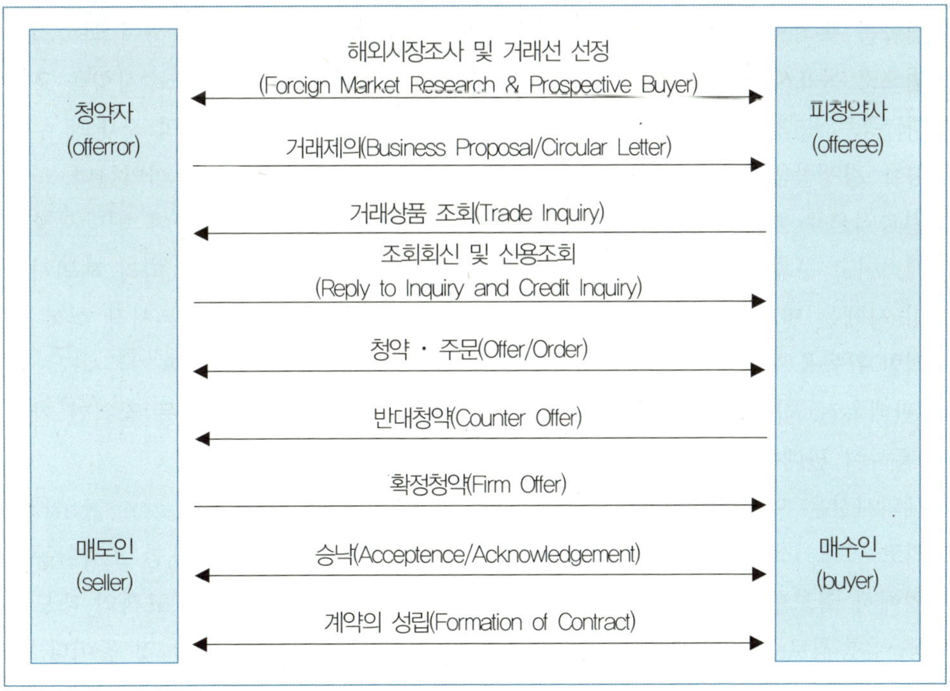

3 해외시장조사(foreign market research)

(1) 해외시장조사의 의의

해외시장조사(foreign market research)는 특정상품에 대한 판매가능성(selling possibility) 또는 구매가능성(selling or purchasing possibility)을 조사하는 것을 말하며 다각적인 방법을 통하여 해당 물품을 수출하거나 조달하기 위하여 적합한 시장을 물색한 후 거래 가능한 상대방에 대한 신용조사를 거쳐 거래상대방을 선정하는 일련의 과정을 말한다. 즉 수출입거래의 최초 단계로서 외국시장에서 신규 무역거래 관계를 시작하는데 있어 자기가 취급하는 상품을 세계의 어느 시장에서 많이 소비하고 있는가 또는 유리하게 공급할 수 있는가 등을 연구하여 목적시장을 물색한 다음 그 시장의 상거래관습이나 각종 상품의 정보를 조사하는 것을 말한다.

(2) 해외시장조사의 목적

해외시장조사는 어느 특정시장을 형성하는 제요소를 과학적으로 조사·분석하여 목적시장이 취급상품의 수출입지로서의 적격성 여부를 판단하여 특정물품의 판매 또는 구매가능성(selling or purchasing possibility)을 측정하고 매매에 필요한 정보를 수집함을 목적으로 하고 있다. 이때 수출자는 객관적인 자료에 근거하여 과학적인 방법으로 목표시장에 접근하기 위하여 조사대상 시장의 일반사항과 특수사항을 조사한다. 즉, 해당시장에서의 판매적격성을 파악하기 위하여 관심품목의 국내외 수급동향을 경쟁상품과 비교한 경쟁력과 수익성을, 국내외 경쟁상대자를 파악한다.

결과적으로 해외시장조사는 관심품목의 수입자를 선정하기 위하여 해당시장의 전체적이고 구체적인 사회·경제적인 동향을 파악하는 과정이다. 이에 따라 해외시장조사 시에는 먼저 시장확보 측면에서 홍보, 신시장 개척, 상실한 기본시장 회복 등 양적인 활동을 통하여 판매시장을 발견한다. 그리고 시장관리 측면에서 기존시장에서의 판매촉진, 직면한 손실과 곤란의 기피, 기존시장에서의 지위향상 등 질적인 활동을 통하여 판매능률의 향상을 기한다.

해외시장은 시간개념으로 현존시장(existing market)과 잠재시장(latent market) 그리고 미래시장(incipient market) 등 세 가지가 있다. 각 시장에 대한 조사활동시 기업에서 확보할 수 있는 시장에 관한 정보는 주로 시장의 잠재력, 고객의 태도와 행동, 유통경로, 커뮤니케이션수단, 시장정보의 원천과 신제품에 관한 것 등이다.

이와 함께 해외시장조사를 통하여 확보한 각종 시장정보를 분석할 때 가장 명심하여야 할 사항은 시장의 전체적인 크기(size)를 측정하는 것과 해당 시장에서 스스로 경쟁적인 위치(competitive position)를 확인하는 것 등이다. 이와 더불어 인터넷이 일반화됨에 따라 위와 같은 오프라인상에서의 해외시장조사 활동은 물론 온라인상에서 인터넷을 활용한 해외시장을 조사하는 방법을 적극 활용해야 한다.

(3) 해외시장조사의 내용과 대상

해외시장조사는 특정상품에 대한 판매 또는 구매가능성을 조사하는 것을 말하며 대개의 경우 수출 유망한 시장을 일반적 판단에 근거하여 몇 개 정도로 압축하여 선정하는 것이 좋다. 즉 자사제품의 가격 또는 비가격 경쟁력을 감안하여 몇 개의 나라를 목표시장으로 정하는 것이므로 해외시장은 국내시장과는 달리 지역적인 격리성, 상이한 문화, 종교, 상관습 및 언어 등의 차이로 어려움이 많으나, 외국과 무역거래를 함에 있어서 위험을 최소화하고, 이익을 극대화하기 위해서는 사전에 정확한 시장조사가 필수적인 전제조건으로 무역업 성패의 중요한 과제 중의 하나가 된다.

해외시장조사는 목적시장의 전반적인 개황을 조사한 다음 취급상품에 대한 유통구조, 경쟁대상, 제품의 가격정책, 거래대상, 거래처 등을 조사하는 일련의 단계를 거치게 된다. 마케팅전략의 성공은 정확한 정보의 확보에 달려 있으므로 무역업을 성공시키기 위해서는 무엇보다도 특정시장을 형성하는 여러 가지 요소를 과학적으로 조사·분석 후 적격성을 판정하는 것이며 이에 따라 해당품목의 수출 또는 수입계획을 수립하게 되는 일련의 과정이 해외시장조사이다.

(4) 해외시장조사의 방법

해외시장을 조사하는 방법에는 크게 Off-line에 의한 방식과 On-line에 의한 방식이 있는데, Off-line방식이란 기존의 전통적인 방식으로써, 해당 국가를 직접 방문한다든지 해외의 에이전트나 지인을 활용하는 방법, 해외전시회나 박람회의 참가 혹은 참관, 국내의 수출유관기관(KITA, KOTRA)을 활용, 국내의 외국대사관 상무관 방문, 무역관련 매체(서적, 홍보책자, CD ROM) 등을 활용하는 방식을 말한다.

이러한 방식은 정보의 정확성이라는 측면에서는 바람직한 방식이라고 말할 수 있지만 조사에 따른 시간과 많은 비용이 수반되어야 한다. 따라서 Off-line 방식이 많은 시간과 경비가 소요되어 부담스럽다면 인터넷을 활용한 On-line 해외시장조사 방식을 적절히 사용하여 국가별로 다양한 사이트를 검색할 수 있으며, 정보의 바다인 인터넷을 잘만 활용한다면 원하는 정보를 신속히 저렴한 비용으로 얻을 수 있다.

4 해외거래처의 선정(seeking overseas connections)

거래처의 선정이란 철저한 해외시장조사 결과 자사상품의 시장성이 있는 유망한 목적시장을 선정하면, 그 목적시장에서 잠재적인 고객이나 유능한 거래처를 선정하는 과정을 의미한다. 따라서 철저한 해외시장조사 결과 자사상품의 시장성이 있는 유망한 목적시장을 선정하면 그 시장에서 잠재적인 구매의 가능성이 있는 고객이나 유능한 거래처를 선정하는 방법에는 다음과 같은 방법이 있다.

거래처의 선정을 위해서는 세계적인 상공인명부(trade directory), 기타 각종 간행물이나 동업자 또는 전문기관을 통하여 해당 품목을 수입 혹은 취급하는 업체의 명단을 입수하여 그 가운데 몇몇을 잠정적인 후보 거래처로 내정한 다음 이들 업체에 홍보물을 발송, 거래제의 또는 Offer의 제시 등을 통하여 거래처를 물색하게 된다.

해외광고(overseas advertisement)를 통해서도 거래처를 선정할 수 있는데, 해외거래처를 선정하기 위한 기초단계로 해외홍보용 Catalog 및 전단(leaflet)을 제작하여 예상거래처에 배포하거나 국내외 해외 홍보매체에 자사상품을 홍보하여 거래처를 물색할 수 있을 것이며, 각국의 상업회의소, 세계무역센터(WTCA) 체인 또는 수출입 관련 기관에 거래알선의뢰 거래권유서를 발송하여 그들의 기관지를 통해 무역 관련 각종 자료의 간행, 업계홍보 또는 관련업자의 소개를 의뢰하여 선정하는 방법이다.

한편 국내의 유관기관으로 거래알선 서비스는 KITA, 세계 각국에 현지 무역관을 운영하고 있는 KOTRA, 또는 KCCI를 활용하거나 기타 제외공관에 협조를 의뢰하거나 현지에 직접 출장하거나 무역관련 기관에서 주선·파견하는 각종 민간무역사절단, 박람회 및 전시회에 참가하여 거래처를 물색하거나 선정할 수 있다.

국제시장에서 공개된 네트워크를 통해 무역정보 및 국가정보를 수집하여 거래처를 확보하는 방법이 이용되고 있는데, 무역거래알선 전문사이트(e-Marketplace) 및 전자거래알선 Site(Electronic Trading Opportunities : ETOs)를 활용하거나 자신의 웹사이트를 구축하여 각종 검색엔진에 등록하고 배너광고 등을 통해 자사의 수출입 제품을 직접 홍보하며. 이를 거래알선사이트나 무역관련 사이트에 연결하여 잠재고객(potential customer)을 찾을 수 있다. 그리고 Kompass와 같은 전문 DB, Yellow Page와 같은 DB를 활용하여 Buyer List는 물론 전시정보 등 각종 정보를 확보할 수 있으며, 유료 메일링리스트 전문검색엔진을 활용하여 신뢰성이 높은 메일링리스트를 확보할 수 있다. 보다 적극적인 방법으로는 목표시장의 고객을 Web Site를 직접 찾아 무역전시회(cyber fair)에 참여하는 방법도 있다.

Keys to the Lesson

1. We are importers of ~ : 당사는 ~을 취급하는 수입업체입니다.

1) We are importers of all kinds of sporting goods.
   ➡ 당사는 각종 스포츠용품을 취급하는 수입업체입니다.
2) They are exporters of sundry products.
   ➡ 동 상사는 잡화품을 취급하는 수출업체입니다.
3) Are they miscellaneous merchandise manufacturer?
   ➡ 동 상사는 일반잡화의 제조업체입니까?
4) 당사는 각종 신발류를 취급하는 수입업체입니다.
   ➡ We are importers of all kinds of shoes.

주 ① all(various) kinds(sorts) of + 복수명사 : 각종. cf. kind(친절한).
② of ~ : ~을 취급하는, 다루는(= handling, deals with, treat, manage).
③ sporting sundry : 스포츠용품(= sports goods)
sundry goods : 잡화제품(= sundries).
cf. general(sundry, miscellaneous) merchandise : 일반잡화.
goods(products, merchandise, articles, commodities, manufactures) : 제품.
④ maker : 제조업자(= manufacturer).
⑤ importer : 수입업자(= buyer, applicant, consignee, drawee, accountee, payer)
↔ (exporter, seller, beneficiary, consignor, drawer, payee).

2. They have connections in ~ : 동 상사는 ~에 거래처를 가지고 있습니다.

1) We have connections in your country.
   ➡ 당사는 귀 국가에 거래처를 가지고 있습니다.
2) They have no connections with traders in your market.
   ➡ 동 상사는 귀 시장에 있는 무역업자와 거래관계가 없습니다.
3) Do you have any connections in our city?
   ➡ 귀사께서는 당 도시에 거래처를 가지고 계신가요?
4) 당사는 귀 시장에 거래처가 없습니다.
   ➡ We have no connections in your market.

주 ① connections(= customer, client, buyer, patron) : 거래처.
cf. business relations : 거래관계
end-users : 최종 소비자, 실수요자(final users).
cf. connections with : ~와의 거래관계
close connections with ~ : ~와의 긴밀한 거래관계
wide connections with ~ : ~와의 광범위한 거래관계
cf. establish business connections with ~ = start business connections with ~ : ~와 거래관계를 개설하다.
② have connections in ~ : ~에 거래처를 가지고 있다.
③ have connections with ~ : ~와 거래관계가 있다.
④ in your market(district, area, region, zone, block) : 귀 시장(지역)에.

3. Please introduce A to B : A를 B에게 소개해 주십시오.

1) Please introduce some reliable houses to us.
   ➡ 당사에 몇몇 믿을 만한 회사를 소개해 주시면 고맙겠습니다.
2) We shall be obliged if you will introduce some firms to us.
   ➡ 당사에 몇몇 회사를 소개해 주시면 감사하겠습니다.
3) We are very happy to introduce our firm "PetWorld" to you with animal specialists.
   ➡ 당사는 애완동물 전문가로서 "페트워드"를 기쁘게 추천합니다.
4) 몇 곳의 스포츠용품 수출업체를 소개해 주시면 고맙겠습니다.
   ➡ We should be obliged if you would introduce to us some exporters of sporting goods.
5) 새로운 모바일 폰을 추천하고 싶습니다.
   ➡ I'd like to introduce our brand new mobile phone to you.

주 ① please : ~해 주시기 바랍니다(= be good enough to, be so kind as to).
② we shall be obliged if you will ~ : ~해 주시면 감사하겠습니다.
(we will appreciate it if you will ~, we will appreciate (your) ~ing,
we shall be obliged(grateful) for (your) ~ing, we are obliged for ~ing,
we are grateful for ~ing, we appreciate ~ing, we would appreciate,
we shall appreciate it (very much) if, we shall be obliged(pleased) if,
it would be appreciated if, we appreciate it, we are obliged for,
we shall be grateful if : ~해 주시면 고맙겠습니다.
cf. we are obliged for ~ing(= we are grateful for ~ing, we appreciate ~ing)
: ~에 대해 감사드립니다, ~해 주셔서 감사드립니다.
③ introduce A to B (introduce to B A) : A를 B에게 소개하다, 추천하다.

4. In reply to your letter of ~ : ~일자 귀 서한에 대한 회신으로.

1) In reply to your letter of May 2, we are glad to recommend you the following firms.
   ➡ 5월 2일자 귀 서신의 회신으로 다음 회사를 기꺼이 추천하는 바입니다.
2) In reply to your letter of June 8, we are glad to recommend you this company.
   ➡ 6월 8일자 귀 서신에 대한 회신으로, 귀사에 이 회사를 기꺼이 추천해 드립니다.
3) In reply to your inquiry of May 8, against which we make the following offer.
   ➡ 5월 8일자 귀 서신에 대한 회신으로, 귀사에 이 회사를 기꺼이 추천해 드립니다.
4) 8월 3일자 서신에 대한 답신으로 아래에 수출업자를 기꺼이 소개합니다.
   ➡ In reply to your letter of August 3, we are pleased to introduce to you the following exporters.
5) In reply to your letter of June 8, we are glad to recommend you this company.
   ➡ 6월 8일자 귀 서신에 대한 회신으로, 귀사에 이 회사를 기꺼이 추천해 드립니다.

주 ① in reply to(= in answer to, in response to, answering, replying, replying to,
as you mentioned in) : ~에 대한 회신으로.
② replying (to) : ~에 대한 답(회신)으로
③ of ~(= dated, under date of, made on) : ~일자의.
④ according to ~ (=in accordance with, complying with) : ~에 따라, ~대로.
cf. in accordance with your instructions : 귀사께서 요청하신 대로(= as requested)

5. furnish A with B : A에게 B를 제공하다.

1) Would you please furnish us with information for their business capacity?
   ➡ 동 상사의 거래능력에 대한 정보를 제공해 주시겠습니까?
2) 동 상사의 금융상태에 대한 정보를 알려 주시기 바랍니다.
   ➡ Please favor us with information on their financial standing.
3) 동 상사의 금융상태에 대한 정보를 알려 주시기 바랍니다.
   ➡ Please provide us on their financial standing for your Company.
4) 동 상사의 금융상태에 대한 정보를 알려 주시기 바랍니다.
   ➡ Please supply us with information on their financial standing.

주 ① supply(=provide, furnish, supply, favor) ~ (A) with (B) : A에게 B를 제공하다.
(=provide B for A, supply B for A, furnish B to A)
② credit standing(=credit status, credit position, credit condition, state) : 신용·재정상태.

6. As to our credit standing : 당사의 신용상태에 관해서는.

1) As to credit and financial standing of our firms, Korea Exchange Bank will supply necessary information.
   ➡ 당사의 신용과 금융상태에 관해서는 한국외환은행이 필요한 정보를 제공해 드릴 것입니다.
2) Concerning our credit standing, the Korean Consulate in New York will supply you with necessary information.
   ➡ 당사의 신용상태에 관해서는 뉴욕 주재 한국영사관이 귀사에 필요한 정보를 제공해 드릴 것입니다.
3) Regarding our financial standing and reputation, The Korea Exchange Bank will provide you with necessary information.
   ➡ 당사의 신용상태와 평판에 관해서는 한국외환은행이 필요한 정보를 제공해 드릴 것입니다.
4) 동 상사의 신용상태에 관해서는 서울에 있는 강남무역회사가 필요한 정보를 제공해 드릴 것입니다.
   ➡ As to credit standing, Kangnam Trading Co., Ltd. Seoul, will supply you with necessary information.

주 ① firms(=concerns, companies, houses, corporations, limited) : 회사, 상사.
② as to(=about, concerning, regarding, as regards, with regard to, in regard to, with respect to, as for) : ~에 관해.
③ credit standing : 신용상태. financial standing(status) : 재정상태.
cf. financing difficulty(재정난), financing aids(금융지원).
④ Co., Ltd. (=Company, Limited : 영국) : 주식회사.
Co., Inc. (=Company, Incorporated : 미국) : 주식회사.
Co., Pty. Ltd. (=Company, Proprietary Limited : 호주, 남아연방) : 주식회사
Gmbh(Gesellschaft mit beschrankter haftung = company with limited liability): 유한책임회사
cf. parent company : 모회사. subsidiary company : 자회사.
affiliated company : 계열회사. limited partnership : 합자회사.

7. we are glad to : ~ 하게 되어 기쁘게 생각합니다.

1) We are glad to state that they have sufficient capital for their requirements.
   ➡ 당사는 그 회사가 충분한 자본금을 보유하고 있다는 것을 기꺼이 알려드립니다.
2) We are pleased to say that the company started business here in 1985.
   ➡ 당사는 그 회사가 이곳에서 1985년에 영업을 시작하였음을 기꺼이 알려드립니다.
3) We would like to make the following comments on them.
   ➡ 당사는 동 상사에 관해 다음과 같은 의견을 말씀드리고자 합니다.
4) We are pleased to say that they started business in 1990.
   ➡ 동 상사가 1990년에 영업을 시작하였다는 것을 알려드리게 되어 기쁩니다.

주 ① are pleases to(=be glad to, be happy to, have pleasure in(of) ~ing)
: ~하게 되어 기쁘다, 기꺼이 ~하다.
cf. we are pleased(=glad, happy) to recommend : 기꺼이 추천하다.
② start(=commence, set up) business : 영업을 시작하다.
③ make comment(opinion) : 의견을 말하다.
④ capital : 자본(금).
cf. 가격(price) 및 대금결제(payment)에 관한 중요 관용어
price : 정가(定價) = fixed(=set)　　price quotation : 견적가격(見積價格)
list price : 표시가격　　price range : 가격대　　price list : 가격표
base price : 기준(기본) 가격　　net price : 공장도 가격(FOB factory price)
market price : 시장가격(市場價格)　　current(=ruling) price : 시가(時價)
spot price : 현장가격　　retail price : 소매가격　　wholesale price : 도매가격

8. We are exporters of ~ : 당사는 ~을 취급하는 수출업체입니다.

1) We are exporters of all kinds of sporting goods.
   ➡ 당사는 각종 스포츠용품을 취급하는 수출업체입니다.
2) They are importers of sundry products.
   ➡ 동 상사는 잡화품을 취급하는 수입업체입니다.
3) They are miscellaneous merchandise manufacturer.
   ➡ 동 상사는 일반잡화의 제조업체입니다.
4) 당사는 각종 신발류를 취급하는 수출업체입니다.
   ➡ We are exporters of all kinds of shoes.

주 ① all(various) kinds(sorts) of + 복수명사 : 각종. cf) kind(친절한).
② of ~ : ~을 취급하는, 다루는(=handling, deals with, treat, manage).
③ sporting sundry : 스포츠용품(=sports goods)
sundry goods : 잡화제품(=sundries).
cf. general(sundry, miscellaneous) merchandise : 일반잡화.
goods(products, merchandise, articles, commodities, manufactures) : 제품.
cf. the best and finest quality(=the goods of the best and finest quality : 최고품 품질, 최고품 품질의 상품
④ maker : 제조업자(=manufacturer).
⑤ importer : 수입업자(=buyer, applicant, consignee, drawee, accountee, payer)
↔(exporter, seller, beneficiary, consignor, drawer, payee).

사례 1 면제품 거래처의 소개를 요청하는 서신

KANGNAM TRADING CO., LTD.
C.P.O. Box. 4545, Seoul Korea

May 20, 2019

New York Chamber of Commerce
150 State St.,
Albany N.Y. 12207
U. S. A.

Gentlemen :

We are well－established exporters of all kinds of cotton goods and have been engaged in this line of business at home and abroad since 1990.

We have been enjoying a good reputation in the European countries under the name of "K" brand and are now trying to extend our activities to your markets.

We shall be grateful if you would introduce to us some reliable importers who are interested in this line of business.

For any information concerning our financial standing and reputation, Korea Exchange Bank, Seoul will provide you with the necessary information.

We thank you very much for your attention and look forward to your reply.

Yours truly,

KANGNAM TRADING CO., LTD.
M. Y. Song
M. Y. Song
Director, Trading Department

MYS/mba

해설 유능한 면제품 취급업자이며 일류제조업체와 밀접한 관계를 갖고 있다고 언급하고 믿을 만한 면제품 수입상의 소개를 의뢰하면서 자기의 신용조회처를 밝힌 서신이다.

주
① C.P.O Box : Central Post Office Box(중앙우체국사서함).
12207 : ZIP Code(우편번호). ZIP : Zone Improvement Plan.
② New York Chamber of Commerce : 뉴욕 상업회의소.
cf. The korea chamber of commerce and industry : 대한상공회의소.
③ well－established : 유능한(reputable), long(↔newly)－established : 오래된.
④ cotton goods : 면직물, cotton yarn : 면사. cotton mill : 면직공장.
⑤ leading(=A1, first－class, best, excellent, prominent, prime, influential, most important) : 일류의.
⑥ this line of business : 이(본) 영업종목.

사례 2 **신뢰할만한 회사를 소개하는 서신**

NEW YORK CHAMBER OF COMMERCE
150 State St., Albany N.Y. 12207
U. S. A.

May 30, 2019

Kangnam Trading Co., Ltd.
C.P.O. Box 4545
Seoul, Korea

Dear Mr. Song,

In reply to your letter of May 20, we have arranged to insert your announcement in the next issue of our bulletin, a copy of which will be sent to you upon publication.

We also suggest you contact the following firms who may be interested in the import of your goods :

Optorg & Co., Inc. 90 South Street, New York City N.Y., U.S.A.	American Trading Corporation 100 Broadway, New York 3, N.Y., U.S.A.

While these firms have been long-established and enjoy a good reputation as the leading importers of Cotton Goods, we, of course, assume no responsibility for them.

They will give you their references from whom you will be able to obtain information about their credit standing and reputation.

We are happy to recommend these firms and shall be pleased to supply further information.

Very truly yours,

NEW YORK CHAMBER OF COMMERCE
Claire Eddings
Claire Eddings
Secretary

해설 거래선 알선의뢰를 받은 New York 상업회의소는 동 회의소의 간행회보에 그 내용을 게재해 주겠다고 언급하고 2개의 회사를 소개하였다.

주 ① upon(=as soon as, on, at the moment of) publication : 발간하자마자.
② following(=listed, detailed, given, showed, stated) : 아래의, 다음의.
③ enjoy(have) a good reputation, of good repute : 호평을 받고 있다. 평판이 좋다.
cf. enjoy a first class reputation : 최고의 호평을 받고 있다.
of+추상명사=형용사(reputable).

사례 3 **뉴욕상업회의소에 거래알선 의뢰서신**

KANGNAM TRADING CO., LTD.
C.P.O. Box. 4545, Seoul Korea

January 20, 2019

New York Chamber of Commerce
150 State St., New York
N.Y 12207, U. S. A

Gentlemen :

We have been exporting electronic calculators for more than ten years and have wide and close connections with the leading manufacturers here.

As we are now desirous of extending our business to your market, we shall be much obliged if you will introduce to us some reliable firms in your city who are interested in this line of business.

We are enclosing our catalog showing the full range of our products in which we trust you will find some that would suit for your market.

As to our credit standing, Korea Exchange Bank, Ltd., Head Office, Seoul, will supply necessary information.

We thank you for your trouble in advance and earnestly await your reply.

Yours very truly,

KANGNAM TRADING CO., LTD.
M. Y. Song
M. Y. Song
Director, Trading Department

주 ① 12207 : 우편번호(= Zip Code) (ZIP : Zone Improvement Plan)
② wide and close connections : 광범위하고도 밀접한 거래관계.
③ are desirous of ~ ing (= want to, are desirous to) ~ : ~하기를 원하다.
④ oblige : 고맙게 여기다. 부득이 ~하게 하다(항상 수동태(be + pp) 형태로만 사용됨).
cf. we shall be obliged if you will(= we should be obliged if you would)
: ~을 해주시면 감사하겠습니다.
⑤ introduce A to B(= introduce to B A) : A를 B에게 소개하다.
introduce는 3형식 문장으로만 쓰이고, introduce B A와 같이 4형식으로 쓰지 않으며 목적어 A가 긴 경우에만 introduce to B A와 같이 쓰인다.
⑥ reliable(= trustworthy, responsible) : 신뢰할 만한. reliable firm : 신뢰할만한 회사
⑦ full range of our products : 당사에서 생산되는 모든 종류의 제품
⑧ Korea Exchange Bank : 한국외환은행. Head Office : 본점.
⑨ in advance : 1) 미리. 2) 선불로.

사례 4 신뢰할만한 회사를 소개하는 서신

February 3, 2019

Kangnam Trading Co., Ltd.
19－30, Chungdam－dong, Kangnam－ku,
Seoul, 135－100. Korea

Gentlemen :

In reply to your letter of January 20, we are glad to recommend you the following firms :

Name : Witherland & Co., Inc.
Address : 50 Liberty St., New York, N.Y 1005

While this firms is reliable and of good repute here, we, of course, are unable to make ourselves responsible for them.

For any information you may desire as to their credit standing, we advise you to write directly to them who will give you their references.

We hope our reply will be helpful and of service to you, and if there is anything more we can do for you, please do not hesitate to let us know.

Very truly yours,

New York Chamber of Commerce
Claire Eddings
Claire Eddings
Secretary

주 ① In reply(=answer, response) to ~ : ~에 대한 회신으로
② recommend A B : A를 B에 추천하다.
③ repute(=fame, renown, prestige, renown) : 평판, 호평, be good repute : 평이 좋습니다.
cf. enjoy a good reputation : 호평을 받고 있다.
enjoy a first class reputation : 최고의 호평을 받고 있다.
This house has too bad reputation : 이 회사는 악평을 받고 있습니다.
④ make ourselves responsible for(=be accountable for ~, take charge of ~, take responsibility for, be in charge of, answer for ~) : ~에 대해 (당사가) 책임을 지다.
⑤ credit standing : 신용상태(=credit status, credit position, credit condition)
⑥ references : 신용 조회처. cf. reference : 참조, 언급. bank references : 은행 조회처.
trade references : 동업자 조회처 mercantile agency : 상업흥신소.
⑦ be of service to ~ : ~에게 봉사하다. ~에 도움이 되다.
⑧ do not hesitate to : ~망설이지 말고 ~하십시오.
⑨ let us know(=inform us of ~) : 알려 주십시오

Review Exercises

연습문제

1. 다음은 수출입절차(export and import procedure) 중 일부의 내용이다. ( ) 안에 들어갈 <u>내용이 순서적으로 알맞은 것은?</u>

> Exporter 'A' looks for business connections abroad through his Commercial Travellers, (   ), Commercial Inquiry Agencies, Exchange Banks, Business Friends, (   ), Internet, etc. and after the selection of business connections he despatches to the (   ) his "Trade Circulars", enclosing catalogues, (   ), samples and any other necessary information.

① Chambers of Commerce - prospective importers - price lists - Business Directories
② Chambers of Commerce - Business Directories - price lists - prospective importers
③ Chambers of Commerce - prospective importers - Business Directories - price lists
④ Chambers of Commerce - Business Directories - prospective importers - price lists

해설

▸ business connections : 거래선(처)
▸ commercial travellers(= travelling salesman, travelling representative) : 방문판매원, 외판원, 여상(旅商), 수출업자가 파견한 해외시장 순회원
▸ chamber of commerce : 상업회의소
▸ commercial inquiry agency(=commercial agency) : 상업흥신소
▸ business friend(= the trade) : 동업자/ business directory : 상공인명부
▸ trade circular : 거래권유장
▸ his "Trade Circulars", enclosing catalogues, price lists, samples and any other necessary information. → his "Trade Circulars", which enclosed catalogues, price lists, samples and any other necessary information.

정답 ④

2. 다음 문장에서 밑줄 친 부분을 <u>바르게 영문으로 작성한 것</u>을 고르시오

> 금번 거래에서 귀사의 요구조건을 특별히 <u>수락하기로 결정하였다는 것</u>을 이해하여 주기 바라며, 향후 귀사의 대량주문의 계기가 되기를 바랍니다.

① have been deciding to accept
② has been decided to accept
③ have to accept
④ have decided to accept

해설 현재완료의 형태와 용도 : 「have/has + 과거분사」의 형태로 쓰이는 현재완료는 이전부터 현재까지 일어난 일을 나타내기 위한 것으로서 그 주안점은 어디까지나 현재의 상태를 나타내려는 데 있다. 현재 완료형은 「have/has + 과거분사」로 나타내며, 조동사 has는 주어가 3인칭 단수인 경우에 사용되며, 그 이외에는 모두 have를 쓴다.

* 현재완료는 과거를 나타내는 부사와 함께 사용 불가
* 과거를 나타내는 부사, 부사구
  just now(방금 전 = a moment ago), an hour ago, yesterday, when, what time, last Sunday.
* 결정하였다는 시제의 표현을 고르는 문제로서 현재 완료형이 have decided가 적합함.

정답 ④

3. 다음 문장에서 밑줄 친 부분을 바르게 영문으로 작성한 것을 고르시오

> 귀사가 제시한 가격을 경영진과 상의한 끝에 U$25,000까지 양보하기로 하였으니 이 선에서 계약을 체결하여 주십시오.

① make half to the price
② give up for the price
③ make you halfway to
④ give payment to

해설 meet(make) A halfway: A와 타협하다 = compromise with A
make you halfway to ~ : 귀사와 가격을 ~까지 양보하다.

* 가격을 어느 선까지 양보한다는 표현으로 적당한 것은 숙어로서 "make you halfway to"를 들 수 있다.

정답 ③

4. 다음 문장에서 밑줄 친 부분을 바르게 영문으로 작성한 것을 고르시오.

> 우리 회사는 최신형 핸드폰에 대한 수요를 갖고 있사오니, 이 제품에 대한 보다 자세한 가격표와 함께 카탈로그를 송부하여 주십시오.

① specific price lists with catalog
② catalog with more detailed price lists
③ more detailed price lists together with catalog
④ catalog and more detailed prices list

해설 ...와 함께 카탈로그 : catalog with ..., 보다 자세한 : more detailed.

* Catalog가 주체이고 부속서류로 가격표를 원하기 때문에 "catalog with more detailed price lists"가 정확한 표현이다.

정답 ②

(5-8) 다음 서신을 읽고 물음에 답하시오.

> Through the New York Chamber of Commerce, we have learned that you are the leading importers if home appliances.
> We are, therefore, writing you with a desire to (㉮ 귀사와 거래관계를 개설하기를)
> We have been doing business for more than 20 years as exporters of home appliances and are handling only the best finest quality in the said field.
> For your reference, (㉯ 전자우편으로 보내드립니다.) our latest catalogues and price list in which you will find our prices quite low in your market.
> Regarding our credit standing, (㉰ 한빛은행에 문의해 보시기 바라며) and we will supply you, upon request, with any other information that you may require (㉱ 귀사로부터 곧 좋은 소식이 있기를 고대하고 있습니다.)

5. ㉮에 사용할 수 없는 것을 고르시오.
① open an account with you
② do business with you
③ enter into business relations with you
④ close our account with you

6. ㉯에 사용할 수 있는 알맞은 것을 고르시오.
① please send us by E-mail
② we are sending you by Air Mail
③ we are sending you by E-mail
④ enclosed you will find

7. ㉰에 사용할 수 있는 알맞은 것을 고르시오.
① please refer at the Hanvit Bank
② please refer to the Hanvit Bank
③ please ask to the Hanvit Bank
④ you will ask to the Hanvit Bank

8. ㉱에 사용할 수 있는 알맞은 것을 고르시오.
① we will send you favorable reply soon
② we look forward to your favorable reply soon
③ we received unfavorable reply from you
④ Thank you for your unfavorable reply

해설

- open an account with you(= enter into business relations with you do business with you, establish business relations with you) : 귀사와 거래관계를 개설하다.
- we send(are sending) you by E-mail : 귀사에 이메일을 보냅니다.
- please refer to~(= we refer you to ~, we wish to refer you to ~) : ~에게 문의해 보십시오.
- we look forward to (receiving) your favorable reply soon(= we look forward to hearing favorably from you by return) : 귀사로부터 곧 좋은 소식 있기를 고대합니다.

정답 : ④, ③, ②, ②

9. 다음 문장들의 배열이 의미가 통하도록 올바르게 된 것을 고르시오.

① You will run no risk in dealing with them, though this is our personal, for which we assume no responsibility.
② We hope that this information will prove useful to you and ask you to treat it with utmost discretion.
③ We have been doing business with them for more than ten years and there has been not a single instance in which they failed to meet their obligations.
④ The firm you inquire about in your letter of September 10 is one of the most reliable importers in this area.

① ④-③-①-② ② ④-①-②-③ ③ ③-①-②-④ ④ ①-②-③-④

해설

① 귀사는 동사와 거래를 하는데 있어서 어떤 위험도 부담하지 않을 것이고 이것이 당사의 개인적인 의견이지만 당사는 이에 대해 어떤 책임도 부담하지 않습니다.
② 이 정보가 귀사에게 유용한 것으로 판명되기를 희망하고 이것을 아주 신중하게 처리할 것을 귀사에게 요청합니다.
③ 당사는 10년 이상 동안에 동사와 거래를 하여 왔고 동사가 동사의 채무를 변제하지 못한 단 한 번의 사례도 없었습니다.
④ 9월 10일자의 귀사의 서한에서 귀사가 문의한 기업은 당 지역에서 가장 신뢰할만한 수입업체의 하나입니다.

먼저 수입업자를 소개시키고 그 회사와 과거 거래경력을 설명한 후 정보제공에 대한 책임이 없다는 것을 명확히 하고 좋은 결과가 있기를 바란다는 의미로 연결되어야 함.
The firm you inquire about: 귀사가 조회한 회사/the most reliable importers in this area.: 당 지역에서 가장 신뢰할 만한 수입업체/a single instance in which they failed to meet their obligations: 동사가 공사의 채무를 변제하지 못한 단 한 번의 사례/run no risk in dealing with them: 동사와 거래하는데 있어서 어떤 위험도 부담하지 않다/prove useful to you: 귀사에게 유용한 것으로 판명되다/treat it with utmost discretion: 그것을 아주 신중하게 처리하다.

정답 ①

10. 다음 밑줄 친 부분과 의미가 서로 상반되는 것을 고르시오.

The market here has been somewhat bullish since last October, but at present the market is getting active with an increasing demand for this item.

① somewhat sluggish ② somewhat strong ③ rather stiff ④ slightly high

해설 somewhat sluggish : 다소 침체되다.
cf. somewhat bullish : 다소 살아나다. 다소 강세를 나타내다.
rather high : 다소 비싼(rather stiff, somewhat strong, slightly high).

정답 ①

Business Proposals and Acceptance of Proposal

Chapter 02

거래제의와 승낙

1 의의

해외에 있는 유력한 거래선이 선정되면 상대국에 대한 일반적인 상거래관행과 경제현황 등을 참고한 후 거래제의(business proposal)를 하는 것이 바람직하나, 실제거래에서는 이를 병행하게 된다. 거래제의는 자사의 연혁, 위치, 생산 또는 취급품목, 거래실적 등을 소개하고 개략적인 가격표(price list)나 상품목록(catalogue) 등을 동봉하여 앞으로 거래관계를 개설할 것을 권유하는 내용으로 하는 거래제의 서신이다.

2 거래제의서의 기재내용

일반적으로 거래제의를 위한 서신인 Circular Letter의 기재내용은 다음과 같다.

① 상대방 회사명과 주소를 알게 된 경위와 목적

② 거래제의 상사의 업종, 취급상품 및 거래국가

③ 거래제의 상사의 자국 내에서의 지위, 경험, 생산규모

④ 무역거래의 거래조건을 명시하여 당해 시장을 상대회사를 통해 개척하려는 점을 간접적으로 시사

⑤ 자사의 은행 또는 동업자 신용조회처(credit references) 제시

⑥ 호의적인 회답을 희망하는 문구를 기재하는 거래권유문과 해당 품목에 대한 Offer Sheet 및 Sample이나 Catalogue 등을 제시하는 것이 효과적인 방법이다.

거래제의서의 송부는 일반적으로 우편에 의한 서신이나 Fax. 등을 이용할 수 있으나, 최근에는 통신수단의 발달로 EDI나 e-Mail 등으로 송부되고 있다.

Keys to the Lesson

1. ~ have given us your name as A. : ~께서 귀사를 A라고 소개해 주다.

1) They have given us your name as importers of dolls.
   ➡ 동 상사는 귀사가 인형을 취급하는 수입업자라고 당사에 소개해 주었다.
2) Your name has been introduced to us by your Chamber of Commerce as manufacturers of garments.
   ➡ 귀 상업회의소에서 의류품 제조업체로서 귀사를 당사에 알려주었다.
3) Through The Industrial Bank of Korea in your area, we learn that you are exporters of socks.
   ➡ 귀사 지역의 기업은행을 통해서 당사는 귀사가 양말류 수출업체라는 것을 알게 되었다.
4) 서울소재 대한상공회의소에서 의류수출업자로서의 귀사 명을 알려 주었다.
   ➡ Your name has been given us by the Korea Chamber of Commerce and Industry in Seoul as exporters of garments.

주 ① give A B as ~(=introduce B to A) : A에게 B를 소개·추천해 주다.
② Your name have been given us by(through) the Chamber of Commerce,
: 상업회의소를 통해 귀사의 상호를 알게 되었습니다.
③ we learn(=see, understand, know) that : that 이하를 알게 되다.
Through A, we learn that you are ~ : A를 통해서 당사는 귀사께서 ~라고 알게 되다.
④ The Industrial Bank of Korea : 기업은행.
cf. Medium and small scale : 중소규모, on a large scale : 대규모.

2. have been doing business : ~와 사업(거래)을 해오고 있다.

1) We have been doing business for over twenty years as exporters of stationery.
   ➡ 당사는 문구류 수출업자로서 20년 이상이나 사업을 경영하고 있다.
2) They have been exporting toys to Africa.
   ➡ 동 상사는 아프리카 지역에 완구류를 수출해 오고 있다.
3) American Trading Co., have been importing sporting goods from Korea.
   ➡ 아메리카 무역상사(주)는 한국으로부터 스포츠용품을 수입해 오고 있다.
4) 당사는 운동구류를 아시아에 계속 수출해 왔다.
   ➡ We have been exporting sporting goods to Asia.

주 ① have been ~ing(=have kept ~ing) : 계속 ~해오고 있다.
=to do business with + 대상 + in + 상품 등(= ~와 거래를 하다)
to deal(trade) with = to make(conduct) deal with, to perform(have) business transactions with
We have been doing business(dealing) with that company for more than twenty years
(당사는 그 회사와 20년 이상 거래해 왔습니다).
If you are seeking to do business in the Asia market, Indonesia is the right place.
(아세안 시장에서 사업을 하려면 인도네시아가 적지이다).
We've been doing business with each other for the past twenty years
(우리는 서로 사업거래를 한지 20년이 되었다).
② export A to ~ : A를 ~에 수출하다. cf. import A from B.

3. open an account with~ : ~와 거래관계를 개설하다.

1) We want to enter into business connections with them.
   ➡ 당사는 동 상사와 거래관계를 개설하기를 바라고 있습니다.
2) We are writing you with a keen desire to open account with you.
   ➡ 당사는 귀 상사와 거래관계를 개설하기를 바라는 서신을 보냅니다.
3) We are writing this letter to you wishing to enter into business connections with you.
   ➡ 당사는 귀 상사와 거래관계를 개설하기를 바라는 동 서신을 보냅니다.
4) 당사는 귀 시장의 무역업자와 거래관계를 개설하기를 바라고 있습니다.
   ➡ We want to enter into business relations with traders of your market.

주 ① business relations(connections) : 거래관계.
② open an account with : ~와 거래를 개시하다. 거래를 개설하다.
=opening an account with, start business with, do business with,
establish a connections with, Entering into business relations with,
come into contract with, build up business relations with,
in business relations with, a business relationship with,
enter into business relations with.

4. place an order with A : A에게 주문하다.

1) Please place an order with us.
   ➡ 당사에 주문하여 주시기 바랍니다.
2) We hope you will give an order to us for this samples.
   ➡ 귀사께서는 이 견본품목에 대해 당사에 주문하여 주시기를 바랍니다.
3) 귀사에 곧 주문하겠습니다.
   ➡ We will place an order with you immediately.
4) 귀사에 곧 주문하겠습니다.
   ➡ We will place an order with you immediately.

주 ① place an order with ~ for ~ : ~에게 ~을 주문하다.
cf. place regular orders : 정기적으로 주문을 하다.
place a substantial order with : ~에게 상당한 주문을 하다.
an order by way of a trial(=(as a trial order) : 시험주문으로써.
considerable order(=large order, heavy order, big order, quantity order, sizable order) : 대량주문
② by return : 1) 회신 편에(=by return of post).
2) 즉시(=immediately, soon). cf. in return : ~에 대한 보답으로.
③ sample and patterns : 견본.
cf. samples : 품질견본(광의) patterns : 견본(옷감, 무늬 따위의).
swatch : (직물, 피혁 등) 견본. specimen : 표본(광물·식물).
illustrated catalog(=illustrations) : 도해목록(圖解目錄).
pamphlet(=booklet, brochure) : 소책자. leaflet : 한 장의 인쇄물(삽입 인쇄물)
details(=particulars, specifications, descriptions) : 명세서, 설명서.

5. With competitive prices : 저렴한 가격으로.

1) we could submit our samples with competitive prices to you.
   ➡ 당사는 귀사에게 저렴한 가격으로 견본을 제공할 수 있습니다.
2) If your prices are competitive and merchandise is suitable for our trade, we will be able to place large orders.
   ➡ 만일 귀사의 가격이 저렴하고 상품이 당 거래에 적합하다면 당사는 대량주문을 할 수 있습니다.
3) In order to capture Japan market, competitive prices are necessity. So please send us your lowest price based on the quantities of 3 million per each style.
   ➡ 일본시장을 확보하기 위해서는 매우 저렴한 가격이 요청됩니다. 한 가지 스타일 당 3,000,000개를 기준으로 하는 귀사의 최저가격을 보내주시기 바랍니다.
4) Our prices are more competitive than those any other competitors quoted.
   ➡ 당사의 가격은 다른 경쟁회사들이 제시한 것보다 더 경쟁적입니다.

주 ① competitive(=low, cheap, attractive, reasonable) : 경쟁적인(저렴한).
Our prices are always competitive as we are manufacturer-exporters of various garments. (당사는 각종 의류의 제조업자겸 수출업자이므로 가격이 언제나 저렴합니다.)
② cheap(=competitive, attractive, reasonable) in price : 값이 싼(=low cheap).
(competitive, attractive, reasonable) in quality : 품질이 좋은(=high excellent)
cf. high(=expensive) in price : 가격이 높은, 비싼.
③ In order to capture Japan market : 일본시장을 확보하기 위하여

6. your price is higher than~ : 귀사 가격은 ~보다 비싸다(높다)

1) Your price is higher than that of The Kangnam Trading Company.
   ➡ 귀사의 제품가격은 강남상사보다 비쌉니다(높습니다).
2) Our prices are cheaper than those of any other competitor.
   ➡ 당사의 제품가격은 다른 어떤 회사의 제품가격보다 저렴합니다.
3) Their price is more competitive than that of your firms.
   ➡ 동 회사의 제품가격은 귀사의 가격보다 더 저렴한 것입니다.
4) Your price is a bit higher than that of other suppliers.
   ➡ 귀사의 가격은 다른 회사의 공급가격에 비해서 조금 비쌉니다.

주 ① high (in price) : 가격이 비싼, 가격이 높은(=expensive)
best quotations : 최저 견적가격
② cheap(=competitive, attractive, reasonable) (in price) : 가격이 저렴한(=low cheap)
③ (competitive, attractive, reasonable) (in quality : 품질이 우수한(=high, excellent)
④ competitive prices : 경쟁적인 가격, 저렴한 가격
cf. We are in a position to supply you with excellent goods at competitive prices.
(당사는 경쟁적인 가격으로 우수한 제품을 수출할 수 있습니다.)
Our price may be a bit higher but we are known as quality shipper.
(당사의 가격은 다소 비쌀지 모르지만 당사는 품질위주의 업자로 알려져 있습니다.)
Our price is lower than that of any other competitor.
(당사 가격은 다른 어떤 경쟁업자의 것보다 저렴합니다.)

사례 5 **거래관계를 맺기를 제의하는 서신**

June 5, 2019

Messrs. Singapore Overseas (Pte.) Ltd.
15-N, Realty Centre
Enggor Street, Singapore 9011

Gentlemen :

Late last week, we had the opportunity to see a display of your products at the KUALA LUMPUR International Trade Fair 2018, and we were deeply interested in their quality and low prices.

We should like to offer you our services as a trading firm, and would mention that we have excellent connections in the trade and are fully experienced with the import business for this type of product.

In addition, we operate our own advertising agency, and we can use the latest marketing procedures quite efficiently. You can be sure of increasing your turnover considerably if you would allow us to promote sales of your products throughout Korea.

We are looking forward to hearing from you.

Yours very truly,

해설 이 서신은 2018 KUALA LUMPUR 국제무역박람회에서 전시된 상품을 보고 우수한 품질의 상품과 가격에 만족하여 수입하여 국내에 유통·판매하고자 판매촉진 방법과 함께 거래제의 하는 서신이다.

주
① (Pte) Ltd. : Private Limited, 영국계 주식회사에는 Public Joint-Stock Company(주식이 상장된 주식회사)와 Private Limited Company(주식, 채권의 공모가 금지되어 있으나 설립수속이나 내부조직이 간소한 개인기업)가 있다.
② KUALA LUMPUR International Trade Fair 2018 : 2018 쿠알라룸푸르 국제무역박람회
③ their quality and low prices : the quality and low prices of your products
④ are fully experienced with ~ : ~에 풍부한 경험이 있다.
⑤ in addition, as well, besides : 게다가, 또한.
⑥ operate, manage, run : 경영(운영)하다.
⑦ marketing procedures : 판매촉진 방법.
⑧ efficiently : 유능하게, 효과적으로, 능률적으로.
⑨ turnover(= sales, amount of money turned over within a period of time or for a particular transaction) : (특정기간 또는 특정거래의) 매상액
⑩ considerably(= considerable, substantial, large, quite a lot, a great deal) : 상당히 많은.
⑪ allow A to B : B에게 A를 허용해 주다.
⑫ sales : 매상액(= turnover) cf) sale : 판매, 염가판매.
⑬ throughout : 도처에, 어디든지, 무엇이든지, (ad) in every part, in all ways or respects

사례 6 추천해준 회사와 거래관계를 제의하는 서신

June 5, 2019

Messrs. Optorg & Co., Inc.
90 South St., New York,
N.Y. 10005, U. S. A.

Gentlemen :

Your name has been given us by the Korea International Trade Association in your country as one of the leading importers of high quality Cotton Goods and silk products in the United States and we are writing to you with a keen desire to open an account with you.

We have been doing business for over thirty years as large exporters producing all kinds of cotton products, silk products including cotton shirts, 100% Silk Scarves and Neckties using latest computerized manufacturing facilities and have extensive and close connections with A1 cotton goods makers in this country.

Our products are highly accepted in Japan, Spain, U.K., Sweden, Germany, France, Italy Central America and South America, the Middle East and all of Southeast Asia. And also, we have been enjoying a good reputation because of excellent quality, quick delivery and competitive prices of our goods.

In order to diversify our existing market, we are interested in supplying our high quality products, at the most attractive price and on-time delivery to you on favorable terms and condition. Upon receipt of your detailed patterns or samples, we could send you our samples with price lists.

As to our credit standing, we refer you to Korea Exchange Bank, or any of Kookmin Banks in Korea. we will supply you, upon request, with any other information that you may require.

We look forward to your favorable reply.

Yours truly,

해설 이 서신은 Kangnam Trading Co., Ltd.가 한국무역협회가 소개해 준 Optorg & Co., Inc. 회사에게 자신을 소개하면서 신용조회처를 제공해 주고 있다.

주
① one of the leading importers : 일류수입업체 중 하나.
② using latest computerized manufacturing facilities : 최신식 컴퓨터 생산설비(제조설비)를 활용하여.
③ quality products : 우수한 품질, 양질의 제품.
④ on favorable terms and conditions : 아주 유리한 조건으로.
⑤ in order to diversify our existing market : 기존 시장을 다변화하기 위해.
⑥ upon receipt of your detailed samples : 상세한 견본을 받자마자.
⑦ attractive(reasonable, competitive) price : 경쟁력 있는 가격.

사례 7 **거래제의 승낙서**

OPTORG & CO., INC.
90 South Street, New York, N.Y., 10005,
U. S. A.

June 20, 2019

Kangnam Trading Co., Ltd.
C.P.O. Box 4545
Seoul, Korea

Dear Mr. Song

We thank you very much for your letter of June 5, 2018 in which you airmailed your willingness to open an account with us.

We are glad to learn that you are specially interested in shipping cotton shirts, underwears, 100% silk scarfs and neckties, and in these we can say that we are specialists.

We have, up to the present, been importing various kinds of cotton goods, especially underwears, from Japan, Britain, Germany and Italy, etc.

We would appreciate receiving your best CIF New York Men's Cotton Shirts as well as several samples by air parcel post.

Upon receipt of your detailed patterns or samples, if your prices are competitive and merchandise is suitable for our trade, we will be able to place large orders.

We look forward to hearing from you soon.

Cordially yours,

Optorg & Co., Inc.
Phillip Adams
Phillip Adams
Vice President

해설 수입상은 거래제의를 승낙하면서 전문수입상이라고 언급하고 견본과 경쟁가격을 원했다.

주 ① by air parcel post : 항공소포우편으로.
② suitable for one's trade : ~의 거래에 적합하다.
suitable(= fit, apt, appropriate) for our trade : ~당(본) 거래에 적합하다.
③ look forward to ~ing : ~을 기다리다(= anticipate ~ing).
look forward to + ing, (동)명사 : ~하기를 기대하다.

사례 8 상업회의소의 소개로 거래제의

March 19, 2019

American Trading Corporation.
3710 West 9th St. Los Angeles,
Calif. 90019, U. S. A.

Gentlemen :

Your name has been given us by the Chamber of Commerce of your city as large importers of sporting goods, and we are writing you with a desire to open an account with you.

We have been doing business for over 20 years as exporters of Sporting Goods and handle only the best and finest quality in the said field, and we have been exporting over 10 million U.S.D. worth of goods to Asia and Europe every year.

For your reference, we are enclosing our latest price list which, we believe, is quite competitive in your market.

As regards the terms of business, we make it our custom to trade on a Banker's Irrevocable Letter of Credit, under which we draw a draft at sight. If you would care to deal with us on this basis, we should be pleased to give you further details of business.

Regarding our credit standing, we wish to refer you to Korea Exchange Bank, Seoul, and the Korean Consulate in Los Angeles. We will supply you, upon request, with any other information.

We look forward to your favorable reply by return.

Yours very truly,

주 ① Your name and address have been given us by the Chamber of Commerce : 상업회의소를 통해 귀사의 상호와 주소를 알게 되었습니다.
(=Through the Chamber of Commerce, We acquired your name and address).
② open an account with ~(=enter into business relations with, do business with, establish business relations with) : ~와 거래를 개설하다.
cf. cease business relations with ~ : ~와 거래를 그만두다.
③ with a desire to ~(=with a desire of ~ing) : ~을 희망하며,
with a keen desire to(of ~ing) ~ : ~하기를 열망하면서.
④ the best and finest quality : 가장 우수한 최상 품질의 상품, 최고급품
⑤ the said(=captioned, above-mentioned) field(line) : 앞에서 말씀드린 분야.
⑥ we make it A to ~ : ~하는 것을 A로 하고 있다.
⑦ under which : 본 신용장 조건과 일치하도록(의거하여) (which=L/C)
it our custom to trade on ~ : ~조건으로 거래하는 것이 당사의 관행이다.
⑧ draw a draft at sight : 일람출급 환어음을 발행하다. cf. draft(=bill, bill of exchange B/E).
⑨ would care to(=would like to, be willing to : ~하고자 한다.

사례 9 **거래제의 승낙서신**

April 3, 2019

Gentlemen :

Thank you very much for your letter of March 19 proposing to do business with us in sporting goods.

We are prepared to accept your proposal so long as your goods prove suitable for our market in price and quality. Will you be good enough to send us a copy of your latest catalog, a price-list and some samples of your goods?

Before quoting the prices, however, please take into consideration the fact that the essential of business is giving our customers perfect satisfaction concerning lower prices, better quality, quick delivery and fair trade.

There are many sporting goods makers in Los Angeles at present, and because of their mass production the Government is considering to raise the import duty to some extent.

In view of this, you are kindly requested to quote the prices as low as possible to enable us to compete well with local manufacturers.

As to the settlement of accounts, we are agreeable to your terms with good speed.

We hope this will be the beginning of mutually profitable business between us.

Yours very truly,

주 ① propose to do(doing) : ~하는 것을 제의(신청)하다.
cf. do business with ~=deal with, open an account with,
enter into business relations with, enter into connections relations with),
: ~와 거래(개설)하다.
commence business with ~ : ~와 거래를 시작하다.
② be prepare to do(=be willing to, be ready to) : ~할 용의가 있다, 기꺼이 ~하다.
③ so long as~(=on condition that ~, provided that) : ~인 한, ~하기만 하면.
④ be good enough to ~ : ~ 친절하게도 ~해 주다(하다).
⑤ take into consideration(the fact) that ~ : ~라는 사실을 고려(참작)하다.
⑥ the essentials of business : 거래상 가장 중요한 것은.
⑦ lower prices : 보다 저렴한 가격.
⑧ import duty : 수입관세
⑨ to some extent : 어느 정도까지, 다소.
⑩ as low as possible : 가능한 한 저렴하게.
⑪ compete with ~ : ~와 경쟁(비교)하다. cf. compete with each other : 서로 경쟁하다.
Other goods can't compete with this in the quality(품질에 있어서 이것과 견줄 상품은 없다).
⑫ the settlement(payment) of account : 대금결제.
⑬ with good speed : 즉시(=immediately).
⑭ beginning : 시작, 계기, 효시.
⑮ mutually profitable : 상호간에 유익한.

사례 10 상업회의소가 추천한 회사에의 거래제의 서신

30th December, 2019

The Oriental Computuring Ltd.
168 Fenchurch St., London, EC3P 3HP
London, England

Dear Sirs,

We have in touch with your Chamber of Commerce, who recommended you as one of the reliable importers of Electronic Calculators. We are, therefore, writing you with a keen desire to open an account with you.

We manufacture the "SAM-SUNG" Brand Electronic Calculators, and want to extend sales over the America. Our Electronic Calculator have proved highly successful wherever they had been introduced, and we are confident that you will be able to build up a good market in a short time.

We are enclosing our catalog showing the full range of our products in which we trust you will find some that would suit for your trade.

As regards the terms of business, it is our custom to trade on an irrevocable L/C, under which we draw a draft at 60 days after Sight. If you would care to deal with us on this basis, we shall be pleased to give you further details of business.

For any information respecting our standing and reputation, we wish to refer you to Korea Exchange Bank, Seoul.

We look forward to your early reply.

Very Truly Yours,

주
① have(= put/keep/get) in touch with ~ : ~에게 연락하다.
② recommend you as ~ : 귀사를 (~로써, ~라고) 추천하다.
③ with a desire to ~ (= with a desire of ~ing) : ~을 희망하여
cf. with a keen desire to(of ~ing) ~ : ~하기를 열망하면서
④ extend sales over the America : 전 미국에 판매(망)를 확대하다.
⑤ have proved highly successful wherever ~ : ~한 어디서나 성공을 거두다.
⑥ build up a good market : 훌륭한 시장을 개척하다.
⑦ in a short time : 단 기간 내에　cf. from time to time : 때때로
⑧ full range of our products : 당사에서 생산되는 모든 종류의 제품.
⑨ under which : 본 신용장 조건과 일치하도록(의거하여)(which = L/C)
⑩ custom to trade : 거래관습
cf. it is our custom to trade on ~ : ~조건으로 거래하는 것이 당사의 관행이다.
⑪ draw a draft : 환어음을 발행하다.
cf. draw a draft at 60 days after sight : 일람후 60일 출급 환어음을 발행하다.
⑫ we wish to refer you to ~ (= please refer to ~, we refer you to ~) : (누구)에게 문의/조회하시기 바랍니다. (무엇)을 참조하십시오.

Review Exercises

연습문제

(1–3) 다음 주어진 서신을 보고 물음에 답하시오.

> We are one of the leading exporters of electronic equipment in Korea, (A) having a business background of more than 20 years, and (B) we desire to expand our business in your country.
>
> Therefore, we would be ㉮ glad if you could introduce us any ㉯ reliable companies (C) who could be interested in this line of business. We have had a close and constant connection with our manufacturers, so we can ㉰ secure the most favorable prices and services.
>
> (D) As for our business and credit standing, we ㉱ nominate the Korea Exchange Bank, in Seoul as our reference.
>
> Thank you very much in advancc and we will look forward to your early reply.

1. 위 서신의 밑줄 그은 부분[(A)–(D)]을 바꿔 다시 썼을 때 그 의미가 가장 달라지는 것은?

① (A) being established more than 20 years ago
② (B) we would like to clear our account in your country
③ (C) who could have a plan to import our products
④ (D) For more information about our credit and business status

2. 위 서신에서 밑줄 그은 단어(㉮–㉱)와 바꾸어 쓸 때 그 의미나 용법상 가장 잘못된 것은?

① ㉮ glad → appreciated　　② ㉯ reliable → trustworthy
③ ㉰ secure → guarantee　　④ ㉱ nominate → appoint

3. 위 서신에 대한 납상에 들어길 문징으로 기장 적합하지 않은 것을 고르시오.

① Although these companies are reliable, we cannot take any responsibility for them.
② We are pleased to recommend to you a company which has a good reputation in our country.
③ If you want to obtain any additional information, please let us know.
④ Any information which you give us will be much appreciated and we will bear all cost for investigation.

해설 ▸ 본문 내용상으로는 "당사의 사업을 확장하고자 한다"는 의미인데 보기 ②번의 문장은 그 의미상 적절하지 않다. 'clear an account'의 의미는 '결제하다'의 의미이다. extend와 바꾸어 쓸 수 있는 표현으로는 expand/enlarge 등이 있다.

▸ ①번은 '거래처를 소개해 주면 고맙다'는 의미의 문장인데 appreciate를 사용하여 문장을 쓴다면 "We would appreciate it if you could introduce us..."와 같이 능동태를 써야 그 의미상 올바르다. 하지만 보기처럼 glad 대신에 appreciated를 쓰게 되면 수동태가 되고 그 의미는 완전히 달라진다. glad 대신에 바꿔 쓸 수 있는 단어는 형용사로서 pleased, happy, obliged, grateful 등이 있다.

▸ 거래처를 소개해 달라고 의뢰하는 서신으로 이에 대한 답장은 거래처를 소개해 주는 서신이어야 한다. 주어진 보기 중 거래처를 소개해 주는 서신에 들어가기에 적절하지 않은 문장은 ④번이다. ④번 문장은 답장에 적절하다기 보다는 주어진 서신(거래처를 소개해 달라고 의뢰하는 서신) 자체에 들어가기에 적절한 문장이다.

정답 : ②, ①, ④

(4-7) 다음 서신을 읽고 물음에 답하시오.

We have received with thanks for your letter of May 3 attaching price list and the ((A)).

We are agreeable to the terms and conditions on the Agreement and appreciate your ((B)).

The quality of your goods meet our requirement, but as your price are higher than those of other suppliers by 5% ((C)).

You will, we hope, ((D)) to lower your price, and look forward to hearing favorably from you soon.

4. (A)에 가장 알맞은 것을 고르시오.

① General Agreement on Tariffs and Trade
② Documents against Acceptance
③ Terms and Conditions of Business Agreement
④ Agreement on General Terms and Conditions of Business.

5. (B)에 가장 적합하지 않은 것을 고르시오.

① samples of no commercial value
② samples free of charge
③ free samples
④ samples of commercial value

6. (C)에 가장 적합한 것을 고르시오.

① we think that it will be possible for us to complete with other buyers through reduction of prices.
② we feel that it will be impossible for us to complete with other suppliers without reduction of prices.
③ we will be able to complete with other suppliers without reduction of prices
④ we feel that it will be impossible us to sell them our goods.

7. (D)에 가장 적합하지 않은 것을 고르시오.

① make every effort ② do your best ③ endeavor ④ draw

해설 일반거래조건협정서 : Agreement on General Terms and conditions of Business.
- ▸ 무상견본 : free sample, samples free of charge, samples of no commercial value
  유상견본 : samples of commercial value
- ▸ we feel that ~ : ~하는 것은 불가능하다(we cannot ~(= it is impossible for us to ~)
  compete with ~ : ~와 경쟁하다. without reduction of price : 가격경쟁 없이(는)
- ▸ do our best/utmost(= make every effort, try our best/utmost, endeavor)

정답 : ④, ④, ②, ④

(8-11) 다음 서신을 읽고 물음에 답하시오.

> · Prices : Unless otherwise stated, prices are to be quoted in US Dollars (A) 런던항까지의 운임 포함 가격으로 하여.
> · Offer and Acceptance : (B) 확정오퍼는 ~유효하기로 한다. forty-eight hours after the time of dispatch.
> · Orders : All orders are subject to (C) 매도인의 최종확인.
> · Discount : (D) 3%의 특별할인 from the contract price shall be given on an order exceeding US$50,000.

8. (A)에 알맞은 것을 고르시오.

① on CIF London
② on FOB London
③ on CFR London
④ on CIP London

9. (B)에 알맞은 것을 고르시오.

① Counter offers are subject to
② Free offers are to close
③ Firm offers are subject to
④ Firm offers are to be valid

10. (C)에 알맞은 것을 고르시오.

① be glad to receive your offer
② the buyer's final confirmation
③ be glad to receive your offer
④ the seller's final confirmation

11. (D)에 알맞은 것을 고르시오.

① An order special 3%
② A special discount of 3%
③ A Letter of Credit amount of 3%
④ An invoice amount of 3%

해설 ▸ unless otherwise stated : 달리 명시하지 않는 한,
- ▸ stated(= said, mentioned, set forth, stipulated)
- ▸ shall be valid(= be to be valid) : 유효하기로 한다.
  valid(= effective, good, available, open, in effect) : 유효한
- ▸ be subject to ~ : ~을 조건으로 한다, seller's final confirmation : 매도인의 최종 확인
- ▸ exceeding : ~을 초과하는, contract price : 계약가격,
  a discount from/off ~ : ~에서의 할인/가격인하.
  a special discount of ~%(= a special ~% discount) : ~%의 특별할인

정답 : ③, ④, ④, ②

(12-15) 다음 서신을 읽고 물음에 답하시오.

> Through the New York Chamber of Commerce, we have learned that you are the leading importers if home appliances.
> We are, therefore, writing you with a desire to (㉮ 귀사와 거래관계를 개설하기를)
> We have been doing business for more than 20 years as exporters of home appliances and are handling only the best finest quality in the said field.
> For your reference, (㉯ 전자우편으로 보내드립니다.) our latest catalogues and price list in which you will find our prices quite low in your market.
> Regarding our credit standing, (㉰ 한빛은행에 문의해 보시기 바라며) and we will supply you, upon request, with any other information that you may require (㉱ 귀사로부터 곧 좋은 소식이 있기를 고대하고 있습니다.)

12. ㉮에 사용할 수 없는 것을 고르시오.

① open an account with you
② do business with you
③ enter into business relations with you
④ close our account with you

13. ㉯에 사용할 수 있는 알맞은 것을 고르시오.

① please send us by E-mail
② we are sending you by Air Mail
③ we are sending you by E-mail
④ enclosed you will find

14. ㉰에 사용할 수 있는 알맞은 것을 고르시오.

① please refer at the Hanvit Bank
② please refer to the Hanvit Bank
③ please ask to the Hanvit Bank
④ you will ask to the Hanvit Bank

15. ㉱에 사용할 수 있는 알맞은 것을 고르시오.

① we will send you favorable reply soon
② we look forward to your favorable reply soon
③ we received unfavorable reply from you
④ Thank you for your unfavorable reply

해설

- open an account with you(= enter into business relations with you do business with you, establish business relations with you) : 귀사와 거래관계를 개설하다.
- we send(are sending) you by E-mail : 귀사에 이메일을 보냅니다.
- please refer to ~(= we refer you to ~, we wish to refer you to ~) : ~에게 문의해 보십시오.
- we look forward to (receiving) your favorable reply soon(= we look forward to hearing favorably from you by return) : 귀사로부터 곧 좋은 소식 있기를 고대합니다.

정답 : ④, ③, ②, ②

Credit Inquiry and Supply of Credit Information

Chapter 03

신용조회와 신용정보 제공

1 신용조회의 의의

국제무역거래는 상대회사의 확실성을 기반으로 성립하는 거래이므로 문제가 발생하면 해결이 용이하지 않을 뿐만 아니라, 해외에서 견본만을 요구·수집하는 견본상인(sample merchant)이라고 하는 위장무역상도 있으며, 또한 고의로 클레임을 제기할 것을 미리 계산하고 있는 의장적 상인(claim merchant)이라 불리는 상인도 있어 잘못하면 이러한 악덕상인을 만나면 거래발전을 기대하기는 커녕 큰 손해를 당하게 될 수도 있으므로, 향후 거래조건과 관계없이 발생하는 Market Claim을 미연에 방지할 수 있도록 면밀하고 철저한 조사와 파악이 필요하다. 따라서 신용조사라 함은 상대방의 지급능력에 대한 선의 및 경제상태의 보장 등을 사전에 조사하여 장래에 대한 지급의 확실성을 확보하는 것이므로 정확성 면에서 확신할 수 있도록 구체적인 신용조회를 위해서는 전문적인 신용조사기관을 통하여 유료로 신용조사를 실시하는 것이 좋다.

2 신용조회의 내용

신용조회에 있어서 필수적인 조사내용은 「신뢰도 측정요소(reliability or credit factors)」로서의 「Three C's」 즉, 당해업체의 ① Character(성실성) ② Capacity(거래능력) ③ Capital(재무상태) 등이 있으며, 3C's 이외에 상대방 회사를 둘러싼 현지의 상대방 정부의 무역, 관세정책, 수출입거래에 대한 법적규제, 항만이나 수송시설의 실태를 조사·분석해야 하는 기업환경(condition), 담보능력(collateral), 거래통화(currency), 소속국가(country) 중 두 가지를 추가하여 Country Risk의 파악 차원에서 「5 C's」를 신용조회 항목으로 설정하기도 한다.

(1) Character(거래성격, 상도덕)

"Character"는 Market Claim의 예방차원에서 당해 업체의 개성(personality), 성실성(integrity), 업계의 평판(social/community reputation), 영업태도(mode of doing business), 의무이행 자세(willingness to meet obligation) 및 계약이행에 대한 도의심(morality toward performance of contract)에 관련된 내용 등을 조사한다. 이는 거래상대방의 사업행태(business behavior)를 파악하는 것으로서 신용조사시 조사하여야 하는 가장 중요한 사항이다.

즉, 서로 다른 국가 간의 물품매매인 무역에 있어서 가장 경계하여야 할 사항은 Market Claim이므로 이를 사전에 방지할 수 있는 요체는 곧 상대방의 사업방식(way of business)을 파악하는 것이다. 특히 신규기업과의 거래에서는 신용조회에서의 신뢰도 측정요소(reliability or credit factors) 중에 가장 중요한 것이 바로 이 "Character"이며, 실무분야에서는 "Character의 조사"라고 한다.

(2) Capacity(거래능력)

"Capacity"는 판매능력의 파악을 위해서 손익계산서(profit and loss statement)상의 사항들을 기준으로 당해 업체의 연간매출액(turn-over), 개인 또는 법인(a private or corporate body) 등 업체의 형태(types of company), 업종(types of business), 연혁(historical background), 영업경험(business career), 연간매출고(turn-over) 및 영업권(goodwill) 보유현황 등 거래상대방의 영업능력(business ability)에 관한 내용을 조사하는 것이 주를 이루며, 실무분야에서는 "Capacity 조사"라고 한다.

(3) Capital(자본, 대금지불능력)

"Capital"은 결제능력을 확보하기 위하여 거래상대방의 대차대조표(financial statements)상의 사항들을 중심으로 파악할 수 있는 당해 업체의 재무상태(financial status, financial standing), 즉 수권자본(authorized capital)과 납입자본금(paid-up capital), 자기자본(owned capital)과 타인자본(borrowed capital)의 비율, 재무구조의 건전성 여부, 기타 자산상태, 즉 고정자산(fixed assets)과 유동자산(circulating assets)등 지불능력 및 대금결제와 직결되는 내용을 조사하는 것이 주를 이룬다.

무역거래에서는 무엇보다도 "Character", "Capacity" 및 "Capital" 등은 신용조회에서의 신뢰도 측정요소(reliability or credit factors) 중에 가장 중요한 내용들로 지적되고 있으므로 거래선에 대하여 면밀하고 철저한 조사가 요구된다.

3 신용조회의 방법

신용조회의 구체적인 방법에는 일반적으로 신용조사는 수출입상이 거래하고 있는 국제적인 금융기관을 이용하는 경우가 많은데, 이를 은행 신용조회처(bank reference)라고 하며, 상대방과 거래경험이 있는 국내업자 및 현지의 단골거래처(regular clients) 등을 통해서 하는 방법을 동업자 신용조회처(trade reference)라고 한다.

또한 신규거래처의 신용조사를 위하여 상업흥신소(merchantile agencies)를 이용하는 방법인데, 상업흥신소는 업체들의 신용조사를 전문업으로 하는 단체이며, 국제적으로 유명한 상업흥신소는 국내는 물론 세계 주요도시에 통신원 또는 조사원을 주재 또는 파견하여 현지조사를 하고, 또한 세계 각국의 동업자와 연락을 취하고 자료·정보를 교환하면서 전문적으로 신용조사를 위하여 활동하고 있다.

우리 나라의 경우 해외거래처의 신용조사를 전문으로 하는 기관으로는 한국신용보증기금(KCGF : www.shinbo.co.kr), 대한무역투자진흥공사(KOTRA : www.kotra.or.kr), 한국무역보험공사(K-SURE : www.ksure.or.kr), 한국수출입은행(Exim Bank : www.koreaexim.go.kr) 등이 있다. 특히 신용보증기금은 세계적 신용조사 네트워크를 갖춘 미국의 Dun & Bradstreet 회사를 비롯한 해외 신용조사 전문기관과 제휴하고 신속하고도 정확한 자료를 제공하고 있다.

4 신용조회장의 작성방법과 회신

신용조회장을 작성할 때에는 ① 조사하고자 하는 상사명 및 주소, ② 조사하고자 하는 이유, ③ 신용조사 내용, ④ 회답내용에 대해서는 극비로 취급하겠다는 서약, ⑤ 감사하다는 말을 언급하고, 협조를 부탁한다는 등의 사항이 언급되어야 한다.

한편 신용조회에 대한 회답은 사실에 입각한 내용의 회답을 하여야 한다. 신용조회 회신서신의 기재사항에는 신용보고 내용은 거래에 직접적인 이해관계가 있기 때문에 ㉮ 발신인은 신용정보에 대해 책임을 지지 않는다는 내용, ㉯ 신용정보의 내용을 극비리에 취급하라는 부탁의 내용, ㉰ 신용정보의 제공은 자발적이 아님을 주지시키는 내용, ㉱ 신용정보의 변경사항에 대한 자발적인 통지의무가 없음을 알리는 내용, ㉲ 신용정보의 3C's인 Character(성실성), Capacity(거래능력) 및 Capital(재무상태) 등의 내용 순서로 작성하는 것이 좋다.

Keys to the Lesson

1. treat ~ in strict confidence : ~을 극비로 다루다.

1) We will treat your information in strict confidence.
   ➡ 당사는 귀사의 정보를 극비로 취급하겠습니다.
2) Your data will be treat as strictly confidential.
   ➡ 귀사의 자료(정보)는 극비로 취급될 것입니다.
3) Any information you may give us will be kept as absolutely confidential.
   ➡ 귀사께서 제공하시는 어떤 정보도 극비로 다루어질 것입니다.
4) 귀사가 제공하는 어떠한 정보도 극비로 취급하겠습니다.
   ➡ Any information you supply will be treated in strict confidence.

주 ① treat(=keep·held·deal·use) A as strictly confidential, in strict confidence, in strict (absolute) confidence, as absolutely confidential, as private and confidential
: ~(A)을 극비로 취급하다.
cf. 동 회사의 재정상태에 관한 귀사의 의견을 극비로 당사에 알려 주십시오. please inform us(=in confidence, confidentially, privately, in strict confidence) of your opinion(= about, as to, regarding, concerning) their financial standing(=financial responsibility, trustworthiness, reliability, reputation, mode way of doing business, business policy).
② private and confidential : 인비, 친전

2. owe A to B : A는 B 덕택이다/때문이다.

1) They owe their reputable position to their steady way of conduction business.
   ➡ 동 상사가 호평을 받고 있는 것은 동 상사의 견고한 영업방식 때문입니다.
2) Thanks to their steady way of doing business, they enjoy a good reputation.
   ➡ 동 상사의 착실한 영업방식 때문에 동 상사는 호평을 받고 있습니다.
3) Through their steady and sincere way of conducting business, they are of good repute in Japan.
   ➡ 당사의 착실하고도 성실한 영업방식으로 동 상사는 일본에서 평이 좋습니다.
4) 동 상사는 착실하고 성실한 사업경영으로 미국에서 평판이 좋습니다.
   ➡ Through their steady and sincere way of doing business, they are of good repute in U.S.A.
5) 당사는 20여년 이상을 동 상사와 아주 만족스럽게 거래를 해 오고 있습니다.
   ➡ We have done business with them for more than twenty years always to our satisfaction.

주 ① thanks to(=because of, because, owing to, due to, through) : 때문에, ~로 인하여
② reputable position(=good repute, good reputation) : 호평을 받음, 평이 좋음
③ way(mode) of doing(conduction) business : 영업방식, 영업수행방식.
④ steady(=regular in behavior). : 착실한, 견실한. sincere : 성실한. 진실한
⑤ steady and sincere way of doing business : 착실하고 성실한 거래태도.
⑥ do business with ~(=deal with, open an account with, enter into business relations with, enter into connections relations with) : ~와 거래(개설)하다.

3. send us some data on ~ : ~에 관한 몇 가지 자료를 제공해 주다.

1) Please send us some data on their credit status.
   ➡ 동 상사의 신용상태에 관한 몇 가지 자료를 보내주시기 바랍니다.
2) Please favour us with information about their character.
   ➡ 동 상사의 성실성에 대한 정보(자료) 제공해 주시기 바랍니다.
3) Would you please furnish us with information for their business capacity?.
   ➡ 동 상사의 거래능력에 대한 정보를 제공해 주시겠습니까?

주 ① please ~(= We shall be obliged if you will ~) : ~해 주시면 감사하겠습니다.
② We will appreciate it if you will ~ send ~ : ~에게 ~을 보내주다, 제공하다.
= favor, furnish, supply, provide ~ with ~
③ credit(financial standing(status, position, state, condition) : 신용(재정)상태.
④ 3C's of credit information : 신용정보의 3C's
Capital : 재정상태, Capacity : 거래능력, 사업수완, Character : 성실성, 상도의(商道義)
⑤ a stamped and self-addressed envelope ~ : 우표가 붙은 반신용 봉투.
cf. 1) For your reply, we have enclosed a self-addressed envelope.
➡ 귀사의 회신용으로 발신용 봉투를 동봉하여 보내드립니다.
2) we enclose a stamped and self-addressed envelope for your reply.
➡ 귀사의 회신을 위해 우표가 붙은 발신용 봉투를 함께 동봉하여 보내드립니다.

4. Credit Line : 신용한도

1) The Korea Exchange Bank affords Kangnam Trading Company low nine figures in won currency as unsecured line of credit.
   ➡ 한국외환은행은 강남무역회사에게 무담보부 신용한도로 1~2억 원을 제공하고 있습니다.
2) When you refer to any bank or trade references as for credit status of the firm, you must request them to report on capital, capacity and character of the firm which are, so called, 3C's.
   ➡ 귀사가 기업의 신용상태에 관하여 어떤 은행 또는 동업자 조회처에 조회할 때 귀사는 소위 3C's인 기업의 지급·거래능력, 상도덕에 관한 보고를 그들에게 요구하여야 합니다.
3) We ourselves have now been doing business with them for over seven years on quarterly-account terms and although they have not as a rule taken advantage of our cash accounts, they have always paid their accounts promptly on the net dates.
   ➡ 당행은 분기결제조건으로 7년 이상 동안 현재 동사와 거래를 하고 있으며 동사가 대개 당행에 현금할인을 이용하지는 않았지만 동사는 항상 제날짜에 즉시 결제하였습니다.

주 ① line of credit : 신용한도, unsecured(naked) line of credit : 무담보 신용한도.
② low nine figures : 1~2억, moderate nine figures : 3~4억,
medium nine figures : 5~6억, high nine figures : 7~9억
afford A low nine figures in won currency as unsecured line of credit : A에게 무담보 신용한도로서 1~2억 원을 제공하다.
③ trade references : 동업자 신용조회처, bank references : 은행 신용조회처.
④ on quarterly-account terms : 분기결제조건으로.
⑤ pay their accounts : 동사의 계정을 지급하다, 결제하다. on the net dates : 제날짜에.

사례 11 은행신용조회처에 조회하는 서신

KANGNAM TRADING CO., LTD.
C.P.O. Box 4545, Seoul Korea

July 5, 2019

The Manager
The Bank of America,
110 Park Ave. New York, N.Y.
U.S.A.

Gentlemen :

Messrs. Optorg & Co., Inc., New York are anxious to open an account with us and have given your name as a reference.

Should their business standing turn out unquestionable, we are prepared to accept their proposal. We should, therefore, be much obliged if you would give us information as you may have or can secure for us regarding their financial standing and reliability.

We are particularly interested to know in what line they are mainly engaged and, if possible, your candid opinion on their financial responsibility, their mode of doing business, and their general reputation enjoying in your community.

Any expenses connected with this inquiry will be gladly paid by us on receipt of your bill. We enclose a stamped and self-addressed envelope for your reply.

Your prompt reply will be much appreciated, and we assure you that your information will be held, as usual, in strict confidence.

Yours truly,

해설 Optorg & Co. 회사가 거래관계를 희망하는 바, 신용조회처로 지정된 은행에게 동사의 전반적인 재정상태, 거래방식 등의 정보제공을 요청하는 서신이다.

주
① open an account with ~(enter into business relations with, start business relations with, build up business relations with) : ~와 거래를 개설하다.
cf. close(cease) the connections with ~ : ~와 거래관계를 끊다.
② mode of doing(transacting) business(= business habit) : 영업방식, 거래수행방식.
③ financial standing and reliability : 재정상태 및 신용정도.
credit standing(= status, position, state, situation, condition) : 신용(재정)상태.
④ financial responsibility(= financial ability) : 지불능력.
⑤ in what line(= in what kinds of business) : 어떠한 품목에.
⑥ self-addressed envelope : 반신용 봉투.
⑦ on receipt of your bill : 귀사의 계산서를 수령하는 즉시.

사례 12 **은행조회처 조회에 대한 회신**

THE BANK OF AMERICA
110, Park Ave, New York 5, N.Y.
U. S. A.

Kangnam Trading Co., Ltd.
C.P.O. Box 4545
Seoul, Korea

July 15, 2019

Gentlemen :

We are pleased to report on the firm referred to in your letter of July 5, as under : The Optorg & Co., Inc., New York, U.S.A. was established in 1985 as General Importers and Exporters, with an authorized capital of USD100,000 fully paid-up. The net worth at the end of last year exceed USD250,000 about half of which is readily realizable.

Their main lines are Cotton Goods, especially Cotton Shirtings and Ducks. They have many connections both at home and abroad. They have maintained a current account with us for more than twenty years and in all that time our relations with them have been consistently and entirely satisfactory.

The proprietors of the company, in our opinion, are rather enterprising and highly looked upon as men of integrity and substance in business circles here. We are of opinion that they may be rated as A1 and you would not run the least risk in opening a connections with them.

For this information, we do not like to accept any responsibility, but, we shall be pleased to be of any further service to you if you require more details. The enclosed note shows the charges which we have paid on your behalf, for which we ask you to settle soon.

Yours truly,

THE BANK OF AMERICA
Charles Brown
Charles Brown
Manager

Encl : bill 1.

해설 Optorg 회사의 신용상태가 비교적 호의적이라는 회신이다.

주
① as under(=follows, below, set forth, as given(stated) below) : 다음과 같이.
② net worth(assets) : 순자산. a current account : 당좌예금구좌.
③ main(chief) line : 주요 취급품목.
④ readily realizable : 현금화가 쉽다.
⑤ authorized capital : 수권자본. cf. paid-up capital : 납입자본.

사례 13 은행신용조회처에 신용조회

May 10, 2019

The Bank of New York
1749 North Serrano Ave.
New York. N.Y. 10027
U. S. A

Gentlemen :

Your bank has been given to us as a reference by American Trading Corporation, 10 Park Ave, New York, N.Y. 10022, who want to open an account with us.

We should be much obliged if you would get information on their financial standing and reputation.

We are especially interested to know in what line they are mainly engaged and if possible, your frank opinion on their financial responsibility, their mode of doing business and their general reputation they enjoy in New York.

We assure you that any information you may give us will be treated in strict confidence.

Yours very truly,

주
① your bank ~ us as A by B(= B have give us your bank as A) : B께서 귀 은행을 A로 지정해 주었습니다.
② Co., Inc. : Company, Incorporated.
Co., Ltd. : Company, Limited.
③ Ave., Avenue : 거리, 가(街).
④ We should be obliged if you would ~(We would appreciate it if you would ~, We should be obliged for ~ing) : ~해 주시면 감사하겠습니다.
⑤ financial standing(= status, position) : 재정상태
⑥ reputation(= the general opinion about the character, qualities, etc. of ~ fame, renown, prestige) : 평판, 세평, 명성
⑦ in what line(= in what kinds of business) : 어떠한 품목에, 어느 품목.
⑧ are engaged in ~ : ~에 종사하다.
⑨ if (it is) possible : 가능하다면, 될 수 있으면
⑩ frank(= candid) opinion on ~ : ~에 관한 솔직한 견해.
⑪ financial responsibility : 지급능력.
⑫ mode of doing business : 영업방식.
= way(mode) of conducting(doing) business : 영업방식, 경영방식, 사업경영방식.
⑬ enjoy reputation : 평판을 받다. 평판을 누리다.
⑭ we assure you that ~ : ~을 확신합니다.
⑮ be treated in strict confidence. : ~이 극비로 다루어지다.
= hold(= treat, keep) ~ as strictly confidential(in strict confidence) : 극비로 취급하다.

사례 14 　**은행신용조회처에 신용조회에 대한 회신**

May 26, 2019

Kangnam Trading Co., Ltd.
C.P.O. Box 4545
Seoul, Korea

Gentlemen :

In compliance with your request of May 10, we are pleased to say that the firm in question started business in New York in April 1980 as General Importers and Exporters, and have been enjoying the highest reputation.

We have done business with them for more than twenty years always to our satisfaction and their latest financial statements show a healthy condition.

You would not run the least risk in opening a connection with the firm and would be satisfied with their mode of doing business.

Though this information is given to the best of our belief, we must ask you to treat it in strict confidence and without any responsibility on our part.

Yours very truly,

The Bank of New York
Charles Brown
Charles Brown
Manager

Encl : bill 1.

주
① in compliance with your request : 귀사의 요청대로(요청에 따라서)
(=complying with your request, as requested in your letter).
② the firm in question(=the firm being talked about : 언급하신(문제의) 그 회사.
③ general importers and exporters : 종합(무역)상사, 일반 수출입상.
④ enjoy the highest reputation : 최고의 평판을 받고 있다.
⑤ do business with ~ : ~와 거래하다(deal with ~).
⑥ to the satisfaction of us : 당사가 만족하도록(만족스럽게).
⑦ financial statements(F/S) : 재무제표.
⑧ show a healthy condition : 건전한 상태를 보여주고 있다.
⑨ run a risk : 위험이 따르다, 위험하다. cf. run a high risk : 높은 위험이 따르다.
⑩ open a connection with(=open an account with, enter into business relations with : ~와 거래를 시작하다.
⑪ be satisfied with ~ : ~에 만족해 하다.
⑫ without any responsibility : 어떤 책임도 지지 않고. 아무런 책임없이.
⑬ on our part, on the part of us : 당사 측에서는.

사례 15 동업자 신용조회처에 신용조사 의뢰서신

May 26, 2019

Optorg & Co., Inc.
90 South St., New York,
N.Y. 10005
U. S. A.

Dear Sirs,

British Trading Co., Ltd., of 21 Belgrave Squire, London, E.C.3, have recently proposed to represent us in the sale of our latest products in your country, and have given us your name as a reference.

We shall be obliged if you will kindly let us have your frank opinion on their standing and reputation and the way they meet their obligations especially, of your experiences with this firm by returning to us the enclosed form duly filled in.

Any information that you may give us will be held in strict confidence, and we shall be only too pleased to reciprocate when such an opportunity turns up.

Yours Faithfully,

주 ① E.C. 3 : East-Central 3, 영국의 우편지역 표시
cf. W.C. : West-Central, S.E. : South-East, S.W. : South-West
N.W. : North-West, E. : East, W. : West, N. : North, S. : South
② latest products : 최신제품(상품)
③ propose to ~, propose ~ing : ~할 것을 제의하다.
④ represent us in ~ : ~에 있어 당사 대리점을 맡는다.
⑤ We shall be obliged if you will ~ : ~해 주시면 감사하겠습니다.
⑥ frank(=candid) opinion on ~ : ~에 관한 솔직한 견해. 솔직한 의견.
⑦ standing and reputation : 신용상태와 명성
⑧ obligations : 채무이행능력
⑨ experiences with ~ : ~와의 거래 경험.
⑩ return to us : 당사에 반송하다.
⑪ form : 서식, 양식
⑫ duly : 정히, 정확하게, 정식으로
cf. due : 정당한, ~에 기인하는, 예정의
⑬ fill in : 기입하다. cf. fill in the blank : (서식의) 빈칸에 기입하다.
⑭ too pleased to : 너무 기쁘다.
⑮ reciprocate : 보답(답례·교환)하다.
cf. reciprocation : 보답, reciprocal, mutual : 상호간의.
⑯ opportunity, chance, occasion, time : 기회, 경우.
⑰ turn up(=an opportunity etc.), happen, present itself. : (기회 등이) 생기다. 일어나다.

사례 16 **동업자의 유리한 신용조사 보고 서신**

June 20, 2019

Kangnam Trading Co., Ltd.
C.P.O. Box 4545
Seoul, Korea

Dear Sirs,

In response to your inquiry of May 26, we are pleased to inform you that the firm in question is one of our best customers in this locality.

Possessed of a considerable amount of capital, and enterprising in their way of doing business, the firm is enjoying a good reputation in the trade.

As far as we know, they have never sustained any loss worth mentioning. It is our frank opinion that you will not run a risk in opening an account with the firm.

We think it hardly necessary to add that the information is given you in strict confidence without assumption of any responsibility by us.

Yours Faithfully,

주 ① in response(=answer, reply) to ~ : ~에 대한 회신으로
② of, dated, made on : ~일자
③ customer, client, buyer, patron : 고객, 손님, 거래처.
④ locality, region, area, place : 지역
⑤ be possessed of ~ : ~을 가지 있다.
⑥ enterprising : 기업가 정신이 풍부한
⑦ way(mode) of doing business : 영업방식
=way(mode) of conducting(doing) business : 영업방식, 경영방식, 사업경영방식.
=mode of doing(transacting) business(=business habit) : 영업방식, 거래수행방식.
⑧ in the business circles, in the trade : 이 업계에서는.
⑨ as far as we know : 당사가 알고 있는 바로는.
⑩ sustain(=suffer, undergo) : 겪다, 당하다, (손해를) 입다.
⑪ frank(=candid) opinion on ~ : ~에 관한 솔직한 견해. 솔직한 의견.
⑫ open an account with ~(enter into business relations with, start business relations with, build up business relations with) : ~와 거래를 개설하다
⑬ worth mentioning : 언급할 정도로 가치가 큰.
cf. worth ~ing : ~할 만한, ~할 가치가 있는.
⑭ it is A that B : B는 A이다.
⑮ hardly, only, just, not quite, scarcely : 겨우, 불충분하게, 거의 ~ 아니다.
⑯ it is our frank opinion that : ~ that 이하가 당사의 솔직한 견해이다.
without assumption of any responsibility by us, without responsibility on our part : 당사 측에는 아무런 책임이 없이(책임을 지지 않고)
⑰ assumption : 부담.

Review Exercises

연습문제

1. 다음 중 신용조회와 관련된 3C의 내용 모두가 올바르게 연결된 것을 고르시오.

	(A) Character	(B) Capital	(C) Capacity
①	reputation	settlement ability	mode of doing business
②	integrity	financial status	business ability
③	personality	business ability	business career
④	business career	settlement ability	reputation

해설 * 신용조회에 있어 필수적으로 조사해야 할 내용으로 Character(상도덕), Capital(지급능력), Capacity(거래능력) 등 3C's가 있으며, 이외에 소속국가(Country), 거래통화(Currency), 거래조건(Condition), 담보능력(Collateral) 중에서 두 가지를 추가하여 5C's라고도 한다.

- character(상도덕) : 업체의 개성(personality), 성실성(integrity), 평판(reputation), 영업태도(mode of doing business) 등
- capital(대금지급능력) : financial status(재무상태), settlement ability(결제능력)
- capacity(거래능력) : business ability(영업능력), business carrier(영업경험), turn-over(연간 매출액)

정답 : ②

2. 다음 주어진 문장을 배열했을 때 순서가 맞게 배열된 것은?

> ㉠ Please treat this advice in absolute confidence.
> ㉡ More detailed information we have received suggests that this is a case in which we would advise caution.
> ㉢ The company is a private one running as a family concern and operating on a small scale.
> ㉣ We received from the Bank of America information concerning the company mentioned in your letter dated October 5, 2019.

① ㉠-㉢-㉣-㉡ ② ㉣-㉢-㉡-㉠ ③ ㉣-㉡-㉠-㉢ ④ ㉣-㉠-㉡-㉢

해설 신용조회에 대한 답신은 주로 수집정보의 경위를 설명한 후 회사의 내용을 설명하고 자신의 의견을 피력하고 정보의 취급을 요청하는 순으로 정리가 된다.
서한문의 본문은 작성한 이유 등을 기재하며 일반적으로 다음과 같은 네 가지 부분(OPAP)을 중심으로 차례로 구성하면 이해하기 좋은 문장이 된다.

① Opening : 서한문을 작성하는 이유(the reason for writing) : 문제의 ㉣ 내용

② Purpose : 서한문을 작성하는 자세한 내용을 설명(provide the details of writing) : 문제의 ㉢ 내용
③ Action : 상황에 대한 조치, 행동, 결과를 설명(write what happen next): 문제의 ㉡ 내용
④ Polite Expression : 향후 조언, 감사표현, 예의표현의 기재(thank the reader) : 문제의 ㉠ 내용

* treat your information in strict confidence : 귀사의 정보를 극비로 취급하다.
  be held as strictly confidential: 극비로 취급되다.

정답 ②

3. 다음 신용조회 회신의 내용이 올바른 순서대로 배열된 것을 고르시오.

㉠ We would suggest you to pay most careful attention to the business with them.
㉡ We are pleased to report on the firm referred to in your letter of May 20, 2019.
㉢ We ask you to treat this information in strict confidence and without any responsibility on our part.
㉣ Lately the company seems to be short of cash and meets its engagement with difficulty.

① ㉠-㉡-㉢-㉣ ② ㉠-㉢-㉡-㉣ ③ ㉡-㉠-㉣-㉢ ④ ㉡-㉣-㉠-㉢

해설

㉠ 그 회사와 거래할 때 매우 조심할 것을 제안하는 내용
㉡ 2019년 5월 20일자 편지에서 문의한 회사에 대해 알려준다는 내용(회신 서한의 앞부분에 나오는 내용)
㉢ 이 정보를 우리 측에는 아무런 책임 없이, 그리고 비밀로 취급해 달라는 당부하는 내용(정보를 제공하는 측이 서한 마지막 부분에 흔히 넣는 내용)
㉣ 최근 그 회사는 현금이 부족한 것 같고 채무이행도 어렵다는 내용(신용조회 결과 문제가 있다는 것을 알리는 내용)

정답 ④

4. 다음 문장과 관련이 있는 Business Letter를 고르시오.

We trust that the above information, which is given for your confidential use and without responsibility on our part, will prove helpful to you.

① Trade Inquiry ② Credit Inquiry ③ Circular Letter ④ Shipping Advice

해설 「상기 정보는 귀사의 비밀적 사용을 위하여, 그리고 당 은행이 책임을 지지 않고 제공되는 것으로 귀사에게 도움이 될 것이라 믿습니다.」 이와 같은 내용은 신용조회(credit inquiry) 회신 서한문에서 표현되는 내용이다.

정답 ②

5. **다음 한글 문장에 가장 적합한 영어문장은?**

강남회사(Kangnam Company)는 가장 믿을 만한 고객 중의 하나이며 신용상태도 아주 안정적입니다.

① Kangnam Company is one of the most reliable customers and their credit level is quite stable.
② Kangnam Company is one of the most believable customers and their credit standing is quite unchangeable.
③ Kangnam Company is one of the most believable customers and their credit level is quite stable.
④ Kangnam Company is one of the most reliable customers and their credit standing is quite stable.

해설 "신용상태"라는 표현으로는 "credit standing"이란 표현이, "안정적이다"라는 표현으로는 "stable" 표현이, "믿을 만하다" 표현으로는 "reliable"이라는 표현이 적당하다.
* one of the most reliable customers : 가장 신뢰할 만한 고개의 하나/their credit standing : 동사의 신용상태/ stable(a) : 안정적인, credit standing : 신용상태(credit status).

정답 ④

6. **다음 신용조회(credit inquiry)에 대한 회신의 내용 중 불리한 내용을 고르시오.**

① The firm enjoys an unlimited confidence among the business circle here.
② We would advise cash transactions only.
③ They deserve your confidence.
④ You may safely grant them the said credit.

해설
① 그 회사는 이곳 실업계에서 끝없는 신뢰를 얻고 있습니다.
② 현금 거래만 하도록 권고하겠습니다(외상거래는 위험하다는 의미의 불리한 회신 내용).
③ 그들은 귀사의 신임을 받을 자격이 있습니다.
④ 그 회사에게 언급된 신용대부를 안심하고 해 주어도 됩니다.

정답 ②

7. **다음 신용조회 서신의 내용을 올바른 순서대로 배열한 것은?**

① It should be grateful if you would inform us of their financial standing and reputation.
② Your bank was given as a reference by American Trading Corp[oration, 10 Park Ave, New York, N.Y. 1022, who have offered their services as our agents in USA.
③ Your prompt reply will be appreciated.
④ Any information provided by you will be treated confidential, and expenses will be paid upon receipt of your bill.

① ①-②-③-④ ② ②-③-④-① ③ ④-②-①-③ ④ ②-①-④-③

해설 신용조회서의 'Opening'은 신용조사 의뢰의 이유, 신용조회사와 그 소재지, 'Body'는 신용조회사의 영업상태, 재정상태 조회, 신용조회사의 설립연도, 자본금 등의 조회, 신용조회사의 경영자와 그의 평판 조회, 'Ending'은 '조사내용에 대한 비밀유지와 조사비용부담의 약속', '신속한 답신의 요청' 등으로 구성된다.

정답 ④

(8-9) 다음 주어진 서신을 보고 물음에 답하시오.

Dear Sirs,
(A) Americana Trading Co. in your city has recently proposed to do business with us and named you as a reference.
(B) We believe that our future dealings with them will largely depend upon their credit standing and reputation.
(C) Any information given to us will be treated as strictly confidential.
(D) We would be obliged if you could give us any information on their financial standing, their way of doing business and general reputation.
Your prompt reply will be much appreciated.
Faithfully Yours,

8. 이 서신의 내용상 서신의 종류가 무엇인지 고르시오.

① a credit inquiry
② a business inquiry
③ a reply to a credit inquiry
④ a reply to a business proposal

해설 동 서신은 거래 상대방이 지정한 신용조회처에 거래 상대방 회사의 신용을 조회하고자 보내는 서신으로 '신용조회 의뢰서(a credit inquiry)'이다. 보기 ②번의 'business inquiry'는 거래문의서를 의미한다.

정답 : ①

9. 주어진 문장들 (A) – (D)를 가장 적절한 순서로 배열한 것을 고르시오.

① (D) - (B) - (A) - (C)
② (B) - (A) - (C) - (D)
③ (A) - (D) - (B) - (C)
④ (D) - (A) - (B) - (C)

해설 주어진 문장들은 신용조회 의뢰서에 들어가는 문장들이다. 가장 적절한 순서는 "㈎ Americana Trading Co.가 귀사를 신용조회처로 지정하였다. → ㈑ Americana Trading Co.의 재정 상태와 일반적인 평판에 대해서 알려주시길 바랍니다. → ㈏ Americana Trading Co.의 신용상태와 평판에 따라 당사가 거래개설 여부를 결정할 것이다. → ㈐ 당사에 주어지는 모든 정보는 극비로 취급되어질 것이다"이다. 주의하여야 할 것은 ㈏와 ㈑의 문장은 지시대명사 'they'의 목적격인 'them'과 소유격인 'their'가 들어가 있기 때문에 서신의 가장 앞에 올 수는 없다는 것이다. 문장 ㈏와 ㈑의 순서는 앞뒤로 바꾸어도 문맥상 크게 문제가 되지는 않는다.

정답 : ③

Trade Inquiries and Replies to Inquiries

Chapter 04

상품조회와 회신

1 상품조회의 의의

거래관계의 권유를 받은 당사자가 그 물품에 대한 관심이나 구매할 의사가 있게 되면 그에 대한 조회를 하게 되는데 이를 상품조회(trade inquiry)라고 한다. 이는 신용조회(credit inquiry)와는 달리 상품의 매매에 관련된 제반사항에 대하여 조회하는 서신이다. 즉, 조회서신(inquiry letter)은 매수인이 매도인에게 상품의 매매조건(품질, 가격, 수량, 인도, 결제, 보험조건 등)을 문의하는 서신을 말한다.

따라서 상품조회는 원칙적으로 수입업자 측에서 수입하려는 상품에 대한 구체적인 매매조건에 관한 문의를 의미하며, 수출업자 측에서 판매권유나 판매조건을 제시하는 서신은 Sales Letter(판매권유서한)나 Circular Letter(거래권유서)라고 한다.

조회는 계약 체결 전 예비적인 무역상담의 한 과정에 있어서 수입업자의 물품수입에 관한 최초의 의사표시를 말하며, 조회의 내용에는 가격표나 견본의 송부를 의뢰하는 조회, 수출업자에게 청약을 권유하는 조회 등이 있다.

따라서 상품조회(trade inquiry)의 내용에는 ① 거래상품에 대한 가격 및 수량조건(price and quantity terms), ② 선적시기(time of shipment), ③ 대금결제방법(payment terms), ④ 보험조건(insurance terms), ⑤ 포장방법(packing method) 등이 포함되며, 기타 구체적인 내용은 계약체결 시 협정되므로 생략되기도 한다.

조회서신에는 기존 거래관계를 맺고 있는 상대회사에 조회하는 경우와 신규 거래관계를 맺고자 상대회사를 조회하는 경우 등이 있다. 전자의 경우에는 알기 쉽고 간결하게 요건만을 쓰면 되며, 후자의 경우에는 상대방을 알게 된 동기 및 추천자, 조회 작성자의 자기소개, 자기가 수입하고자 하는 상품 종류(product type), 필요수량(required quantity), 기타 거래조건(other terms & conditions)을 쓴다.

2 상품조회 회신의 내용

조회는 일반거래조건의 협정 또는 청약을 위한 당사자 간의 거래조건에 대한 의사를 타진하는 상담의 과정이며, 조회를 받은 수출업자는 지체없이 조회내용에 대하여 회신하여야 한다. 조회서신을 받으면 그 내용을 검토하여 즉시 회신할 수 있는 점은 지체없이 하고, 시간을 요하는 사항은 언제까지 조치하겠다고 통보하여야 한다.

일반적으로 조회(trade inquiry)는 조회서신(letter of inquiry)이나 전신으로 행해지는데, 그 내용은 상품의 품목, 품질, 수량, 선적시기, 가격, 대금결제조건 등을 문의하면서 가격표(price list), 상품목록(illustrated catalogue) 및 견본(sample)의 발송을 요구하거나, 예비적으로 매매계약조건(특히 가격조건)을 알아보려는 경우, 또는 구체적인 Offer의 발행을 요청하는 것을 내용으로 한다.

무역거래에서 매매될 대상물품의 품질을 결정하는 방법에서 가장 널리 이용되고 있는 방법은 견본매매(sales by sample or pattern)에 의한다. 견본매매는 당사사가 세시한 견본(sample)과 동일한 품질의 물품을 인도하도록 약정하는 방법인데, 견본매매에서 매도인은 물품이 견본과 동일한 품질임을 보증할 의무가 있으며(Quality to be as per sample과 같이 견본과 같은 수준으로 한다고 약정하는 것이 좋다) 현물과 견본이 다른 경우는 이에 대한 책임을 부담해야 한다. 따라서 견본은 최상품이 아니라 보통의 평균적 품질을 제시하는 것이 바람직하다.

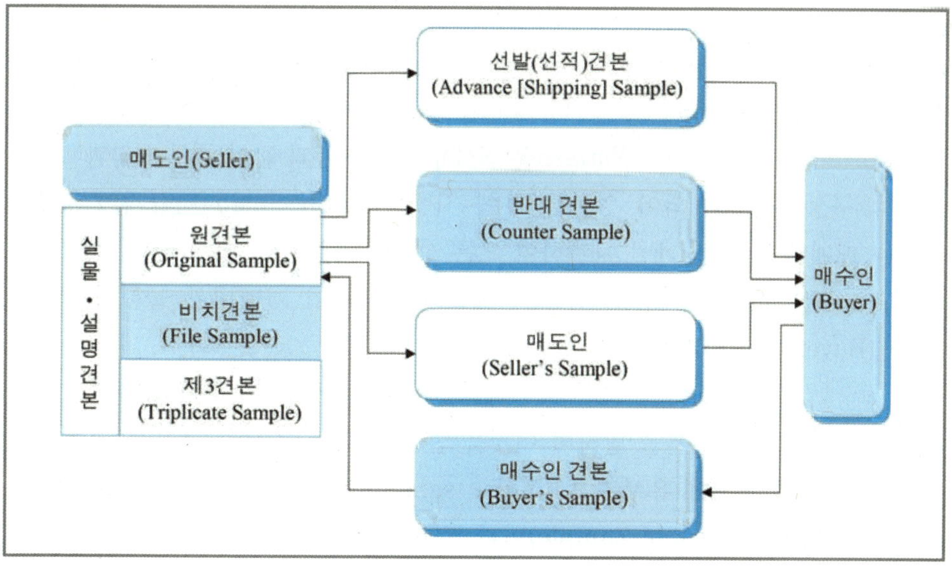

그림 4-1 견본의 종류

견본(sample)은 실제 매매될 물품의 일부로서 물품전체의 품질을 대표하는 것으로 일반적으로 견본은 매도인이 제시하는 매도인견본(seller's sample)이나, 매수인이 매도인에게 송부하는 매수인견본(buyer's sample)도 있다. 또한 매수인의 견본에 대해 매도인이 제조하여 보내는 견본을 반대견본(counter sample)이라고 한다. 반대견본은 3개 이상을 만들어서 하나는 매수인에게, 하나는 자사보관용(duplicate sample ; reference, keep, file or checked sample)으로, 나머지는 제조업자 또는 공장용(triplicate sample ; 제3견본)으로 한다. 실제로 선적된 물품 중에서 그 일부를 매수인에게 보내는 경우의 견본을 선적견본(shipping sample, advance sample)이라 한다.

품질조건에 있어서 견본(sample)의 종류와 작성 시 유의사항은 다음과 같다.

견본매매에서 중요한 것은 "견본과 같은 것"이라는 표현을 함에 있어 용어의 사용에 유의하여 Market Claim을 예방하여야 한다. 견본매매는 그 견본과 동질의 상품을 인도하는 것을 약정하는 것이므로 견본과 동일한 품질임을 보증할 의무가 있다. 신변 장식용품인 Imitation이나 배지와 같이 금형으로 찍어내는 규격품의 경우에는 "same as the sample", "up to the sample", "fully equal to the sample" 등의 표현을 쓸 수 있지만, 봉제완구나 조화와 같은 비규격품인 잡화류의 견본매매에는 그러한 표현을 사용하는 것은 Market Claim을 자초하므로, 그 대신 "as per the sample", "similar the sample", "about equal to the sample" 과 같은 표현을 사용해야 한다.

매매계약시 "품질은 견본과 동일할 것(Quality to be fully equal to the sample, Quality should be the same as that of the sample,)" 등과 같은 엄격한 표현보다는 "품질은 견본과 유사할 것(Quality to be similar to the sample, Quality to be about equal to the sample,)" 등과 같은 완곡한 표현을 사용하는 것이 향후 분쟁예방에 도움이 된다.

① Pattern과 Specimen : Pattern은 직물류나 완구 등과 같이 주로 의장과 도안이 품질의 구성요건으로 되어 있는 경우에 사용된다. Specimen은 규격이 균등한 상품을 매매할 때에 몇 개를 채취하여 모든 상품의 표본으로 삼는 것을 말한다.

② 매도인 견본(Seller's Sample) : 매도인(Seller)이 거래대상 물품의 품질을 매수인(Buyer)에게 알리기 위해 발송하는 견본이다.

③ 매수인 견본(Buyer's Sample) : 매수인이 수출상에게 주문품의 품질을 기준하기 위하여 보내는 견본을 말하며 이것을 받은 수출상 입장에서 수입상이 보내온 견본을 보고 수출상이 유사견본(similar sample)을 만들어 수입상에게 보내는 견본을 반대견본(counter sample)이라 한다. 또한 원견본(original sample), 비치견본(file sample; duplicate sample), 제3견본(triplicate sample)은 수출상이

수입상으로부터 받은 매수인 견본(buyer's sample; original sample)을 원견본(original sample)이라고 하며, 이 원견본을 기준으로 하여 견본품을 세개 만들어 하나는 반대견본(counter sample)으로 매수인에게 보내고 다른 하나는 비치견본(file sample; duplicate sample)으로 자사에 보관하여 비치해 두고, 나머지 하나는 자사의 공장이나 제조업자의 참고용 견본을 보존하게 되는 데 이를 제3견본(triplicate sample)이라고 한다.

④ 선적견본(advance sample; shipping sample) : 수출상이 계약물품을 제조완료하여 선적할 경우 수입상의 참조를 위하여 선적품과 동일품질의 견본을 발송하는 것이다.

3 상품조회 회신내용의 작성포인트

조회서신에는 ① 상품목록(catalogue), 가격표(price list), 견본(sample) 등의 발송을 요구하는 것, ② 매수인이 수입하기를 원하는 상품의 조달 가능성 유무·가격·선적시기 등의 거래조건을 조회하는 것, ③ Offer 발송을 요구하는 것 등 세 가지 형태가 있다.

일반적으로 조회서신은 다음의 사항으로 구성된다.

㉮ 처음으로 거래하는 상대방의 경우 상대방을 알게 된 경위와 거래개시의 희망 사항, 자사소개(자사의 영업내용, 재정상태, 취급상품, 업계에서의 위치)

㉯ 조회사항, 즉 거래를 희망하는 상품의 수요, 공급상태 및 주문에 대응할 수 있는 예상 수출입 주문량(volume of orders)과 품질(quality), 수량(quantity), 가격(price), 인도조건(shipment), 결제조건(payment) 등을 기술한다.

㉰ 동 조회가 앞으로 큰 거래로 발전할 가능성이 있다는 등 상대방에게 희망을 갖게 시사하며, 상품목록(catalogue), 가격표(price-list), 견본(sample) 등의 관련 자료의 언급과 발송을 요구한다.

㉱ 처음으로 거래하는 상대방의 경우 자사 신용조회처(credit reference)를 명시하고, 호의적이고 신속한 회신을 희망하는 맺음 말

따라서 Inquiry Letter 작성요령과 유의점을 잘 파악하여 AIDA 원칙인 "주목, 흥미, 구매욕구 및 구매행위"로 정중히 곧바로 연결시킬 수 있어야 한다. 그러므로 상기 방법으로 작성하여 송부하였을 때 상대방의 조회서신에 상당한 관심을 표했고 적극적이었다면 이메일이나 Fax로 신속히 회신하여야 거래가 성립될 수 있다.

Keys to the Lesson

1. With Thanks : 감사히.

1) We have received with thanks your price list dated October 15.
   ➡ 10월 15일자 귀사의 가격표를 감사히 받았습니다.
2) Thank you for the Agreement on sample and catalog made on June 5.
   ➡ 6월 5일자 견본과 카탈로그에 관한 협정서를 감사히 받아 보았습니다.
3) We have received with thanks your letter of May 7, and samples of your products which you were good enough to send us.
   ➡ 친절하게도 귀사께서 보내주신 5월 7일자 서신과 귀사 제품의 견본을 감사히 받았습니다.
4) 4월 3일자 귀사의 카탈로그를 잘 받았습니다.
   ➡ We have received with thanks your catalog dated April 3.

주 ① with thanks : 감사히.
cf. Thank you for ~ : ~을 감사드립니다, ~을 감사히 받아 보았습니다.
② The Agreement : 합의서, 협정서, 일반거래조건협정서(문).
The Agreement on General Terms and Conditions of Business
: 일반거래협정서, 일반거래조건협정서, 일반거래의 협정문(서).
③ made on : ~일자에 작성된, ~일자의(dated, under the date of, of).

2. by separate post : 별도로, 따로.

1) We are supplying you with our samples by air parcel post.
   ➡ 당사 제품의 견본을 항공소포로 보내 드리겠습니다.
2) We have forwarded our samples to you by ship.
   ➡ 당사 제품의 견본을 선박편으로 귀사에 보내 드렸습니다.
3) Our swatches have been sent to you by separate post.
   ➡ 당사의 견본을 별도로 귀사에 보내 드렸습니다.
4) 당사 제품의 견본을 항공편으로 발송하였습니다.
   ➡ We have forwarded our samples by air.

주 ① by air parcel post : 항공소포 우편으로. cf. by(=per, via) : ~편으로. by ship : 선편으로.
② by separate post(=by separate, separately, by another mail, under separate cover, through separate post) : 별도로, 따로. 별편으로
③ samples : (품질에 관한) 견본, pattern : (색상, 디자인에 대한) 견본
swatch : (피혁, 직물류의 천 조각) 견본, cutting : (직물류의 천 조각) 견본
Original Sample : 매도인이 매수인에게 발송하는 견본 Duplicate Sample : 매도인의 공용견본
Triplicate Sample : 공급자(메이커)의 공용견본
Seller's(Buyer's) Sample : 매도인(매수인)이 매수인(매도인)에게 보내는 견본
Counter Sample : Buyer's Sample이 발송되어 온 경우 그에 대하여 매도인이 발송하는 공급 가능한 상품의 견본
Shipping(Advance) Sample : 매도인이 선적품의 일부를 상품도착 전에 매수인에게 송부하는 견본

3. Our price is cheaper than~ : 당사 가격은 ~보다 저렴하다.

1) Our prices are cheaper than those of any other competitor.
   ➡ 당사의 제품가격은 어떤 회사의 제품가격보다 저렴합니다.
2) Your price is higher than that of The Han Sung Company.
   ➡ 귀사의 제품가격은 한성기업보다 높습니다.
3) Their price is more competitive than that of your firms.
   ➡ 동 상사의 제품가격은 귀사의 가격보다 더 저렴한 것입니다.
4) 당사의 제품가격은 동 상사의 제품가격보다 저렴합니다.
   ➡ Our price is lower than their price.

주 ① that (those) : price(s) of them.
② their price : the price of their products(동 상사의 제품가격).

4. drafts drawn at sight under an irrevocable credit : 취소불능신용장에 의거하여 일람출급환어음이 발행되다.

1) Payment for first orders would be by drafts drawn at sight under an irrevocable credit issued by The Korea Exchange Bank, London Branch.
   ➡ 첫 주문에 대한 결제는 런던지점 한국외환은행이 발행한 취소불능신용장에 의거하여 일람출급환어음이 발행됩니다.
2) We have drawn on you at 30 days after sight.
   ➡ 당사는 일람후 30일부의 환어음을 귀사를 지급인으로 하여 발행하였습니다.
3) Please draw sight drafts on us for the full invoice amount under the relative L/C.
   ➡ 관련 신용장에 근거하여 총 송장금액 상당액을 당사앞 일람불환어음으로 발생하여 주시기 바랍니다.

주 ① first orders : 첫 주문(initial orders). cf. trial order : 시험주문, further order : 추가주문.
② draft drawn at sight(=a sight draft) : 일람 출급 환어음.
cf. usance(=time, term) bill : 기한부환어음.
cf. As regards the terms of settlement, it is our custom to trade an irrevocable letter of credit, under which we draw a draft at 60 d/s. (대금결제조건에 관하여 당사는 일람 후 60일 출급으로 환어음을 발행하는 취소불능신용상으로 거래하는 것을 관행으로 하고 있습니다).
Complying with the contract, we have drawn a draft on you at 30 days after sight for U$20,000 and passed the draft with full set of shipping documents to our banker. (계약조건에 따라 당사는 U$20,000에 대하여 일람 후 30일 출급으로 환어음을 귀사를 지급인으로 발행하였으며, 당사 거래은행에 전통의 선적서류와 함께 제시하였습니다).
③ under(=against, based on, in compliance with) : ~에 의거하여. ~에 일치하는.
④ drawn on you : 귀사를 지급인으로 하여 환어음을 발행하다.
draw sight drafts on us : 당사를 지급인으로 하여 일람출급 환어음을 발행하다.
cf. (지급인)으로, (지급기일)로 하여 (얼마)의 금액으로 환어음을 발행하다.
~ on 지급인, ~ at 지급기일, ~ for 금액
⑤ the full invoice amount(value) : 전송장 금액, 송장금액 전액
⑥ relative L/C : 관련 신용장 cf. relative documents : 관련서류

사례 17 **면제품에 대한 상품조회**

OPTORG & CO., INC.
90 South Street, New York, N.Y.. 10005,
U. S. A.

August 5, 2019

Kangnam Trading Co., Ltd.
C.P.O. Box 4545
Seoul, Korea

Dear Mr. Song,

Having heard from The New York Chamber of Commerce that your company is a leading firm specializing in Cotton Goods, we wish to make a purchase of Men's Cotton Shirts from you.

We would appreciate it if you could provide us with your lowest export quotations, receiving your best CIF New York with earliest delivery schedule and time of delivery along with illustrated catalogues and samples.

If possible, also provide a complete range of your samples by airmail and would also like to have two samples with Color Swatches by air mail.

If your goods are satisfactory in quality and delivery, we will place an order of 500 dozen on a trial basis and can make repeat orders with you in the near future.

We look forward to your early reply.

Cordially yours,

해설 뉴욕상업회의소로부터 귀사가 면제품 전문 수출상이라고 소개받음을 시사하고, 면셔츠 수입을 희망하면서 CIF가격과 견품을 항공우편으로 요청하면서 500다스를 수입하겠다는 적극적인 조회 서신이다.

주
① having heard from(=hearing from, receive a letter from) : 소식을 듣다.
② best(=lowest, minimum, rock-bottom) : 최저 ↔ maximum(highest) price(최고).
cf. retail(↔ wholesale) price : 소매가격. limit price : 지정가격.
contract price : 계약가격. fixed price : 정가.
invoice price : 송장가격. quoted price : 견적가격.
③ specializing in : ~을 전문으로 하다.
④ CIF New York : 뉴욕항 도착 운임보험료 포함 가격조건.
⑤ color swatches : (피혁, 직물류의 천조각) 색상별 견본. cf. samples : (품질에 관한) 견본, pattern : (색상, 디자인에 대한) 견본, cutting : (직물류의 천 조각) 견본
⑥ illustrated catalogue : 도해 상품목록(圖解 商品目錄)
⑦ place an order : 주문하다. cf. place regular orders with : ~에 정기적으로 주문하다.
⑧ on a trial basis : 시험으로. cf. initial(trial) order : 시험주문.

사례 18 **상품조회에 대한 회신**

KANGNAM TRADING CO., LTD.
C.P.O. BOX 4545, Seoul Korea

August 25, 2019

Messrs. Optorg & Co.,Inc.
90 South St., New York,
N.Y. 10005
U. S. A.

Dear Mr. Adams,

Thank you very much for your letter of August 5, 2019 along with your excellent purchasing proposal.

As requested, we have already dispatched Silk Samples and Silk Swatches by Fed Express Speed Post.

From the enclosed price list you will notice that our prices are exceptionally low and this sacrifice is entirely due to our recognition of the necessity of price cutting in order to develop our sales in your market.

Since the market is now slow and prices are generally low, this is a good opportunity for you to buy. European buyers, however, seem to be picking up in activity.

Therefore, we advise you to buy the goods before the recovery reaches a peak.

Consequently, we can not keep the prices effective more than two weeks from the date of this letter and we wish to receive your order by return mail.

We hope that this will meet with your immediate approval.

Very truly yours,

Encl . Price List

해설 수입상의 요청에 따라 견본과 색상별 천 조각을 송부하겠다고 하면서 최저가격을 오퍼하였으며, 구주 시장의 수요가 절정에 달하기 전에 구입하는 것이 수입상에게 유리할 것이라고 통보한 서신이다.

주
① your excellent purchasing proposal : 귀사의 훌륭한 구매제안.
② as requested(= according to your request) : 귀사의 요구에 따라서.
③ be entirely due to : 전적으로 기인한다.
④ price cutting : 가격할인(가격인하).
⑤ recognition of the necessity of price cutting : 가격인하의 필요성.
⑥ market is slow(= The market is stagnant(sluggish) : 시황이 침체(부진)하다.
cf. market is good(시황이 좋다)
⑦ picking up in activity : 활동력이 회복되고 있다.

사례 19 견품요청과 상품조회 서신

April 3, 2019

Dear Sirs,

TENNIS RACKETS

Will you please send us a copy of your catalog and current price-list for the captioned goods? We are interested in these goods for both men and women and also for children.

We are the leading sporting goods dealers in this city, where tennis is popular, and have branches in five neighbouring towns.

If therefore the quality of your goods is satisfactory and the prices are reasonable, we expect to place regular orders for fairly large numbers.

Will you please say whether, in these circumstances, you are able to allow us a special discount? This would enable us to maintain the low selling prices that have been an important reason for the growth of our business.

In return, we would be prepared to place orders for a guaranteed annual minimum number of goods, the figure to be mutually agreed.

Yours very truly,

주
① current price－list : 현행 가격표(現行 價格表).
cf. current price : 현행가격, 시가(市價). retail price : 소매가격, limit price : 지정가격
② place an order with A for B : A에게 B를 주문하다.
cf. place regular orders : 정기적으로 주문을 하다.
place a substantial order with : ~에게 상당한 주문을 하다.
an order by way of a trial(= as a trial order) : 시험주문으로써.
considerable order(= large order, heavy order, big order, quantity order, sizable order) : 대량주문(大量注文)
③ fair large numbers : 상당히 많은 수량
cf. large order : 대량주문(= big order, heavy order, considerable order, substantial order)
④ in these circumstances(= under these circumstances, therefore) : 이러한 사정하에서는, 그러므로
⑤ discount(= allowance, deduction, reduction) : 할인, 가격인하
cf. special discount : 특별할인.
⑥ enable A to do : A가 ~을 할 수 있게 하다.
⑦ low selling price : 저렴한 판매가격.
⑧ guaranteed annual minimum number of goods : 연간 최저 보장(책임) 수량.
cf. minimum quantity(volume) acceptable : 최소 인수가능 수량.
delivery quantity : 인도수량. contract quantity : 계약수량.
⑨ in return : (이에 대한) 보답으로
⑩ be prepared to ~ : ~할 용의가 있다(= be willing to, be ready to)

사례 20 **가격표동봉 및 견본상품을 발송하였다는 서신**

May 7, 2019

Gentlemen :

Thank you very much for your letter of April 3 and the Agreement on General Terms and Conditions of Business which reached us yesterday.

As requested, we are pleased to enclose our latest catalogue and Price List giving our lowest possible prices covering our whole products line for your evaluation.

The samples of our products have been sent to you today by air parcel post.

If you examine our samples and prices, you will see that it is to your advantage to place your orders with us.

We are really glad that business relations have now been opened between you and us, hope to do mutually satisfactory business with you for a long time.

Yours very truly,

SKR-gt

Inc. 1 Catalogue and Price List

주 ① Thank you very much for(= We have received with thanks, We have to thank you for)~ : ~에 대해 감사드립니다.

② terms and conditions : 거래/매매 조건
the Agreement on General Terms and Conditions of Business : 일반거래조건협정서

③ reach us(= arrive us, arrive here, arrive at us) : 당사에 도착하다.

④ we are pleased to enclose : ~을 (기꺼이) 동봉하여 보내드립니다.

⑤ ~ have been sent to you(we have sent ~ to you) : ~은 귀사에 발송되었다.

⑥ air parcel post : 항공소포
cf. Original Sample : 매도인이 매수인에게 발송하는 견본
Duplicate Sample : 매도인의 공용견본
Triplicate Sample : 공급자(메이커)의 공용견본
Seller's Sample : 매도인이 매수인에게 보내는 견본
Buyer's Sample : 매수인이 매도인에게 공급가능성을 묻는 견본
Counter Sample : Buyer's Sample이 발송되어 온 경우 그에 대하여 매도인이 발송하는 공급 가능한 상품의 견본
Shipping(Advance) Sample : 매도인이 선적품의 일부를 상품도착 전에 매수인에게 송부하는 견본

⑦ you will see(= learn, find, note, know) that ~ : 귀사께서는 ~을 알게 되리라 생각합니다.

⑧ to one's advantage : 유리하게, 유익하도록, ~에게 이득이 되는.
cf. it is to your advantage to ~ : ~하는 것이 귀사에 이득이 된다.
place an order with(= give an order to) ~ : ~에게 주문하다

⑨ business relations(= business connections) : 거래관계, between A and B : A와 B 사이에,
cf. have been opened between A and B : A와 B 사이에 개설되다.

⑩ for a long time : 오랫동안.

사례 21 가격의 정정을 요청하는 서신

May 16, 2019

Kangnam Trading Co., Ltd.
C.P.O. BOX 4545, Seoul Korea

Gentlemen :

We have received with thanks your letter of May 7, price-list and samples of sporting goods which you were good enough to send us.

Although your tennis shoes have impressed us favorably, we regret that the business cannot be completed at your present prices in both material and finish, as they are much higher than those of your competitors.

We are, therefore, afraid there is little prospect of doing business with you, unless some substantial discount is allowed on the list prices.

We trust that you will make every effort to revise your price, and look forward to hearing favorably from you soon.

Yours very truly,

주 ① we have received with thanks ~, thank you very much for ~,
we have to thank you for ~(=we are grateful for ~, we are obliged for ~)
: ~을 감사히 받았습니다, ~에 대해 감사드립니다. ~을 감사드립니다.

② be good enough to(=be so kind as to)~ : 친절히도 ~하다, ~해 주십시오.

③ be impressed by(with) ~ : ~에 대해 감동하다, 깊은 감명을 받다.

④ complete the business : 거래를 성립시키다. 성사시키다.
the business can(cannot) be completed) : 거래가 성립될 수 있다(없다)

⑤ at your present prices : 현재의 귀사 가격으로는.

⑥ we trust that you will ~ : 귀사께서 ~하실 것으로 믿습니다.

⑦ have been ~ing(=have kept ~ing) : 계속 ~해오고 있다.
= to do business with + 대상 + in + 상품 등(=~와 거래를 하다)
to deal(trade) with = to make(conduct) deal with
to perform(have) business transactions with

⑧ make every effort to ~(=do one's best to ~, try one's utmost to ~, neglect one's nothing to ~, try one's best to ~, neglect nothing to ~) : ~하도록 최선을 다하다

⑨ revise(=amend, modify, alter, change, renew) : 수정·정정·개정하다.
cf. revised price-list : 개정가격표

⑩ look forward to ~ing(=anticipate ~ing) : ~을 고대하다.

⑪ hear from A(=receive a letter, news from A) : A로부터 소식을 듣다, 편지를 받다.

⑫ hear favorably from you(=receive your favorable reply) : 귀사의 좋은 소식(회신)을 듣다.

⑬ in both material and finish : 재료와 제조 양면에 있어서.

⑭ substantial discount : 실질적인 할인.

사례 22 **최근 상품목록, 견본 및 가격조건 제시의 요구서신**

21st March, 2019

Hyosung Corporation
156 Namdaemunro
Seoul, Korea

Dear Sirs,

We have been engaged in importing cotton goods for over 10 years, and have sufficient capital for your markets.

We do not seem to have received your latest catalogue or price list, and should be pleased if you would airmail these to us very soon, together with new quality samples and patterns.

Would you be kind enough to quote us on an FOB Korean port basis, not on a CIF Rotterdam basis.

We have made special agreements with a shipping company and an insurance company here on the freight rates and insurance premium rates payable.

Yours Faithfully

※ 참고로 위의 서신을 전보문으로 고치면 다음과 같다.
"PLS RUSH LATEST CATALOGUE AND P/L WITH SAMPLES, (AND) PATTERNS. FOB KOREAN PORT PRICES PREFERRED."

주 ① do not seem to have received = do not have received.
② We should be pleased if would ~(= we should be obliged if you would ~, we should appreciate it if you would ~) : ~해 주시면 감사하겠습니다.
③ together with ~(= along with~, with~) : ~과 함께.
④ sample and patterns : 견본. samples : 품질 견본. latest catalog : 최근 상품목록.
cf. patterns : 옷감, 무늬 따위의 견본. swatch : (직물, 피혁 등) 견본
specimen : 동·식·광물의 견본. seller's samples : 매도인견본.
buyer's sample : 매수인견본. original sample : 원견본.
counter sample : 반대견본. feeler(test) sample : 시험견본.
⑤ Would you be kind enough to ~(= would you be so kind as to ~, would you please ~) : ~해 주십시오(정중하게 부탁하는 표현).
⑥ on ~ basis : 기준으로, on an FOB korean port basis : 한국항구 본선인도 가격조건으로
⑦ special agreement : 특별협정
⑧ freight rate : 운임율.
⑨ insurance premium rate : 보험요율.
⑩ payable(= may or must be paid) : 지불해야 할, 지불할 수 있는
cf. capable of producing profit, profitable : 유리한, 수지 맞는

사례 23 **사례 22에 대한 회신**

10th April, 2019

UENO CORPORATION
C.P.O. BOX NO.1538,
OSAKA, JAPAN

Dear Sirs,

As instructed in your letter of the 21st March we enclose our latest Catalogue and Price List No. 321, and apologize for our silence.

Our latest samples and patterns, which are being sent by separate post, should reach you within ten days. The parcel is too bulky to send by air.

We have noted your instructions to give future quotations FOB Korean port.

While your market is quiet, ours has been very active with the recent inrush of orders from Europe. In these circumstances, we have quoted the very best prices with deliveries as near as March.

We look forward to your prompt orders.

Yours faithfully,

KANGNAM TRADING CO., LTD.
M. Y. Song
M. Y. Song
Director, Trading Department

※ 참고로 위의 서신을 전보문으로 고치면 다음과 같다.
"YOURS 21 MAR : CATALOGUE AND P/L DISPATCHED WITH SAMPLES PATTERNS FOLLOWING WITHIN TEN DAYS. FUTURE QUOTATIONS TO BE FOB KOREAN PORT.] PROMPT INSTRUCTIONS AWAITED."

주
① as instructed(= directed, suggested) in ~ : ~에서 제의(지시, 요청)하신 대로.
② apologize for(= please accept our apology for) ~ : ~에 대해 사과드린다.
apologize for our silence : (상품목록, 가격표를) 보내드리지 않음을 사과드린다.
③ latest(= newest, up-to-date, the last word) : 최신식의.
④ by separate post(= by another mail, separately, under separate cover) : 별도로, 따로.
⑤ too A to B(= so A that we cannot B) : 너무 A해서 B할 수 없다.
⑥ bulky(= taking up much space) : 부피가 큰 cf. bulk cargo : 산화물(포장되지 않은 물품)
⑦ note : a notice, pay attention to ~ : 알아채다, ~에 주의하다.
make a notice of ~(= write down in order to remember) : ~을 잊지 않기 위해 적어두다.
⑧ look forward to ~ing(= anticipate) : ~을 기대(고대)하다.
⑨ market is quiet : 시장이 평온하다. market is active : 시장이 활기가 있다.
⑩ inrush : 쇄도해 들어오다. as near as March : 3월 경에

사례 24 자동차 부품에 대한 가격, 결제조건, 할인율에 대한 문의서신

August 26, 2019

Dear Sirs,

A few days ago, late last week I visited the Motor Show in London and was attracted by the motor accessories demonstrated on your stand, deeply interested in their quality and low prices.

I should be pleased to receive your best quotations on the items named in the enclosed list.

You will perhaps let me have detailed information on export prices, terms of payment, earliest shipment, and discounts for regular purchases.

We deal in quality products alone, and I should appreciate receiving details if you have other accessories to offer.

Should you let us have a specific inquiry, we will respond by e-mail : we shall be ready to give you our best possible services in price and in other respects.

Yours faithfully,

주 ① be attracted by ~(=be impressed with ~, be interested in ~)
: ~에 매력을 느끼다. ~에 관심을 가지게 되다
② motor accessories : 자동차(장식용) 부품.
③ demonstrated, displayed : 전시된.
④ their quality and low prices(=the quality and low prices of your products).
⑤ I should be pleased to(I should be obliged if you would) ~ : ~을 해주시면 감사하겠습니다.
⑥ best quotations : 최저 견적가격.
⑦ name : 1) state(what is desired, etc.) : (바라는 것 따위를) 말하다.
2) nominate for, appoint to a position : 지명하다, 임명하다.
⑧ You will perhaps let me have = You will [perhaps] send me.
: 귀사께서는 보내 주시리라 생각합니다.
⑨ discounts : 할인. cf. discount rate : 할인율.
⑩ deal in ~ : ~을 취급하다. deal with ~, business with ~ : ~와 거래하다.
⑪ quality products(=products of high quality) : 우수한 품질의 제품.
⑫ I should appreciate receiving ~(=I should appreciate, it if you would send us)
: ~을 보내주시면 감사하겠습니다.
⑬ details(=particulars, specifications) : 명세서. cf. in details : 상세히, detailed : 상세한
⑭ earliest shipment(delivery) : 조속한 인도, 조기인도.
cf. delivery terms : 인도조건. method of delivery : 인도방법. time of delivery : 인도시기.
⑮ (let us have) an order = place an order with us : 당사에 주문하다.
⑯ respond(=give an answer, reply) : 회답하다. 답변하다.
⑰ be ready to ~(=be willing to) : ~할 용의가 있다. 기꺼이 ~하다.
⑱ respect(=detail, particular aspect) : 세목 점. cf. in other respect : 다른 점에서

사례 25 사례 24에 대한 회신

5th September, 2019

Dear Sirs,

We were pleased to hear that you were attracted by our display of motor accessories at the Motor Show in London. Our quotations in export prices are given in the enclosed sheet.

Shipment for the items named would be a fortnight from receipt of an order.

Payment for first orders would be by drafts drawn at sight under an irrevocable credit issued by The Korea Exchange Bank, London Branch. The question of discount will be taken up later when you have a specific order in mind.

Enclosed is a list of products that we intend to introduce in the second half of this year. The prices for smaller and for larger quantities are noted in a separate list, which may be used as an order form.

Please let us have your frank opinion on them and we hope this will be the beginning of our long-lasting prosperous relationship.

Yours faithfully,

주 ① We were pleased(glad) to ~ : ~하게 되어 기쁘게 생각합니다.
② You were attracted by(=You were interested in) ~ : 귀사께서 ~에 관심이 있다.
③ display : 전시(품).
④ our quotations in export price : 수출가격의 견적.
⑤ the items named : 지정품목, 지정하신 품목.
⑥ fortnight(=2 weeks, fourteen days) : 2주, 14일(영국).
⑦ first orders : 첫 주문(initial orders).
cf. trial order : 시험주문, further order : 추가주문.
⑧ draft drawn at sight(=a sight draft) : 일람출급 환어음.
cf. usance(=time, term) bill : 기한부환어음.
⑨ under(=against, based on, in compliance with) : ~에 의거하여. ~에 일치하는.
⑩ take up(=speak, write about it) : (아무에게) ~을 이야기하다. 쓰다
⑪ later(=later on, at a later time, afterwards) : 나중에, 후에
⑫ specific(=detailed, particular) : 상세한, 구체적인.
⑬ have ~ in mind : ~할 의향이 있다.
⑭ intend to(=have in mind to~) : ~할 생각이다, ~할 작정이다. ~할 예정이다.
⑮ in the second half of this year, 금년 하반기에.
cf. first half : 상반기(1~6월). second half : 하반기(7~12월).
⑯ the end of June : 6월 말(6월 21~30일).
⑰ frank opinion(=frank comments) : 솔직한 견해
⑱ beginning(=fore runner) : 시작(始作), 계기(契機), 전조(前兆).
⑲ our long-lasting prosperous relationship : 장기적으로 발전하는 관계.

Review Exercises

연습문제

1. 다음의 문장들을 가장 자연스럽게 배열한 것을 고르시오.

ⓐ Please note, however, that it is our intention to entrust you with the bulk of our business, and we ask for an additional 10% reduction off the price you offered.
ⓑ If you accept our proposal, we would like to order with you soon.
ⓒ We have received your offer for 2,000 doz. ladies' nylon stockings.
ⓓ In view of the quotations ruling in this market your price is rather stiff, and your competitors are making endeavors to get our business by offering lower prices than yours.

① ⓓ-ⓐ-ⓑ-ⓒ ② ⓒ-ⓓ-ⓐ-ⓑ ③ ⓒ-ⓐ-ⓑ-ⓓ ④ ⓓ-ⓐ-ⓒ-ⓑ

해설

ⓐ 하지만 당사는 당사거래의 많은 부분을 귀사와 함께 하고자 하며 귀사가 제시한 가격에서 추가 10%를 할인해 줄 것을 요구합니다.
ⓑ 만약 귀사가 당사의 제안을 받아들인다면 당사는 곧 주문을 하고자 합니다.
ⓒ 당사는 여성용 나일론 스타킹 2,000다스에 대한 청약을 잘 받았습니다.
ⓓ 현재 이곳 시장에 형성되어 있는 가격에서 볼 때 귀사의 가격은 다소 높으며 이곳의 경쟁사들이 당사와 거래를 하기 위하여 귀사의 가격보다 더 낮은 가격을 제시하며 치열한 경쟁을 하고 있습니다. 문맥이 자연스럽게 연결을 하면 ⓒ - ⓓ - ⓐ - ⓑ가 된다.

정답 ②

(2-3) 다음 밑줄 친 부분에 대한 해석이 올바른 것을 고르시오.

2. The enclosed brochure lists (A) the rock-bottom prices and they are (B) subject to change.

① 최저가격 - 변경이 가능하다 ② 바닥가격 - 교환이 가능하다
③ 최저가격 - 교환은 불가능하다 ④ 최고가격 - 변경을 할 수 없다

해설 rock-bottom price : 바닥가격, 최저가격, subject to change : 변경이 가능하다.

3. (A) Unless you can book at these figures, we are afraid that this business will (B) fall through.

① 이 금액에 등기할 수 없다면 - 통과할 수 없다
② 이 숫자로 예약한다면 - 수포로 돌아가다
③ 이 가격에 주문할 수 없다면 - 결렬될 것이다
④ 이 금액에 선적할 수 있다면 - 실패로 끝날 것이다

해설 unless you can book at these figures : 이 금액(가격)으로 주문할 수 없다면
정답 ①, ③

4. 다음 상황을 읽고 매매계약서 작성하는데, 잘못된 부분을 고르시오.

1. 수출상인 ㈜Kangnam Corp과 태국의 ㈜Udopanic 간에 체결된 계약서로서, 가격조건은 Bangkok 도착운임포함가격, 지급조건은 D/P, 추심은행은 Bank of Thailand, Main Office.
2. 상품은 냉장고 1,000대 규격은 Model No. 200 @U$200.00
   Model No. 3001 @U$320.00 각각 500대
3. 선적일자는 2019, 10월 30일. 분할선적과 환적은 허용됨.
4. 상품은 동서해운의 40ft Container에 적입되어야 함.
5. 검사는 생산자의 검사를 최종적인 것으로 함.
6. 선적견본과 선적서류 사본 1부를 선적 후 5일 이내에 특사배달로 수입상에게 발송되어야 함.

Kangnam Corporation

Contract No. GA-12007 Date : May 30, 2019
Messers : Udompanic Co., Ltd
Bangkok, Thailand

Sales Contract

Gasan Corp, as seller, hereby confirm having sold to your firm the following goods by contract of sales made on (가) the above date and on the terms and conditions hereinafter set forth.

Description	Quantity	Unit Price	Amount
Refrigerator		CFR Bangkok (나)	
Model No. 2001	500	@U$200.00	US$100,000.00
Model No. 3001	500	@U$320.00	US$160,000.00
TOTAL	1,000 Sets of Refrigerator US$260,000.00 CFR Bangkok		

Payment : By D/P Basis	Collecting Bank : Thailand Bank, Main Office (다).
Port of Shipment : Busan Korea	Destination : Bangkok, Thailand
Delivery : Nov. 30, 2019	Partial shipment and Transhipment Allowed

- Inspection : Maker's Inspection is final
- Shipping Line : Goods to be shipped in 40ft container by Dongsue Shipping Line.
- Special Condition : One copies of transport documents and shipping samples to be sent by courier service to seller within 5 days after shipment effected (라).
- Refer to general terms and conditions on the reverse side of this contract which are incorporated herein and make a part of this contract.

Accepted and confirmed by Seller, Kangnam Corp.

① (가) ② (나) ③ (다) ④ (라)

해설 ① (가)는 체결하다의 의미이며, (가)는 CFR Bangkok이고, (다)는 Collecting Bank : 이 Thailand Bank, Main Office이고 (라)는 「선적견본과 선적서류 사본 1부를 선적 후 5일 이내에 특사배달로 수입상에게 발송되어야 함.」이라고 되어 있는데, One copies of transport documents and shipping samples to be sent by courier service to seller within 5 days after shipment effected는 "One copies of transport documents and shipping samples to be sent by courier service to Buyer within 5 days after shipment effected."라고 되어야 함.

정답 ④

5. 다음 밑줄 친 부분과 의미가 서로 상반되는 것을 고르시오.

> The market here has been somewhat bullish since last October, but at present the market is getting active with an increasing demand for this item.

① somewhat sluggish ② somewhat strong ③ rather stiff ④ slightly high

해설 somewhat sluggish : 다소 침체되다.
cf. somewhat bullish : 다소 살아나다. 다소 강세를 나타내다.
rather high : 다소 비쌈(rather stiff, somewhat strong, slightly high).

정답 ①

6. 다음 문장의 밑줄 친 부분의 의미와 바꿔 쓸 수 없는 것을 고르시오.

> The question of 특별할인 will be taken up later when you have a specific order in mind. Enclosed is a list of products that we intend to introduce in the second half of this year. Please let us have your frank opinion on them.

① special allowance
② special reduction
③ special hostilities
④ special deduction

해설 discount : 할인, 가격인하(allowance, deduction, reduction).
cf. special discount : 특별할인. hostilities : 전쟁행위, 교전.

정답 ③

7. 다음 문장의 괄호 안에 들어갈 적합한 단어나 구로 구성된 것을 고르시오.

> The ( ) is a statement intended to result in a binding contract if duly accepted by the ( ). The seller should make certain that the essential elements of the contract are clearly stated in the communications exchange by the parties.

① offer - offeror ② acceptance - offeree ③ offer - offeree ④ acceptance - offeror

해설 청약(offer)이란 피청약자(offeree)가 정히 그 조건들을 승낙한다면 계약에 구속되는 결과를 초래한다고 하는 청약자의 계약체결에 대한 의사표시이다.

정답 ③

(8-16) 다음 문장의 괄호 안에 들어갈 적합한 단어나 구로 구성된 것을 고르시오.

> We thank you for ① the samples you send us of this article ㉮. We e-mailed to you today an order by way of a trial ② as per the enclosed Order Sheet No. 1120 ③.
> The order is not too large ④, but it is an important order for us. You will perhaps ㉯ handle this order with good care ㉰.
> Our clients ㉱ are in a hurry for the goods ⑤ and we have to ask you to let us have ⑥ your E-mailed acceptance immediately ㉲.
> We will open ㉳ an irrevocable credit through KEB HANA Bank ⑦, Seoul, Korea.

8. What is the intent of this letter?

① Letter informing of delivery of order. ② Letter asking for order cancellation.
③ Letter declining buyer's order. ④ Letter making a trial order.

9. 밑줄 친 부분 ㉮와 뜻이 전혀 다른 것을 고르시오.

① We have received with thanks ② We would appreciate
③ Thanks a lot for ④ We are grateful for

10. 밑줄 친 단어(㉮, ㉯, ㉰)와 뜻이 전혀 다른 것을 고르시오.

	㉮	㉯	㉰
①	merchandise	- for all I know	- serious attention
②	item	- probably	- serious thought
③	commodity	- maybe	- watchfulness
④	production	- definitely	- cheerfulness

11. 밑줄 친 부분 ②와 뜻이 같은 것을 고르시오.

① as a trial order ② for a trial quantity order
③ on account of a trial order ④ at trial balance

12. 밑줄 친 부분 ③을 바르게 해석한 것을 고르시오.

① 주문서를 첨부하여 ② 종전처럼 주문서를 동봉하여
③ 주문서에 기재된 것을 첨부하여 ④ 동봉된 주문서와 같이

13. 밑줄 친 부분 ④를 바르게 해석한 것을 고르시오.

① 이번 주문은 상당히 많은 것 같습니다.
② 이번 주문은 별로 적지 않은 것입니다.
③ 이번 지시사항은 별로 힘들 것 같지는 않습니다.
④ 이번 주문은 그다지 많은 것은 아닙니다.

14. 밑줄 친 부분 ⑤를 바르게 해석한 것을 고르시오.

① 이 상품이 급하게 필요하다.
② 급히 이 상품을 매입하다.
③ 서둘러서 이 상품을 처분하다.
④ 신속하게 그 상품을 발송하다.

15. 밑줄 친 부분 ⑥과 뜻이 전혀 다른 것을 고르시오.

① please send us
② kindly favor us with
③ we would like to give you
④ we have no choice but to request you to send us

16. 다음 신용장 당사자 중 밑줄 친 부분 ⑦에 해당하는 것을 고르시오.

① Advising Bank
② Negotiating Bank
③ Issuing Bank
④ Confirming Bank

해설 시험 주문 서한

「이 상품에 대해 보내주신 견본에 감사드립니다. 동봉한 주문서대로 시험주문으로써 오늘 전보로 주문하였습니다.
이 주문은 그다지 많은 것은 아닙니다만, 이는 당사에겐 매우 중요한 주문입니다. 귀사께서는 (아마도) 이 주문을 아주 신중하게 다루어 주시리라 생각합니다.
당사의 고객들은 이 상품을 급하게 필요로 하고 있습니다. 그래서 귀사께서 전보로 수락을 즉시 알려주시기 바랍니다.
당사는 서울의 서울은행을 통해 취소 불능 신용장을 발행해 드리겠습니다.」

- submit to you an order : (= place an order with you) 귀사에 주문하다.
- not too large : 그다지 많은 것은 아니다. cf. not too ~ : 그다지 ~하지 않은
- we would appreciate(= we appreciate, we have received with thanks, thanks a lot for, we are grateful for : ~해 주시면 감사하겠습니다, ~에 대해 감사드립니다.
- be in a hurry for : ~이 급하게 필요하다, ~을 급하게 필요로 하다.
- with good care : 아주 조심스럽게, 매우 신중히
- for all I know : 아마도, 혹시(= maybe, perhaps, probably), definitely ; 분명히, 확실히, 꼭(= surely, certainly)
- an order by way of a trial : 시험적인 주문으로써(=as a trial order)
- buyer : 고객, 거래처(= patron, client, customer), at once : 즉시로, 신속히(= without wasting time, at an early date)
- (establish, issue, open, arrange) an L/C : 신용장을 발행하다.
- have no choice but to ~ : ~할 수밖에 없습니다.(= must ~)
- we would like to ~ : ~하고자 한다. we would like you to ~ : ~해 주시기 바랍니다.
- advising bank : 통지은행, negotiating bank : 매입은행, issuing bank : 발행은행,

정답 : ④, ①, ④, ①, ④, ④, ①, ③, ③

Offer and Order

Chapter 05

청약과 주문

1 청약(Offer)

(1) 청약의 의의

청약(offer)이란 청약자(offeror)가 상대방인 피청약자(offeree)에 대하여 특정물품을 어떠한 가격으로 얼마만큼 어떠한 인도조건이나 결제조건으로 판매하겠다는 의사표시(signification of intention)를 상대방에게 제시하는 행위를 일컫는다. 즉 청약(offer)은 청약자(offeror, 수출상)가 피청약자(offeree, 수입상)에게 일정한 조건으로 계약을 체결하고 싶다는 취지의 의사표시이며, 일정내용의 계약을 성립시킬 목적으로 언어나 행동으로 하는 법적구속력을 가진 확정적 의사표시이다.

이때 피청약자가 청약자가 제시한 원청약(original offer)의 내용 중에 일부를 수정하여 반대로 오퍼를 제시하게 되는 바, 이를 반대오퍼(counter offer)라 한다. 이러한 일방의 유효한 청약에 대해 상대방인 피청약자에 의해 승낙(acceptance)이 되면 사법상의 법률관계가 형성되어 매매계약이 성립되고 그 효력은 이때부터 진행되며 법률상 서면계약서(written contract)의 효력을 갖게 된다.

(2) 청약의 효력발생시기

일반적으로 청약의 효력발생시기는 그 청약이 상대방에게 도달한 때에 그 효력이 발생한다는 도달주의(receipt rule)를 채택하고 있다. 따라서 도달하기 전에 철회하면 그 청약은 무효가 되며, 청약의 조건으로 승낙기간을 정하고 있는 경우에는 그 기간 내에 승낙이 없으면 그 청약은 효력을 상실한다. Offer는 보통 유효기간이 정해져 있는데 이 유효기한부 Offer를 확정청약(firm offer)이라 하며, 유효기간 내에 Offeree는 Acceptance의 의사를 Offeror에게 도달시켜야 계약이 성립되는 것이다.

(3) 청약의 내용

오퍼(offer)나 청약서(offer sheet)에는 품명(commodity name), 규격(specification), 등급(grade), 원산지(origin), 단가(unit price)와 수량(quantity) 및 금액(amount), 포장방법(method of packing), 선적기일(shipping date), 대금결제방법(payment condition) 등이 기재되며, Firm Offer의 경우에는 오퍼발행일자는 물론이지만 그 유효기간(validity)이 함께 명기된다.

(4) 청약의 종류

표 5-1 Offer의 종류

분류기준	청약의 종류	내 용
발행주체	매도 청약 (selling offer)	매도인이 매수인에게 어떠한 가격과 조건으로 특정 물품을 판매하고 싶다는 매도의사로서 무역거래에서 일반적인 의미의 청약
	매수 청약 (buying offer)	매도청약과 매도인에게 어떤 조건과반대의 개념으로 매수인이 가격으로 특정 물품을 구매하고 싶다는 구매의사를 표시한 청약
발행지	국내발행 청약	거래상내국의 물품공급자나 본사를 대리하여 국내에서 발행 또는 의사표시한 매도청약
	국외발행 청약	거래상대국의 물품공급자나 제3자가 국외에서 발행 또는 의사표시한 매도청약
확징력	확정 청약 (firm offer)	청약자가 청약회답의 유효기간을 정하고 그 기간 내에 청약자를 구속하여 조건변경이나 철회를 할 수 없는 청약
	불확정 청약 (free offer)	확정청약과는 달리 승낙기간이나 확정적인 표시를 하지 않은 청약으로 상대방의 승낙 전에 청약자가 일방적으로 변경이나 철회 불가
	반대 청약 (counter offer)	매도인의 청약에 대하여 매수인이 가격, 수량, 선적시기 등의 청약내용 일부를 변경하거나 추가를 제의해 오는 것으로 원래의 청약에 내한 거절이면서 새로운 청약으로 간주
	교차 청약 (cross offer)	청약자와 피청약자 쌍방이 동일한 내용을 청약하는 것으로 이 경우 양 청약이 상대방에 도착한 때 계약이 성립
특정조건	조건부 청약 (conditional offer)	청약내용에 단서가 있어 피청약자의 승낙만으로 계약이 성립되지 않고 청약자의 최종확인이 있어야 계약이 성립되는 청약 ◈ 조건부청약(conditional offer)의 종류 • offer subject to prior sale(being unsold) : 재고잔유조건 오퍼 • offer without engagement : 무확약 오퍼 • offer on sale or return : 반품허용조건 오퍼 • offer on approval : 점검 후 구매조건 오퍼 • offer on sale or return : 반품허용조건 오퍼

(5) Counter Offer

오퍼가 제시되면 상대방(offeree)이 이를 바로 승낙하는 경우는 드물며, 피청약자는 청약자가 제시한 원청약(original offer)의 내용 중에 일부를 수정, 예를 들어 가격인하, 선적일자의 변경 또는 결제조건의 변경 등을 하여 반대로 오퍼를 제시하게 되는 바,

이러한 오퍼를 반대오퍼(counter offer)라 한다. 이는 법률적으로 원청약의 내용을 거절함과 동시에 새로운 조건을 제시하는 청약의 성질을 가지고 있다. 따라서 이러한 오퍼가 피청약자에 의해 승낙(acceptance)되면 매매계약이 성립되고 그 효력은 이때부터 진행되며 법률상 서면계약서(written contract)의 효력을 갖게 된다.

(6) 청약(offer)의 기재사항

무역계약이 불요식 계약으로서의 특성을 지니고 있는 것과 같이 무역계약을 체결하자는 제안인 Offer도 특별한 형식을 요하는 것은 아니고, 거래대상 물품이나 거래방식 등에 따라 다양한 형태를 취한다. 그리고 Offer의 기재사항도 거래의 특성에 따라 다양하지만 전형적인 계약의 성립 및 이행 요건에 따라 Offer를 발행할 때에는 ① 품명(commodity) ② 규격(grade or specification) ③ 원산지(origin) ④ 유효기간(validity) ⑤ 선적일(shipping date, delivery date) ⑥ 포장방법(packing method) ⑦ 수량(quantity) ⑧ 단가(unit price) ⑨ 대금결제방법(payment condition) 등과 기타 기재사항으로 분할선적(partial shipment) 및 환적(transhipment)의 여부, 검사(inspection), 할인(discount) 등과 같은 사항을 기재한다.

Offer의 기재사항(Model Form 1, page. 187 참조)

- Commodity & Description〈품명〉: 보통상품에 대해서는 별 문제가 없으나 비슷한 종류가 여러 가지 있는 상품이나 상품명이 유사한 것은 혼동을 일으키지 않도록 분명하고 완전하게 기재한다.
- Grade or Specification〈규격〉: 같은 품목이라도 그 품질과 규격에 따라 가격의 차이가 많이 생길 수 있다. 예를 들어 금(gold)이나 전구도 그 성질에 많은 차이가 있으므로 후일 분쟁 등이 발생하지 않도록 규격의 표시를 정확히 기재한다.
- Origin〈원산지〉: 상품에 따라서는 원산지에 따라 가격의 차이가 많이 생길 수 있다. 주류의 경우 스페인산과 프랑스산의 품질이 다르며, 동일국가 내에서도 지역에 따라 품질의 차이가 있을 수 있어, 상품명은 동일하지만 품질은 전혀 상이한 상품이 될 수 있으므로 1차 산품의 Offer에서는 원산지의 표시가 매우 중요하다.
- Validity〈유효기간〉: Offer가 상대방과 일정한 조건으로 계약을 체결할 것을 제안하면 이에 대해 상대방이 승낙하면 계약이 확정적으로 성립하고, 청약자는 그 상대방은 계약내용을 이행하여야 할 책임, 즉 의무가 있다는 의사를 표시하는 것이므로 상품의 국제시세는 수시로 변하고 있는데 유효기간을 과도하게 길게 정한 경우에는 국제시세의 등락에 따라 손실을 초래할 수 있다. 따라서 모든 Offer에는 일정한 기간 동안만 유효하도록 그 유효기간을 명시하여야 한다.

① 유효기간의 표현방법

㉠ We offer you firm subject to your reply reaching us by the 23rd July.

㉡ We offer firm for your reply reaching us by tomorrow (within 24 hours). We offer firm for immediate(prompt, urgent) reply.

② 유효기간의 연장 : 원 청약의 유효기간 내에 offer의 자유의사 또는 상대방의 요청에 의해 그 유효기간을 연장하는 경우가 있는데, 이를 Extension of Offer 또는 Extension of Validity of Offer라고 하고, 유효기간이 연장된 Offer는 그 연장된 기간 동안 유효하다.

③ Firm Offer의 철회 및 변경

㉠ Firm Offer의 철회 : Offer는 Offer의 유효기간 동안 Offer내용에 구속된다. 따라서 유효기간 동안에 상대방이 철회에 동의하는 경우 또는 불가항력의 비상사태(force majeure)가 발행한 경우 이외에는 Offer를 원칙으로 철회할 수 없다.

㉡ Offer의 변경 : Offer의 유효기간 중 상대방으로부터 승낙 또는 거절의 통지가 오기 전에 Offer의 조건일부를 변경(amendment)하거나 정정(renewal)하는 경우를 Offer의 변경이라 하며, 변경된 Offer를 Renewed Offer 또는 Amended Offer라 한다.

㉢ Offer의 철회나 변경의 효력발생시기 : 대부분 국가의 법규(대륙법, 영미법, 일본법)에는 Offer의 철회 또는 변경의 효력은 그 통지가 피신청자에게 도착하였을 때에 발생한다고 규정함으로써 도달주의를 채택하고 있다.

- Shipping Date or Delivery Date〈선적일 또는 인도기일〉 : Offer에는 언제까지 계약상품을 선적해 줄 수 있다는 인도기일이 표시되어야 한다. 대개는 선적일이 빠를수록 수입업자에게 유리하나 반드시 그런 것은 아니다. 경우에 따라서는 적기에 판매하고 보관료를 물지 않게 하기 위해서 선적을 언제부터 언제 사이에 이행해 달라고 요구하는 수도 있다. 특히 계절을 타는 상품 즉, 크리스마스 장식용구 등과 같이 적기에 선적하지 못하면 치명적인 손해를 입는 상품은 정확한 선적기일을 제시하여야 한다.
- Packing Method〈포장방법〉 : 광물 등과 같은 산물(bulk cargo)이나 철근 같은 것은 비포장 상태로 거래되는 것이 통상적이나 대개의 상품은 포장된 상태로 거래가 이루어진다. 그러므로 어떤 종류의 포장재, 또한 포장에 몇 단위씩 들어가는지 명시하여야 한다. 경량품으로서 항공운송되는 상품은 Carton Box에 포장되며, 선박에 의해서 운송되는 상품은 Wooden Case

에 포장되는 것이 상례다. 물론 상품마다 거래의 특성에 따라 포장되는 상태가 다르나 대개 "Standard Seaworthy Export Packing"이라고 해서 방수재료로 포장한 상품을 나무상자에 넣고 철대로 묶는다.

예) "Each in a vinyl bag, 100 pieces in a carton box." "Standard Export Packing." "Export standard packing, Completely free from moisture and water"

- Quantity〈수량〉 : 상품이란 무한정 공급되는 것이 아니고 기한 내에 얼마나 공급해 줄 수 있느냐가 문제가 되므로 기일 내에 반드시 공급할 수 있는 수량만 Offer해야 하며 특히 Buying Offer일 때는 수량이 꼭 정해져 있다. 또한 수량의 기준도 개수(piece), 무게(weight), 길이(length), 용적(measurement) 등 다양하며 이들의 단위도 각각 상이하므로 그 수량의 단위사용에 주의하여야 한다.
- Unit Price〈단가〉 : Offer에서 가장 중요한 것이 단가이다. 각국의 화폐단위가 다르므로 사용화폐를 분명히 명시하여야 하며, 특히 Dollar나 Franc으로 표시될 때는 여러 나라가 이 단위들을 사용하며 그 가치기준도 다르므로 어느 나라의 Dollar이며(U.S. Dollar, Australian Dollar 등) 어느 나라의 Franc(France franc, Swiss Franc 등)인지 분명히 하여야 한다. 물품의 수출입 대금결제 통화를 어느 나라 화폐로 결정하느냐 하는 것은 환위험(Exchange Risk)을 회피하는데 중요하다. 그러므로 일반적으로 통화결정은 ① 안정성(stability), ② 교환성(convertibility), ③ 유동성(liquidity)을 고려하여 결정해야 한다.
- Payment Terms〈대금결제방법〉 : 대금결제를 송금결제(D/D·M/T·T/T)로 할 것인가, 신용장에 의한 결제방법(sight·usance credit) 또는 추심결제(D/P·D/A)방식으로 할 것인가의 대금결제방식과 상품인도나 서류인도와 대금지급과의 시차관계인 대금결제 기간을 제시한다.
- Other terms and condition〈기타〉 : 위의 기재사항 이외에도 분할선적(partial shipment)과 할부선적(installment shipment) 환적(transhipment) 검사(inspection) 클레임(claim) 등 여러 가지를 들 수 있겠으나, 이들 모두가 Offer상 꼭 명시되어야 하는 것은 아니며, 특히 전보로 Offer할 때에는 거래를 성사시키는 데 영향을 미칠만한 가장 중요한 조건들만 명시하고, 나머지는 계약 체결시에 추가 또는 보완을 하면 된다.

2 승낙(Acceptance)

(1) 승낙의 의의

승낙(acceptance)은 청약(offer)에 대응하여 계약을 성립시킬 목적으로 특정의 청약수령자가 청약자에게 행하는 의사표시이며, 피청약자가 지정한 방법에 따라 청약조건에 대하여 그 청약의 내용이나 조건들을 무조건적으로 수락하고 계약을 성립시키겠다는 동의를 표시하는 것이라 할 수 있다. 따라서 무역계약은 반드시 청약(offer)에 대하여 상대방의 승낙(acceptance)이 있어야만 유효하게 성립될 수 있다.

(2) 승낙의 효력발생

무역거래는 그 격지성과 국제성 때문에 의사표시는 우편, 전보, 전화, EDI 등의 통신수난에 의해 또는 직접 구두에 의해 또는 일정의 행위에 의해 이루어지게 되지만, 이러한 경우 어느 때에 승낙의 효력이 발생하는가가 문제가 된다. 국제무역거래는 격지자간의 상거래이므로 승낙의 의사표시가 피청약자로부터 청약자에게 도달될 때까지의 어느 시점에서 계약이 성립되는가의 문제는 발신·도달·요지주의가 있다.

일반적으로 영미법 및 일본 등의 대륙법계에서는 의사표시에 관한 일반원칙과 대화자간의 의사표시에 있어서는 도달주의의 형식을 취하고 있으며, 승낙의 의사표시에 있어서 의사의 진달이 대회지와 격지자간으로 구분되지만, 일본과 우리나라 민법이나 영미법은 격지자간의 경우, 승낙에 대하여 발신주의를 취하고 있다. 실무적으로는 거래당사국의 법률이나 관례를 잘 모르므로 Offer Sheet상에 『This offer is subject to your acceptance reaching(arriving) here(to us) by March 10, 2019』 등으로 명시하여 도달주의(到達主義)를 채택하는 것이 일반적이다.

(3) 승낙(Acceptance)

승낙은 청약의 내용에 동의하여 계약을 성립시키겠다는 의사표시이다. 즉 대부분의 경우 Offer에 대한 상대방의 Acceptance으로 무역계약이 성립되지만, 승낙의 절차를 별도로 밟지 않고서도 승낙으로 인정되는 경우에도 계약이 성립될 수 있다. ㉮ Selling Offer(Buying Offer)를 받은 매수인(매도인)이 승낙의 과정을 생략하고 바로 대금지급을 하는 경우 또는 바로 물품을 선적하는 의사실현에 의한 성립, ㉯ 매도인과 매수인 간에 교차청약(cross offer)의 경우에는 양자의 의향이 동일하므로 승낙의 과정을 거치지 않더라도 계약이 성립되는 등의 방법에 의하여 승낙이 성립된다.

3 주문(order)과 주문승낙(acknowledgement)

주문(order)은 매수인이 구매하려는 물품의 내역과 거래조건을 명기하여 구매의사를 밝히는 것이므로 Buying Offer와 동일한 성격을 지니며, 주문승낙(acknowledgement)은 매수인이 제시한 주문(order)을 매도인이 승낙(acknowledgement)하여 승낙의 표시 즉, Sales Note를 송부하는 것이다. 주문을 매도인이 승낙하여 승낙의 표시, 즉 Sales Note를 발송하는데 이를 주문승낙서(acknowledgement of order)라 한다. 주문에는 오퍼의 경우처럼 무역계약의 기조건 즉 품질, 수량, 가격, 결제, 선적, 보험, 포장 등의 거래조건이 기재되어야 한다. 주문은 서신주문(letter order)과 전신주문(cable order)의 두 가지 형태로 분류되며, 전자의 경우에 주문서(order sheet, order note)는 일반서한문 형식을 취하는 Order Letter와 일정한 양식을 구비하여 그 안에 필요한 주문사항을 기재한 후 이를 본문과 함께 발송하는 Order Form의 두 가지 방식이 있는데, 간편하게 Order Form을 활용하는 것이 일반적이다(Model Form 2 참조).

Offer는 매도인이 발행하는 Selling Offer가 일반적이나 Order는 매수인이 발행하는 것으로 이를 승낙하는 것을 Acknowledgement(주문승낙)라 한다. 이는 매수인의 Buying Offer에 대하여 매도인이 서명에 의해 Acknowledgement의 의사를 표시함으로써 약식의 계약서로 활용되기도 하는데, 업계에서는 이를 Purchase Order(구매주문서)라고 한다. 주문은 오퍼가 승낙되면 당사자가 서신으로 이를 확인하는 과정에 매약서(sales note)의 내용을 매수인이 확인하고 그 내용대로 작성·송부하는 매약서(purchase note)에 의하여 행해질 수도 있고, 거래권유장을 보고, 또는 거래관계를 유지해 오고 있는 기존 거래처간에는 오퍼없이 바로 주문을 하는 경우도 있다.

주문은 매수인이 구매하려는 물품의 내역과 거래조건을 명기하여 구매의사를 밝히는 것이므로 구매청약(buying offer)과 동일한 성격을 지니며, 매도인으로부터 받은 견본, 상품목록, 가격표 등의 자료를 참고하여 매도인에게 주문을 보내는 경우가 많다. 따라서 Order 속에는 오퍼의 경우처럼 기술한 무역계약의 기본조건, 즉 품질, 수량, 가격, 선적, 포장, 결제, 보험 등의 거래조건이 기재되어야 한다.

주문승낙서의 기재 시 고려할 사항은 ① 주문의 승낙과 아울러 감사의 뜻 표시, ② 주문에 대한 상대방의 참조번호 기입 및 주문내용 재확인, ③ 주문내용 재확인, ④ 선적시기, 선박 명 등의 선적지시 사항 재확인 및 결제 방법의 제시, ⑤ 대금결제 방법의 분명한 기입, ⑥ 주문품을 만족스럽게 조달할 것을 약속하고, 계속적인 거래희망 표시 등을 고려하여야 한다.

Keys to the Lesson

1. As requested : 요청하신 대로.

1) As requested, we have today cabled you set forth below firm offer.
   ➡ 요청하신 대로 오늘 아래와 같은 확정오퍼를 타전하였습니다.
2) As requested, in your inquiry of May 3, we telexed you the following offer.
   ➡ 5월 3일자 귀 문의서신에서 요청하신 대로 텔렉스로 다음과 같은 오퍼를 하였습니다.
3) In accordance with your letter of June 2, we cable you our offer as follows.
   ➡ 6월 2일자 귀 서한에서 요청하신 대로 다음과 같이 당사의 오퍼를 타전하였습니다.
4) According to your request, we cabled you offer the following.
   ➡ 귀사께서 요청하신 대로 다음과 같이 당사의 오퍼를 귀사에 타전하였습니다.
5) 7월 2일자 서한에서 요청하신 대로 아래와 같이 확정 매도 청약을 합니다.
   ➡ As requested in your letter of July 2, we offer you firm as follows.

주 ① as requested(=as you requested, in accordance with your request, according to your request, complying with) : 귀사께서 요청하신 대로.
② request(=suggest, direct, instruct) : 요청, 요구하다.
③ as follows(=as below, set forth below, as under) : 다음과 같이.
④ cable(=telegram) : 전보, 타전하다.

2. without wasting time : 즉시, 지체없이.

1) They have accepted our offer without wasting time.
   ➡ 동 상사는 당사의 청약을 즉각 승낙하였습니다.
2) Please accept this offer without loss of time.
   ➡ 이 오퍼를 즉시 수락해 주시기 바랍니다.
3) We trust that you will accept this offer at once.
   ➡ 당사는 귀사께서 이 오퍼를 즉시 수락하실 것으로 믿습니다.
4) We trust that you would accept this offer without loss of time.
   ➡ 귀사께서는 즉시 이 오퍼를 수락하실 것으로 믿습니다.
5) 동 상사는 귀사의 오퍼를 즉시 수락할 것입니다.
   ➡ They will accept your offer without delay.

주 ① without wasting time(=without delay, without loss of time, at once, soon, immediately, promptly, early) : 즉시
Please offer goods which you can furnish at once.
(귀사가 즉시 제공할 수 있는 제품을 오퍼해 주십시오.)
We advise you, therefore, to accept this offer without delay.
(그러므로 당사는 지체없이 동 오퍼를 승낙하실 것을 요청드립니다.)
② we trust that you will ~ : 귀사께서는 ~하시리라 믿습니다, 확신합니다.
(=we are sure that, we assure you that)
We trust that you will this offer at once.
(당사는 귀사가 동 오퍼를 즉시 승낙하실 것으로 믿습니다.)

3. be subject to : ~을 조건으로 하는, ~을 조건으로 하여.

1) This offer is subject to your acceptance arriving at us not later than August 5.
   ➡ 이 오퍼는 8월 5일까지 귀사 수락회신이 당사에 도착될 것을 조건으로 합니다.
2) This offer is subject to your reply reaching us by May 5.
   ➡ 이 오퍼는 귀사회신이 5월 5일까지 당사에 도착될 것을 조건으로 합니다.
3) Firm offer is an offer which offeror gives offeree irrevocable. Acceptance against it concludes contract.
   ➡ 확정오퍼는 청약자가 피청약자에게 취소 불능으로 제공하는 청약이다. 동 청약에 대한 승낙은 무역계약을 성립시킨다.
4) 본 청약은 귀 답신이 7월 9일까지 당사에 도착할 것을 조건으로 합니다.
   ➡ This offer is subject to your reply reaching us by July 9.

주 ① be subject to(=conditional on, conditionally on) : ~을 조건으로 하다.
cf. subject to의 다음에는 명사가 있음에 유의.
② by(=not later than, on or before) : (늦어도) ~까지. cf. on or about : ~경(頃.)
cf. on or about September, 20 : 9월 15일 ~ 9월 25일까지.
③ be conditional on : ~을 조건으로 하다.
④ reach us(=arrive at us, received by us) : 당사에 도착하다.

4. open an L/C in your favor : 귀사를 수익자로 하여 신용장을 발행하다.

1) We instructed our bank to open an L/C in your favor for this order.
   ➡ 당사는 이 주문서에 대해 귀사를 수익자로 한 신용장을 발행할 것을 당사 거래은행에 지시하였습니다.
2) We have instructed The Bank of California to issue a credit in favor of The Han Sung Company to cover the sales note No.12.
   ➡ 당사는 매출계약서 제12호의 대금결제를 위해 캘리포니아 은행에 한성상사를 수익자로 하여 신용장을 발행하도록 지시하였습니다.
3) 본 계약서의 상품대금을 결제하기 위하여 귀사를 수익자로 하는 취소불능 신용장을 발행하도록 한국외환은행에 요청하였습니다.
   ➡ We have asked Korea Exchange Bank to open an irrevocable L/C in your favor to cover the amount of this contract

주 ① open an L/C in one's favor : ~을 수익자로 하여 신용장을 발행하다.
open an L/C : 신용장을 발행하다(=issue, arrange, establish)
in one's favor(=in favor of one) : ~를 수익자로 하여
② issue L/C to cover A : ~에 대한 (대금결제를 위한) 신용장을 발행하다.
(=arrange to cover A, establish to cover A, arrange to for A).
cf. We have arranged with The Korea Exchange Bank for an Irrevocable Letter of Credit in your favor for US$20,000. The advising bank, The First British Bank in your city, will send you the L/C shortly.
(당사는 US$20,000의 취소불능신용장을 귀사를 수익자로 하여 한국외환은행을 통하여 발행하였으며, 귀 도시의 First British Bank 통지은행에 의하여 조만간 통지될 것입니다).
③ to cover : ~에 대한, 대금결제를 위해(for, covering, against)

사례 26 **청약(offer)**

KANGNAM TRADING CO., LTD.
C.P.O. BOX 4545 SEOUL, KOREA

August 30, 2019

Messrs. Optorg & Co., Inc.
90 South St., New York,
N.Y. 10005
U. S. A.

Gentlemen :

We have received your letter of August 25, thank you for the supply of samples which are according to our expectation.

Your prices are not competitive and therefore we are unable to place an order with you at this time, even though we are favorably impressed with your samples.

Comparing price list, we find your prices are about 10% higher than those of your competitors. Therefore, it depends on your discount whether we pass the order to you or another maker.

As we indicated in our last letter, our requirements for this line are large, but the competition in this line is very strong.

Under such circumstances, we have to ask for your most competitive prices on the particular item, your sample No.10 which is in high demand.

We trust you will make every effort to revise your prices.

Cordially yours,

KANGNAM TRADING CO., LTD.
M. Y. Song
M. Y. Song
Director, Trading Departments

해설 서신에서는 경쟁자와 비교하여 상당히 가격이 높다고 하면서 앞으로 대량주문을 할 예정이니 가격할인에 최선을 다해 줄 것을 요청해 왔다. 일단 수입상이 큰 관심을 보인 이상 가격이 높다고 하더라도 2~3% 정도 할인한 반대오퍼를 내면 될 것으로 보인다.

주 ① be up(=equal) to our expectation : 당사의 기대에 완전 일치하다.
② good(high, active, great, strong, brisk) demand : 대량수요.
cf. be in demand for : ~을 필요로 하다, ~을 구입하고자 한다.
③ at this time : 이번에는.
④ make every effort to : 모든 노력을 다하다.

사례 27 **확정청약(firm offer)**

KANGNAM TRADING CO., LTD.
C.P.O. BOX 4545, Seoul Korea

September 5, 2019

Gentlemen :

We have the pleasure of acknowledging your letter of August 30, requesting us to quote the most favorable price on cotton shirts and we make the following offer subject to your acceptance received here by September 20 as follows :

Article : Cotton Shirts.
Quality : Subject to our catalog Item Style No.10.
Quantity : 500 dozen.
Price : @US$10.70 per dozen C.I.F. New York.
Shipment : During November
Payment : Under irrevocable L/C at sight to be opened in our favor.
Inspection : Seller's inspection to be final.

We regret that our prices were not low enough to meet your requirements. we are sure that these goods are much better in quality than any other brand we have ever on sale and yet their price is quite reasonable.

The demand for these goods is very strong both at home and abroad, A rush of orders are now coming every day and we are afraid we will run out of stock one of these days.

Therefore, the above revised is the best price we can make at present since the high quality of our goods can't be maintained at lower prices

In fact, our revised price is closely calculated and we shall not be able to make any further price reduction in spite of our eagerness to start business.

We trust you will accept it without delay.

해설 수입상의 가격인하 요청에 따라 다소 가격할인을 해주고, 이 이상은 더 인하할 수 없다고 통보하면서 조기수락을 요청하는 서신이다.

주
① on sale : 팔려고 내놓은.
② rush of orders : 주문 쇄도, 주문 폭주.
③ run out of stock : 품절이 되다.
④ one of these days : 근일 중에.
⑤ price reduction(=price cutting, price allowance) : 가격할인.
⑥ at lower price(=at rock-bottom price) : 최저가격으로.

사례 28 가격할인을 요청하는 반대청약(counter offer asking more discount)

OPTORG & CO., INC.
90 South Street, New York, N.Y.. 10005,
U. S. A.

September 10, 2019

Gentlemen :

We are in receipt of your firm offer dated Sept. 5 for 500 dozen of Cotton Shirts, Style No.10 at US$10.70 per dozen C.I.F. New York for November shipment, for which we have just cabled you a counter offer as below contents.

In view of the current price in this market your price is rather high. You must remember that the competition in this line is very strong and that your competitors are offering lower prices than yours.

We would like to transact most of our business with you and we have cabled you a counter offer, asking for further discount. How about reducing your price somewhat, to US$10.50 per dozen?

If you can come down to this level, we prepared to give you a substantial order but so unless you can accept this price the business will fall through.

Hoping you to accept our price soon to our mutual encouragement and benefit.

Yours very truly,

Optorg & Co., Inc.
Phillip Adam
Phillip Adam
Vice President

PA/jc

해설 수입상도 수출상의 확정오퍼를 받고 최종 반대오퍼 가격을 제시하였다. 동 가격을 수락치 못할 경우 거래는 이루어질 수 없으니, 양 회사의 이익을 위해서 제시한 최종가격을 수락해 달라는 서신이다.

주
① in view of : 이곳 시장에서의 현 시세에 비추어 볼 때(을 고려하여).
② current price : 시가(=ruling price).
③ rather high : 다소 비싼(rather stiff, somewhat strong, slightly high).
④ How about reducing your price somewhat, to US$10.50 per dozen?
: 값을 조금만, 예를 들면 dozen당 US$10.50로 내리는게 어떻겠습니까?.
⑤ come down to this level : 이 가격수준까지 값을 내리다.
⑥ give you a substantial order : 상당한 주문을 하다, 상당량의 주문을 하다.
⑦ fall through(=come to nothing, fail) : 실패하다, 그르치다, 수포로 돌아가다.
⑧ to mutual encouragement and benefit : 서로의 용기와 이익을 위하여.

사례 29 **반대청약의 승낙(counter offer accepted)**

KANGNAM TRADING CO., LTD.
C. P. O. BOX 4545, Seoul Korea

September 15, 2019

Messrs. Optorg & Co., Inc.
90 South St., New York,
N.Y. 10005
U. S. A.

Gentlemen :

We accept your counter offer of September 10 in order to execute the first transaction with you.

In the course of our negotiation by cable with you, we were reluctantly forced to cut our price to a point where no margin of profit is left to us.

Frankly speaking, we cannot think of any specific objection to your proposal, and would certainly consider it to our mutual benefit to come to a concrete arrangement. Please note that your limit price barely covers the cost of production, and therefore we shall be unable to maintain our quality without any increase in price for your future orders.

We will proceed with the execution of this order immediately upon receiving your advice of the establishment of a letter of credit. Awaiting your L/C No. and Purchase Note by return.

Yours truly,

KANGNAM TRADING CO., LTD.
M. Y. Song
M. Y. Song
Director, Trading Department

해설 최종가격을 수락하면서 신용장의 발행통지를 받는 즉시 제품을 생산하겠다고 통보하고, 신용장번호 및 매입서를 곧 보내달라고 요청한 서신이다.

주
① in the course of(= while(during) we are) : ~하는 동안(과정)에.
② be forced(= obliged, compelled, bound) to : 하지 않을 수 없다.
③ no margin of profit : 이익(이윤)이 전혀 없는.
④ specific objection : 명확한 반대.
⑤ concrete arrangement : 구체적인 협정(체결).
⑥ limit price : 지정가격, 제한가격, 할인가격.
⑦ barely cover the cost of production : 제조원가를 거의 커버하지 못하다.
⑧ Purchase Note(= Contract, Order) : 매약서, 매수인의 매입계약서.

Review Exercises

연습문제

1. 다음은 수출입절차(export and import procedure) 중 무역계약 체결순서에 관한 내용이다. 괄호 안에 들어갈 내용이 순서대로 알맞은 것은?

> Exporter 'A' sends a firm offer to the Importer 'B' by email.
> Importer 'B' makes a (㉮) against the firm offer from the Exporter 'A'.
> Exporter 'A' makes a new firm offer against the counter offer from the Importer 'B'.
> Importer 'B' accepts the offer by email and sends the order to the Exporter 'A'.
> Exporter 'A' confirms the sales of goods by dispatching the (㉯).
> Importer 'B' applies for the issuance of a 'Letter of Credit' in favor of the Exporter 'A' to his bankers (㉰).
> The L/C Issuing Bank in the importing country notifies the establishment of the L/C to his Correspondent Bank (㉱) in the exporting country.
> Importer 'B' cables the Exporter 'A' of the L/C opened.
> The L/C Advising Bank notifies the establishment of the L/C to the Exporter 'A'.

	㉮	㉯	㉰	㉱
①	firm offer	Purchase Note	Issuing Bank	Advising Bank
②	firm offer	Sales Note	Advising Bank	Issuing Bank
③	counter offer	Sales Note	Issuing Bank	Advising Bank
④	counter offer	Purchase Note	Advising Bank	Issuing Bank

해설 ▸ offer by email(= email offer) : 이메일 청약(서)

- ▸ 청약과 승낙에 의하여 매매계약이 성립되면 이를 확인하기 위하여 매수인이 주문서(注文書, order sheet) 또는 매약서(買約書, purchase note)를 작성하여 매도인에게 송부하거나, 매도인이 매매계약서(contract note, contract sheet, sales contract) 또는 매약서(賣約書, sales note, sales confirmation, confirmation of sales)를 작성하여 매수인에게 송부한다. 이러한 서류들에는 모두 주요 계약조건이 기재되어 있으며, 작성자가 2부를 상대방에게 송부하면 상대방은 기재 내용을 확인한 후 이상이 없으면 2부 모두를 서명하여 1부는 작성자에게 반송하고 1부는 자신이 거래 종료 시까지 계약의 증거로서 보관한다. 주문확인서(confirmation of order)는 매수인의 주문서를 받은 매도인이 주문서의 내용을 검토하여 오기(誤記)가 없음을 확인한 서류로서 매도인이 작성하는 매약서(賣約書)와 같은 것으로 최종적으로 매수인의 확인이 필요하다. 주문서 또한 쌍방이 각각 서명하여 1부씩 소지하면 유효한 계약서가 된다.
- ▸ apply for A to B : B에게 A를 신청하다, 지원하다, 문의하다, 부탁하다.
- ▸ in favor of : ~를 수익자로(수취인으로), ~ 앞으로, issuing bank : 발행은행
- ▸ notifies the establishment of L/C to his Correspondent Bank(L/C Advising Bank) → notifies his Correspondent Bank(L/C Advising Bank) of the establishment of L/C. his는 원래 its가 되어야 하나 L/C Issuing Bank를 의인화하여 표현한 것이다.
- ▸ establishment(= issuance) of L/C: 신용장 발행

▸ correspondent Bank : 환거래은행, depositary correspondent Bank: 예치환거래은행
▸ L/C Advising Bank(= notifying Bank) : 신용장 통지은행
▸ Importer 'B' cables the Exporter 'A' of the L/C opened. : opened 앞에 'which was'가 생략되었다.
▸ the establishment of L/C를 the arrival of L/C로 하는 것이 더 실무적인 표현이다.

정답 : ③

2. 다음 내용이 의미하는 것과 빈칸에 알맞은 단어가 순서대로 구성된 것을 고르시오.

> (　　　) - The offeree's notification to the offeror that the offeree agrees to be bound by the terms of the offeror's offer. The terms of acceptance have to be the (　　　) of the terms of the offer.

① Acceptance - mirror　　② Counter offer - mirror
③ Acceptance - mirror image　　④ Counter offer - mirror image

해설 피청약자가 청약자의 청약에 동의를 하는 것이기 때문에 제목은 승낙(acceptance)이 되어야 하며, 승낙의 조건은 청약의 조건과 동일하여야 한다(mirror image).

정답 ③

3. 다음은 무역계약의 일반거래협정문(general terms and conditions of business)에서 활용되는 조항이다. 빈 칸에 들어갈 조항, 제목 및 단어를 올바르게 연결된 것을 고르시오.

> "(　　　) : Except in cases firm offers are accepted by (　　　), no orders are binding until acknowledged by (　　　). Any business closed by cable shall be confirmed (　　　) without delay, and orders thus confirmed shall not be cancelled unless by mutual consent."

① orders - seller - buyer - by cable　　② offer - buyer - seller - by mail
③ orders - buyer - seller - in writing　　④ offer - buyer - seller - in writing

해설 주문(Orders) : 매수인(Buyer)이 확정오퍼를 수락한 경우 이외에는 주문은 매도인(seller)이 확인해야만 구속력이 있다. 전보로 체결된 거래는 지체없이 문서(in writing)로 확인하며, 이렇게 확인된 주문은 상호 합의에 의하지 않고는 취소되지 아니한다.

정답 : ③

4. 다음 (　) 안에 넣을 문장으로 가장 적절한 것을 고르시오.

> we have today cabled you the following firm offer as (㉮) enclosed Confirmation of Cable, subject to your reply (㉯) us by July 30, 2019.
> Two Hundred(200) Dozen Ladies Nylon Stockings
> at U$5.00 per dozen C.I.F. New York
> Shipment : During August

Payment : Draft at 30 d/s under an Irrevocable L/C This is the best offer we can (㉰) at present and we trust that you will accept this offer without (㉱) of time. Inc. 1 Confirmation of Cable

	㉮	㉯	㉰	㉱
①	per	received	make	with good speed
②	up to	match	make	right away
③	to	reach	make	delay
④	per	reaching	make	loss

해설 ▸ as per : ~에 의해서, ~와 같이, ~대로. 매우 진부한 표현이므로 according to, as indicated in, following, in conformity with(to) 등으로 변경하는 것이 좋다./ as per 뒤에는 관사를 사용하지 않는다./ as per contract : 계약서대로/ as per enclosed account : 동봉 계산서대로/ as per usual : 평상시와 같이

▸ stockings, trousers, glasses, pants, shoes, pincers 등과 같이 짝을 이루는 명사는 항상 복수형을 쓰며, 동사도 복수동사로 받는다.

▸ without loss of time : 지체 없이, 바로, 즉시, 즉각, 신속히 = without delay, as soon as possible, at once, with good speed, without wasting time, right away, immediately, promptly, instantly

정답 : ④

5. 다음 중 청약과 승낙에 관한 설명으로 가장 적합한 것은?

① 청약의 유인에 대해 거래상대방이 승낙하면 계약이 성립된다.

② 매도인의 청약에 대해 매수인이 지정된 승낙기간 이내 물품대금을 임의로 송금하였다면 계약이 성립된다.

③ 거래 쌍방이 동일한 내용을 동시에 청약한 경우를 교차청약이라고 하며, 동일한 조건 내용의 동시청약이기 때문에 국제거래에서 통상 계약의 성립을 인정한다.

④ 청약서에 승낙방법이 지정되어 있지 않으면 반드시 청약이 행해진 방법에 따른다.

해설 ① 청약의 유인은 피청약자의 승낙만으로 구속되지 않고 청약자의 확인으로 구속되려고 하는 의도이므로 청약의 사전준비단계로서 예비교섭단계라고 할 수 있음. 따라서 청약이 성립하기 위하여 청약자의 확인이 필요하다.

* 청약과 청약의 유인의 비교

구 분	청 약	청약의 유인[자유(조건부)청약]
계약 성립	청약에 대한 승낙으로 계약 성립	피 청약자가 승낙하여도 계약이 성립되지 않고 청약자의 확인으로 계약 성립
청약자의 의도	피 청약자의 승낙으로 자신의 의사표시에 구속되려는 의도	피 청약자의 승낙만으로 구속되지 않고 청약자의 확인으로 구속되려는 의도
청약의 대상	특정인, 특정집단	불특정인, 불특정집단

② 확정청약(firm offer)은 유효기간 내에 상대방이 승낙하면 계약이 성립함.
- 승낙의 특징 : 승낙은 절대적이고 무조건적이어야 함 · 청약의 조건과 일치하여야 함 · 유효기간 내에 승낙되어야 함 · 불요식성이 있음
- 침묵이나 무위의 효과 : 침묵이나 무위(무행위)는 승낙에 해당되지 않는다.
- 승낙의 철회 : 승낙을 발신하였더라도 승낙의 철회통지가 승낙의 효력이 발생하기 이전이나 또는 그와 동시에 도달하는 경우 철회가능.

③ 양 당사자 간 동시에 동일한 내용의 청약을 하는 경우 이를 교차청약(cross offer)이라 하는데 이러한 경우 승낙의 행위가 별도로 필요 없다고 보는 경우 즉 교차청약을 인정하는 국가는 우리나라와 일본 등이며 어느 한 당사자의 승낙이 없으면 계약이 성립되지 않는다는 것이 영미의 판례이며, 이에 관해 국제적으로 통일된 법규는 없다.

④ 승낙의 방법이 지정되어 있는 경우에는 지정된 통신수단을 이용하여 승낙하여야 한다. 이때 다른 통신수단을 이용하게 될 때는 청약자의 승인이 없다면 그 계약은 무효가 된다. 이와 달리 지정통신수단이 없는 경우에는 합리적인 방법으로 승낙하면 된다. 즉 청약이 전보로 된 경우에는 전보로, 텔렉스로 된 경우에는 텔렉스로 항공우편으로 된 경우에는 항공우편과 같이 그게 상응하는 수단에 의해 승낙의 통지를 하면 된다.

정답 ②

(6–9) 다음 서신을 읽고 물음에 답하시오.

> We have received with thanks for your letter of May 3 attaching price list and the ((A)).
>
> We are agreeable to the terms and conditions on the Agreement and appreciate your ((B)).
>
> The quality of your goods meet our requirement, but as your price are higher than those of other suppliers by 5% ((C)).
>
> You will, we hope, ((D)) to lower your price, and look forward to hearing favorably from you soon.

6. (A)에 가장 알맞은 것을 고르시오.

① General Agreement on Tariffs and Trade
② Documents against Acceptance
③ Terms and Conditions of Business Agreement
④ Agreement on General Terms and Conditions of Business.

7. (B)에 가장 적합하지 않은 것을 고르시오.

① samples of no commercial value
② samples free of charge
③ free samples
④ samples of commercial value

8. (C)에 가장 적합한 것을 고르시오.

① we think that it will be possible for us to complete with other buyers through reduction of prices.

② we feel that it will be impossible for us to complete with other suppliers without reduction of prices.

③ we will be able to complete with other suppliers without reduction of prices

④ we feel that it will be impossible us to sell them our goods.

9. (D)에 가장 적합하지 않은 것을 고르시오.

① make every effort ② do your best

③ endeavor ④ draw

해설 ▸ 일반거래조건협정서 : Agreement on General Terms and conditions of Business.
▸ 무상견본 : free sample, samples free of charge, samples of no commercial value
▸ 유상견본 : samples of commercial value
▸ we feel that ~ : ~하는 것은 불가능하다(we cannot ~(= it is impossible for us to ~)
▸ compete with ~ : ~와 경쟁하다. without reduction of price : 가격경쟁 없이(는)
▸ do our best/utmost(= make every effort, try our best/utmost, endeavor)
정답 : ④, ④, ②, ④

(10–13) 다음 서신을 읽고 물음에 답하시오

We appreciate your inquiry of May 20. We have just e-mailed the following offer to you :
(㉮) : Ladies' Nylon Stockings
(㉯) : Our Sample No. 456, flesh-colored, assorted sizes
(㉰) : 1,000 doz.
Price : US$5.00 per doz FOB Pusan
Shipment : not later than June 25, 2019
(㉱) : Draft at 30 d/s under Irrevocable Letter of Credit
(A) We recognize the urgency of your order, but since all the mills are working to capacity, we would like to inform you that our prices are the most favorable and the delivery will be the earliest possible.
This is the best offer we can make and (B) market here is strong and out are sold out.
We advise you, therefore, to accept this offer (C) without loss of time.

10. 상기 서신의 ㉮, ㉯, ㉰, ㉱에 적합한 것으로 나열된 것을 고르시오.

	㉮	㉯	㉰	㉱
①	Item	Quantity	Quality	Payment
②	Article	Quality	Quantity	Packing
③	Item	Quality	Quantity	Payment
④	Commodity	Quantity	Quality	Insurance

11. (A)의 뜻으로 올바른 것을 고르시오.

① 당사의 모든 공장이 전량 가동 중이라 할지라도 주문이 폭주하고 있으므로
② 귀사의 주문품이 급하다는 것을 알고 있으나 모든 공장이 전량 가동 중이므로
③ 귀사의 주문 수량이 많다는 것을 알고 있으나 모든 공장이 전량 가동 중이기 때문에
④ 당사는 귀사의 주문이 급하다는 것을 알고 있으나 공장의 주문 이행능력이 부족하므로

12. (B)의 해석이 가장 올바르게 된 것을 고르시오.

① 이 곳 시장은 강세이며 재고가 소진되었습니다.
② 이 곳 시장은 약세라 재고가 충분합니다.
③ 이 곳 시장은 약세이며 재고가 소진되었습니다.
④ 이 곳 시장은 강세이나 재고가 충분합니다.

13. (C)와 의미가 동일한 것을 고르시오.

① free of charge ② occasionally
③ from time to time ④ without delay

해설

- we appreciate ~(= thank you for, many thanks for, we have received with thanks) : ~을 감사합니다.
- draft at 30 d/s(= draft at 30 days after sight) : 일람 후 30일 출급 환어음.
- since : (이유) ~이기 때문에.
- mill : 제분소, 제조공장, 제작소.
- work to capacity : 완전 조업하다, 완전 가동하다.
- to capacity : 극한까지 cf. at capacity : 전 생산능력을 다하여.
- strong : 강세인. sold out : 재고가 바닥나다, 소진되다.
- without delay(= without loss of time, soon, immediately, early) :
- 즉시, 지체없이 from time to time(= occasionally) : 때때로, 가끔.
- free of charge(= gratis, for nothing, without payment) : 무료로, 무상으로.
  cf. samples free of charge(무상견본), samples of commercial value(유상견본).

정답 : ③, ②, ①, ④

Trade Contract

Chapter 06

무역계약

1 무역계약의 개념

무역계약은 매도인과 매수인간의 청약과 승낙의 의사표시 일치에 의하여 그 이행을 협정하는 국제간에 이루어지는 매매계약(trade contract)으로서 매도인이 매수인에게 계약상품의 소유권을 양도하여 상품을 인도할 것을 약속하고 매수인은 이를 수령하고 그 대금을 지급할 것을 약정하는 국제물품매매계약이다.

따라서 무역계약이란 국제간 거래의 특성을 갖는 한편 상법상의 매매계약에 의하여 규율되는 것이며, 국제상관습이 적용되고, 격지자간의 거래계약이며, 국가별 무역관리에 수반되는 내용 및 절차상의 제약이 가해지는 점에서 국내 매매계약과 구별된다.

국제거래인 무역은 수출상과 수입상 당사자간의 계약에 다라 물품을 국제간에 이동시키고 그에 다른 이익을 향유하는 국제상거래를 의미한다. 이러한 국제상거래상의 무역계약(trade contracts)은 국경이 다른 당사자 사이에서 배도인이 약정된 물품의 제공을 약속하고 매수인이 그 물품의 대가로 대금을 지불할 것을 약속함으로써 성립되는 이국간의 국제물품매매계약(contracts for the international sale of goods)을 말한다. 즉, 무역계약은 국가 사이에 이루어지는 매매계약으로 매도인(seller)이 매수인(buyer)에게 약정물품(계약상품)의 소유권을 양도하여 상품을 인도할 것을 약속하고, 매수인은 이를 수령하고 그 대금을 지급할 것을 약정하는 법률적 구속력을 지니는 국제물품매매계약을 말한다. 이것은 매도인의 관점에서는 수출계약(export contract), 매수인의 관점에서는 수입계약(import contract)이 된다.

무역계약의 성립은 일반적으로 다음과 같은 3단계를 거쳐 성립한다. 즉, 실무적으로 첫 단계는 상대국의 시장조사(market research)를 통한 신용조사(credit inquiry), 두 번째 단계는 해외시장조사(foreign market research)를 통해 선정된 거래처(prospective buyer)와 거래교섭(trade negotiations), 세 번째 단계는 정보통신수단을 이용하여 매도인의 청약(selling offer)과 이에 대한 상대방의 승낙(acceptance), 또는 매수인의 청약(buying offer)에 대하여 매도인이 그 주문(order)을 주문승락(acknowledgement of order)하는 거래교섭이 체결되는 단계를 거쳐서 이루어지게 된다.

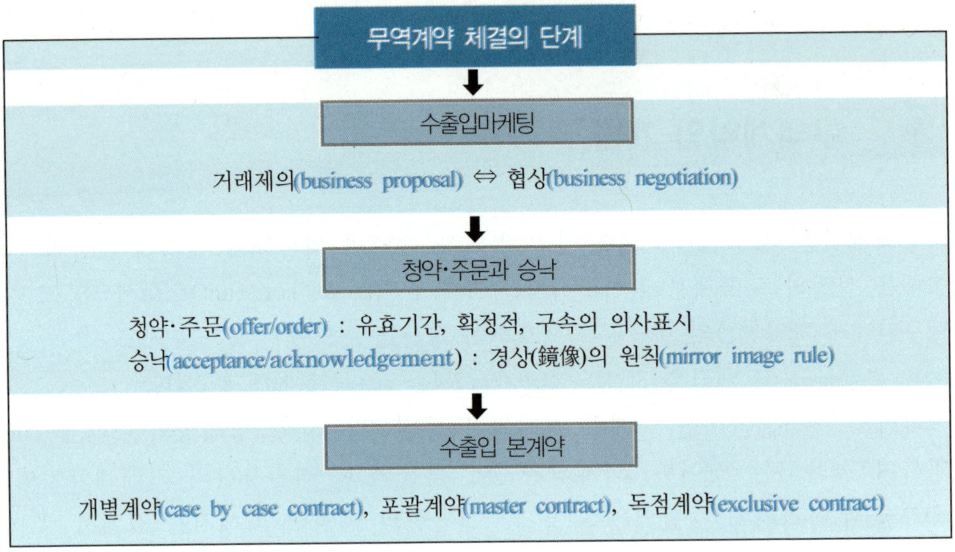

2 무역계약의 법적 성질

무역계약은 다음과 같은 법적 성질을 지니고 있다.

첫째, 무역계약은 낙성계약(consensual contract)이다. 낙성계약은 당사자 일방에 의해 행해진 청약(offer/order)과 상대방의 승낙(acceptance/ acknowledgement)에 의하여 성립된 계약이며, 물품의 점유이전, 소유권이전, 위험이전 및 문서작성이나 문서교부를 성립조건으로 하는 것은 아니다. 그러나 실무적으로는 통상 문서로 작성하여 계약내용을 확인(confirmation)하고 있다.

둘째, 무역계약은 매매당사자간에 계약이 성립됨에 따라 쌍방이 채무를 부담하는 채무계약으로서 매도인은 물품인도의 의무와 매수인은 그 반대급부로 대금지급의무를 갖는 쌍무계약(bilateral contract)이다.

셋째, 무역계약은 각 계약당사자가 서로 대가관계에 있는 의무를 이행할 것을 목적으로 성립되는 유상계약(remunerative contract)이다. 즉 무역계약은 금전지급을 원칙으로 하며 대금을 물품으로 하는 교환계약이 아니다.

넷째, 무역계약은 계약의 형식에 관하여 어떤 요건도 필요가 없는 불요식계약(single contract, informal contract)이다. 따라서 계약방식에 있어 구두, 서면, 일부구두, 일부서면으로도 가능하다.

다섯째, 무역계약은 당사자간의 계약에 의해 발생하는 채무가 그 원인사실과 결부되어 그 사실이 없다면 채무도 성립하지 않는다는 유인계약(causal contract)이다. 이는 매매계약상의 매도인의 물품인도의무와 매수인의 대금결제의무가 서로 맞물려 원인관계를 이루기 때문이다.

여섯째, 무역계약은 국제계약(international contract)이다. 이국간에 영업소를 두고 있는 당사자가 체결하는 계약을 말하는데 국내계약(domestic contract)과 반대되는 개념이다.

3 무역계약의 종류

일방의 오퍼에 대해서 상대방이 승낙하면 계약이 성립되나 Original Offer에 대하여 수차의 Counter Offer를 거치고 직접 당사자끼리의 상담 또는 협상을 통하여 서로 합의점에 도달, 계약이 성립되는 경우가 보통이다.

(1) 개별계약(case by case contract)

매 거래마다 매도인과 매수인간에 어떤 품목에 대한 거래가 성립되면 품목별거래에 대하여 계약서를 작성하고 그 계약에 대한 거래가 종결되면 그것으로써 계약이 종료되는 것으로서 거래가 성립될 때마다 매매당사자가 거래조건에 합의하여 계약서를 작성하는 경우를 말한다. Sales Note나 Purchase Order가 이 범주에 속한다.

(2) 포괄 또는 장기계약(master contract)

매매당사자간에 상호장기간동안 거래를 하였거나 동일한 상품을 계속적으로 거래할 때 매 거래마다 개별 계약하는 것이 피차간에 불편하므로 연간 또는 장기간 기준으로 계약을 체결하고 필요시마다 거래상품을 선적해 주는 경우의 계약이다.

이것은 지정품목에 대해서 일반거래조건을 협의한 후 상호 합의점에 도달하였을 경우 그 내용을 문서화하여 교환하게 되는 바, 이를 일반거래조건에 관한 협정서(agreement on general terms & conditions of the contract)라고 한다. 이러한 계약서를 흔히 General Agreement 또는 Master Contract라고 부른다. 이는 매 거래마다 제 조건 등을 재확인 내지 계약하는 번거로움을 없애고, 문제가 발생할 때 그 책임이 분명해 진다.

(3) 독점판매계약(exclusive sales contract)

어떤 특정품목의 수출입에 있어서 수출업자는 수입국의 지정수입업자 외에는 동일품목을 오퍼하지 않으며 또 수입업자 역시 수출국의 다른 수출업자로부터는 동일품목을 취급하지 않겠다는 조건으로 맺어지는 독점판매계약이다. 즉, 이 경우 수출업자는 ① 저렴한 가격으로 Offer해야 하고, ② 동일한 품목을 구매자가 소재하는 다른 업자에게 Offer하지 않아야 하며, ③ 다른 상사의 명의나 제3자를 통하여 구매자 소재지의 시장을 침투하지 않아야 하고, ④ 해당품목의 품질을 보장해 주어야 한다. 그리고 수입업자는 ① 최대한으로 물품을 판매해야 하고, ② 가능한 한 가장 높은 가격을 받고, ③ 수출업자 이외의 타상사의 물품을 취급치 않고, ④ 일정한 기간동안 최소한의 판매를 보장해야 한다.

4 무역계약서의 작성

(1) 무역계약의 체결과정

무역계약은 통일된 양식이나 형식이 없다. 그리고 계약체결방법도 서면이나 구두방식 등 어느 것을 채택하여도 무방하며 정하여진 절차가 있는 것도 아니다. 그러나 무역계약은 통상 다음과 같은 과정을 거쳐 성립된다.

첫째, 무역계약 체결 사전단계인 해외마케팅단계로서 해외시장 조사(foreign market research) 과정을 거쳐 거래상대방을 물색하여 거래제의(business proposal 또는 trade inquiry)를 하고, 거래상대방에 대한 신용조사(credit inquiry)를 한다. 이 단계는 신규거래처인 경우에는 거래처를 확보하는 차원에서, 기존의 거래처인 경우는 마케팅채널을 관리하는 차원에서 검토할 수 있다.

둘째, 통상 거래당사자 중 일방인 수출자가 제시하는 확정적인 청약(offer/order)에 대하여 상대방이 승낙(acceptance/acknowledgement)함으로써 계약이 성립한다.

확정청약(firm offer)은 내용이 확정적이어야 하며, 이는 청약의 유효기간(validity) 내에 상대방이 청약내용을 수정 없이 승낙할 경우 청약내용에 구속되겠다는 의사표시이다. 그리고 승낙(acceptance)은 절대적이고 무조건적(absolute and unconditional)인 동의라야 한다. 만약 조건부 승낙을 한 경우 이는 또 다른 반대청약(counter offer)으로 보며 본래의 청약을 거절한 것으로 간주한다.

통상 수출자가 제시하는 Selling Offer를 Offer라고 하고, 수입자가 제시하는 Buying Offer를 Order라고 한다. 그러나 무역계약은 통일된 양식이나 형식이 없으므로 Offer 대신 견적송장(proforma invoice)이 많이 활용되며 Order 대신 Purchase Order(P/O)나 Indent Order가 많이 활용된다.

셋째, 거래당사자는 수출입 본계약(sales contract/purchase contract)을 확정하는데, 무역거래 시 간단한 Offer나 Order만으로 무역계약을 종결하지 말고 반드시 수출입 본계약을 체결하여야 한다.

(2) 무역계약의 체결방법

무역계약을 체결하는 방법은 개별계약(case by case contract) 방법, 포괄계약(master contract) 방법 및 독점계약(exclusive contract) 방법 등이 있다.

개별계약(case by case contract) 방법은 매 거래 건별로 먼저 간단한 Offer나 Order를 확정한 후 수출입 본 계약을 확정하는 방법으로서 통상 거래상대방과 최초 거래 시나 초기 거래 시에 활용하는 방법이다. 개별계약방식에 의한 수출입 본계약서는 표면과 이면 양면으로 구성되어 있다. 무역계약서의 표면약정에 포함되는 사항은 거래건별로 확정하여야 하는 개별약정 사항들이다. 즉, 당해 거래시의 물품의 품질수준, 수량 및 가격 등 거래상품에 관한 사항과 선적일자, 결제방법 및 보험조건 등이 여기에 속한다.

무역계약서의 이면약정 사항은 무역에 관한 일반약정으로서 무역계약에 대리인이 개입되지 않고, 계약상 권리와 의무의 당사자인 본인 대 본인계약(principal to principal basis contract)이라는 사항과 계약서 표면약정 사항인 품질에 대한 검사, 수량, 가격 및 선적조건 등을 정하는 기준 등 개별약정 사항인 품질에 대한 검사, 수량, 가격 및 선적조건 등을 정하는 기준 등 개별약정 사항을 해석하는 기준과 계약불이행과 관련한 조항으로서 불가항력조항, 클레임조항, 중재조항 및 준거법조항 등 수출입거래 시 일반적으로 적용되는 공통사항이 여기에 포함된다.

개별계약방법으로 수출입 본 계약을 체결할 경우 계약당사자는 청약(offer)과 수차례의 반대청약(counter offer)을 교환하는 방법으로 사전에 계약내용을 협의한 후 이를 확정하여 어느 일방이 통상 2부의 계약서를 작성하여 서명한 후 이를 다른 일방에게 송부하면 상대방은 이에 서명한 후 1부를 송부, 각각 1부씩 보관한다.

다음, 포괄계약(master contract) 방법은 통상 동일한 거래상대방과 계속적으로 거래가 이루어지는 경우에 채택하는 방법이다. 이는 매 거래 시마다 건별로 수출입 본 계약을 체결함에 따른 번거로움을 피하는데 적합한 방법으로서 수출입거래당사자는 당사자 간의 향후 수출입 거래준칙에 해당하는 일반거래조건협정(agreement of memorandum on general terms and conditions of business)을 체결한다. 여기에는 개별계약 체결 시 무역계약서 이면약정 사항에 포함되는 무역거래일반약정 사항과 함께 거래건별로 Offer나 Order를 확정하는 방법을 정한다. 이에 따라 개별거래 시는 포괄계약에서 정한 방법에 따라 간단한 Offer나 Order를 교환함으로써 무역계약을 확정한다.

독점계약(exclusive contract)은 특정품목의 수출입거래에서 계약자 상호간에 독점적으로 거래할 것을 조건으로 체결하는 계약이다. 따라서 수출업자는 수입국의 다른 수입업자에게 판매하지 않고, 수입업자는 수출국의 다른 수출업자에게 구입하지 않을 것을 전제로 체결하는 독점판매계약이다.

무역계약은 불요식계약(single contract, informal contract)이므로 문서로 작성하는 것이 계약성립의 요건은 아니지만 무역거래는 계약성립부터 대금결제에 이르기까지 상당한 시일이 요구되며, 전신이나 서신을 통해 여러 차례의 교섭 끝에 이루어지므로 의도한 바를 명확히 해두고 계약이행 과정에서 발생될 수 있는 분쟁을 미리 방지하기 위하여 문서로 확인·작성하는 것이 필요하다.

통상적인 규모의 무역거래에서는 오퍼가 승낙되거나 주문이 승낙되면 계약은 성립되고, 이를 확실히 하기 위해 Sales Note(sales confirmation note)와 Purchase Note (order note)를 교부함으로써 개별계약은 완결된다.

그러나 계약규모가 거액이고 계약내용이 복잡한 경우 특히 플랜트수출입이나 선박, 철도차량, 대형기계류와 같은 연불 수출입은 Sales Note나 Purchase Note는 복잡한 거래조건을 충분히 포괄할 수 없기 때문에 일반적으로 계약서(sales contract, contract sheet)를 작성하게 된다.

계약서는 보통 매도인이 정부 2통(in duplicate, in original and duplicate)을 작성하여 서명(signature)을 한 후 이들을 매수인에게 발송하며, 매수인은 이를 점검·확인한 후 미비점이나 상위점이 없을 때에는 계약서 2통에 각각 서명하고 그 중에 정본(original)은 자신이 보유하며 부본(duplicate)은 매도인에게 발송·교부함으로써 정식으로 계약을 성립시킨다.

(3) 무역계약 체결절차의 단계별 요약해설

① 해외시장조사(foreign market research) : 수출하려고 하는 물품을 어느 나라로 수출할 것인가를 결정하여 그 나라에 관한 시장정보를 수집하는 단계로 국내 수출유관기관 활용, 국내 외국대사관 상무관 방문, 무역관련 책자 이용 및 인터넷을 이용하는 방법 등이 있다. 상식적인 판단 및 문헌과 각종 자료를 통하여 자기회사 제품이 팔릴 수 있는 지역의 기후, 문화, 시장 여건 등을 파악하여 판매지역을 선정한다. 관련기관 : 한국무역투자진흥공사(KOTRA), 한국무역협회(KITA), 대한상공회의소(KCCI) 등.

② 거래처 발굴 및 선정(seeking overseas connections/prospective buyer) : 가장 큰 관심사이자 애로사항이며 적극적인 해외시장조사 및 바이어발굴을 하지 못하면 유망한 상품을 개발하고도 사장되는 결과를 초래하게 되어 중소기업청을 비롯한 무역 유관기관이 노력하고 있는 분야며 인터넷의 발달과 더불어 바이어 발굴 전문사이트가 많이 있으므로 능동적으로 인터넷을 이용한 거래처 발굴 노력을 해야 한다. 무역유관기관에 비치된 거래선 명부를 조사하여 신뢰가 되는 거래선을 발굴 및 선정한다. 관련 기관 : KOTRA, KITA, KCCI, 각국의 무역기관, 대사관(영사관) 이용, 전시회, 박람회 등 참가, 정부기관 또는 무역유관기관 주최 해외바이어 초청상담회에 참가, 무역유관기관 발행 책자, 무역거래 알선 사이트를 이용하여 최신 오파정보수집, 배너광고, 전자카탈로그 제작 및 홍보, 사이버전시회 참가, 거래처명단 확보 등 인터넷을 이용하여 정보를 수집 이용하는 것이 중요시 된다.

③ 거래제의서(business proposal/circular letter) 발송 : 수집한 거래처 정보를 이용하여 거래상대방에게 자사를 알리는 거래제의서인 'Circular Letter'를 Fax 또는 e-Mail을 이용해 발송하여 수출거래 성사를 위한 본격적인 단계로 진입한다. 전자무역 전문업체를 이용하면 홈페이지 기반 메일 제작, 관리, 동시발송, 전자카탈로그 제작 발송, 인터넷상의 배너 광고 등 다양한 서비스를 받을 수 있다. Circular Letter는 상대회사에 자기회사를 알리는 첫 단계이기 때문에 세심하게 작성하여 좋은 인상을 줄 수 있어야 하며, 거래처 요청시 샘플도 발송해야 하지만 구체적인 Inquiry 없이 샘플만 요구하거나 과도한 샘플을 요구하는 경우에는 사기성 업체가 아닌지 주의가 요망된다.

④ 품목에 관한 거래조회(trade inquiry) 및 답신(reply to an trade inquiry) : 수입상이 수출상이 송부한 자기소개서를 받고 구체적인 거래조건에 대한 조회(inquiry)

답장을 보낸다. 수출상은 조회(inquiry)를 받고 거래선을 상대로 거래하고자 하는 품목에 관한 상세한 정보를 답신으로 전달하여 구매의욕을 고취한다. Circular Letter 발송 후 해외수입업체에서 구체적인 Inquiry를 받으면 세부적인 무역거래조건을 협의하게 될 때에 Incoterms를 포함한 무역용어의 정확한 이해가 있어야 차후에 분쟁의 소지를 없앨 수 있으며, 품질 및 수량 조건(quality and quantity terms), 가격 조건(price terms), 대금결제조건(payment terms), 선적조건(shipment terms), 보험조건(insurance terms), 포장조건(packing terms), Claim 해결조건 등을 협의한다.

⑤ **신용조사(credit inquiry) :** 무역계약으로 연결될 가능성이 있다고 판단되는 거래선의 신용을 신용조사 관련기관인 한국무역보험공사(www.ksure.or.kr), 한국무역투자진흥공사(www.kotra.or.kr), 한국신용정보(www.nice.co.kr), 대한신용보증기금(www.kodit.co.kr), Dun & Bradstreet Korea, SPC 등에 의뢰하여 조사한다.

⑥ **거래제의(business proposal) :** 신용조사 등을 통하여 거래업체로 결정되면 ④의 단계에서 협의되었던 구체적인 사항을 제시하여 결정하고 그 내용을 바탕으로 거래제의를 한다.

⑦ **청약 및 주문(offer and order) :** 수출상이 수입상에게 판매조건을 서면으로 작성하여 제시(selling offer, offer)하거나, 수입상이 수출상에게 구매조건을 서면으로 작성하여 제시(buying offer, purchase order, order)한다.

⑧ **반대청약을 통한 합의(counter offer) :** 청약을 받은 자가 청약 제의자에게 청약사항을 일부 수정하여 다시 제의하는 것으로, 청약과 반대청약이 여러 번 되풀이 되면서 거래조건에 대한 최종 합의에 이르게 된다.

⑨ **승낙(acceptance) 및 주문승낙(acknowledgement) :** 청약자(offer, 수출자)의 청약에 대하여 동 청약을 받은 자인 피청약자(offeree, 수입상)가 승낙(acceptance)하면 그리고 수입상의 구매주문(order)에 대하여 동 주문을 받은 자인 수출상이 주문승낙(acknowledgement)하면 무역계약이 성립된다.

⑩ **무역계약의 체결(trade contract) :** 거래조건에 대한 최종합의가 이루어진 당사자 일방이 이를 서면으로 작성하여 당사자가 서명하면 계약이 체결된다. 무역거래조건의 합의에 이르면 본 무역거래 계약을 체결하는데 무역계약서로 이용하는 서식은 'Sales Contract', 'Offer Sheet', 'Pro-forma Invoice' 등이 있으며 대한상공회의소(KCCI)에서 발행된 'ICC 표준국제매매계약서'를 참고로 하고 무역거래조건으로 협의된 내용을 빠짐없이 명시하여 작성한다.

5 무역계약의 기본조건

무역거래에서 필수적으로 약정해야 할 거래조건을 「무역거래의 기본조건(terms and conditions of foreign trade)」이라 부르는 바, 그 주요한 내용은 ① 품질조건(terms of quality), ② 수량조건(terms of quantity), ③ 가격조건(terms of price), ④ 선적조건(terms of shipment), ⑤ 결제조건(terms of payment), ⑥ 보험조건(terms of insurance), ⑦ 포장조건(terms of packing), ⑧ 하인조건(terms of shipping marks), ⑨ 분쟁해결조건(terms of dispute), ⑩ 기타조건(other terms) 등을 들 수 있고, 이밖에 불가항력(force majeure)에 의한 지연선적(delayed shipment), 권리침해조항(infringement clause), 준거법 조항(governing law clause), 검사조항(inspection clause), 기타 계약불이행(breach of contract)에 대한 처리약관 등도 계약조건에 포함시겨야 할 사항이다.

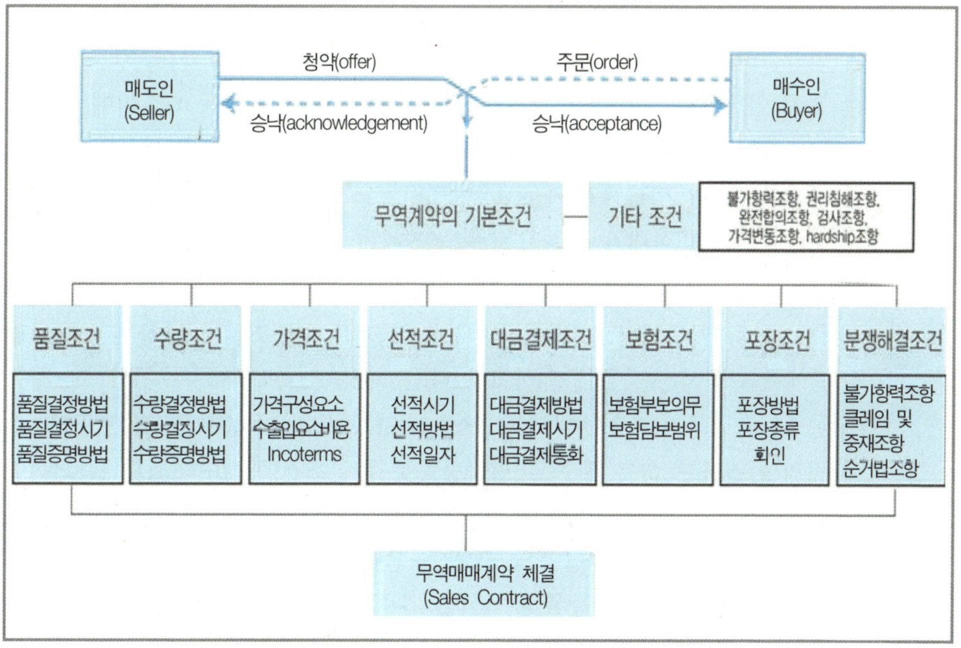

그림 6-1 무역계약 체결(Sales Contract)

(1) 품질조건(Quality Terms)

무역거래에서 매매될 대상물품의 품질조건으로 정하여 두어야 할 조건들로서는 ① 품질결정의 방법, ② 품질결정의 시기, ③ 품질의 증명방법 등이 있다.

1) 품질의 결정방법

① 견본매매(sales by sample) : 견본매매란 거래목적물의 품질을 당사자가 제시한 견본에 의하여 약정하는 방법, 즉 매매당사자가 제시한 견본과 같은 품질의 물품을 인도하도록 약정하는 방법을 말하며, 일반적으로 견본은 매도인이 제시하는 매도인 견본(seller's sample)이나, 매수인이 매도인에게 송부하는 매수인견본(buyer's sample)도 있으며, 또한 매수인의 견본에 대해 매도인이 제조하여 보내는 견본을 반대견본(counter sample)이라고 한다. 반대견본은 3개 이상을 만들어서 하나는 매수인에게, 하나는 자사보관용(duplicate sample ; reference or keep sample)으로, 나머지는 제조업자 또는 공장용(triplicate sample ; 제3견본)으로 한다. 실제로 선적된 물품 중에서 그 일부를 보내는 경우를 선적견본(shipping sample, advance sample)이라 한다.

② 표준품매매(sales by standard) : 수확이 예정되어 있거나 채취가 예정되어 있는 농산물, 수산물 및 광물의 경우에 종류는 같지만 이질적인 여러 제품들이 혼합되어 한 가지 종류의 상품을 이루는 천연산물은 등급(grade)을 정하여 거래하는 것이 일반적인데, 이러한 품질결정방법을 표준품매매라 한다. 표준품(standard)이란 동종 이질상품의 품질을 대표하는 상품의 소량을 말하는 데, 이에 의하여 거래되는 표준품매매 방법에는 다음과 같은 표준이 관용되고 있다.

㉮ 보통표준품질조건(U.S.Q : Usual Standard Quality) : 공인검사기관 또는 공인표준기준에 의해서 보통품질을 표준품의 품질로 결정하는 조건이다. 이 조건은 미국의 원면(raw cotton)·생사(raw silk) 판매에서 시작되었으며 우리의 수출상품 중에는 인삼, 오징어, 해태 등은 당해 수출조합이나 정부지정 공공기관에서 판정하는 등급에 의하고 있다.

㉯ 평균중등품질조건(F.A.Q : Fair Average Quality) : 동종상품 중 평균적이며 중등의 품질을 뜻하는 것으로 평균중등품 품질조건(平均中等品 品質條件)이 표준품매매의 일반적 기준이다. 이 조건은 곡물류·과일류 매매에서 많이 쓰이며, 선적지에서 해당계절 출하물품의 평균중등품을 표준으로 하고 선물거래일 때는 전년도 수확물의 평균중등품의 가격을 기준으로 정하고 인도물품의 품질수준은 새로 수확한 물품의 평균중등품으로 한다.

㉰ 판매적격품질조건(G.M.Q : Good Merchantable Quality) : 원목·목재류, 냉동어류, 광석류 등 물품 내부의 부패나 기타의 잠재하자(潛在瑕疵)가 있을 가능성이 많은 생산물의 매매에 채택된다. 따라서 수입지에서 인수한 현물에서 내부의 하자로 판매가 불가능한 부분에 대하여는 매수인이 매도인에게 배상을 요구할 수 있는 판매적격품 품질조건(販賣適格品 品質條件)이다.

③ 상표매매(sales by trade mark or brand) : 카메라의 Cannon·Leica, 손목시계의 Rolex·Omega, 화장품류의 Lancome 등은 상표로서 품질을 보증하고 있는 것으로 생산업자의 상표나 품명이 세계적으로 널리 품질이 알려진 상품의 경우에는 견본을 제시할 필요가 없이 상표(trade mark)나 Brand에 의하여 품질수준을 표시하여 매매계약을 체결하는 방법을 상표매매 또는 통명매매라 한다.

④ 설명(명세)매매(sales by description or specification) : 선박, 철도차량, 발전기 등 거대한 기계류 따위는 견본매매나 상표매매에 부적합하므로, 당해 상품의 소재와 구조, 성능, 특징, 규격 등을 상세히 알려주는 설명서(description)나 명세서(specification), 도해목록(illustrated catalogue), 설계도(plan) 또는 청사진(blueprint) 등을 제시하여 이로서 거래할 상품의 품질을 약정하는 매매방법이다.

⑤ 규격매매(sales by type or grade) : 한국의 KS(korean standard), 일본의 JIS(japan industrial standard) 및 ISO(international standardization organization), BSS(british standard specification) 등과 같이 상품거래에 적용상품의 규격이 국제적으로 특정되어 있거나 수출국의 공적규정으로 특정되어 있는 경우에는 그 품질수준을 안심할 수가 있는 바, 이 때에 이용되는 품질약정방법이 규격매매(sales by type) 또는 등급매매(sales by grade)이다.

⑥ 점검매매(sales by inspection) : 점검매매는 매수인이 현물을 직접 확인한 후 매매계약을 체결하는 경우의 품질약정방법이다. 이 조건은 매수인에 의한 직접 점검방식을 취하므로 국제간의 거래인 무역거래에서는 BWT(보세창고도 조건 : bonded warehouse transaction)거래, COD거래 등에서 활용되고 있다.

2) 품질의 결정시기

무역거래에서 물품의 유송은 장시간에 걸쳐 이루어짐에 따라 운송중 물품의 품질변화가 발생할 가능성이 높다. 따라서 품질의 변화가 가능한 상품에 대하여 어느 시점의 품질을 기준으로 거래를 할 것인가에 대하여 합의하여야 한다.

① 선적품질조건(shipped quality terms) : 품질의 결정시기를 선적완료시점으로 하는 조건을 선적품질조건이라 하며, FOB, CFR, CIF 조건에 의한 거래는 이 조건을 조건을 따르고 있으며, FAQ 조건 역시 그러하다. 곡물류의 거래에 흔히 쓰여지는 T.Q(Tale Quale, Tel Quel)는 선적품질조건의 한 예라 할 수 있다.

② 양륙품질조건(landed quality terms) : 인도물품의 품질이 계약과 일치하는지의 여부를 목적항구에서 물품을 양륙한 시점에 판정하는 조건으로 곡물이나 어류 또는 모피 등 운송도중에 변질될 우려가 많은 1차산물의 경우에 채택된다.

따라서 이 조건은 매도인이 운송도중 상품의 변질에 대해서 모든 책임을 지고 배상해야 한다. 곡물거래에서 RT(Rye Terms)가 이에 해당되며, 이 조건은 DAP, DPU 등과 GMQ 조건에서는 성질상 양륙품질조건에 의한다.

③ Rye Terms(RT), Tale Quale(TQ), Sea Damaged(SD) : 곡물류의 거래에 있어서 선적과 양육시의 품질 상위에 대하여 매매당사자 중 누가 책임이냐에 대해 런던의 곡물시장을 중심으로 정립된 특수한 조건들이다.

3) 품질의 증명방법

품질의 증명방법은 품질의 증명시기와 직결된다. 즉 선적품질조건에서는 이러한 입증책임이 매도인에게 있으므로 그는 권위있는 공인검사기관으로부터 검사증명서(certificate of inspection) 내지 품질증명서(certificate of quality)를 발급받아 매수인에게 제공하여야 한다. 양륙품질조건의 경우에는 매수인에게 품질수준의 미달 또는 운송 도중의 변질에 대한 입증책임이 귀속되기 때문에 그가 권위 있는 감정인의 감정보고서(survey report)에 의해 사실을 증명하고 배상을 청구하게 된다.

(2) 수량조건(Quantity Terms)

무역계약에서 계약물품의 수량은 총가격을 산출하는 기초가 되기 때문에 매우 중요한 조건이 되는 데, 특히 수량조건에서 결정되어야 할 것은 수량 약정(표시)의 방법과 검량의 기준시기, 계량의 방법 및 수량의 증명방법 등이다.

1) 수량의 단위결정

품목에 따라 상용되는 수량의 단위는 여러 가지이므로 도량형환산표(tables of weight and measures)를 통해 수량단위를 확인한 후 매 거래 시마다 품목과 거래의 성격을 고려하여 정확한 단위와 수량을 표시해야 한다. 이러한 수량단위는 상품의 성질과 각국의 도량형에 따라 차이가 있으므로 명확히 하여야 한다.

2) 수량표현의 방법

Bulk Products의 거래에 있어서는 약간의 수량부족이나 수량초과를 허용해 주지 않으면 계약이행이 매우 어렵게 되므로, 분쟁의 방지를 위해 이러한 경우에는 다소의 과부족을 인정하는 조항(clause)을 설정하거나 또는 개략적 표현방법을 쓰는 것이 현명한 바, 전자가 이른바 과부족용인조항(More or Less Clause)이며, 후자가 개산수량조건(Approximate Quantity Term)이다.

UCP 600에 의하면 신용장에 과부족을 인정하지 않는다는 금지표시가 없는 한

살물의 경우에는 5%의 과부족이 허용된다는 취지의 규정을 두고 있다. 따라서 신용장에 의한 살물의 거래에서는 M/L Clause를 설정하지 않았다 해도 약정된 수량의 5%의 범위 내에서 초과 또는 부족하게 인도하더라도 수출대금의 회수에는 문제가 야기되지 않는다. 또한 신용장의 금액 또는 신용장에 명시된 단가나 수량과 관련하여 "about" "approximately", "circa", "around" 또는 이와 유사한 표현이 사용된 경우에는 10%의 과부족(difference)을 허용하는 것으로 해석한다고 규정하고 있다.

M/L Clause를 사용하여 물품을 인도한 경우에는 매도인이나 매수인은 그 과부족 수량에 대한 금액은 결제과정에서 정산해 주어야 한다. 따라서 문제는 과부족분량에 대하여 적용할 단가(unit price)를 어떻게 정할 것인가가 곧 정산기준가격에 관한 문제이다. 과부족분량에 대한 정산기준가격은 원래의 계약단가(contract price), 선적일 시가(day-of-shipment price) 및 도착일 시가(day-of-arrival price)의 세 가지 중 하나를 택하여 매매계약에 표시해 두어야 분쟁방지나 해결에 유익하다.

표 6-2 주요 수량단위

수량단위		종 류
중 량		• Long ton(English ton : Gross ton : LT = 2,240lbs = 1,016.1kgs(영국식) • Short ton(American ton : Net ton : S/T = 2,000lbs = 907.2kgs(미국식) • Metric ton(French ton : Kilo ton : M/T = 2,204lbs = 1,000kgs(대륙식) • Gross Weight 〔총중량(總重量) : 물품의 무게와 포장의 무게를 합한 총중량〕 • Net Weight 〔순중량(純重量) : 포장의 무게를 제외한 순물품의 무게〕 • Net, Net Weight 〔정미중량(正味重量) : 물품만의 순수한 중량 즉, 자중〕
용적	목재단위	• Cubic Meter : CBM, Cubic Feet : cft • Super Feet(S.f) = 1 Square Foot(평방피트) x 1 inch
	액체화물	• Barrel : 31.5 gallons(미국), 36 gallons(영국) • Gallon(gal) : American gallon(wine gallon) = 4,456 liters = 4 quarts English gallon(imperial gallon) = 3,785 liters = 4 quarts • Quart(qt) : 1/4 gallon = 2 pints = 0.95 liter(미국) = 1.14 liter(영국) • Pint : 0.47 liter(미국) = 0.57 liter(영국)
	곡물	• Bushel = 8 gallons = 35 liters(미국) = 36 liters(영국)
	선박	• Measurement ton(용적톤 : M/T) = 1CBM(m^3) = 40입방피트 = 480sf
개 수		• Dozen : 12pcs • Gross : 144pcs(12pcs x 12pcs) • Small Gross : 120pcs(12pcs x 10pcs) • Great Gross : 1,728pcs(12pcs x 12pcs x 12pcs)
길 이		• Meter, Yard, Inch, Foot
포 장		• TEU : Twenty Feet(Foot) Equivalent Unit • FEU : Forty Feet(Foot) Equivalent Unit • Case(상자), Bale(곤포), Bag(포대), Sack(마대), Keg(나무통), Drum(드럼통), Bundle(다발) 등

3) 검량의 기준시기

어느 시점의 수량을 검사·확인하여 계약수량의 충족 여부를 판정할 것인가의 문제에 있어서 통상 검량의 기준시기로 다음과 같은 방법 중에 선택되고 있다.

① 선적수량조건(shipped quantity terms) : 선적조건은 물품의 멸실 및 손상에 대한 매도인의 책임이 선적한 국가에서 종료되는 정형조건으로 선적수량조건은 선적수량이 계약에서 정한 바에 합당한가의 여부를 선적시점에서 검량한 결과로써 판정하는 조건이다.

② 양륙수량조건(landed quantity terms) : 양륙수량조건은 목적항(지)에서 상품을 양륙하는 시점에서 측정을 하여 인도수량이 계약에 합당한가의 여부를 판정하는 조건으로 동 조건에서는 목적지에 양륙되어 검품이 이루어지기 전의 모든 감량에 대해서는 전적으로 매도인이 책임을 부담한다.

4) 수량의 증명방법

선적수량을 최종적인 것으로 하는 경우 또는 양륙수량을 최종적인 것으로 하는 경우에도 매도인과 매수인은 원칙적으로 선적시 또는 약륙시 그 수량에 대하여 상대방의 동의를 얻어 정해진 검정기관(surveyor)이나 공인검량인(sworn measurer & public weigher)으로부터 검량을 받아 작성되는 용적중량증명서(certificate of weight and/or measurement)를 매도인에게 제공하여 수량을 증명하여야 한다.

(3) 가격조건(Price Terms)

무역거래에서는 무엇보다도 중요한 것은 단가의 산정(채산)이며 이러한 단가의 산정에 있어서는 수출입에 수반되는 각종 비용을 물품의 원가와 이윤에 추가적으로 가산하여야 한다. 뿐만 아니라 대금결제와 관련하여 표시통화의 종류도 중요한 의의를 갖는다.

1) 가격의 구성요소

수출입상품의 판매 내지 구매가격 즉, 수출입단가(unit price)는 물품의 제조원가에 이윤(margin)을 붙이고 그리고 수출입에 수반되는 수출입부대비용을 포함시킨 「수출입요소비용」 전체에 의하여 단가는 채산(estimation)되어 그에 따라 가격제시 『물품의 제조(생산) 원가 + 이윤(희망이익) + 요소비용(부대비용)』가 이루어진다.

수출입에서 소요되는 수출입 요소비용으로는 제조원가(manufacturing cost) + 희망이익(expected profit)에 다음과 같은 수출입 부대비용을 포함시켜 수출입요소비용을 산출할 수 있다.

수출부대비용은 포장비(packing charges), 선적전검사(PSI : pre-shipment inspection) 및 증명료와 인허가 비용, 선적항(shipping port)까지의 수출국에서의 내륙수송비(inland freight), 창고비용(godown rent) 또는 보관료(storage), 수출통관비용(cost of export clearance) 및 수출세(export duties), 선적비용(shipping charges 및 stowing charges), 해상운임(ocean freight), 보험료(insurance premium), 양하비용(unloading charges), 항구세(port duties)와 부두사용료(wharfage charges) 등이 있다.

수입부대비용은 수입통관비용(cost of import clearance) 및 관세(import duties), 수입국내에서의 창고료(godown rent)와 보관료(storage) 및 각종 행정비용, 그밖에 수출입에 수반되는 이자, 환비용(cost of exchange), 수수료(commission), Cable 비용을 포함한 여러 가지 영업비용(business expenses) 또는 잡비(petty expenses) 등을 열거할 수 있는데, 어느 것을 매도인 또는 매수인의 부담으로 하는가에 따라 상품의 단가(unit price)가 달라지는 것이다.

수출입가격은 수출입에 소요되는 여러 가지 비용 가운데 Seller가 부담해야 할 비용은 어떤 것들이며, Buyer의 부담으로 귀속되는 비용은 어떤 것들인가를 정형화(package)한 것을 가격조건(price terms)이라 한다.

표 6-3 주요 조건별 수출가격 구성요소는 무역거래조건 중 대표적으로 사용되는 FOB와 CFR 및 CIF의 수출가격 구성요소를 표로 나타낸 것이며, 정형거래조건별 매매가격에 대한 원가구성요소를 나타낸 것이다.

표 6-3 주요 조건별 수출가격 구성요소

가격조건	가격 구성 요소	비 고
FOB조건 원가	1. 제조원가(manufacturing cost) 2. 수출포장비(export packing charge) 3. 물품검사비(inspection fees) 4. 수출히기 등 제세공과금 5. 통신비 및 잡비(communication charge)	생산원가
	6. 국내운송비(inland transport charge) 7. 국내운송보험료(inland transport insurance) 8. 선적비용(shipping charge), 부두사용료(wharfage), 창고료(storage) 9. 수출통관비용(export clearance fees) 10. 검수·검량비(measuring and/or weighing charge)	운송비
	11. 금리(interest) 12. 은행수수료(banking charge and commission)	금융비
	13. 예상이익(expected profit)	예상이익(margin)
CFR조건 원가	14. 해상운임(ocean freight)	해상운송비 추가
CIF조건 원가	15. 해상보험료(marine insurance premium)	해상보험료 추가

2) INCOTERMS® 2020과 구성의 특징

수출입가격은 수출입에 소요되는 여러 가지 비용 가운데 매도인(seller)이 부담하여야 할 비용과 매수인(buyer)의 부담으로 귀속되는 비용 등을 정형화한 것을 가격조건(price terms)이라 한다. 가격조건은 이러한 단가채산 즉, 가격 제시에 관련한 수출입 요소비용의 부담귀속을 나타내는 여러 가지 관용적 조건을 일컫는다.

국제상거래과정에서 계약서상에 용어의 해석에 관하여 매매당사자의 오해가 발생하여 국제무역거래상의 분쟁요소를 방지하고 무역의 확대를 도모하며 정형거래조건의 해석상의 갈등소지를 없애기 위해 국제상업회의소(ICC)는 무역거래조건의 해석에 관한 국제규칙(International Rules for the Interpretation of Trade Terms : 약칭 International Commercial Terms : Incoterms)'을 1936년에 제정하였으며, 외국무역에 일반적으로 사용되는 정형거래조건의 해석에 관한 일련의 국제규칙을 제공할 목적으로 1953년, 1967년, 1976년, 1980년, 1990년, 2000년, 2010년, 2020년에 개정되었다.

인코텀즈 2020(Incoterms® 2020)	
인코텀즈 2020 소개문(introduction to Incoterms® 2020)	
Rules for Any Model or Modes of Transport 모든 운송방식에 적용되는 규칙 운송방식 불문규칙・복합운송규칙	Rules for Sea & Inland Waterway Transport 해상운송과 내수로 운송에 적용되는 규칙 해상운송(전용) 규칙
EXW, FCA, CPT, CIP, DAP, DPU, DDP	FAS, FOB, CFR, CIF
Incoterms® 2020 "사용자를 위한 설명문(Explanatory Notes for Users)"	

A. 매도인의 의무(The Seller's obligations)	B. 매수인의 의무(The Buyer's obligations)
A1. 일반의무(General obligations)	B1. 일반의무(General obligations)
A2. 인도(Delivery/Taking delivery)	B2. 인도의 수령(Delivery/Taking delivery)
A3. 위험 이전(Transfer of risks)	B3. 위험 이전(Transfer of risks)
A4. 운송(Carriage)	B4. 운송(Carriage)
A5. 보험(Insurance)	B5. 보험(Insurance)
A6. 인도/운송서류(Delivery/Transport document)	B6. 인도의 증거(Delivery/Transport document)
A7. 수출/수입통관(Export/Import clearance)	B7. 수출/수입통관(Export/Import clearance)
A8. 점검/포장/하인 표시 (Checking/packaging/marking)	B8. 점검/포장/하인 표시 (Checking/packaging/marking)
A9. 비용분담(Allocation costs)	B9. 비용분담(Allocation costs)
A10. 통지(Notice)	B10. 통지(Notice)

무역관습의 변화에 따라 2020년에 개정되어 2020년 1월 1일부터 11가지 거래규칙을 사용되는 Incoterms® 2020에서는 '국내 및 국제무역거래조건의 사용에 관한 국제상업회의소 규칙(ICC rules for the use of domestic and international trade terms)'이라는 공식부제를 달아 국내·국제거래에 모두 이 규칙을 사용할 수 있도록 하였다.

Incoterms® 2020은 국제상업회의소의 등록상표로 정형거래규칙을 표기할 경우 이를 반드시 병행표기 하도록 하고 있으며, 이로써 각 국가간에 이러한 거래조건(trade terms, price terms, sales terms)에 대한 상이한 해석에 따른 불확실성의 감소나 제거를 가능하게 하여, 특히 매도인의 물품인도 장소, 위험이전 시기, 물품인도에 관한 통지, 운송계약의 체결, 부보 및 부보를 위한 정보제공, 수출입통관 등 모든 분야와 모든 무역부분의 요구에 부응하도록 노력하였다.

Incoterms® 2020에서는 모든 정형거래조건(trade term)별로 무역거래에 수반된 매매당사자인 매도인과 매수인의 법률관계, 즉 매도인의 의무(seller's obligations)와 매수인의 의무(buyer's obligations)의 내용을 각각 10개 항목으로 대칭되게 규정하고 매매계약에 의한 물품의 인도와 관련하여 거래당사자간에 비용과 위험이 어떻게 배분되고 이전되는지에 대한 유권해석이라고 할 수 있다.

정형거래조건(trade terms)이란 물품이 매도인으로부터 매수인에게 이르기까지 운송과 수출입통관을 비롯하여 모든 비용과 위험부담의 당사자를 구분해 주는 국제매매계약의 주 요소를 말하는데 이러한 정형거래조건도 국가나 지역별로 상관습과 법체계가 달라 그 해석상의 오해와 분쟁이 야기되기도 한다.

표 6-4 Incoterms® 2020 주요 개정사항

Incoterms® 2020의 주요 개정사항
① 개별규칙 내 조항순서 변경 ② CIP 최대 부보의무 cf. CIF 최소 부보의무 유지 ③ FCA상 본선적재 표기 선하증권 ④ DAT ⇒ DPU로 명칭변경 ⑤ FCA/DAP/DPU/DDP에서 매도인/매수인 자신의 운송수단에 의한 운송 허용 ⑥ 운송/비용조항에 보안관련 의무 삽입 ⑦ 사용자를 위한 설명문 ⑧ 소개문(introduction) 강화
① 개별규칙 내 조항 순서 변경
• 중요한 규정을 앞쪽에 배치 • A2/B2 Delivery/Taking Delivery • A3/B3 Transfer of Risks • A4/B4 Carriage • A5/B5 Insurance • A6/B6 Delivery/Transport Document • 비용조항은 중요도에도 불구하고 비용일람표(one stop list)를 제공하는 목적에서 A9/B9(Allocation of costs)에 둠

Incoterms 2010 조항 순서	Incoterms 2020 조항 순서
• A1/B1 General obligations of the seller/buyer	• A1/B1 General obligations
• A2/B2 License, authorizations, security clearances and other formalities.	• A2/B2 Delivery/Taking Delivery
• A3/B3 Contracts of carriage and insurance	• A3/B3 Transfer of Risks
• A4/B4 Delivery/Taking delivery	• A4/B4 Carriage
• A5/B5 Transfer of risks	• A5/B5 Insurance
• A6/B6 Allocation of costs	• A6/B6 Delivery/Transport Document
• A7/B7 Notices to the buyer/seller	• A7/B7 Export/Import Clearance
• A8/B8 Delivery document/Proof of delivery	• A8/B8 Checking/Packaging/Making
• A9/B9 Checking/Packaging/Making	• A9/B9 Allocation of Costs
• A10/B10	• A10/B10 Notices

② CIP의 최대 부보의무

- CIP의 경우, 이제 매도인은 최대 부보의무를 부담 ⇒ ICC A 약관으로 부보하여야 함.
- 물론 Incoterms는 임의규범이므로 필요한 경우 당사자들은 합의로 낮은 수준의 부보 가능
- 그러나 CIF는 일차산품의 해상무역에서 널리 사용되므로 개정 않고, 최소 부보의무 유지

③ FCA상 본선 적재표기 선하증권

- FCA 매매에서 해상운송의 경우 매도인/매수인(특히 신용장 발행은행)이 본선적재 표기(on board notation)가 있는 선하증권(선적 선하증권 혹은 본선적재 선하증권)이 필요할 수 있음
- FCA에서 물품인도는 본선적재 전에 완료되나 운송인은 운송계약상 물품이 실제로 선적된 후에 비로소 선적선하증권을 발행할 의무와 권리가 있음
- 이에 FCA A6/B6에서 본선적재 표기가 있는 선하증권에 관한 규정 신설

FCA A6 신설규정(선적선하증권 제공의무)	FCA B6 신설규정(지시의무)
• "매수인이 B6에 따라 매도인에게 운송서류를 발행하도록 운송인에게 지시한 경우에 매도인은 그러한 서류를 매수인에게 제공하여야 한다."	• "당사자들이 합의한 경우에 매수인은 물품이 적재되었음을 기재한(본선적재표기가 있는 선하증권과 같은) 운송서류를 자신의 비용과 위험으로 매도인에게 발행하도록 운송인에게 지시하여야 한다."

④ DAT ⇒ DPU 명칭변경

- DAT(Delivered at Terminal)를 DPU(Delivered at Place Unloaded)로 명칭을 변경함
- DPU는 인도장소(목적지)가 터미널로 제한되지 않음
- DPU와 DAP의 유일한 차이점〉
- DPU - 물품을 도착 운송수단으로부터 양하한 후 인도함
- DAP - 물품을 도착 운송수단에 실어둔 채 양하를 위하여 매수인의 처분하에 둠으로써 인도함
- 그에 따라 이제 DAP는 DPU 앞에 배치됨

⑤ 매도인/매수인 자신의 운송수단에 의한 운송 허용

FCA B6	DAP/DPU/DAT A6
• "매수인은 자신의 비용으로 물품을 지정 인도장소로부터 운송하는 계약을 체결하거나 <u>그러한 운송을 마련하여야(arrangethe carriage)</u> 하되...."	• "매도인은 자신의 비용으로 물품을 지정 목적지까지 또는 그 지정 목적지에 합의된 지점이 있는 때에는 그 지점까지 운송하는 계약을 체결하거나 <u>그러한 운송을 마련하여야</u> 한다."

- FCA의 경우, 매수인은 지정 인도장소에서 물품을 수취하기 위하여 또는 그 인도장소 에서 자신의 영업구내까지 운송하기 위하여 자신의 운송수단(예컨대 차량)을 사용할 수 있음.
- DAP/DPU/DDP의 경우, 매도인은 지정 목적지까지 운송을 제3자에게 아웃소싱하지 않고 자신의 운송수단을 사용하여 운송할 수 있음.

⑥ 운송/비용조항에 보안 관련 의무 삽입

- 인코텀즈 2010 시행 후 테러 등에 대비한 보안문제에 따른 새로운 선적관행이 이제 상당히 정립됨
- 이러한 보안통관은 운송 및 통관과 직결되기 때문에 각 인코텀즈 규칙의 A4(운송)와 A7(수출통관)에 보안 관련 의무를 명시함
- 보안 관련 비용도 A9/B9(비용분담)에 규정함

⑦ 사용자를 위한 설명문

- Incoterms 2010 "사용지침" (Guide Note) ⇒ Incoterms 2020 "사용자를 위한 설명문" (Explanatory Notes of Users)
- 개별 인코텀즈 규칙의 기본적 사항 설명
- 사용자들이 거래에 적합한 인코텀즈 규칙을 정확하게 효율적으로 찾을 수 있도록 함
- 개별 인코텀즈 규칙의 해석이 필요할 때 지침을 제공함

표 6-5 Incoterms® 2020의 주요내용

구분	내용
모든 운송방식에 적용되는 규칙 · 운송방식 불문규칙 · 복합운송 규칙	• EXW 〈Ex Works∽(named place of delivery) : 공장 인도조건〉
	매도인의 영업장 구내 또는 기타 지정장소(작업장, 공장, 창고, 농장, 판매장 등)에서 물품을 인도하며, 매도인은 물품을 매수인의 집화용 차량에 적재하지 아니한 상태로 인도한다.
	• FCA 〈Free Carrier∽(named place of delivery) : 운송인 인도조건〉
	운송수단에 관계없이 2가지 인도조건이 있으며, 매수인이 지정한 운송인(carrier)에게 인도되는 시점에서 위험과 비용이 매수인에게 이전된다. ① Seller의 영업장 인도 : 매도인은 운송인의 운송수단에 적재해서 인도 ② 매수인이 마련한 운송수단에 인도 : 그 인도장소까지 물품을 운반한 매도인 측의 차량에서부터 양화하지 않은 상태에서 운송인에게 인도
	• CPT 〈Carriage Paid To∽(named place of destination) : 운송비지급 인도조건〉
	최초의 운송인에게 물품이 인도된 때에 물품에 대한 위험부담이 매도인으로부터 매수인에게 이전되지만 매도인은 수입국의 지정된 목적지까지의 모든 운송비를 부담해야 한다.
	• CIP 〈Carriage and Insurance Paid to∽(named place of destination) : 운송비 · 보험료 지급 인도조건〉
	운송 도중에 발생될 수 있는 물품의 멸실이나 손상에 대한 위험에 대비하여 매도인이 매수인을 위하여 적하보험에 부보할 의무를 진다는 것 이외에는 CPT조건과 동일하다.
	• DAP 〈Delivered At Place∽(named place of destination) : 도착지 인도조건〉
	매도인은 수입통관비를 지급하지 않고 매수인의 지정된 장소까지 인도
	• DPU 〈Delivered At Place Unloaded∽(named place of destination) : 도착지 양하인도조건〉
	계약물품을 지정 목적지의 도착 운송수단으로부터 양하된 상태로 매수인의 처분에 놓였을 때 물품이전에 관한 매도인의 위험이 매수인에게 이전된다.
	• DDP 〈Delivered Duty Paid∽(named place of destination) : 관세지급 인도조건〉
	매도인은 수입통관비를 지급하고 매수인의 지정된 장소까지 인도. DDP는 EXW와 정반대되는 매도인의 의무가 가장 많은 조건이라 할 수 있다.
해상운송과 내수로 운송에 적용되는 규칙 · 해상운송 (전용) 규칙	• FAS 〈Free Alongside Ship∽(named port of shipment) : 선측 인도조건〉
	선적항 본선 선측에서 물품 인도
	• FOB 〈Free On Board∽(named port of shipment) : 본선 인도조건〉
	본선에서 위험과 비용이 매수인에게 이전된다.
	• CFR 〈Cost and Freight~(named port of destination) : 운임포함 인도조건〉
	목적항까지 운임을 매도인이 부담하지만 매도인의 위험부담은 본선에서 매수인에게 이전된다.
	• CIF 〈Cost, Insurance and Freight~(named port of destination) : 운임보험료 포함 인도조건〉
	목적항까지 운임과 보험료를 매도인이 부담하지만 매도인의 위험부담은 본선에서 매수인에게 이전된다.

표 6-6 적출지인도조건과 양화지인도조건

적출지인도조건(shipment contracts)	양화지인도조건(arrival contracts)
출발지에서 인도되며, 출발지에서 Risk가 Seller로부터 Buyer에게 이전된다.	도착지에서 인도되며, 도착지에서 Risk가 Seller로부터 Buyer에게 이전된다.
EXW, FCA, CPT, CIP, DAP, DPU, DDP	DAT, DAP, DDP

※ FAS, FOB, CFR, CIF : 해상운송 전용, EXW, FCA, CPT, CIP, DAP, DPU, DDP : 모든 운송 적용 규칙

표 6-7 위험부담분기점(A)과 비용부담분기점(B)

구 분	위험부담분기점(A)과 비용부담분기점(B)
EXW, FAS, FCA, FOB, DAP, DPU, DDP	서로 동일하다(A = B).
CFR, CIF, CPT, CIP	서로 상이하다

※ C Group의 경우만 위험부담 분기점과 비용부담의 분기점이 서로 다르다.

표 6-8 매도인·매수인이 주 운송비를 부담하는 인코텀즈

구 분	부담자	표시방법
EXW, FAS, FCA, FOB,	수입상	Freight Collect
CFR, CIF, CPT, CIP, DAP, DPU, DDP	수출상	Freight Prepaid

* EXW - 매수인의 선택사항

표 6-9 수출통관과 수입통관의 의무

구 분	수출통관	통과국	수입통관
EXW	수입상		수입상
FCA, FAS, FOB, CFR, CIP, CPT, CIP,	수출상		수입상
DAP, DPU,	수출상	수출상	수입상
DDP	수출상	수출상	수출상

표 6-10 운송인 지정 및 운임부담

구 분	운송인 지징 및 운임부담자
FCA	FCA는 매수인이 운송인을 지정하며 매수인이 지정한 운송인에게 물품을 인도한 때 매도인의 위험부담은 매수인에게 이전된다.
CPT, CIP	CPT, CIP는 매도인이 운송인을 지정하며 매도인 자신이 지정한 운송인에게 물품을 인도한 때 매도인의 위험부담은 매수인에게 이전된다.

※ FCA와 CPT, CIP는 운송인 지정권만 서로 상이할 뿐 위험부담분기점은 동일하다.

표 6-11 운송수단별 비교

해상운송 (Sea transport)	항공운송 (Air transport)	복합운송 (Any modes of transport)
FAS, FOB, CFR, CIF	FCA CPT CIP	EXW, FCA, CPT, CIP, DAP, DPU, DDP
해상이나 내륙 내수로 전용		운송수단에 상관 없음

(4) 선적조건(Shipment Terms)

선적(shipment)이란 물품의 인도가 본선, 항공기나 철도화차 등 모든 운송수단에 적재, 우편인 경우 발송, 복합운송의 경우 운송을 위한 물품의 수탁을 포함하는 개념이다. 무역거래에서 매도인의 최대의무는 계약물품의 인도의무이므로 이러한 물품 인도의무의 원만한 이행을 위해서 당사자간에 인도시기, 인도방법으로서의 분할선적 내지 할부선적과 환적, 불가항력에 의한 선적미이행과 지체선적 등에 관하여 약정해야 하며, 선적일의 입증수단에 관한 일반적인 관례에 대해서도 이해하여야 한다.

1) 선적시기의 약정

표 6-12 선적시기 및 약정방법

구분	선 적 조 건	내 용
선적시기	단월(單月)조건	September shipment, Shipment shall be made during May, 2019
	연월(延月)조건	shipment shall be made during June and July, 2019
	최종일(最終日)조건	Shipment shall be made by May 10, 2019
		Shipment shall be made not later than May 10, 2019 ☞ "not later than"은 till, until 또는 by로 대체 표현될 수 있음.
		Shipment shall be made during first half of May, 2019 ☞ 어느 월의 상반(fist half) 또는 하반(second half)은 당해 월의 1일부터 15일까지 또는 16일부터 말일까지를 각각 의미
		Shipment shall be made at the beginning of May, 2019 ☞ 상순(beginning), 중순(middle), 하순(end) 등은 당해 월의 1일부터 10일까지, 11일부터 20일까지 그리고 21일부터 말일까지로 해석
	모일경(某日頃)조건	Shipment shall be made(effected) on or about May 10, 2019 (the 10th of May, 2019) ☞ 「on or about」는 "당해 일자 또는 그때쯤"이라는 의미로 당해 일자와 양단일을 포함하여 5일 전후까지의 기간, 예문의 경우 2019년 5월 5일부터 5월 15일까지의 11일간에 선적을 완료해야 함
	즉시선적(卽積)조건	Shipment should be made as soon as possible ☞ 이같이 약정하는 경우 promptly, immediately, soonest, quickly, at once, without delay, as early as possible 등의 표현으로 약정하는 경우 UCP 600에서도 Issuing Bank를 포함한 신용장 관련은행은 이를 무시한다(disregard)라고 규정
선적방법	분할선적(分割船積)	Partial Shipments are allowed(permitted) Partial Shipments are not allowed(not permitted)
	할부선적(割賦船積)	May and June shipments equally divided
	환 적(換 積)	Transshipments is permitted(not prohibited) Transshipments is not permitted(prohibited)

2) 분할선적과 환적(partial shipment & transhipment)

계약수량을 일시에 전량을 선적하지 않고 수차례에 나누어 선적하게 되는 것을 분할선적(partial shipment)이라 하며, 할부선적(shipment by instalment)은 매수인의 요구 또는 당사자의 합의에 의하여 이루어지고, 할부선적의 횟수, 각 할부분의 수량 또는 금액과 선적시기 등이 미리 정해지며 보통 매회의 선적분이 균등하게 나누어지는 데에 비하여, 분할선적은 당사자의 합의가 없어도 매도인(shipper)이 임의로 행할 수 있다는 점에서 양자는 구별된다.

분할선적과 할부선적에 관한 UCP(600)상의 규정은 ⓐ 분할선적의 허용 여부에 관련해서는 신용장상에 분할선적 금지의 명시가 없는 한 분할선적의 허용조항이 없어도 분할선적은 인정된다고 규정하고 있으며, ⓑ 또한 분할선적의 정의와 관련해서는 비록 선적일, 적재항, 수탁지, 또는 발송지가 각각 상이하게 표시된 다수의 운송서류가 발행되었더라도 항로와 운송수단 및 목적지가 동일한 것으로 표시하고 있다면 그러한 경우에는 분할선적으로 보지 않는다고 규정하고 있다. ⓒ 한편 할부선적의 미이행의 효과에 대하여는 할부선적에서 어느 할부분의 선적이 이해되지 않은 경우에는 그 할부분을 포함해서 그 이후의 모든 할부분의 선적에 대하여 신용장은 그 효력을 상실하다고 규정하고 있다.

환적(transshipment)이란 물품운송 도중에 다른 선박(운송수단)에 옮겨 적재하는 것을 의미하며 이적(移積)이라고도 한다. 육상운송과 항공운송 및 해상운송을 병행하는 것이 일반적인 복합운송(combined transport)의 경우에는 환적이 수반되는 경우가 일반적이지만 손상될 우려가 많으므로, 복합운송이 아닌 경우에는 환적은 가급적으로 피하는 것이 좋기 때문에 환적금지로 약정하는 것이 일반적이다.

3) 선적지연(delayed Shipment)

선적지연(delayed Shipment)이란 수출업자의 고의나 과실 혹은 수출업자가 책임질 수 없는 사유로 인하여 약정된 선적기한 내에 계약물품의 선적을 이행하지 않는 것을 말한다. 이 경우 매도인의 고의, 과실 또는 태만에 의한 선적지적은 명백한 계약위반(계약불이행)이므로 매도인이 책임을 져야 한다. 그러나 지연선적이 천재지변(acts of god)이나 전쟁, 동맹파업, 수출금지, 적대행위, 소요, 항만봉쇄, 기타 불가항력(force majeure)으로 인한 경우에는 매도인의 귀책사유가 아니므로 면책된다. 그러나 이 경우에라도 매매계약시에 불가항력조항을 설정하여 두는 것이 중요하며 불가항력(force majeure) 등의 사유로 인하여 선적지연이 된 경우 불가항력의 입증책임을 매도인이 져야 하므로 반드시 선적을 방해하는 불가항력의 존재를 입증할 수 있는 서류, 즉 수출국 주재 수입국가 공관의 영사나 상공회의소나 국가기관 혹은 공공기관이 발행하거나 인정한 서류를 매수인에게 지체없이 발송함으로써 사실을 통지·입증하여야 한다.

4) 선적일의 증명(date of shipment)

선적일의 증명방법으로는 선적선하증권 혹은 적재필 운송서류(transport document)의 실제 선적의 일부일(日附日)을 선적·적재일로 간주한다. 선하증권이나 운송증권에 선적일을 표시하지 않은 경우에는 선하증권 등의 일부일을 선적일로 본다는 원칙이 일반화되어 있다. 따라서 대부분의 일반거래협정서나 매매계약서(Sale Contract)에서는 이를 명확히 하기 위하여 "The date of Bill of Lading shall be taken as conclusive proof(prima facie evidence) of the day of shipment"라는 문언을 삽입하고 있다.

표 6-13 운송서류별 선적일자의 해석

운 송 서 류	선적일자의 해석
해상선하증권(marine/ocean B/L)	본선적재일 또는 선적일
용선선하증권(charter party B/L)	발행일 또는 본선적재일
복합운송서류(multimodal transport document)	발행일, 스탬프 및 표기에 의하여 발송, 수탁 또는 본선적재일을 표기하고 있는 경우에는 그 일자
항공운송서류(air transport document)	발행일, 선적일에 대해 표기하고 있는 경우에는 표기에 명기된 그 일자
비유통성해상화물운송장(non-negotiable sea-waybill)	발행일, 본선적재일
도로, 철도, 내수로 운송서류 (road, rail or inland waterway transport document)	항공운송서류의 발행일 또는 비행일 운송서류상의 인수 스탬프 일자 또는 발행일
특사수령증(courier)	접수일 또는 수령일
우편수령증(post receipts)	발송지에서의 스탬프 일자
운송주선인발행 운송서류 (freight forwarder's transport documents)	서명이나 확인일

(6) 포장조건(Packing Terms)

포장은 유통과정, 즉 운송·보관·거래·사용 등에 있어 그 가치와 상태를 보호·유지하기 위하여 적합한 재료 또는 용기 등을 시공한 기술 및 상태로 그 기능은 물품의 보호와 소비자의 구매의욕을 일으켜 판매촉진을 가져오는 데 있다.

1) 포장(Packing)

포장의 종류는 재질과 단계에 따라 여러 종류가 있으나 포장단계로 보아 개장(unitary packing), 내장(interior packing), 외장(outer packing)으로 구분된다.

① 개장(unitary packing) : 상품의 최소 소매(retail)의 단위를 낱개로 포장하는 방법을 말하는데, 이는 상품이 소비자와 직접 대면하는 포장이므로 상표(trade mark)나 통명(brand) 또는 제조업체명, 제품의 성분, 용량 등이 기재되고 보기 좋게 디자인된 제조자의 포장지가 사용된다. 특히 수출상품은 진열을 통한 구매 욕구를 자극하는 측면보다는 상품의 보전이라는 기능이 강화되므로 적절한 용기나 재료의 선택이 요구된다.

② 내장(interior packing) : 내장은 개장물품을 수송 또는 취급하기에 편리하도록 보통 몇몇의 개장을 합하여 행하는 포장방법이다. 내장은 소포장한 물품 몇 개씩을 한 개의 수송용기에 포장하는 방법인 수용물포장과 물품을 한 개의 수송용기에 수용하는데 있어서 수분이나 충격 등을 고려하여 그 예방조치로 내부의 칸막이 등을 이용한 보호적 내부포장이 있다.

③ 외장(outer packing) : 외장은 무역화물의 수송 도중에 발생 가능한 변질이나 파손, 도난, 유실 등의 위험을 사전에 예방하고 화물취급업자들로 하여금 화물의 취급을 보다 더 간편하게 하기 위하여 내장별로 또는 몇 개의 내장을 모아 다시 행하는 포장방법을 말한다.

2) 화인(Cargo Mark, Shipping Mark)

(가) 화인의 의의

화인이란 포장화물의 표면에 기입하는 특정한 기호, 번호, 목적지, 취급상의 문구 등을 총칭하는 것으로 그 목적은 화물취급자로 하여금 다른 물품과 구분하여 매수인의 사용편의 및 선적서류와 물품과의 대조에 편의를 주는 데 있다. 국제무역에 있어 화인이 부정확하면 타 화물과의 혼동을 가져와 하역착오, 화물의 인도착오 등의 직접적인 원인이 되므로 화인의 내용이나 형태는 계약서에 반드시 명기하여야 한다.

(나) 화인의 종류

① 주표시(main mark) : 화인 중 가장 중요한 표시로서 타 상품과 식별을 용이하게 하는 기호로 특정한 기호에 대표문자를 넣어 만든다.

② 부표시(counter mark) : 내용물의 직접 생산자나 혹은 수출대행사 등이 붙이는 기호로서 주 마크의 위쪽이나 밑에 기재하게 된다.

③ 품질표시(quality mark) : 내용품의 품질이나 등급 등을 표시하여 송화인이나 수화인만이 알 수 있도록 하기 위하여 사용하는 표시이다.

④ 목적지표시(destination mark) : 내용품이 도착하게 되는 목적지를 표시하는 것으로 선박운송의 경우 항구명이 기재된다.

⑤ 수량표시(case mark) : 단일포장이 아닌 두 개 이상의 많은 수량의 경우 몇 번째에 해당되는지를 나타낸다.

⑥ 주의표시(care mark) : 내용품의 성격, 품질, 형상 등에 따라 취급상의 주의를 표시하는 것으로 문자에 의한 방법과 그림으로 표시하는 방법이 있다.

⑦ 원산지표시(origin mark) : 물품의 생산지를 표시하게 된다.

⑧ 기타 : 특정한 경우 매수인의 요청에 따라 상품명(nomenclature), 내용품번호(item no.), 총중량(gross weight)이나 순중량(net weight), 용적(cubic feet) 및 신용장번호(L/C No.) 혹은 수입허가번호(I/L No.)가 추가된다.

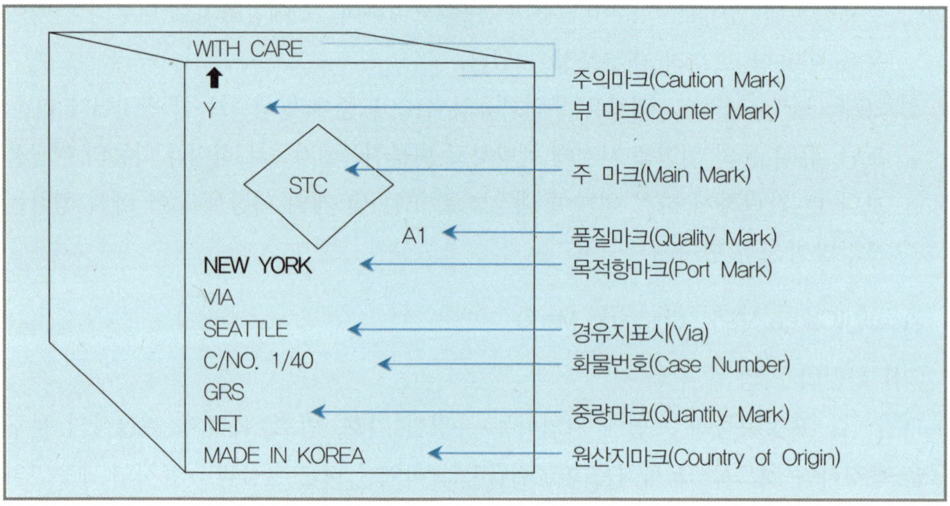

그림 6-2 화인(Shipping Marks)

(7) 불가항력 조항(Force Majeure Clause)

불가항력(force majeure)이란 무역계약에서 불가항력조항과 같은 의미로 사용되고 있다. 불가항력은 주로 사법상 당사자가 그의 고의, 과실의 유무에도 불구하고 의무이행의 절대적인 책임을 부담하여야 하는 불이익을 사전에 제한하기 위하여 쓰여지는 개념으로 이러한 사태를 불가항력사태라 하고 동 사태가 발생한 경우 당사자의 권리와 의무관계를 규정한 조항을 불가항력조항이라 한다.

(8) 중재 조항(Arbitration Clause)

클레임(claim)이란 당사자가 약정한 계약을 위반함으로써 상대방이 단순한 불평(complaint)의 차원을 넘어 손해배상을 요구하는 것을 의미한다. 클레임을 해결하는 방법으로는 당사자간 해결방안에 매매당사자간의 타협(compromise), 화해(amicable settlement), 청구권의 포기(waiver of claims)가 있으며, 분쟁당사자의 합의를 기초로 사인 또는 사적기관이 주체가 되어 분쟁을 처리하는 소송(litigation) 이외의 분쟁처리제도(Alternative Dispute Resolution : ADR)가 있다.

무역 클레임은 가능한 한 당사자들에 우호적으로 해결되어야 하지만 그렇지 못할 경우에는 중재에 의한다는 중재조항(arbitration clause)을 미리 설정해 두지 않으면 이용할 수 없으므로 중재조항을 계약에 포함시켜야 하며, 이때는 중재의 3대 요소인 중재기관, 중재장소 및 중재법에 관한 사항을 그 내용에 삽입하여야 한다.

클레임은 법률적 소송(litigation)에 의하는 것보다는 중재(arbitration)에 회부하는 것이 더 좋으며 또한 중재보다는 조정(mediation)이 그리고 조정보다는 분쟁의 예방(prevention of conflict)이 계약당사자 모두에게 유리하다는 것을 명심해야 한다.

(9) 준거법 조항(Governing Law/ Applicable Law/ Proper Law Clause)

무역계약과 같이 계약 당사자가 법률을 달리하는 국가에 위치하여 거래가 이루어지는 경우 그 계약으로 인하여 발생하는 제 문제를 어느 국가의 법률에 따라 해결할 것인가 하는 준거법의 문제가 발생한다. 준거법이란 2국의 당사자 간에 계약이 성립될 때 당해 계약을 규율할 근거가 되고 규범 밖의 사항을 관할하는 지정된 각국의 국내법을 의미하며 준거법 조항은 그 계약서를 해석하고 당사자의 권리와 의무를 결정하는데 어느 국가의 실체법을 적용할 것인가를 규정하는 조항이다.

(10) 재판관할 조항(Jurisdiction Clause)

계약에 분쟁해결방법에 관한 규정이 없는 경우 계약 당사자가 새롭게 중재에 관하여 해결할 것을 합의하지 않는 한 그 계약을 둘러싼 분쟁은 최종적으로 국가가 행하는 재판에 의하여 해결하게 된다. 이러한 경우에 대비 계약에 미리 소송을 제기하는 법원을 계약 당사자간에 결정하여 두는 것이 재판관할조항이다. 일반적으로 계약 당사자가 국가를 달리하는 소송은 "원고는 피고의 관할법원에 소송하지 않으면 안된다"라는 원칙에 따라 피고의 소재지, 피고가 회사일 경우에는 그 본점 또는 영업소 소재지의 법원에 소송을 제기하면 그 법원이 관할권을 행사한다.

Keys to the Lesson

1. Business is to be done(transacted) : 거래는 ~ 행하기로 한다.

1) Business is to be done between sellers and buyers as Principals to Principals.
   ➡ 매도인과 매수인은 각자 본인 대 본인으로서 거래를 하기로 한다.
2) Business is to be done between sellers and buyers as Principals to Agent.
   ➡ 매도인과 매수인은 각자 본인 대 대리인으로서 거래를 하기로 한다.
3) Both sellers and buyers shall act as Principals, not as Agents.
   ➡ 매도인과 매수인은 대리인으로서가 아니라 본인으로서 거래하기로 한다.
4) 매도인과 매수인은 각각 본인 대 대리인으로서 거래하도록 한다.
   ➡ Business is to be done between Sellers and Buyers as Principals to Agents.

주 ① as principals to principals : 본인 대 본인으로.
cf. principal to agent : 본인 대 대리인. agent to agent : 대리인 대 대리인.

2. prices are to be quoted : 가격은 ~ 견적하기로 한다.

1) Prices are to be quoted in Korean Won on the basis of CIF Pusan.
   ➡ 가격은 부산항도착 운임보험료 포함조건으로 원화로 견적하기로 한다.
2) Prices are to be quoted in U.S. Dollars on FOB Boston.
   ➡ 가격은 보스톤 출발 본선인도조건으로 미국 달러화로 견적하기로 한다.
3) 가격은 뉴욕항까지의 운임·보험료포함조건에 의하여 미화로 견적한다.
   ➡ Prices are to be quoted in U.S Dollars on CIF New York.

주 ① be to be quoted (by one) : 견적되기도 한다, 견적하기로 한다(one is to quote ~)
② on the basis of : ~을 근거/기초로 하여, ~을 조건으로.

3. remain effective : 유효하다.

1) Firm offers are to remain effective for forty－eight hours after time of dispatch.
   ➡ 확정오퍼는 발송 후 48시간 동안 유효하기로 합니다.
2) This agreement shall be valid on and after May 18.
   ➡ 이 협정서는 5월 18일부터 발효하기로 합니다.
3) This offer is open till the end of May.
   ➡ 이 오퍼는 5월 말까지 유효합니다.
4) 본 협정서는 8월 말까지 유효하다.
   ➡ This agreement shall be available till the end of August.

주 ① remain effective(=be valid, be effective, be available, be good, be open) : 유효하다.
Firm offers are to remain effective for 48 hours.(확정오퍼는 48시간 유효합니다).
cf. This offer is valid until ~, This offer is effective until ~, This offer is good until ~,
② on and after : ~이후, ~부터. cf. till(until, pending) : ~까지.
③ the end of August : 8월 말.
cf. the beginning : 초순(初旬). the middle : 중순(中旬). the end : 하순(下旬).

4. In all details : ~모든 면에서, 어느 면에서나.

1) We assure you that all details of our order are correct in all aspects.
   ➡ 당사 주문서의 모든 세부사항은 모든 면에서 정확함을 확신합니다.
2) We are sure that our order is correct in all details.
   ➡ 당사는 당사의 주문서를 모든 면에서 정확하다고 확신합니다.
3) We trust that you will find the particulars of our order correct in all respects.
   ➡ 당사 주문서의 세부사항은 모든 면에서 정확하다는 것을 귀사께서는 아시게 되리라고 믿습니다.
4) We trust that you will find the above order correct in all details.
   ➡ 당사는 위 주문서가 모든 면에서 정확하다고 믿습니다.
5) 본 계약서의 모든 기재사항이 정확하다고 확신하는 바입니다.
   ➡ We are sure that all details of our order are correct in all details.

주 ① In all details(=in every respects, in all respects, in all aspects, in every way)
: 어느 면에서나, 모든(어떤) 점에서, 모든 면에서.
Our order is correct in all details(당사 주문은 모든 면에서 정확합니다.)
② we are assure that(=we answer you that, we trust that) : ~함을 확신(보증)하다.
③ you will find A correct : 귀사께서는 A가 정확하다는 것을 알게 되리라 생각한다.
④ details(=particulars, specifications, descriptions) : 명세, 세부사항, 명세서.
cf. in details : 상세히, 자세하게.
⑤ you will find : 귀사께서는 아시게 되리라고 생각합니다. 발견하다(=see, note, learn).

5. Draft is to be drawn : 환어음은 ~ 발행되다.

1) Draft is to be drawn at sight under letter of credit.
   ➡ 환이음은 신용장에 의거하여 일람출급 조건으로 발행되어야 한다.
2) Draft is to be drawn at 60 days after sight under irrevocable credit.
   ➡ 환어음은 취소불능신용장에 의거 일람 후 60일 출급조건으로 발행되어야 한다.
3) Draft is to be drawn at 60 d/s under irrevocable L/C.
   ➡ 환어음은 취소불능신용장에 의거 일람 후 60일 출급조건으로 발행되어야 한다.
4) 별도 명시하지 않는 한, 가격은 CIF LA 가격기준으로 하여 미국 달러화로 견적하기로 한다.
   ➡ Unless otherwise specified, prices shall be quoted in U.S. Dollars on the basis of CIF Los Angeles.

주 ① Draft is to be drawn : 환어음은 발행되기도 한다. cf. Promissory Note : 약속어음.
② drawn a draft(=value a draft) : 환어음을 발행하다.
draft (which is) drawn : 발행된 환어음.
draw a draft at sight : 일람출급으로 환어음을 발행하다.
draw on ~ : (누구) 앞으로 환어음을 발행하다.
cf. drawn a draft on us(당사를 지급인으로 하여 환어음을 발행하다).
under ; ~에 의거하여(=based on)
③ at sight : 일람출급으로, d/s(days after sight) : 일람 후 ~일,
m/s(month after sight) : 일람 후 ~개월.

6. on or about September 20 : 9월 20일 경에

1) We will do our best to effect shipment of the goods by the S.S. "Arirang" sailing from Pusan on or about September 20.
   ➡ 당사는 9월 20일 경에 부산항을 출항예정인 아리랑호 편으로 그 물품을 선적하는데 최선을 다할 것입니다.
2) If the expression "on or about" or similar expressions are used, banks will interpret them as a stipulation that shipment is to be made during the period from five days before to five days after the specified date, both end days included.
   ➡ "on or about"이란 용어 또는 이와 유사한 용어가 사용된 경우, 은행은 지정된 날짜로부터 5일 전후의 기간 내에 선적이 이루어지도록 약정된 것으로 해석하며, 전후 양쪽의 마지막 날을 포함하는 것으로 한다.
3) The terms "first half", "second half" of a month shall be construed respectively as the 1st to the 15th, and the 16th to the last day of each month, all dates inclusive. The terms "beginning", "middle", or "end" of a month shall be construed respectively as the 1st to the 10th, the 11th to the 20th, and the 21st to the last day of such month, all dates inclusive.
   ➡ 어느 달의 "first half", "second half"라는 기간은 각각 해당되는 달의 1부터 15일까지, 그리고 16일부터 말일까지를 각각 포함하는 것으로 간주한다. 어느 달의 "beginning", "middle", "end"라는 기간은 각각 해당되는 달의 1일부터 10일까지, 11일부터 20일까지, 21부터 말일까지를 포함하는 것으로 간주한다.

주 ① on or about : ~경(頃). ex) on or about September, 20 : 9월 15일 ~ 9월 25일까지.
② first half : 상반기(1~6월). second half : 하반기(7~12월).
③ the beginning : 초(상)순. the middle : 중순. the end : 하순.
cf. the first ten days of, first decade of ~(=first ten days of ~) : ~월 상순(에)
the second decade of, second decade of ~(=second ten days of ~) : ~월 중순(에)
the latter part of, third decade of ~(=third ten days of ~) : ~월 하반기에(하순에)
④ the end of June : 6월 말(6월 21일 ~ 30일).
cf. late in : 말경에, toward the end of ~ : ~월 말경에

7. shall be taken as conclusive proof of the day of shipment : 선적일자의 최종적인(추정적인, 결정적인, 궁극적인) 증거로 간주한다.

1) The date of Bill of Lading shall be taken as conclusive proof of the day of shipment
   ➡ 선하증권의 발행일자를 선적일자의 최종적인(추정적인, 결정적인, 궁극적인) 증거로 간주한다.

주 ① The date of bill of lading : 선하증권의 발급날짜.
② conclusive proof(=prima facie evidence) : 궁극적인(결정적인) 증거.
cf. The date of issuance of Bill of Lading shall be taken as conclusive proof of the date of shipment.(선하증권의 발행일자는 선적일의 결정적 증거로 간주된다.)
The multimodal transport document shall be prima facie evidence of the taking in charge by the multimodal transport operator of the goods as described therein.(복합운송서류는 동 서류상에 기술된 대로 복합운송인에 의한 물품수취의 결정적 증거이다.)

사례 30 주문서를 동봉한다는 서신

July 10, 2019

Gentlemen :

We are pleased to acknowledge your cable of June 10 accepting our counter offer for Tennis Shoes and now enclose our order No.150. We trust that you will find the particulars of our order correct in all respects.

We have instructed our bankers, The Bank of California, Los Angeles to open an irrevocable L/C in your favor for the amount of this order, and you shall be advised of the credit arrival through Korea Exchange Bank which is our bankers' correspondent bank in Seoul.

As we need the merchandise very urgently, please expedite the shipment by the earliest steamer available.

Your utmost cooperation in this matter shall be appreciated.

Very truly yours,

주 ① our bankers : 당사(수입업자)의 거래은행.
② you shall be advised of the credit arrival through(~ shall advise you of the credit arrival) : 귀사께서는 ~를 통해 신용장 도착을 통보받을 것이다.
③ correspondent bank : 환거래은행(=correspondent bank).

사례 31 주문서 확인과 동시에 계약서를 동봉한 서신

August 2, 2019

Gentlemen :

Thank you very much for your letter of July 10 and your Order No.150 for five thousand pairs of Tennis Shoes.

You will find enclosed our Contract Note No.706. We will do our best to effect shipment of the goods by the S.S. "Arirang" sailing from Pusan on or about September 20.

We would appreciate your continuous orders. They will always receive our careful attention.

Yours very truly,

Inc. 1 Contract Note

주 ① S.S.(steam ship) : 기선. cf. M.S.(motor ship) : 발동선(M.V.(Motor vessel)).
② sailing from A : A항을 출항 예정인(leaving A, scheduled to sail from A, scheduled to leave A, E.T.D. A).

사례 32 전보주문과 시험주문 서신

A. CABLE ORDER

(MARCH 5, 2019)

SWAN KRACHI
BOUGHT 50 B/S SWAN 20S, MARCH SHIPMENT, AT POUNDS FORTY-EIGHT, FOB KARACHI. PACKING AS PER OUR LETTER 03 FEB8 -. CABLE CONFIRMATION.

B. Letter Making a Trial Order

5th March, 2019

<u>"SWAN" BRAND COTTON YARN</u>

We thank you for the samples you sent us of this article. We cabled to you today an order by way of a trial as per the enclosed Order Sheet No.1121.

The order is not too large, but it is an important order for us. You will perhaps handle this order with good care.

Our clients are in a hurry for the goods and we have to ask you to let us have your cable acceptance immediately.

We will open an irrevocable credit through Korea Exchange Bank, Seoul.

Yours Faithfully,

주
① BOUGHT(=We bought) : 귀사에 ~을 주문합니다.
(We are pleased to place an order with you for ~).
② B/S(Bales) : 꾸러미(끈이나 철사로 동여 맨).
③ 20S(=20 counts) : 20번 수.
④ FOB KARACHI : KARACHI 본선인도가격.
⑤ PACKING AS PER OUR LETTER : 포장은 당사의 ~일자의 편지대로 함.
⑥ CABLE CONFIRMATION
: Please send us an acceptance by cable(전보로 수락을 알려 주십시오).
⑦ cable to you an order : 귀사에 전보로 주문하다.
⑧ an order by way of a trial(=as a trial order) : 시험주문으로써.
⑨ The order=this order.
상업통신문에서는 the=this. cf) the week, the year, the market.
⑩ not too large : 그다지 많은 것은 아니다.
⑪ with good care : 아주 조심스럽게, 매우 신중하게.
cf. Handle with care : 취급주의.
⑫ be in a hurry for ~ : ~이 급하게 필요하다.

사례 33 **주문수락 전보확인 서신**

Dear Sirs,

PURCHASE ORDER NO. KT-0123

we confirm our cable dispatched today, accepting your order above.

To conclude this business in black and white, our Contract No. K-101 is enclosed together with the relative exchange of cables.

Arrangements have been made with our manufacturers so that shipment will be made by m/v "Milky Way", leaving here on August 28. Please open a credit to reach us - as usual - by the 25th of the month prior to that of shipment.

Your prompt cooperation in this matter would be much appreciated.

Yours faithfully,

주 ① in black and white(= in writing) : 문서로.
② the relative exchange of cables : 이 계약에 관하여 교환한 전보문.
③ arrangements have been made with ~ : ~의 준비가 완료되었다.
④ open(= establish, issue) a letter of credit : 신용장을 발행하다.
⑤ to reach us(= so that it may reach us) : 그것이 당사에 도착할 수 있도록.
⑥ the month prior to that of shipment : 선적하기 바로 전달.

사례 34 **추가주문을 수락하는 서신**

Dear Sirs,

"RANEE" BRAND ELECTRONIC OVENS

We have to thank you for your cable of October 11 and are pleased to accept your order for additional 300 sets of this equipment for shipment with your Order No. 800, as per enclosed Sales Note No.1505.

The time of shipment is just round the corner as they put it. All you have to do by way of ensuring punctual shipment is this, that you increase the amount of the relative credit by cable – unless, of course, you have new shipping instructions for the addition ; hence, our cable of this morning.

Your immediate cable instructions are eagerly awaited.

Yours Faithfully,

주 ① is just round the corner(= is fast approaching) : 거의 다되다.
② All you have to do is this(you have only to do this) : 귀사께는 이것만 하시면 됩니다.

사례 35 **주문을 거절하면서 대체물품을 제시한 서신**

September 15, 2019

"JAGUAR" SNEAKERS
ORDER NO. DK-1234

Gentlemen :

We thank you for your order of June 10 for these shoes, which is receiving our immediate attention.

As for your request for a reduction in price, we regret that this is not just possible. We would very much like to accommodate you in this matter, but we have already cut our prices down to the absolute minimum.

You will perhaps agree that other shoes offered at better prices are of considerably different quality.

We would recommend BARE/FOOT/WEAR range on pp.12-14 of the catalogue enclosed as an excellent substitute. These are reliable shoes and will enjoy a guaranteed life of six months.

They sell at prices slightly higher than "Jaguar" Sneakers. To help you introduce them into your market, we are prepared to offer on them a special discount of 5%.

This offer is valid until July 4, and we would like to know if you care to avail yourselves of this.

Yours Faithfully,

주
① reduction in price(= price reduction) : 가격할인
② we would like to accommodate you(= we would like to help you)
: 귀사에 편의를 도모하고 싶다.
③ cut our prices down to the absolute minimum : 가격을 최저로 인하하다.
④ You will perhaps ~ : 아마도 귀사께서는 ~하게 되리라 생각됩니다.
⑤ at better prices : at lower prices.
⑥ of considerably different quality = much lower in quality.
⑦ slightly(= somewhat, more or less, rather) : 다소, 약간.
⑧ offer a special discount(= offer a introduction discount) : 특별할인을 해주다.
⑨ This offer is valid(= effective, good) until ~(= This offer effects in force until ~,
This offer expires(= is to expire, shall expire) : 이 오퍼는 ~까지 유효합니다.
⑩ if = whether
⑪ care to ~ : like to
⑫ avail yourselves of this(= accept this offer) : 본 오퍼를 수락하다.
avail oneself of(= make use of) : ~을 이용하다, 활용하다.

Model Form I

OFFER SHEET

KANGNAM TRADING CO., LTD.
Manufactures, Exporters & Importers
159, SAMSUNG-DONG, KANGNAM-KU
SEOUL, KOREA

C.P.O. BOX : 7917 SEOUL
CABLE : KANGCA SEOUL

TELEX : KANTCO K24416
TEL : 735/5671, 732/1985

OFFER SHEET

Messrs,
Date : May 10, 2019

Offer No. : KTC-000355

We are pleased to offer the under-mentioned article(s) as per conditions and details described as follows.

Item No.	Commodity & Description	Unit	Quantity	Unit Price	Amount
	100% Nylon Blouse		CFR European Main Port		
NB-1	19" length Blouse	doz	500	US$6.00	US$3,000
NB-2	20" length Blouse	doz	500	US$7.00	US$3,500
NB-3	25" length Blouse	doz	500	US$8.00	US$4,000
NB-4	26" length Blouse	doz	500	US$9.00	US$4,500
	100% Polyester Knitwear				
PK-1	Ladies s/s	doz	1,000 doz	US$10.00	US$10,000
PK-2	Ladies s/s	doz	1,000 doz	US$15.00	US$15,000

Origin : Republic of Korea
Packing : Export Standard Carton Packing
Shipment : Within 1 month after receipt of Letter of Credit
Shipping Port : Busan, Korea
Inspection : Our Governmental Inspection to be Final
Destination : European Main Seaports
Payment Terms : By an irrevocable documentary L/C at sight in favor of Kangnam Trading Co., Ltd.
Validity of Offer : Until end of May, 2019
Remarks : Subject to our Final Confirmation

Looking forward to your valued order for the above offer, we are,

Very truly yours,

Kangnam Trading Co., Ltd.
159, SAMSUNG-DONG, KANGNAM-KU
SEOUL, KOREA
P.W. Nam
P. W. Nam
TRADE MANAGER

Model Form 2 PURCHASE ORDER

① OKAMOTO INDUSTRIES, INC.

3-27-12 HONGGO BUNKYO-KU JAPAN
TEL : 817-4261 FAX. : 814-0804

PURCHASE ORDER

Messrs. ②
KANGNAM TRADING CO., LTD.
146-1 Susong-dong
Chongro-ku, Seoul Korea

③ Your Ref : ____________
④ Our Ref : KNC-2K-005.
⑤ Date : Dec. 25, 2019

Dear Sirs, ⑥

We OKAMOTO INDUSTRIES INC. as Buyer, hereby confirms our purchase of the following goods in accordance with the terms and conditions given below :

⑦ DESCRIPTION	AUTOMOBILE TUBES 500-13 TRB 2,100 PCS 600-14 TRB 3,900 PCS
⑧ QUALITY	AS PER PREVIOUS SHIPMENT
⑨ PACKING	EACH 20 PCS TO BE PACKED INTO AN EXPORTABLE CARTON. EXPORT STANDING PACKING.
⑩ QUANTITY	6,000 PCS ONLY
⑪ PRICE	CIF YOKOHAMA, JAPAN IN U.S. DOLLARS 550-13 TRB @U$5.50/PCE 600-14 TRB @U$5.60/PCE
⑫ AMOUNT	TOTAL : US$33,390.
⑬ INSURANCE	INSURANCE POLICY/CERTIFICATE BLANK ENDORSED FOR 100% OF CIF VALUE CIF VALUE WITH CLAIMS PAYABLE IN JAPAN IN THE CURRENCY OF THE DRAFT INSURANCE TO INCLUDE ICC(A) WITH INSTITUTE WAR CLAUSES, SRCC CLAUSES
⑭ PAYMENT	BY L/C AT 60 DAYS AFTER SIGHT IN YOUR FAVOR BY FULL CABLE ADVISING THROUGH KOREA EXCHANGE BANK, SEOUL, KOREA FROM THE FUJI BANK LTD.,TOKYO(INTEREST IS FOR SELLERS ACCOUNT)
⑮ SHIPMENT	SHIPMENT SHOULD BE EFFECTED DIRECTLY FROM PUSAN, KOREA TO YOKOHAMA, JAPAN BY DIRECT CONTAINER VESSEL AS FOLLOWS : BY EARLY JANUARY/2020
⑯ MARKS	TO BE MARKED ON BOTH SIDES OF EACH CARTON BOX AS FOLLOWS : CARTON NO. 1-1/UP, ITEM : AUTO TUBE, SIZE AND QUANTITY
⑰ REMARKS	TWO COPIES OF NON-NEGOTIABLE B/L, INVOICE, PACKING LIST, INSURANCE POLICY SHOULD BE GIVEN BY YOU UNDER A CAPTAIN'S CARE FOR DELIVERY TO US.

CONFIRMED & ACCEPTED BY : ⑲ OKAMOTO INDUSTRIES INC. ⑳

Model Form 3 견적송장(Pro-forma Invoice)

DA-JU CORPORATION

120-3, CHUNGDAM-DONG, KANGNAMI-GU,
SEOUL, KOREA TEL: (02) 653-6965 FAX : (02) 665-9424

PROFORMA INVOICE

MESSRS : S & A TRAIDING CO.
P.O BOX 2076
JOHANNESBURG 2000 R.S.A

OUR REF : SR-2K0922
DATE : 22TH SEP 2019

WE ARE PLEASED TO OFFER THE UNDER-MENTIONED ARTICLES AS PER CONDITIONS AND DETAILS DESCRIBED AS FOLLOW

MODEL NO	COMMODITY & DESCRIPTION	UNIT	QTY	U/P	AMOUNT
CAR SPEAKERS					
TED 1350	5" DUAL CONE SPEAKER	PAIR	1010	5.40	5,454.00
RED 1650	6.5" DUAL CONE/SLIM TYPE	PAIR	1010	7.20	7,272.00
TED 1040	4" DUAL CONE SPEAKER	PAIR	1010	5.10	5,151.00
SP-80	6.5" DUAL CONE SPEAKER	PAIR	505	8.45	4,267.25
SP-100	6.5" 2-WAY SPEAKER	PAIR	505	12.70	6,413.50
SP-150	6.5" 3-WAY SPEAKER	PAIR	505	15.20	7,676.00
SP-215	6 X 9" 4-WAY SPEAKER P/P CONE	PAIR	505	22.60	11,413.00
	TOTAL 5,050 PAIRS		US$ FOB		47,646.75

ORIGIN : REPUBLIC OF KOREA
PACKING : EXPORT-STANDARD PACKING
SHIPMENT : WITHIN 30TH NOV 2019
SHIPMENT PORT : PUSAN, KOREA
INSPECTION : OUR'S TO BE FINAL
DESTINATION : JOHANNESBURG, SOUTH AFRICA
PAYMENT : **L/C AMOUNT US$ 18,296.15**
T/T AMOUNT US$ 29,350.60
VALIDITY : 30TH NOV 2019
ADVISING BANK : INDUSTRIAL BANK OF KOREA / HEAD OFFICE.
ACCOUNT NO : 107-01-0173-001

LOOKING FORWARD TO YOUR VALUED ORDER FOR THE ABOVE OFFER. WE ARE YOUR FAITHFULLY,

SUNG JU CORPORATION
120-3, CHUNGDAM-DONG,
KANGNAM-GU,
SEOUL, KOREA

Model Form 4 Sales Contract

KANGNAM TRADING CO., LTD.

Manufacturers, Exporter & Importers
345 Samsung-Dong, Kangnam-Gu, Seoul, KOREA
TEL : (02)3471-5235 FAX : (02)3471-5273

Messrs : American Trading Co.,Inc.
30 Liberty St. New York,
N.Y. 10005 U.S.A.

Date : July 23, 2019

Gentlemen :

We as seller confirm having sold you as Buyer the following goods on the terms and conditions as stated below and on back hereof

ITEM	COMMODITY	QUANTITY	UNIT PRICE	AMOUNT
Blue Jeans	Men's Blue Jean : Style No.500 Women's Blue Jean : Style No.600	25,000pcs 25,000pcs	CIF New York per price @U$20.00	US$500,000. US$500,000.
TOTAL		50,000pcs		US$1,000,000

Origin : Republic of Korea
Shipment : Not later than January
Shipping port : Busan port, korea
Destination port : New York Port, U.S.A.
Partial shipment : Not allowed
Transhipment : allowed
Insurance : Seller to cover the C.I.F. price plus 10% against All Risks including War and SRCC Risks
Payment : **By irrevocable documentary L/C at sight** to be opened in favour of Kangnam Trading Co., Ltd Seoul, KOREA
Packing : Export standard packing
Inspection : Seller's inspection to be final
Document Required :

1) Full set of clean on board ocean Bills of Lading, to order of shipper blank endorsed, marked "freight prepaid" and notify American Trading Co., Inc.
2) Insurance Policy or Certificate for full invoice value plus 10% with claims payable in New York in the same currency as the draft, covering institute Cargo Clauses (All Risks) including War and SRCC risks
3) Signed Commercial Invoice in triplicate
4) Packing list in triplicate
5) Certificate of origin in duplicate

Covering : "50,000 pieces of blue jeans US$ 20.00 per price C.I.F. New York as per Sales Contract No.12345"

Shipping Mark : New York
Box No. 1 / up
MADE IN KOREA

BUYER
AMERICAN TRADING CO., INC.
Michael Jones
Michael Jones
Manager

SELLER
KANGNAM TRADING CO., LTD
P.W. Nam
P.W. NAM
President

Model Form 5 매매계약서

·매매계약서 (이면의 예)

Agreement General Terms and Conditions of Business

1. Principal to Principal Basis : This Contract recognizes the fact that it is on a principal to principal basis between Seller and Buyer.
2. Quantity : Quantity is subject to a variation of five percent(5%) plus or minus at Seller's option.
3. Shipment : The date of bill of lading shall be taken as the conclusive date of shipment. Partial shipment and or transshipment shall be permitted.
   Unless other stated on the face hereof, Seller shall not be responsible for non-shipment or late shipment in whole or in part by reason of Force Majeure, such as fires, floods, earthquakes, tempests, strikes, lockouts, and other industrial disputes, mobilization, war, threat of war, riots, civil commotion, hostilities, blockade, requisition vessel, and any other contingencies beyond Seller's control.
4. Price : The price(s) is (are) on the rate of freight and insurance premium prevailing at the time of accepting the order, and any increase in the rate of freight and insurance premium at the time of shipment shall be borne by Buyer.
5. Inspection : Inspection performed under the export regulation of korea is final, in respect of quality and/or conditions of the contracted goods, unless otherwise stated on the face hereof.
6. Trade Terms : The trade terms used in this Contract shall be governed and interpreted by the provisions of INCOTERMS(2020 edition) unless otherwise specifically stated.
7. Infringement : Buyer shall hold Seller harmless from liability for any infringement with regard to patent, trade mark, design and/or copyright originated or chosen by Buyer.
8. Claim : Any claim by Buyer must be made in writing fourteen(14) days of receipt of the goods at destination stated on the face hereof, and no claim will be recognized if they are used.
9. Arbitration : All disputes, controversies, or differences which may arise between Seller and Buyer, out of or in relation to or in connection with this contract, or for the breach thereof, shall be finally settled by arbitration in Seoul, Korea accordance with the Commercial Arbitration Rules of the Korean Commercial Arbitration Board and under the Laws of Korea. The award rendered by the arbitrator(s) shall be final and binding upon both parties.
10. Governing Law : This Contract shall be governed in all respects by the law of Korea.

Model Form 6 D/P CONTRACT

DAEWOO CORPORATION
GENERAL EXPORTERS & IMPORTERS
TEL : 02-765-9292-5 FAX : 02-765-8989 HOMPAGE : WWW.DAJOO.CO.KR

SALES CONTRACTS
(D/P CONTRACT)

CONTRACT NO. : SA2K0061
DATE : 24TH JULY 2019

BUYER : S & A TRADING C.C
P.O.BOX 2076
JOHANNESBURG, 2000
R.S.A

SELLER : DAEWOO CORPORATION
ROOM 203 DAESHIN BLDG
120-3 CHUNGDAM-DONG
SEOUL, KOREA

ABOVE "BUYER" AND "SELLER" AGREE TO THE BUSINESS FOR FOLLOWING GOODS BY ABOVE SALES CONTRACT BASED ON THE TERMS & CONDITIONS HEREUNDER SET FORTH.

MODEL NO.	COMMODITY & DESCRIPTION	QUANTITY	UNIT PRICE	AMOUNT
SP-40B	4" DUAL	505 PAIRS	2.16	1,090.00
SP-646	4" x 6" 2-WAY/P.P CONE	101 PAIRS	4.48	452.48
SP-100B	3.5" 2-WAY BOX TYPE	202 PAIRS	4.00	808.00
SP-100	6.5" 2-WAY	505 PAIRS	5.20	2,626.00
SP-200	6"x 9" 3-WAY/P.P CONE	606 PAIRS	8.60	5,211.60
SP-215	6" x 9" 4-WAY/P.P CONE	202 PAIRS	9.20	1,858.40
SP-300	10" SUBWOOFER/P.P CONE	505 PCS	6.20	3,131.00
SP-350	12" SUBWOOFER/P.P CONE	101 PCS	10.00	1,010.00
SP-125B	4" 3-WAY BOX TYPE	101 PAIRS	6.80	686.86
TOTAL :		2,222 PAIRS & 606 PCS	US$16,875.08	

1) SHIPMENT : WITHIN 30TH AUGUST 2019
2) SHIPPING PORT : PUSAN, KOREA
3) DESTINATION : JOHANNESBURG, SOUTH AFRICA
4) PAYMENT : D/P AT SIGHT
5) VALIDITY : 30TH AUGUST 2019.
6) DOCUMENTS TO BE REQUIRED :
   ① FULL SET OF CLEAN ON BOARD MARINE BILLS OF LADING MADE OUT TO THE ORDER BLANK ENDORSED MARKED FREIGHT COLLECT NOTIFY BUYER.
   ② DECLARATION OF ORIGINAL FOR EXPORT OF GOODS TO THE R.S.A. IN DUPLICATE
7) COLLECTING BANK : TRUST BANK INDUSTRIA BRANCH
   31 MARAISSURG ROAD INDUSTRIA, JOHANNESBURG 2000, R.S.A.
   ACCOUNT NO. : 01014873534

S & A TRADING C.C.
Y.J. SOUTH
Y.J. SOUTH MANAGER

DAEWOO CORPORATION
C.J. KIM
D.J. KIM/ MANAGER

P.S. : Please sign and return the Duplicate to Seller after confirming.

Model Form 7 D/A CONTRACT

PACIFIC COSMETICS CO., LTD.

C.P.O. BOX 1195, SEOUL, KOREA

D/A CONTRACTS

Messrs, PACIFIC PRODUCTS GMBH.
HOLZWEG 14
6370 OBSERUSEL/TS
GERMANY

Date : May 30, 2019
NO. : INT'-PPG-004/DA

We as Seller confirm having sold you as Buyer the following goods on the terms and conditions as stated below and on the back hereof.

ITEM #	COMMODITY & DESCRIPTION		QUANTITY	UNIT PRICE	AMOUNT
1603.00-9000	AMORE STEM Ⅲ BRAND COSMETICS		CIF HAMBURG, GERMANY		
	SKIN CONTROL LOTION	100ML	500	DM9.20	DM4,600.00
	SAMMI BRAND COSMETICS				
	MOISTURIZING LOTION	125ML	1,000	7.21	7,210.00
	MOISTURIZING CREAM	5OML	500	7.52	760.00
	EYE CREAM CONCENTRATE	15ML	300	4.91	1,473.00
	CLEASING LOTION	5ML	3,000	FREE OF CHARGE	
	SKIN SOFTNER	5ML	3,000	FREE OF CHARGE	
	MOISTURING CREAM	5GR	3,000	FREE OF CHARGE	
	TOTAL :		2,300PCS		DM17,043.00
	MINIATURE COSMETICS		9,000PCS		

* REMARK : THE CHARTERED BANK IN HAMBURG AS BUYER'S BANK AND KOREA EXCHANGE BANK IN KOREA AS SELLER'S BANK

Payment : **AT 270 DAYS FROM B/L DATE** IN DEUTCH MARK UNDER D/A BASES (USANCE INTEREST TO BE COVERED BY SELLER)

Price Term	: CIF HAMBURG, GERMANY	Shipping Marks :	P. P G.
Origin	: REPUBLIC OF KOREA		HAMBURG, GERMANY
Shipment	: NOT LATER THAN OCT. 31, 2019.		C/T NO. 1 – UP
Destination	: HAMBURG, GERMANY BY SEA		MADE IN KOREA
Inspection	: MAKER'S INSPECTION TO BE FINAL		
Packing	: MAKER'S EXPORT STANDARD PACKING		
Insurance	: TO BE COVERED BY SELLER		

Shipping Documents :

A. COMMERCIAL INVOICE IN TRIPLICATE AND PACKING LIST IN DUPLICATE.
B. FULL SET OF CLEAN OCEAN BILL OF LADING MADE OUT TO THE ORDER OF PACIFIC PRODUCTS GMBH MARKED FREIGHT PREPAID AND NOTIFY BUYER.
C. INSURANCE POLICY IN DUPLICATE
D. RELEVANT DRAFT TO BE DRAWN ON BUYER AT 270 DAYS FROM B/L DATE FOR 100% INVOICE VALUE.
E. BENEFICIARY'S CERTIFICATE STATING THAT THE DUPLICATE SET OF THE STIPULATED DOCUMENTS INCLUDING 1/3 ORIGINAL B/L AND A COPY OF C/I AND P/L HAVE BEEN SENT TO DIRECTLY TO APPLICANT.

PACIFIC PRODUCTS GMBH.
Y.J. SOUTH
Y.J. SOUTH MANAGER

PACIFIC COSMETICS CO., LTD.
C.W. KIM
C.W. KIM/ MANAGER

P.S. : Please sign and return the Duplicate to Seller after confirming.

Model Form 8 일반거래조건협정서

Agreement on General Terms and Conditions of Business

It is hereby agreed between the Seller, Kangnam Trading Co., Ltd., Seoul, Korea and the Buyer, Hanover Trust Co., Inc., New York, U.S.A. that all business shall be conducted on the following terms and conditions :

『매도인인 대한민국 서울에 있는 「Kangnam Trading Co., Ltd.」와 매수인인 미국 뉴욕에 있는 「Hanover Trust Co., Inc.」는 모든 거래를 다음 조건으로 행할 것을 이에 합의하는 바입니다.』

(1) Business : Business is to be transacted between Sellers and Buyers as Principals to Principals, on their own account and responsibility for the sale of the Seller's Sporting Goods in New York.
『거래의 형태 : 거래는 뉴욕에서 매도인의 스포츠용품을 판매하는데 있어서 본인 대 본인으로, 즉 본인 자신의 계산과 책임으로 행한다.』

(2) Quality : The Sellers are to supply the Buyers with samples free of charge and the quality of the goods to be shipped should be fully equal to that of the sample on which an order is given.
『품질 : 매도인은 매수인에게 무료로 견본을 보내주기로 하며, 선적되는 상품의 품질은 주문성립에 근거가 된 견본과 완전히 일치해야 한다.』

(3) Quantity : The minimum quantity for an order is to be the standard contents of one package. Assortment of various articles is to be accepted so long as the total quantity exceeds the minimum just explained.
『수량 : 1회 주문시 최소 수량은 한 상자의 표준 내용물이어야 한다. 각종 품목을 혼합할 때는 합계 수량이 방금 설명한 최소 수량을 초과하는 경우에는 이를 인수하기로 한다.』

(4) Prices : Prices are to be quoted in U.S. Dollars on the basis of C.I.F. New York unless otherwise specified.
『가격 : 가격은 별도로 명시되지 않는 한, 미국 달러로 하여 뉴욕까지의 운임·보험료를 포함한 가격기준으로 견적하기로 한다.』

(5) Firm Offer : Firm Offers are to remain effective for forty-eight hours after the time of dispatch, excluding Sundays and National Holidays.
『확정오퍼 확정오퍼는 발송시간으로부터 48시간 유효하기로 한다. 단 일요일과 국경일은 계산하지 않기로 한다.』

(6) Orders : Except in cases where firm offers are accepted all orders are to be subject to the Seller's final confirmation.
『주문 : 모든 주문은 확정오퍼를 수락하는 경우를 제외하고는 매도인의 최종적 확인을 조건으로 한다.』

(7) Discount : The special discount of 3 per cent from the contract price is to be accorded on an order exceeding 5,000 pairs in quantity.
『가격할인 : 주문량이 5,000 pair를 초과하는 경우에는 계약가격에서 3%의 특별할인을 해주기로 한다.』

(8) Packing : Proper export wooden case packing is to be carried out, each case bearing the mark 〈W.S.〉 with port mark, running case numbers and the country of origin.
『포장 : 적합한 수출용 목재상자로 포장되어야 하며, 각 포장에는 목적항 표시, 일련 번호 및 원산지 표시와 함께 〈W.S.〉 표시를 하기로 한다.』

(9) Shipment : Shipment is to be made within the time stipulated in each contract, except in circumstances beyond the Seller's control. The date of bills of lading shall be taken as conclusive proof of the date of shipment. Unless expressly agreed upon, the port of shipment shall be at the Seller's option.
『선적 : 선적은 각 계약서에 규정된 기간 이내에 이행되어야 한다. 단 매도인의 불가항력의 사정이 있는 경우에는 예외로 한다. 선하증권의 발행일자를 선적일의 결정적인 증거로 간주하기로 한다. 특별한 합의사항이 없는 한, 선적항은 매도인이 선택하기로 한다.』

(10) Force Majeure : The Sellers shall not be responsible for the delay in shipment due directly or indirectly to force majeure including mobilization, war, riots, civil commotions, hostilities, blockades, requisition of vessels, prohibition of export, fires, floods, earthquakes, tempests, strikes, lockouts and any other contingencies, which prevent shipment within the period stipulated. In the event of any of the aforesaid causes arising, documents proving its occurrence or existence shall be submitted by the Sellers to the Buyers without delay and furnish a certificate substantiated by the Korea Chamber of Commerce and Industry.
『불가항력 : 매도인은 동원, 전쟁, 폭동, 내란, 교전, 봉쇄, 선박징발, 수출금지, 화재, 홍수, 지진, 폭풍우, 파업, 작업장 폐쇄 및 약정된 기간내의 선적을 방해하는, 기타 모든 우발사고를 포함하는 불가항력의 직·간접적인 원인으로 인한 선적지연에 대해서는 책임을 지지 않기로 한다. 앞의 원인이 발생한 경우에는 매도인은 즉시 이의 발생 또는 존재했던 사실을 증명하는 서류, 즉 대한상공회의소의 실사 증명서를 매수인에게 발송하기로 한다.』

(11) Insurance : All shipments are to be covered on ICC(B) including War Risks for the invoice amount plus ten per cent, and the insurance policy is to be made out in U.S. Dollars and claims payable at New York.
『보험조건 : 모든 선적품은 송장금액의 10%를 가산한 것을 보험금액으로 하여 전쟁위험을 포함하여 협회화물 약관 'B'조건으로 보험계약을 체결하기로 하며, 보험증권은 미국 달러화로 작성하고, 보험금 지급지는 뉴욕으로 한다.』

(12) Payment : Draft is to be drawn at 60 d/s under Irrevocable Letter of Credit which should be opened in favor of the Sellers immediately upon contract, with full set of transport documents, viz. Bill of Lading, Insurance Policy, Commercial Invoice and other documents which contract requires.
『대금결제 : 환어음은 계약이 체결되는 즉시 매도인을 수익자로 하여 발행되어야 될 취소불능 신용장에 의거하여, 주문서 상당의 금액에 대해 운송서류 일체, 즉 선하증권, 보험증권, 상업송장, 기타 계약시 요구하는 서류를 첨부하여 일람 후 60일 출급으로 발행하기로 한다.』

(13) Claims : Buyers claims, if any, shall be made by cable within 10 days from the date of final discharge of goods at destination and certificates by recognized surveyors shall be sent by mail without delay. Claims after the lapse of ten(10) days shall be considered as null and void. All claims which can not be amicably settled between Sellers and Buyers shall be settled by Arbitration in Seoul, in accordance with the rules of the Korean Commercial Arbitration Board, whose award shall be final and binding upon Sellers and Buyers.

『클레임 : 매수인의 클레임의 제기는 최종목적지에 상품이 도착된 후 10일 이내에 전신으로 제기하며 공인검정인의 증명서는 즉시 우편으로 송부되어야 한다. 10일 경과후의 클레임은 무효로 간주한다. 매도인과 매수인간에 우호적으로 해결할 수 없는 모든 클레임은 대한상사중재원의 중재규칙에 따라 서울에서 중재에 의해서 해결하며, 판결은 매도인과 매수인 양자를 구속한다.』

This Agreements Shall be valid on and after May 25, 2019.
『본 협정서는 2019년 5월 25일부터 발효하기로 한다.』

HANOVER TRUST CO., INC.	KANGNAM TRADING CO.,LTD
P. Adams	*M. Y. Song*
P. Adams	M. Y. Song
Vice President	Director, Trading Department

주 ① Agreement on General Terms and Conditions : 「일반거래조건 협정서」 같은 내용의 제목으로 「Memorandum of Terms and Conditions of Business」(거래조건 각서)가 사용된다.
agreement(= memorandum : 협정서, 합의서, 각서)
shall(법률, 규칙 등에 사용되는 입법의 shall) : ~하기로 한다, ~으로 한다.

② Business : 거래 또는 거래의 형태, 사업.

③ as principal to principal : 「본인 대 본인으로」 거래형태를 말하는 것으로 양 당사자는 각기 주체성을 가지고 거래함을 뜻함.
cf. principal to agent : 본인 대 대리인, agent to agent : 대리인 대 대리인.

④ one's own account : (각자) 자신의 계산으로

⑤ supply A with B(= supply, provide, favor, furnish) : A에게 B를 공급하다, 제공하다.

⑥ free of charge(= gratis, for nothing, without payment) : 무료로, 무상으로.
cf. samples free of charge(무상견본), samples of commercial value(유상견본).

⑦ quality (terms) : 품질 (조건).
cf. landed quality terms(선적품질조건) → INCOTERMS상의 FCA, CFR, CIF, CPT, CIP.
shipped quality terms(양육품질조건) → INCOTERMS상의 DAP, DPU. DDP.

⑧ unless otherwise specified : 별도로 명시되지 않는 한.
cf. unless expressly agreed upon : 명시적으로 합의되지 않는 한.
unless by mutual consent : 상호 동의 없이는.

⑨ remain effective(= be valid, be good, be open) : 유효하다.

⑩ exclude : 배제하다, 제외하다.

⑪ except in cases where : ~한 경우를 제외하고는.

⑫ subject to(= conditional on, conditionally on) : ~을 조건으로 하는/하여.

⑬ discount(= allowance, concession, deduction, reduction) : 가격할인.

⑭ carry out(= execute, fulfil, complete, accomplish, perform) : 실행(이해)하다.

⑮ running(case) number(= serial number, consecutive No.) : 일련번호.

⑯ shipment is to be made(by seller) : 선적이 이행되어야 한다.

⑰ make shipment(= effect shipment, ship) : 선적을 이행하다.

⑱ except in circumstances : 사정이 있는 경우 외에는.

⑲ be at one's option : ~가 선택한다.

⑳ taken as conclusive proof : 결정적인 증거로 간주되다.

㉑ beyond the seller's control : 매도인 측에서는 어쩔 수 없는, 불가항력의.

㉒ in the event of(= in case of) : 만일 ~의 경우에는.
the event of any of the aforesaid : 앞서 언급한 사유 중 어떤 것이 발생하는 경우

㉓ force majeure : 불가항력. cf. Acts of god(천재지변).
㉔ in be responsible for(= answer for) : ~에 대해 책임을 지다.
㉕ mobilization : 동원. riot : 폭동, 소동. civil commotion : 내란.
hostilities : 적재행위, 교전. blockades : 봉쇄.
requisition : 필요조건, 요구. prohibition : 금지, 방해. tempest : 대폭풍우
lockout : 작업장 폐쇄. contingencies : 우연성, 우발사고.
㉖ in aforesaid : 앞서 말한, 언급한.
㉗ occurrence : 발생, 사건, 사고.
㉘ existence : 존재.
㉙ cover : ~ 조건으로(on) 보험에 들다.
㉚ payable(= must be paid) : 지급해야 하는.
㉛ claims payable at New York : 손해배상 청구액의 지급지는 뉴욕으로 한다.
배상청구액은 뉴욕에서 지급되어야 한다.
㉜ SRCC : strikes, riots and civil commotions(동맹파업, 폭동, 시민소요).
㉝ for account of(= at the account of ~) : ~의 계정으로, ~의 비용부담으로.
cf. on their own account(= for their own purposes and their own risk)
: 자신의 목적을 위해, 자신의 위험을 부담해서, 각자의 계산으로.
㉞ I.C.C.(= Institute Cargo Clause) : 협회화물약관.
cf. ICC(A) → All Risks : 전위험담보.
ICC(B) : Institute Cargo Clauses (B) → With average(WA) : 단독해손담보조건.
ICC(C) → Free From Particular Average(FPA) : 단독해손부담보조건.
Total Loss(전손) - Actual Total Loss, Constructive Total Loss.
Partial Loss(분손) - Particular Average Loss, General Average Loss.
㉟ under(= based on, in compliance with) : ~에 의거하여, ~과 일치하도록.
㊱ open(= issue, arrange, establish an L/C) : 신용장을 발행(개설)하다.
㊲ in favor of one(= in one's favor) : ~ 앞으로, ~를 수익자로 하여.
㊳ immediately upon : ~하는 즉시.
㊴ viz(= videlicet, namely, that is to say) : 즉, 말하자면.
cf. e.g.(= exempli gratia, for example) : 예를 들면.
㊵ Bill of Lading : 선하증권. Commercial Invoice : 상업송장, Insurance Policy : 보험증권.
Packing List : 포장 명세서, Certificate of Origin : 원산지증명서.
㊶ made out : 작성된, make out(= write out, fill in, complete) : 작성하다.
㊷ in triangle : 삼각형 안에. running case number : 상자의 일련번호.
㊸ claims : 보험금(↔ premium). cf. 손해배상청구.
㊹ TPND(= theft, pilferage and non-delivery) : 도난, 발하 불착위험(ICC(A) 담보).
㊺ after the lapse of : ~의 경과 후.
㊻ be considered as null and void : 무효로 간주되다, 무효로 하다.
㊼ be valid(= be effective, be open, be good) : 유효하다.
㊽ can not be amicable settled : 자치적(우호적)으로 해결될 수 없다면.
㊾ whose award : 중재인(arbitrator)의 판정.
cf. Amicable settlement(화해), Compromise(타협), Intercession(알선),
Mediation, Conciliation(조정), Arbitration : 중재, Litigation, Suit(소송)
Standard Arbitration Clause : 표준 중재조항.
ADR(Alternative Dispute Resolution) : 분쟁처리제도(알선, 조정, 중재 등을 총칭).
Korean Commercial Arbitration Board : 대한상사중재원.

Model Form 9

일반거래조건협정서

Agreement on General Terms and Conditions of Business

This Agreement entered into between *Kangnam Trading Co., Ltd.,* Seoul, Korea(hereinafter called the Sellers) and Willson & Co., Inc., New York, U.S.A (hereinafter called the Buyers) witnesses as follows ;
『본 협정서는 한국 서울특별시의 kangnam Trading Co., Ltd(이하 매도인이라 칭함) 및 미국 뉴욕의 Willson & CO 사(이하 매수인이라 칭함)간에 다음과 같은 사항을 입증한다.』

1. Business : Both Sellers and Buyers act as Principals and not as Agents.
『거래 : 매도인·매수인의 쌍방은 본인으로서 거래하며 대리인으로서 행동하는 것은 아니다』

2. Goods : Goods in business, their unit to be quoted, and their mode of packing shall be stated in the attached list.
『제품 : 거래제품, 제시단위 및 포장형태를 별표에 기재한다.』

3. Quotations and Offers : Unless otherwise specified in cables or letters, all quotations and offers submitted by either party to this Agreement shall be in French Francs on a C.I.F. Le Harve basis.
『견적 및 청약 : 전보 또는 서신에 별도의 규정이 없는 한 본 협정 당사자에 의한 견적 및 청약은 모두 르하브르항 운임·보험료포함 인도조건에 의한 프랑스 프랑을 기준으로 한다.』

4. Firm Offers : All offers are to be considered “firm” subject to reply being received within the period stated in respective cables. Sundays and official Bank holidays are excepted.
『확정청약 : 확정청약은 모두 개개의 전보에 제시되어 있는 기간 내의 회답을 확정 청약으로 간주한다. 일요일 및 은행공휴일은 제외한다.』

5. Orders : Any business closed by cable shall be confirmed in writing without delay, and orders thus confirmed shall not be cancelled unless by mutual consent.
『주문 : 전보에 의해 결제된 거래는 지체 없이 서면에 의해 확인하는 것으로 하고 이렇게 확인된 주문은 당사자 쌍방의 동의에 의하지 않는 한 취소할 수 없는 것으로 한다.』

6. Credit : Banker's irrevocable Letter of Credit shall be opened in favor of the sellers immediately upon confirmation of sale ; credit shall be made available twenty-one(21) days beyond shipping promises in order to provide for unavoidable delays of shipment.
『신용장 : 매매가 확인되는 즉시로 은행취소불능신용장이 매도인 앞으로 발행되도록 한다. 신용장은 부득이한 선적지연에 대비하기 위하여 그 유효기간을 선적 약정기일보다 21일간 길게 한다.』

7. Payment : Drafts shall be drawn under irrevocable Letter of Credit at sight, document attached, for the full invoice value.
『대금결제 : 환어음은 취소불능신용장에 의거하여 일람출급으로 하고 선적서류를 첨부, 송장금액 전액에 대하여 발행되는 것으로 한다.』

8. Shipment : All goods sold in accordance with this Agreement shall be shipped within the stipulated time. The date of Bill of Lading shall be taken as conclusive proof of the date of shipment. Unless expressly agreed upon, the port of shipment shall be at the Sellers' option.
『선적 : 본 협정에 의하여 매매되는 물품은 모두 약정기간 내에 선적되는 것으로 한다. 선하증권의 일자는 선적일을 최종적으로 입증하는 것으로 간주한다. 별도의 약정이 없는 한 선적항은 매도인이 자유로이 선정한다.』

9. Shipment Samples : In case shipment samples be required, the Sellers shall forward them to the Buyers prior to shipment.
『적송품 견본 : 적송품의 견본을 필요로 할 때에는 매도인은 그와 같은 견본을 선적 전에 매수인에게 송부하도록 한다.』

10. Marine Insurance : All shipments shall be covered ICC(A) Clauses for a sum equal to the amount of the invoice plus ten(10) percent, if no other conditions are particularly agreed upon. All policies shall be made out in French Franc and payable in Paris.
『해상보험 : 특히 다른 조건을 약정하지 않는 한 모든 화물은 송장금액에 10%를 가산한 것에 ICC(A) 조건의 보험을 부보하는 것으로 한다. 모든 보험증권은 프랑스 프랑으로 표시되며 또한 "파리"에서 지급되는 것으로 한다.』

11. Quality : The Sellers shall guarantee all shipment to confirm to samples, types, or descriptions, with regard to quality and condition.
『품질 : 매도인은 모든 선적화물의 품질 및 상태에 관하여 견본, 표준 혹은 기술과 일치할 것을 보증한다.』

12. Claims : Claims, if any, shall be submitted by cable within fourteen(14) days after arrival of goods at destination. Certificates recognized by surveyors shall be sent by mail without delay. All claims which can not be amicably settled between Sellers and Buyers shall be submitted to Arbitration in Seoul. The arbitrators are consisted of three members, the decision of an umpire selected by the arbitrators shall be final, and the loosing party shall bear expenses thereof.
『클레임 : 클레임이 있을 때에는 물품이 목적지에 도착한 후 14일 이내에 전보로써 행하고 검사인이 확증한 증명서를 지체 없이 우편으로 제시토록 한다. 매도인과 매수인간에서 화해할 수 없는 클레임은 모두 서울에서 중재에 붙여지고 그 중재인은 3명으로 구성되며 양자의 의견이 일치하지 않을 때에는 중재인이 선정하는 재정인의 결정에 최종적으로 따르기로 한다. 패소자는 그 중재비용을 부담토록 한다.』

13. Force Majeure : The Sellers shall not be responsible for the delay of shipment in all cases of force majeure, including mobilization, war, riots, civil commotion, hostilities, blockade, requisition of vessels, prohibition of export, fires, floods, earthquakes, tempest, and any other contingencies, which prevent shipment within the stipulated period. In the event of any of the aforesaid causes rising, documents proving its occurrence or existence shall be sent by the Sellers to the Buyers without delay.
『불가항력 : 약정기간 내에 선적을 방해하는 동원, 전쟁, 소요, 폭동, 적대행위, 항만봉쇄, 선박징발, 수출금지, 화재, 홍수, 지진, 폭풍, 기타 예측하기 어려운 사건 등의 불가항력적인 사건이 발생했을 경우에는 매도인은 선적지연에 대하여 책임을 지지 않는다. 전기한 제 요인이 발생했을 때에는 매도인은 이것의 발생 혹은 존재를 증명하는 서류를 지체 없이 매수인에게 송부하여야 한다.』

14. Delayed Shipment : In all cases of force majeure provided in Article 12, the period of shipment stipulated shall be extended for a period of twenty-one(21) days. In case shipment within the extended period should still be prevented by a continuance of the causes mentioned in Article 12 or the consequences of any of them, it shall be at the Buyers' option either to allow the shipment of late goods or to cancel the order by giving the Sellers the notice of cancellation by cable.
『선적지연 : 본 협정서 제12조에 규정한 불가항력일 경우에는 약정된 선적기간을 21일간 연장하는 것으로 한다. 유예기간내의 선적이 제12조에 기재된 제 요인이 계속 혹은 그 결과에 의하여 아직 방해되고 있을 경우에는 지연화물의 선적을 용인하든가 아니면 전보로써 해약통지를 매도인에게 행함으로써 주문을 취소할 것인가 하는 것은 매수인이 자유로이 결정토록 한다.』

In witness whereof, Kangnam Trading Co., Ltd., has hereunto set their hand on the 1st day of Mar. 2019, at Seoul, and M.C.P. Inc., has hereto set their hand on the 5th day of Apr. 2019, at Paris.
This Agreement shall be valid on and from the 1st of May 2019, and any of the Articles in the Agreement shall not be changed or modified unless by mutual consent.
『상기 사항의 증거로서 서울에 있는 kangnam Trading Co., Ltd.는 2019년 3월 1일에 서명하고 또 파리에 있는 M.C.P. 사는 2019년 4월 5일에 서명하였다.
본 협정서는 2019년 5월 1일부터 효력을 발생하며 본 협정서의 조항 어느 것이든 당사자 쌍방의 의견이 일치하지 않는 한 변경 혹은 수정되지 아니한다.』

WILSON & CO., INC.	KANGNAM TRADING CO., LTD.
Danielle Cho	W R SOUTH
Danielle Cho	South Wind Rain
President	President

주 ① 본문의 Business는 거래의 형태(type of business)를 의미한다.
② principal : 본인
as principals to principals : 「본인 대 본인으로」, 거래형태를 말하는 것으로 양 당사자는 각기 주체성을 가지고 거래함을 의미, 즉 자기의 명의와 계산으로 하는 당사자로서
= as (between) Principals(본인 간의) = on a principal to principal basis
cf. principal to agent : 본인 대 대리인, agent to agent : 대리인 대 대리인
③ quote : (가격을) 견적하다, 제시하다, 책정하다.
④ Unless otherwise specified : 달리 명기가 없으면, 다른 규정이 없는 한
⑤ sundays and all official bank holidays excepted : (일요일과 은행이 휴업하는 날은 모두 제외한다.)
⑥ draft shall be drawn : 어음을 발행하다.
⑦ under irrevocable letters of credit : 취소불능 신용장에 의거하여.
⑧ documents attached : 선적서류를 (환어음에) 첨부하여.
⑨ for the full invoice amount : 송장 총금액에 대해, 송장금액 전액에 대해.
⑩ shipments : 한번 선적되는 상품 즉, 선적상품의 복수.
All shipments shall be conforming to samples in regard to description, quality and state. : 견본매매를 의미하며 품질의 결정방법을 말한다.
⑪ Shipping Sample : 선적견본(= shipment sample, advance sample)
⑫ conclusive proof(evidence) : 결정적 증거.
⑬ the date of bill of lading shall be taken as conclusive proof of the date of shipment : 선하증권 발행일을 선적일자로 간주한다.

⑭ effect(arrange for, contract, cover, take out) insurance : 부보하다.
Sellers shall effect marine insurance on all shipments on(against) ICC(B).
: 매도인은 ICC(B) 조건으로 모든 선적품에 대하여 보험에 가입하여야 한다.
⑮ Force Majeure : 불가항력, 불가피한 사고, 천재지변.
Acts of God : 천재(天災),
Act of Providence, accident beyond control(미) : 불가항력적 사고
⑯ event of any of the aforesaid causes rising : 앞서 이야기한 사유 중 어떤 것이 발생하는 경우
⑰ tempests : 폭풍우, strikes : 파업, lockouts : 공장폐쇄, riots : 폭동,
civil commotions : 시민의 소요, hostilities(pl) : 교전(상태), 적대행위,
blockades : (항구 등의) 봉쇄, requisition : 징발,
embargoes : 수출금지, 출항(입항)금지, 선박억류.
⑱ contingency : n. 우발적 사건, 우연한 사건, (어떤 사건에 수반되는) 부수적인 사건,
contingent : a. 우발적, 임시의, ~에 부수하는(to), ~에 따르는(upon)
⑲ theft : 도난, pilferage : 좀도둑, 발하, non-delivery : 불착, Theft, Pilferage and Non-Delivery : 도난불착이라고 하며 TPND 또는 T.P.& N.D.로 표현한다.
⑳ cover : 부보하다, 결제하다, 보상하다, 해당하다.
㉑ for account of : ~를 위하여, ~의 셈(계산, 비용)으로/account는 계정, 계산, 비용부담의 의미이며 a/c로 쓰기도 한다.
㉒ make out(=write out) : 작성하다.
㉓ payable : 지급하기로 되어 있는, 지급할 수 있는.
㉔ claim : 청구보험금, 배상, 청구, 배상청구, 지급청구(보험금, 보상금의).
make(raise) a claim : 청구하다.
and claims payable in New York : '보험금 지급지가 뉴욕으로' 부대사항을 나타내는 분사구문으로서 claims 앞에 with가 생략되었음.
with + 명사 + 보어(형용사, 분사, 부사어구, 전치사구)'의 경우 부대상황을 나타내고 with는 생략될 수 있으며, 해석은 '~한 상태로, ~하고, ~한 채, ~하면서'로 한다.
㉕ Buyers' claims, if any, shall be made by cable or telex within 20 days.= Buyers' claims, if (there are) any claims, shall be made by cable or telex within 20 days.
make(=file) : '~을 신청하다', '~을 제기하다(고소 따위를)'
㉖ valid(=effective, good, open, available, be in force, keep in force) : 유효한.
become effective, come into effective(force), take effect, bring ~ into force(effect) : 효력을 발생하다, ~을 실시하다.
㉗ binding : 구속력이 있는.
㉘ running(=serial, consecutive) : 연속되는.
㉙ recognized : 인정된, recognized surveyor : 공인감정인.
㉚ Claims shall be amicably settled. : 클레임은 화해로 해결된다.
매매당사자간의 직접적인 분쟁 해결방법은 waiver of claim(청구권의 포기), compromise (타협), amicable settlement(화해)가 있으며, 제3자의 개입에 의한 분쟁해결방법은 intercession (알선), conciliation (mediation, 조정), arbitration(중재), litigation(소송) 등이 있다.
Alternative Dispute Resolution(ADR) : 분쟁처리제도.
Arbitration Clause : 중재조항.
The Korean Commercial Arbitration : 대한 상사중재원.
㉛ award : 판정.
㉜ separate : a. 분리된, 갈라진 v. 하나인 것을 떼어내다.
the separate sheet(=the duplicate) : 부본.
㉝ plus ten(10) per cent : 10%를 가산한, plus는 ~을 가산한, less, minus는 ~을 공제한.

Model Form 10 독점판매계약서(Exclusive Sales Contract)

An exclusive sales contract has been entered into June 25, 2019 between the Kangnam Trading Co., Ltd, Seoul, Korea (hereafter to be referred as Party A) and the Optorg & Co., Inc., New York (hereafter to be referred as Party B), agreeing on the following terms and conditions.

1. Party A grants to Party B the right of sole distributorship for the sale of A's products in the territory of the United States.
2. Party B will work to the best of the ability in order to introduce and establish the largest Possible sales in the territory and the sales target should be three million dollars or more a year.
3. Party A will quote to Party B the most reasonable prices at all times. All the prices Party A quotes to Party B shall be in US. dollars on the basis of CIF American ports.
4. Party A shall not offer A's products to the above mentioned territory either through their branch or organization, and likewise Party B shall not import the same article from Korean exporter of such item.
5. Draft(s) shall be drawn at 90 days after sight (or B/L date) for the full invoice amount under an irrevocable letter of credit which shall be established within 15 days after the conclusion of the contract.
   Business against D/A draft without L/C should be subject to Party A's Previous consent in each case. In case of D/A deal, interest will be Party A's account and delay charge, if any, will be paid by Party B.
6. A shall effect insurance on all shipments on W.A. for 110% of the invoice amount. War risk or any other additional insurance, if required, shall be covered by A for the account of B. Insurance Policies shall be made out in US. currency, and claims if any payable in New York.
7. Except in cases where firm offers are accepted, no orders shall be binding until acceptance is cabled by Party A. All orders shall be confirmed in writing.
8. Party B's claims, if any, shall not be entertained before the relative payments are completely made or the export draft is duly honored, and shall be made within 15 days after arrival of the goods at destination.
   Certificates by recognized surveyors shall be sent by airmail without delay. All claims which can not be amicably settled between Party A and Party B shall be settled by arbitration in Seoul, in pursuance of the rules of The Korean Commercial Arbitration Board, whose award shall be final and binding upon Party A and Party B.
9. This contract shall be valid until the end of 2019 and can be renewed on an yearly basis if such intention is conveyed to the other party at least three months before the expiry of the contract.
10. This contract is made and typed in two copies, given to each party.

Party A	Party B
KANGNAM TRADING CO.,LTD.	OPTORG & CO.,INC.
M.Y. Song	*P. Adams*
M.Y. Song	P. Adams
Director, Trading Department	Vice President

Review Exercises

연습문제

1. 다음 그림을 참조하여 수출무역거래를 수행하는 절차상(①~⑥)을 가장 올바른 순서대로 나열한 것은?

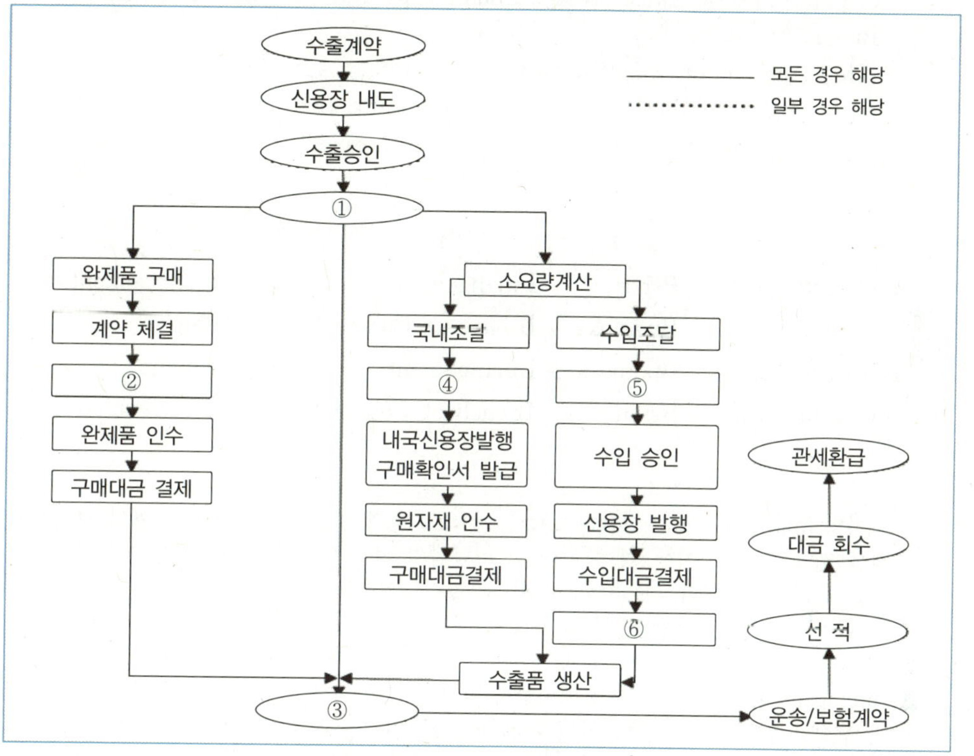

① 수출물품 확보 → 내국신용장 발행 또는 구매확인서 발급 → 수출신고 및 수출통관 → 구매계약 체결 → 수입계약 체결 → 수입통관
② 수출물품 확보 → 내국신용장 발행 → 수출신고 및 수출통관 → 구매계약 체결 → 수입계약 체결 → 수입통관
③ 수출물품 확보 → 구매확인서 발급 → 수출신고 및 수출통관 → 구매계약 체결 → 수입계약 체결 → 수입통관
④ 수출물품 확보 → 내국신용장 발행 또는 구매확인서 발급 → 수출신고 및 수출통관 → 구매계약 체결 → 수입계약 체결 → 수입통관

해설 수출물품 확보 → 내국신용장 발행 또는 구매확인서 발급 → 수출신고 및 수출통관 → 구매계약 체결 → 수입계약 체결 → 수입통관

정답 : ④

2. 다음은 계약서상의 거래원칙의 조건들이다. 아래 ( ) 안에 가장 적절한 용어로 연결된 것은?

(가) : This Contract shall be governed by and construed in accordance with the Vienna Convention(1980)

(나) : The contract shall be concluded on a principal to principal basis between Buyer and Seller.

(다) : Buyer shall hold seller harmless from liability for any (다) with regard to patent, trade mark, design and/or copy right originated or chosen by Buyer

(라) : This Agreement constitutes the (라) between the parties, all prior representations having been merged herein, and may not be modified except by a writing signed by a duly authorized representatives of both parties.

	(가)	(나)	(다)	(라)
①	Applicable Law	- Privity	- Infringement	- Entire Agreement
②	Trade terms	- Business	- Breach of Contract	- Hardship
③	Industrial Rights	- Business	- Infringement	- Assignment
④	Governing Law	- Privity	- Breach of Contract	- Entire Agreement

해설

① 준거법(Applicable 또는 Governing Law)으로서 계약상의 내용에 대해 계약 당사자들 간의 계약의 성립, 이행, 해석 등이 어느 나라의 법률에 따라 행하여지는가를 지정하여 두는 준거법조항이다.

② Privity는 당사자관계를 말한다. 계약의 책임소재를 정하는 내용으로서 후일에 계약의 책임을 담당하게 되는 계약의 당사자를 확정짓는 조항이다.

③ Infringement조항으로 권리침해조항을 말한다. 산업재산권 등과 같은 지적재산과 관련한 면책조항으로 이는 매수인의 지시에 따른 권리침해에 대하여 매수인은 매도인에 대하여 어떠한 손해를 끼쳐서는 안 된다는 일종의 면책조항으로서 주로 선진국들과 거래 시에 자주 사용되는 조항이다.

④ Entire(Complete, Final) Agreement는 완전합의 조항으로 이는 계약서의 작성에 있어서 기존계약과의 관계를 검토하고 본 계약이 성립한 이상 기존의 서면 또는 구두에 의한 합의, 교섭, 언질 등은 모두 본 계약에 흡수되고 소멸하는 것을 명시하여 두는 조항이 완전합의 조항이다.

정답 ①

3. 다음은 무역계약의 법적 성격(특성)을 열거한 설명이다. 그 설명이 틀린 것은 ?

① 무역계약은 청약자의 요청에 대한 피청약자의 승낙이 있으면 계약이 성립되는 낙성 또는 합의계약(consensual contract)이다.

② 무역계약은 문서나 구두에 의해서 명시적(express) 또는 묵시적(implied)인 방식으로 계약을 성립시키는 요식계약(formal contract)이다.

③ 매도인의 물품인도에 대한 반대급부로 매수인의 대금지급이 이루어지는 유상계약(remunerative contract)이다.

④ 계약이 성립되면 매도인은 계약에서 약정한 물품을 정해진 기간 내에 선적을 이행할 의무를 갖게 되며, 매수인은 약정된 결제조건을 이행해야 되는 의무를 갖게 되는 쌍무계약(bilateral contract)이다.

해설 국제매매계약의 법률적 성격

① 합의계약 : 합의계약(合意契約 : consensual contract)이란 일반적으로 일정한 조건에 따라 상품을 매도하겠다는 매도인의 의사표시(offer)에 대하며 매수인이 이를 구매하겠다는 의사표시(acceptance)를 함으로써 성립되는 계약을 말한다.

② 쌍무계약(雙務契約 : bilateral obligation contract) : 매도인인 수출자는 합의된 무역조건에 따라 상품을 인도할 의무가 발생하는 동시에 매수인인 수입자는 이에 대한 대가로 대금을 지급할 의무가 발생하는 계약을 쌍무계약이라 하다. 따라서 매도인은 매수인으로부터 대금을 지급받을 권리가 발생하는 동시에 매수인은 매도인으로부터 상품을 인도받을 권리가 발생한다.

③ 유상계약(有償契約 : remunerative contract) : 합의적 · 쌍무적인 성격을 가진 무역계약은 대부분의 경우 물품의 급부에 대한 화폐의 반내급부가 이루어짐으로써 계약의무가 이행되는 유상계약이다.

④ 불요식 계약(不要式契約 : informal contract, single contract) : 요식에 의하지 아니하고, 즉 형식에 상관없이 당사자간 의사표시에 의하여 성립하는 계약을 불요식계약이라고 한다. 계약체결에 아무런 방식이 필요하지 않은 계약으로 구두, 서면 혹은 일부 구두, 일부 서면으로도 계약체결이 가능한 계약이다. 즉 불요식 계약이란 계약체결에 아무런 방식도 요구하지 않는 계약을 말한다. 따라서 불요식 계약은 어떤 요식행위에 의하지 않고 구두 또는 서면으로 또는 일부는 구두로 일부는 서면으로도 계약체결이 가능하다. 반면에 요식 계약은 특정양식에 의헤 당사자가 의사표시를 명시함으로써 계약이 성립하게 되는데 주로 부동산거래나 어음. 수표거래에 많이 이용된다.

정답 ②

4. 무역계약의 성립과정에서 품질결정방법에 관한 견본(sample) 대한 아래의 설명에 ( ) 안에 들어갈 의미의 알맞은 용어는?

> These ( ) are actual portions taken from the goods shipped on or about to be shipped. The exporter forwards them by the quickest available route to the overseas buyer for purposes of reference. Such samples give advantages to the overseas buyer, who is enabled to dispose of his purchase to arrive, i.e. before the cargo actually reaches him, and to check the goods on arrival by comparison with these.

① Seller's Sample
② Approval Sample
③ Shipping Sample
④ Counter Sample

해설

① 매도인으로부터 매수인에게 제공되는 상품견본. 무역거래상 견본판매에는 계약분의 선적상품이 견본과 동등한 품질의 것임을 매도인인 수출자가 보증하여 제공하는 것을 상례로 하여 무역견본은 Seller's Sample을 원칙으로 한다.
② 승인견본(Approval Sample)으로서 어느 일방이 제시한 견본을 타방이 이를 승인한 경우의 견본을 말한다.
③ 선적견본(Shipping Sample)으로서 수출상이 선적 전 또는 선적 후에 선적될 또는 선적한 상품과 동일한 상품을 수입상에게 제시하는 견본이다.
④ 선발견본(Advance Sample)으로 수출상이 수요의 환기 및 상담촉진의 유력한 수단으로서 매매계약의 성립에 앞서서 수입상에게 발송하는 견본
⑤ 매도인견본(Seller's Sample)에 대하여 매수인이 자기의 희망을 표시하기 위하여 역(逆)으로 보내는 견본 또는 매수인견본(Buyer's Sample)을 입수한 매도인이 그 견본을 보고 자국의 원료와 기술로 만들어 매수인의 승인을 얻기 위하여 보내는 견본을 뜻한다.
Original Sample(원 견본), Seller's Sample(매도인 견본), Buyer's Sample(매수인 견본), Counter Sample(반대 견본), Approval Sample(승인 견본), Shipping Sample (=Advance Sample, 선적견본), Keep Sample = File Sample(비치용 견본)

정답 ④

(5-9) 다음은 「Agreement on General Terms and Conditions of Business」의 내용 중 일부분이다. 읽고 물음에 답하시오.

SHIPMENT : ORDER NO. G-1234

We confirm our fax just dispatched, informing you that we shipped the following goods by m/v "Korean Dream" leaving Busan on July 7, 2018 for San Francisco as per the enclosed copies of the relative transport documents (A).

"Y" San Francisco (B) C/# 1 - 5 Made in Korea (C)	150 sets of HiFi Stereo Model BX-0101 completing your Order No. G-1234 of February 25, 2019 → (D)

To cover this shipment, we have drawn at 60 d/s draft on you (E) for the full your invoice amount of US$25,000.00 under the covering credit, for which we ask for protection upon presentation.

We hope that your goods will arrive in good order (F) and that you will find them satisfactory (G).

5. 밑줄 친 단어 (A)와 관계가 없는 것을 고르시오.

① Bill of Lading
② Commercial Invoice
③ Pro-forma Invoice
④ Insurance Policy

6. 위 서신문의 (B), (C), (D)를 바르게 표시한 것을 고르시오.

① Shipping Marks - Destination - Origin
② Shipping Marks - Shipping Port - Import Country
③ Identification Marks - Loading Port - Export Country
④ Trade Marks - Loading Port - Origin

7. 밑줄 친 부분 (E)를 바르게 해석한 것을 고르시오.

① 귀사를 수익자로 한 일자 후 60일 출급 환어음을 발행합니다.
② 귀사께서는 일람 후 60일 출급 환어음을 발행하십시오.
③ 귀사 앞으로 일람 후 60일 출급 환어음을 발행하였습니다.
④ 귀사를 지급인으로 한 일자 후 60일 출급 환어음을 매도하였습니다.

8. 밑줄 친 부분 (F)와 뜻이 전혀 다른 것을 고르시오.

① your lots will reach you in good condition
② the goods ordered with the order sheet reach us in due course
③ the consignment will arrive in your port in perfect condition
④ the consignment will reach you safely

9. 밑줄 친 부분 (G)와 뜻이 전혀 다른 것을 고르시오.

① they will give you perfect satisfaction
② they will prove to be satisfactory
③ you will be pleased with them
④ they will give us complete satisfaction

해설

- Main Shipping Documents : Bill of Lading(선하증권), Commercial Invoice(상업송장), ③ Insurance Policy(보험증권)
- Shipping Marks(선적 하인), Identification Marks(발신 담당자 기호), Trade Marks(상표)
- draw on A a 60 d/s draft(draw on A at 60 d/s, draw a draft on A at 60 days after Sight) : A를 지급인으로 하여, 일람 후 60 출급 환어음을 발행하다.
- arrive(at ~, in ~), reach ~ : ~에 도착하다.
  = arrive here = arrive at here : ~에 도착하다.
  in (good, perfect) condition : 무사히, 잘(=safely)
- they will give (perfect, complete) satisfaction = they prove(to be) satisfactory = you will be pleased with them) : 동 상품이 귀사를 만족스럽게 해주다.

정답 : ③, ①, ③, ②, ④

10. 다음은 무역계약의 일반거래협정문(General Terms and Conditions of Business)에서 활용되는 조항이다. 빈 칸에 들어갈 조항, 제목 및 단어가 올바르게 연결된 것은?

> (　　　) : Except in cases firm offers are accepted by (　　　), no order are binding until acknowledged by (　　　).
> Any business closed by cable shall be confirmed (　　　) without delay, and orders thus confirmed shall not be cancelled unless by mutual consent.

① orders - seller - buyer - by cable　② offer - buyer - seller - by mail
③ orders - buyer - seller - in writing　④ offer - buyer - seller - in writing

해설 주문 : Buyer가 확정오퍼를 수락한 경우 이외에는 주문은 Seller가 확인해야만 구속력이 있다. 전보로 체결된 거래는 지체없이 문서로 확인하며, 이렇게 확인된 주문은 상호 합의에 의하지 않고는 취소되지 아니한다.

정답 ③

11. 국제물품매매계약에 관한 유엔협약(CISG, 1980) Article 28의 내용에서 ( ) 안에 들어갈 의미의 용어가 알맞은 것은?

> If, in accordance with the provisions of this Convention one party is entitled to require performance of any obligation by the other party, a court is not bound to enter a judgement for (　　　) unless the court would do so under its own law in respect of similar contracts of sale not governed by this Convention.

① avoidance of the contract　② breach of contract
③ place of business　④ specific performance

해설 국제물품매매계약에 관한 UN협약(CISG, 1980), Article.28
① avoidance of the contract(계약해제), ② breach of contract(계약위반), ③ place of business(영업소), ④ "당사자가 이 협약의 규정에 따라 상대방에게 의무의 이행을 요구할 수 있는 경우라도 재판소는 이 협약이 적용되지 아니하는 유사한 매매계약에 대하여 국내법에 의하여 서라면 특정이행을 명하는 판결을 내리게 될 만한 경우에 해당하지 아니하는 한 그러한 판결을 내릴 의무가 없다." Specific Performance(특정이행)이란 계약의 목적으로 되어 있는 채무를 약속한 대로 이행할 것을 법원이 명령하는 구제방법을 말한다. 매수인은 계약물품 자체의 인수로서 이익을 보전할 필요가 있을 때 법원에 특정이행을 청구할 수 있다. 우리 민법에서도 강제이행 청구권이라는 내용으로 이와 유사한 규정을 두고 있다(민법 제389조). 그러나 이러한 판결은 채무이행을 강요함으로써 채무자가 심한 곤란에 처하게 되거나 손해배상으로 충분한 경우에는 법원의 재량으로서 이를 판결하지 않을 수도 있다.

정답 ④

12. CISG, 1980상 계약의 성립(formation of the contract)의 규정으로서 청약의 구체적인 개념에 대한 내용에서 ( ) 안에 들어갈 의미의 알맞은 용어는?

> A proposal for concluding a contract addressed to one or more specific persons constitutes an offer if it is sufficiently definite and indicates the intention of the offeror to the offeror to be bound in case of acceptance. A proposal is sufficiently definite if it indicates the goods and (   ) fixes or makes provision for determining the quantity and the price.

① clearly or implicitly　　② specified or implied
③ express or implied　　④ expressly or implicitly

해설 국제물품매매계약에 관한 UN협약(CISG, 1980 Article 14)
CISG, 1980 Article 14(1) : 비엔나 협약 14조(1)의 규정으로서 청약의 구체적인 개념에 대한 내용으로서, 비엔나 협약상 청약은 1인 또는 다수의 특정인에게 통지된 계약을 체결하려는 제안이 충분히 확정적이고 승낙의 경우 구속되겠다는 청약자의 의도를 나타내는 경우에는 청약을 구성한다는 것이며 여기서 제안이 충분히 확정적이다 라는 것은 물품, 명시적 또는 묵시적으로 수량, 가격을 결정하고 있거나 결정하기 위한 조항이 포함되어 있는 경우를 말한다.
정답 ④

13. 국제물품매매계약에 관한 유엔협약(CISG, 1980)상 본질적 계약위반(fundamental breach of contract)에 대한 규정으로서 ( ) 안에 들어갈 의미의 용어가 순차적으로 알맞은 것은?

> A breach of contract committed by one of the parties is (   ) if it results in such detriments to the other party as substantially to deprive him of what he or she is entitled to expect under the contract, unless the party in breach did not (   ) and a reasonable person of the same kind in the same circumstances would not have foreseen such.

① serious - predict　　② critical - foreseen
③ fundamental - foresee　　④ substantial - foremost

해설 국제물품매매계약에 관한 UN협약(CISG, 1980 Article 25)
CISG Article 25 : 비엔나 협약상 본질적 계약 위반(fundamental breach of contract; 근본적 계약위반, 중대한 계약위반)에 대한 25조의 규정으로 이러한 본질적 계약위반의 개념은 비엔나 협약상 당사자의 구제 방법에 대한 중요한 기준이 된다.
"당사자의 일방에 의한 계약위반은 당해 계약하에서 상대방이 기대할 권리가 있는 것을 실질적으로 박탈할 정도의 손해가 발생되는 경우에는, 이를 본질적인 위반으로 한다. 다만, 위반한 당사자가 그런 결과(손해)를 예견하지 못하였고, 또한 동일 부류에 속하는 합리적인 자일지라도 동일한 상황하에서 그러한 결과를 능히 예견하였을 리가 없었을 것인 경우에는 그러하지 않는다."
정답 ③

Letter of Credit

Chapter 07

신용장

1 신용장의 의의

<table>
<tr><td colspan="2" rowspan="4">신용장방식
(Documentary Credit)</td><td>At Sight L/C
(일람출급)</td><td colspan="2">지급신용장(Sight Payment)</td><td></td><td>• Red Clause L/C
• Installment Shipment L/C</td></tr>
<tr><td rowspan="3">Usance L/C
(기한부)</td><td colspan="2">매입신용장(Negotiation)</td><td rowspan="2">Shipper's
Banker's</td><td rowspan="3">• Clean L/C
• Standby L/C</td></tr>
<tr><td colspan="2">인수신용장(Acceptance)</td></tr>
<tr><td colspan="3">연지급신용장(Deferred Payment)</td></tr>
<tr><td rowspan="9">무신용장방식</td><td rowspan="3">추심방식
(Collection)</td><td colspan="3" rowspan="2">D/P(Documents against Payment) : 지급인도조건</td><td colspan="2">• D/P at Sight</td></tr>
<tr><td colspan="2">• D/P Usance</td></tr>
<tr><td colspan="5">D/A(Documents against Acceptance) : 인수인도조건</td></tr>
<tr><td rowspan="6">송금방식
(Remittance)</td><td>사전지급</td><td colspan="3">단순송금방식(Advance Remittance, TT in Advanced, CWO)</td><td rowspan="6">분할
지급
방식</td></tr>
<tr><td rowspan="5">사후지급</td><td rowspan="3">동시
결제
방식</td><td colspan="2">COD(Cash On Delivery) : 상품인도결제방식</td></tr>
<tr><td colspan="2">CAD(Cash Against Document) : 서류인도결제방식</td></tr>
<tr><td colspan="2">European D/P</td></tr>
<tr><td colspan="3">사후송금방식(Later Remittance = 변형 CAD)</td></tr>
<tr><td colspan="3">OA(Open Account) : 선적통지조건의 기한부 사후송금 결제방식</td></tr>
<tr><td colspan="2">Others</td><td colspan="5">International Factoring, Forfaiting 등</td></tr>
</table>

그림 7-1 수출입 대금결제방식 요약표

신용장(Letter of Credit : L/C)이란 무역거래 시 대금지급 및 상품수출을 원활하게 하기 위하여 수입상을 **신용장발행의뢰인(applicant)**으로 하고 수출상을 **수익자(beneficiary)**로 하여 수입상의 거래은행인 **발행은행(issuing bank)**이 수입상의 요청과 지시에 따라 수출상 또는 그의 지시를 받은 은행이 신용장에 명기된 조건과 일치하는 운송서류(transport documents)를 제시하면 신용장의 제조건, 신용장통일규칙, 국제표준은행관행의 적용 가능한 규정에 일치하면 수입상을 대신하여 지급의 이행 혹은 신용장에 의해 발행된 어음의 지급(payment)·인수(acceptance)·매입(negotiation)을 수출상 또는 매입은행(negotiating bank) 및 선의의 소지인(bona-fide holder)에게 확약하는 비유통 약속증서이다. 즉, 신용장이란 수익자에 대한 발행은행의 조건부 지급 확약서(conditional bank undertaking of payment)이다.

2 신용장의 당사자

신용장의 당사자는 기본 관계당사자와 기타 관계당사자로 나눌 수 있다.

기본 관계당사자란 신용장 거래의 직접적인 권리와 의무를 갖게 되는 당사자들로서, 신용장의 발행은행(issuing bank), 수익자(beneficiary)를 지칭한다. 만일 확인신용장인 경우에는 확인은행도 기본 관계당사자에 추가되므로 취소불능신용장은 이러한 기본 관계당사자 중 발행은행, 수익자, 확인은행(있는 경우) 전원의 합의가 없이는 신용장의 변경이나 취소가 불가능하다.

기타 관계당사자는 신용장 거래의 직접적인 권리와 의무는 갖고 있지 않지만 신용장 거래의 원활한 작동을 위하여 간접적으로 거래에 참여하거나 협조하는 기타의 모든 관계자들을 말한다. 발행의뢰인(applicant), 통지은행(advising bank), 지급은행(paying bank), 인수은행(accepting bank), 매입은행(negotiating bank), 상환은행(reimbursing bank) 등이 기타 관계 당사자들로서 각기 역할을 하고 있다.

① 발행의뢰인(Applicant) : 신용장의 발행을 신청하는 수입상으로 발행은행에게 신용장대금을 결제해야 할 의무를 부담하는 자.

② 발행은행(Issuing Bank) : 자기명의로 신용장을 발행하는 수입상의 거래은행으로서 수출상 또는 수출상으로부터 선적서류를 양도받은 매입은행 등에게 신용장대금을 지급해야 할 의무를 부담하는 은행.

③ 수익자(Beneficiary) : 신용장상에 표기된 선적서류를 제시하고 대금을 수령하는 수출상으로서 신용장에 표기된 물품을 공급할 의무를 부담하는 자.

④ 통지은행(Advising Bank) : 발행은행의 지시 및 전달사항을 수출상에게 전달할 의무를 진 수출지의 은행.

⑤ 확인은행(Confirming Bank) : 발행은행과 동일하게 지급책임을 부담하는 제3의 은행으로서 수출상이 자신에게 제시하는 서류가 신용장조건과 일치하기만 하면 대금지급 의무를 지는 은행.

⑥ 매입은행(Negotiating Bank) : 수출상으로부터 선적서류를 제시받고 자기자금을 선지급하는 수출지의 은행으로서 수출상에게 양도받은 신용장상의 대금지급 청구권을 발행은행에게 행사하여 선지급한 대금을 회수하는 은행.

⑦ 지급은행(Paying Bank) : 수출지에 있는 발행은행의 지점 또는 예치환거래은행으로서 수출지에서 발행은행을 대신하여 수출상에게 대금을 지급할 의무를 부담하는 은행.

⑧ 인수은행(Accepting Bank) : 외상신용장의 경우 수출지에서 수출상으로부터 선적서류를 받고 그 대신 수출상이 제시하는 환어음의 만기일에 자신이 그 어음 금액을 지급하겠다고 약속하는 은행.

⑨ 상환은행(Reimbursing Bank) 또는 결제은행(settling Bank) : 발행은행과 매입은행이 예치환거래은행이 아니어서 신용장대금의 송금 및 입금이 불가능한 경우 발행은행의 지시에 따라 매입은행의 계좌에 입금을 해주는 역할을 맡은 은행.

⑩ 양도은행(transferring bank) : 양도가능신용장(transferable credit) 하에서 발행은행의 수권에 의하여 최초 수익자(first beneficiary)의 요청에 따라 그 신용장의 모든 권리와 의무를 제2의 수익자(second beneficiary)에게 신용장을 양도하는 업무를 수행하는 은행을 말한다.

3 신용장거래의 메커니즘

신용장방식의 결제는 다음의 과정을 통하여 이루어지게 된다.

① 국내의 수입상이 외국의 수출상인 매도인과 매매계약을 체결하면서 대금결제 방법으로서 신용장에 의한 대금지급이 이루어지도록 합의한다.

② 수입상은 해당되는 경우에 관련기관에 수입승인을 신청하여 수입허가(승인)서(import license : I/L)를 받는다.

③ 수입상은 자기 거래은행과 신용장 발행계약을 체결하고 거래은행에 발행될 신용장의 제 조건을 취소불능화환 신용장발행신청서(application for irrevocable documentary credit)에 간단·명료·정확하게 기재하고 수입계약서의 조건과 일치되게 작성하여 매도인 앞으로 수입신용장을 발행해 주도록 의뢰한다.

④ 신용장발행을 의뢰받은 수출상의 거래은행인 외국환은행(발행은행)은 의뢰인의 지시를 준수하여 수출상(수익자) 앞으로 신용장을 발행하여 수출상 소재의 외국의 환거래은행(통지은행)에 신용장을 송부하여 신용장의 통지를 요청한다.

⑤ 수익자 소재지의 수출지의 통지은행은 신용장의 외관상의 진정성을 확인하여 수출상에게 신용장 도착을 통지한다. 이 경우 통지은행이 발행은행으로부터 확인(confirmation)의 추가를 요청받은 경우에는 별도의 확약문언을 기재한 통지은행 양식의 신용장을 통지한다.

⑥ 신용장을 수취한 수출상은 그 신용장조건이 매매계약조건과 일치하는가를 반드시 확인하고, 이를 토대로 해당되는 경우 관련기관에 신청하여 수출승인서(export license : E/L)를 받는다.

⑦~⑨ 신용장을 받은 수출상은 약정된 물품을 제조·생산 또는 집하하여 선박이나 항공기에 선·기적한 후, 신용장에서 요구한 제반 운송서류와 환어음을 준비하여 신용장에서 지정된 지급·인수 또는 매입은행 또는 개방매입신용장의 경우에는 자신에게 유리한 은행에 이를 제시하여 매입을 의뢰한다.

⑩ 지정은행에 지급·연지급·인수를 위한 제시를 하거나, 자유매입신용장의 경우에는 자신의 거래은행에 추심전 매입(negotiation)을 의뢰하여 수출대금을 회수하게 된다. 즉, 수출지의 매입은행(negotiating bank)은 환어음 및 제시서류와 교환하여 수출상에게 어음대금을 지급한다.

⑪ 매입은행은 수출업자에게 지급한 어음대금을 결제받기 위해 신용장 발행은행에 환어음 및 운송서류를 송부함과 동시에 환어음대금을 상환청구하여 수출대금을 상환받는다. 상환은행(결제은행)이 별도로 있을 경우에 매입은행은 운송서류를 발행은행 앞으로 송부하고 상환은행으로부터 수출대금을 상환받는다.

⑫ 발행은행은 매입은행으로부터 운송서류나 환어음이 도착하면 수입상에게 운송서류 도착(arrival notice of documents)을 통지한다.

⑬ 발행은행은 Sight Credit인 경우에는 수입상으로부터 수입대금을 결제받고 또는 Usance Credit인 경우에는 인수한 후 운송서류를 수입상에게 인도한다. 발행은행은 매입은행에 대금결제를 직접 하거나, 상환은행에 수권하였을 경우에는 상환청구에 응하여 상환은행이 대금결제를 한다. 이 경우 발행은행은 상환에 따른 상환대금을 결제하게 된다.

만일, 수입화물은 이미 도착하였으나 우편지연, 매입지연 등의 사유로 운송서류의 원본(B/L)이나 항공운송장(AWB) 도착하지 않은 경우에는 발행은행에서 수입화물선취보증서(L/G : Letter of Guarantee, SSB : Shipside Bond, Shipping L/G)나 항공화물운송장에 의한 수입화물인도승낙서를 발급받아 이를 선박회사나 항공사에 제출하고 수입화물을 미리 인수할 수 있으나, 나중에 도착하는 운송서류에 하자가 있더라도 발행은행은 지급거절을 할 수 없음을 유의하여야 한다. 또한 수입상이 수입화물은 도착하였지만 대금결제자금이 없는 경우에는 발행은행이 수입화물에 대한 담보권과 소유권을 유지하면서 수입상이 수입대금을 결제하기 전에 수입화물을 인도하여 줌으로써 수입상이 적절한 시기에 처분하여 약정기일에 수입대금을 결제할 수 있는 편리한 제도로서 만일 수입상이 발행은행에 대금을 불입하지 않고 선적서류를 먼저 인수하고자 한다면 발행은행에 수입담보화물보관증의 성격을 가지고 있는 대도증서(貸渡證書, trust receipt; T/R)를 제공하고 서류를 인도받는다.

⑭ 선박회사는 화물이 도착하면 수입상에게 통지(arrival notice of cargo)한다.

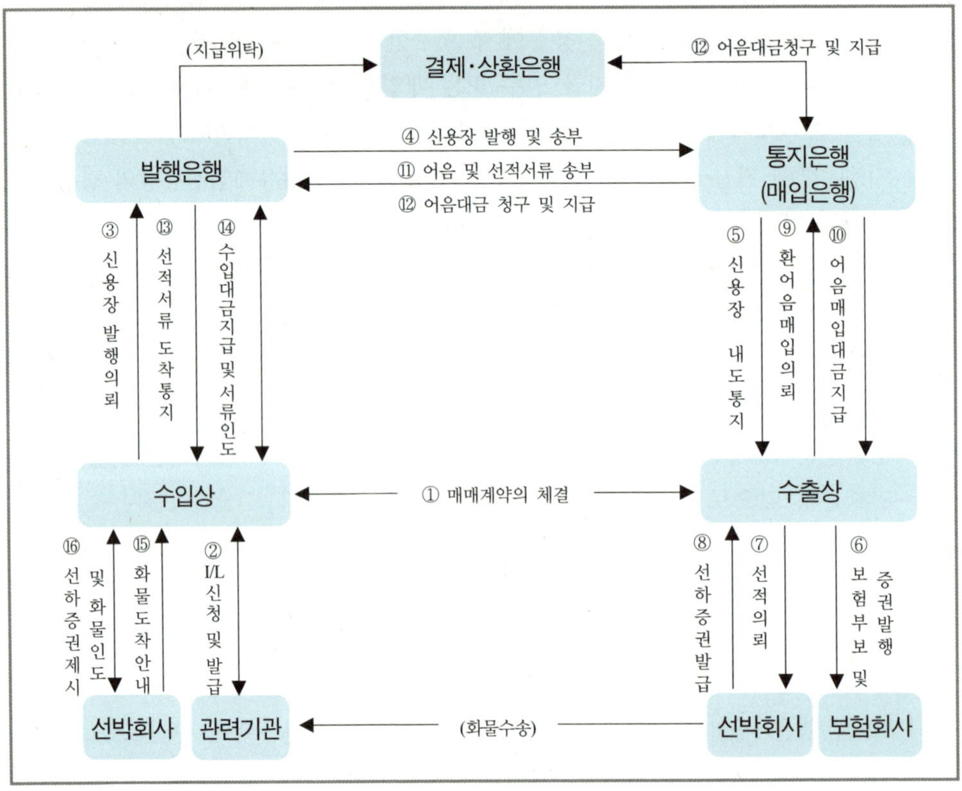

그림 7-2 신용장거래의 흐름도

⑮ 화물 도착통지를 받고 선적서류를 인수한 수입상은 선박 또는 항공회사에 선하증권(B/L) 또는 항공운송장(AWB)을 제시하고 해당되는 경우 해상·항공운송료를 정산하고 화물인도지시서(D/O : Delivery Order)를 수취한 후 수입물품을 세관

에 수입신고 후(EDI 신고) 수입신고서 심사 및 검사가 끝나면 지정은행에 관세 등을 납부하고 세관에서 소정의 수입통관절차를 거쳐 수입신고필증을 교부받고 선박회사 또는 항공사의 CY나 CFS에서 수입화물을 수령한다. 이때 수입상은 물품이 계약과 일치하는 지의 여부를 검사하여야 하며 만약 물품이 계약에 부적합할 때에는 계약서에서 약정한 기일 내에 클레임을 제기한다.

4 신용장거래의 특성

(1) 신용장의 독립성

무역거래의 당사자는 매매계약의 지급방식으로서 신용장에 의한 방식을 선택한다고 합의하면, 수입상은 자기의 거래은행에 의뢰하여 신용장을 발행한다. 그러나 신용장이 일단 은행에 의하여 발행되면 그 신용장은 그 근거가 되었던 매매계약으로부터 완전히 독립되어 그 자체로 별도의 법률관계를 형성하는 이른바 "독립성"을 갖게 된다. 즉 신용장은 무역거래 당사자간에 체결한 계약내용과 독립적인 바, 이를 신용장의 독립성이라고 하며, 이와 같이 일단 신용장이 발행되고 나면 당해 신용장은 그 기초가 되었던 계약들로부터 완전히 독립되어 자체적으로 별도의 법률관계를 형성하게 되는데, 이를 일컬어 독립성의 원칙(principal of independence)이라 한다. 또한 은행은 오직 신용장 문면상의 조건에 따라 제시되는 서류만을 검토하고 대금지급 여부를 결정하는 바, 이를 신용장의 추상성이라고 하며, 신용장의 모든 당사자는 계약물품과는 상관없이 계약물품을 상징하는 서류에 의하여 거래한다는 것을 추상성의 원칙(principal of abstraction)이라고 한다. 이와 같은 신용장의 특성을 신용장의 독립·추상성이라고 한다.

(2) 신용장의 추상성

신용장은 서류에 의한 거래이므로 은행은 신용장 조건에 부합되는 선적서류가 제시되면 서류만 심사한 후에 대금을 지급하거나 매입하며, 선적한 물품이 계약물품과 상이한 물품이라 할지라도 수출상이 제시한 선적서류에 하자가 없는 한 은행은 매입 및 지급에 응하여야 한다. 신용장거래의 2대 원칙 중 하나인 추상성의 원칙을 규정한 독립성의 원칙과 함께 신용장거래의 또 하나의 특성인 추상성을 명확하게 하고 있다. 따라서 신용장거래에서는 모든 판단의 기준이 실제의 사실이 아닌 서류에 있다고 추상화함으로써 상품이나 기타 실질거래에 지식이 불충분하고 경험이 부족한 은행들로 하여금 적극적으로 신용장거래를 행할 수 있도록 보장하고 있다.

5 신용장의 종류

(1) 취소가능신용장(revocable credit)과 취소불능신용장(irrevocable Credit)

신용장은 취소불능성이 중요함으로써 취소불능신용장만이 사용되도록 UCP 600 신용장통일규칙이 개정되어 신용장면에 “Irrevocable”이란 명시가 있거나 없거나 취소불능신용장으로서 신용장조건에 일치하는 서류가 제시되면 발행은행이 대금을 지급하겠다고 확약을 하고 한번 발행된 신용장은 의뢰인을 제외한 기본당사자의 동의 없이는 변경이나 취소가 불가능한 신용장으로 국제무역에서 사용되는 대부분 신용장이다.

(2) 확인신용장(confirmed credit)과 미확인신용장(unconfirmed credit)

발행은행 이외의 제3의 은행이 지급을 하거나, 수익자가 발행하는 어음에 대하여 지급인수 또는 매입을 하기로 확약한 신용장이다. 확인은행의 이러한 확약은 발행은행의 그것을 보증하는 것이 아니라 별개의 독립된 것이다. 따라서 확인신용장에 의한 환어음을 발행하는 수익자나 매입하는 매입은행은 환어음의 결제에 대한 확약을 발행은행과 확인은행으로부터 이중으로 받게 된다. 미확인신용장이란 제3은행의 확약이 없는 신용장이다.

(3) 상환청구가능신용장(with recourse credit)과 상환청구불능신용장(without recourse credit)

환어음을 매입한 은행이나 이를 소지하고 있는 자는 선의의 소지인 또는 배서인이 되는데 이들이 환어음의 지급인 즉, 발행은행에 의하여 어떠한 이유로든 지급이나 인수가 거절될 때는 환어음 발행인은 상환의무를 지게 된다. 일반적으로 신용장에 별도의 표시가 없거나 “with recourse”라는 용어가 있으면 모두 상환청구가능신용장이다. 신용장에서 “without recourse”가 표시된 환어음을 표시할 경우 그 신용장은 상환청구불능신용장이나 우리나라 어음법에서는 Without Recourse는 인정되지 않는다.

(4) 보통신용장(general credit)과 특정신용장(special credit)

보통신용장(general or open credit)이란 신용장에서 어음의 매입을 특정은행으로 제한하지 않고 아무 은행에서나 매입할 수 있도록 되어 있는 신용장을 말한다. 특정신용장(special or restricted credit)은 신용장상의 수익자가 선적을 완료한 후 발행하는 환어음의 매입은행을 특정은행으로 한정하고 있는 신용장이며, 이를 매입제한신용장이라고도 한다. 표시하는 문언은 “This credit is available through xxx Bank only” 또는 “Negotiation under this credit is restricted to xxx Bank” 등이다.

(5) 매입신용장(negotiation credit)과 지급신용장(straight credit)

매입신용장이란 수익자가 발행한 환어음이 매입될 것을 예상하고 수익자뿐만 아니라 배서인, 선의의 소지인에게도 그 지급을 확약하고 있는 신용장이다. 지급확약문언은 "We hereby engage with drawers, endorsers and bona fide holders ~"로 시작되며, 신용장의 유효기간은 "Drafts must be negotiated not later than 2019" 등으로 표시된다. 지급신용장이란 환어음이 수익자로부터 발행은행이나 지정은행에 제시되었을 때에 지급할 것을 약속한 신용장이다. 지급확약문언은 보통 "We hereby engage with drawers that drafts drawn ~"으로 시작되며 유효기간은 "Drafts must be presented to the drawee bank not later than 2019"이나 "This credit will be expired …… 2019 at the counters of xxx bank"라고 되어 있다.

(6) 일람출급신용장(Sight L/C)과 기한부신용장(Usance L/C)

일람출급신용장은 신용장에 의하여 발행된 환어음이 일람출급인 신용장이다. 어음의 지급인에게 제시되면 즉시 지급이 이루어진다. 환어음의 발행을 요구하지 않고 서류만의 제시로 즉시 지급이 이루어지는 경우도 있다. 기한부신용장이란 발행된 환어음의 기간(tenor)이 기한부인 신용장이다. 어음이 지급인에게 제시되면 즉시 인수가 이루어지고, 만기일(maturity date)이 내도하면 지급할 것을 약속한다. 환어음의 발행을 요구하지 않고 서류만의 제시로 신용장조건에 따라 결정되어지는 일자에 지급을 이행할 것을 확약하는 경우도 있는데 이것을 Deferred Payment L/C라고 한다.

(7) 양도가능신용장(transferable credit)과 양도불능신용장(non-transferable credit)

양도가능신용장은 신용장에 "Transferable"이란 표시가 되어 있어 원수익자가 제3자에게 신용장의 전부 또는 일부를 양도할 수 있도록 허용하고 있는 신용장으로, 신용장에 별도의 명시가 없는 한 동일국내 또는 타국으로도 양도할 수 있는데, 양도는 1회에 한하며, 분할선적이 허용되는 경우 분할양도가 가능하다. 반면 양도불능신용장은 신용장에 "Transferable"이란 문언이 없는 모든 신용장으로, 지정된 수익자만이 그 신용장을 사용할 권리를 가진다.

(8) 특수신용장

국제무역에서 양 국가간의 수출입 균형을 유지하기 위한 신용장으로서 ① 회전신용장(revolving credit), ② 전대신용장(red clause credit), ③ 동시개설신용장(back to back credit), ④ 기탁신용장(escrow credit), ⑤ Tomas Credit 등이 있으며, 금융 또는 채무보증 등을 목적으로 발행되는 신용장으로 보증신용장(stand-by credit)이 있으며, 원양어선 등 공해상에서 포획한 수산물을 직접 해외 거래선에게 인도할 경우에 이용되는 Cargo Receipt Credit, 원신용장의 수익자인 수출업자가 국내에 있는 원료공급자, 하청업자에게 자기가 받은 원신용장을 근거로 자기의 거래은행으로 하여금 새로운 신용장을 발행하도록 요청하는데, 이때 발행된 신용장을 내국신용장(Local L/C)이라 하고 외국에서 완제품 또는 원·부자재를 수입하여 제조·가공한 후 상품을 수출하고자 할 때 원래 받은 신용장(master L/C)에 대해서 완제품 및 원·부자재 수입용으로 새로이 발행되는 신용장을 Baby L/C라고 한다.

6 신용장의 구성과 기재내용

신용장의 형식은 SWIFT "MT 700" 형식이 발행되어 사용되고 있으므로 이 형식에 따른 신용장의 내용구성과 기재내용을 검토할 필요가 있다.

무역거래에서 일반적으로 많이 사용되고 있는 취소불능화환신용장을 중심으로 그 구성내용과 기재사항은 ① 신용장 자체에 관한 사항, ② 환어음에 관한 사항, ③ 물품명세에 관한 사항, ④ 요구서류에 관한 사항, ⑤ 운송에 관한 사항, ⑥ 특별지시에 관한 사항, ⑦ 기타의 기재사항 등으로 구분하여 구성되어 있다.

다음은 <Model Form 11>에 예시된 스위프트 메시지에 의한 "SWIFT 수출신용장 신용장 항목별 설명"에 의거하여 번호순으로 내용을 설명하기로 한다.

(1) 신용장 자체에 관한 사항

① 신용장발행은행(issuing bank) : From xxx Bank

신용장상 발행은행은 양식에서 보는 바와 같이 신용장의 상단에 발행은행의 은행명과 주소, 전화번호, 텔렉스번호, 전신약호, Fax. No. 등이 인쇄되어 있는 경우가 통상적이다. SWIFT MT 700에 의하여 발행 및 통지되는 신용장은 국제적으로 그 형식이 통일되어 있어, 일반적으로 메시지 형식 발신자는 발행은행이 되고 수신자는 통지은행이 된다.

② 발행지 및 발행일자(place and date of issue) : 31C

발행지는 발행은행의 소재지를 의미하며, 발행일자는 신용장 본문에 표시되며, 통지은행이 전송으로 수신된 메시지를 인용하여 통지하는 경우 신용장 본문의 발행일자 이외의 통지은행에서 기재한 일자는 통지일자가 된다.

③ 신용장 종류의 표시(form of documentary credit) : 40A

취소불능화환신용장(irrevocable documentary credit)과 같이 신용장 종류를 표시하는 란으로 대부분의 신용장은 "irrevocable"이란 문언이 기재되어 있었으나 이제는 명시가 없어도 취소불능신용장으로 간주된다. 신용장이란 그 명칭이나 기술에 관계없이 발행은행이 일치하는 제시에 대하여 결제하겠다는 확약으로 취소불가능한 모든 약정을 의미한다.

④ 신용장 번호(credit number) : 20

발행은행이 기준에 따라 부여한 번호로서, 수출신용장의 경우에는 신용장번호를 관련 서류상에 기재할 것을 요구하는 경우가 많다. 우리나라의 경우 신용장을 발행할 경우에, 즉 수입시에 신용장번호는 한국은행이 정한 "수출입허가(승인)서 및 신용장 등의 번호기재 요강"에 따라 각 외국환은행이 공통으로 사용하고 있다..

⑤ 유효기일 및 유효장소(expiry date and place of expiry) : 31D

모든 신용장은 지급, 인수 또는 매입을 위한 서류제시의 유효기일 및 제시장소인 은행을 명시해야 하며, 모든 신용장에는 선적을 위한 최종기일이 명시되어 있을지라도 지급·인수·매입을 위하여 서류를 제시하여야 할 최종기일이 명시되어야 한다. 제시되는 유효장소의 표시는 신용장의 지급확약방식, 즉 일람지급, 연지급, 인수 및 매입이 이루어지는 소재지를 기재하는 곳으로 "May 5, 2019 in the Beneficiary's country" 등으로 표시하며, "June 10, 2019 at the counters of Bank of America, New York"과 같이 표시되었다면 이 경우에는 특히 주의가 요망된다.

⑥ 신용장발행의뢰인(applicant) : 50

신용장 발행의뢰인의 명칭 및 주소가 기재되며, 신용장 발행의뢰인의 표시는 "for account of xxx Co.", "by order of xxx Co." 또는 "accountee" 등으로 표시하며, 신용장 발행의뢰인인 Applicant가 된다.

⑦ 수익자(beneficiary) : 59

신용장을 받게 되는 수신인(addressee)으로 수익자의 상호·주소·전화번호를 명확하게 기재해야 발행은행에서 통지은행을 통하여 수익자에게 신용장송달이 신속·정확하게 이뤄진다. 수익자란 수출을 이행하고 수출대금을 받기 위하여 환어음을 발행하는 환어음 발행자(drawer)를 말하며, 'in favor of...' 또는 'F/O...'라고도 표시하기도 한다.

⑧ 통지은행(advising bank) : TO xxx Bank

통지은행은 발행은행에서 보내는 신용장을 수익자에게 통지하여 주는 중간은행으로서, 수익자의 소재지에 있는 발행은행의 본·지점이나 환거래은행(correspondent bank)이 되며, 통지은행의 명칭, 소재지를 기입한다. 통지은행이 UCP 600 제6조 a항에 규정된 지정은행이 되는 경우에는 은행 및 장소가 "credit available with" 밑에 기재되어야 한다.

⑨ 신용장 통화코드 및 금액(currency code and credit amount) : 32B

신용장금액은 신용장사용의 한도금액으로 동 금액 이내에서 수익자가 환어음을 발행할 수 있으며, 신용장 통화코드 및 금액은 USD$100,000와 같이 ISO가 정한 통화코드에 금액을 표시한다. 다만 신용장 금액란에 "about", "circa"란 표시가 있는 경우 10%의 과부족을 허용하며, 표시문구가 없더라도 신용장상에 금지조항이 없고, 포장단위(packing units) 또는 개체품목(individual items)이 아닌 살물(bulk cargo)인 경우, 어음발행금액, 신용장 금액을 초과하지 않는 범위 내에서 5% 이내의 편차가 허용된다.

(2) 환어음에 관한 사항

⑩ 신용장 사용은행과 사용방법(credit available with … by … : 41D

신용장의 사용가능은행을 표시한다. 이 난에는 지급, 인수 또는 매입의 권한이 부여된 은행, 즉 신용장을 사용할 수 있는 은행(지정은행) 및 신용장의 사용방법을 기재, 즉 신용장이 일람지급(sight payment), 연지급(deferred payment), 인수(acceptance) 및 매입(negotiation)의 권한을 부여할 경우에는 그 특정의 지정은행이 기입되고, 모든 은행에 의한 매입을 허용할 때에는 "Any Bank"의 용어를 기입한다. 또한 연지급이 지정되는 경우에는 "by deferred payment at" 다음에 "180 days after B/L date(sight)"와 같은 지급기한을 기입한다. 즉 "with" 다음에는 신용장을 사용할 수 있는 은행명을 "by" 다음에는 신용장의 사용방법을 표시한다.

[신용장 사용방법 기재예시]

- 매입신용장(환어음의 사용은 선택적임)
  "41D : Available with … by … : ABC Bank, New York by Negotiation"
  "41D : Available with … by … : Any Bank, by Negotiation"
- 지급신용장(환어음의 사용은 선택적임)
  "41a : Available with … by … : ABC Bank, New York by Payment"
  "41a : Available with … by … : Issuing Bank by Sight Payment"

• 연지급신용장(환어음 요구하지 않음)
"41D : Available with … by … : ABC Bank, New York by Deferred Payment"
• 인수신용장(환어음 요구함)
"41D : Available with … by … : ABC Bank, New York by Acceptance"

⑪ 환어음의 지급기일(tenor of draft) : 42C

환어음의 지급기일(tenor of draft)은 "and beneficiary's draft at…"의 "at" 다음에 환어음의 만기, 즉 일람출급이면 "sight", 기한부이면 "90 days after sight" 또는 "90 days after B/L date"를 기입한다.

⑫ 신용장금액의 과부족 허용비율 : 39A

신용장금액의 과부족 허용비율을 표시한다.

⑬ 환어음의 지급인(drawee) : 42A

환어음상의 지급인(drawee)은 "drawn on" 다음에 기재된 은행이 어음의 지급인으로서 보통 발행은행 또는 발행은행의 예치환거래은행(상환·결제은행)이 된다. SWIFT에 의한 신용장에서는 환어음 지급인으로 ": 42A drawee : ABC Bank"와 같이 명시되면 ABC Bank가 지급인이 된다.

(3) 물품명세에 관한 사항

⑭ 물품 및/또는 서비스 및/또는 이행의 명세(description of goods and/or services and/or performance) : 45A

물품명세는 상품명(commodity name), 수량(quantity), 규격(specification), 단가(unit price), 가격조건(price terms), 원산지(country of origin) 등을 "4,000 Pcs. of Men's Split Leather Jackets as per Sales Note No. 16018 dated June 5, 2019 @US$50 CIF New York Incoterms® 2020, U.S.A. Origin" 등과 같은 요령으로 표시한다. 상업송장상의 물품, 서비스 또는 이행의 명세는 계약서의 상품명세와 일치하여야 하며 상품 명세가 복잡하여 "Offer Sheet"를 이용할 경우에는 "Details are as per Offer Sheet No.123 issued by ABC, dated May 15, 2019"로 표시한다.

(4) 서류에 관한 사항(documents required)

선적서류라는 것은 선적된 화물의 권리를 나타내는 증권 등으로 구성되는데, 이들 필요 문서들은 지급·인수 또는 매입을 위한 서류가 정확하게 명시되어야 하며, 서류는 대개 상업송장(commercial invoice), 운송서류(transport document), 보험서류(insurance policy), 기타서류 순으로 요구한다.

⑮ 상업송장(commercial invoice) : 46A

상업송장은 매수인에 대한 대금청구서, 거래명세서, 출하안내서, 견적서이며 수익자가 작성한다. 상업송장에 기재된 물품명세는 신용장의 물품명세와 일치되어야 한다. 통상 "Signed Commercial Invoice in Triplicate"처럼 요구통수를 표시하는데, "Original(1 fold), Duplicate(2 fold), Triplicate(3 fold), Quadruplicate(4 fold)" 등과 같이 요구한다.

신용장거래에서는 신용장상의 물품명세와 상업송장상의 물품명세가 상이하다는 이유로 지급거절하는 사례가 많으므로 수익자는 한 단어 또는 한 문자도 누락되지 않고 엄밀히 일치되도록 상업송장을 작성하여야 한다. 또한 "Signed Commercial Invoice in duplicate which must be certified by chamber of commerce and legalized by xx consulate"라고 하여 특정기관의 확인이나 검정을 요구하기도 하면 반드시 이 요건이 충족되어야 유효한 서류가 된다.

⑯ 운송서류(transport document) : 46A

운송서류는 물품의 선적·발송·수탁을 명시하는 인도의 증거서류를 포괄적으로 말하는 것으로 해상선하증권, 항공화물운송장, 복합운송증권 등 운송방식에 따라 요구되는 운송서류의 종류가 다양하다. 예시된 신용장처럼 해상선하증권을 요구할 경우에는 무사고선적 해상선하증권(clean on board ocean bills of lading) 전통(full set)을 제시하도록 하고 있다.

무사고(clean)란 선적된 물품 및 포장상태의 포장 개수가 부족하지 않고 외관상 완전한 상태로 선적되었음을 입증하는 사고문언(remarks)이 없는 것을 말하며, 전통(full set)이란 만일 선하증권의 원본 3통(original, duplicate, triplicate)이 1조로 발행되었다면 3통 모두를 갖춘 것을 말하며, 3통은 각각 정식의 선하증권으로서 독립된 효력을 가지며 그 중 1통이 사용되면 나머지는 자동 무효가 된다.

또한 선하증권의 발행방식으로 수하인(consignee)을 지정하게 되는데, 예시의 신용장은 "to the order of Bank of America"와 같이 "Bank of America의 지시식"으로 발행할 것을 요구하고 있다. 이 방식 이외에도 수하인은 단순지시식으로 "to order," 송화인의 지시식으로 "to the order of shipper," 수입상의 지시식으로 "to the order of ABC Inc."와 같이 기재하도록 신용장상에서 요구한다. 보통 선하증권 최초의 소지인이며 송하인인 신용장 수익자는 '단순지시식'이나 '송하인의 지시식'의 경우에 선하증권 원본 이면에 무기명배서(blank endorsement)를 하여 운송서류를 양도하고 있다.

운임지급에 관하여 정형거래규칙이 Incoterms® 2020에 의거 CFR, CIF,

CPT, CIP 중 어느 하나라면 운임선지급(freight prepaid)으로, FCA, FAS, FOB 중 어느 하나라면 운임후지급(freight collect)이라고 운송서류 상에 표시하게 되며, 해상운임은 전자는 매도인이, 후자는 매수인이 부담하여야 한다.

화물 도착통지처(notify party)는 화물이 목적항에 도착하였을 때 선박회사로부터 화물도착통지서(arrival notice of cargo)를 통지하여야 할 곳으로 신용장 발행의뢰인인 수입자나 그 대리인 명의의 상호와 주소를 기재하게 된다.

한편 항공운송의 경우에는 예시의 신용장처럼 수하인은 xx은행으로 발행한 '항공화물운송장(Air Waybill)'을 요구하게 되는 것이 일반적이다. 이는 비유통 운송서류(non-negotiable transport document)이기 때문에 신용장거래에서는 보통 신용장발행은행을 수하인(consignee)으로 정하여 발행하며, 기타 운임 지급표시나 화물도착 통지처 등은 해상선하증권과 동일하다.

해상선하증권은 "Full sets of Clean on Board Marine(Ocean) Bills of Lading made out to(issued to, consigned to) order(the order of shipper, the order of issuing bank) blank endorsed(endorsed in blank) marked Freight Prepaid (collect) Notify Applicant"등으로, 복합운송증권인 경우 "Full set of Clean Combined Transport Bill of Lading issued to the order of issuing bank indicating place of taking in charge of the goods xxx, port of loading xxx, port of discharge xxx, Place of final destination xxx …", 항공화물운송장의 경우는 "Clean Air Waybill consigned to xx Bank showing Freight Collect Notify Accountee" 등으로 요구한다.

⑰ 보험서류(insurance document) : 46A

보험서류라 함은 보통 보험증권(insurance policy), 보험증명서(insurance certificate), 통지서(declaration)를 총칭하는 것이다. 보험증권은 확정보험(definite insurance)에 대하여 발행되는 증권이며, 보험증명서는 포괄예정보험(open cover)에 대하여 발행되는 부보증명서로 신용장거래에서는 대부분 두 가지 서류 중 어느 한 가지를 제시하도록 하고 있다. 그러나 보험중개업자(brokers)가 발행하는 보험인수증인 "Cover Note"는 신용장에서 특별히 허용하지 않는 한 수리 거절된다. 예시된 신용장상의 보험서류는 송장금액의 110%를 부보하도록 부보범위(coverage)를 정하고 있으며 최소의 담보범위로 송장금액에 10%를 가산하여 부보할 것을 요구하고 있다. 또한 보험금 청구시 지급지와 통화는 신용장금액에 명시된 동일한 통화로 기재하고 '신협회적화약관(ICC)'을 참조하여 보험부보범위는 물품의 성질과 운송방식 등을 고려한 적화보험조건, 즉 ICC(A), ICC(B),

ICC(C) 중 어느 조건으로 부보할 것이며, 부가 담보조건을 부보할 것인지에 대해서도 고려해야 한다. 신용장에서 요구하고 있는 보험에 관한 문언은 "Insurance Policy or Certificate in duplicate blank endorsed for 110% of the invoice value covering Institute Cargo Clause(All risks), War Clauses, SRCC and TPND Clause", "Insurance Policy or Certificate issued in Triplicate duly endorsed in Blank for full invoice value plus 10 percent with claim payable in china in the same currency as the draft covering institute cargo clauses(A)" 등과 같이 표시된다.

⑱ 포장명세서(packing list) : 46A

포장명세서는 선적화물의 포장 및 포장단위별 명세와 단위별 순중량(net weight), 총중량(gross weight), 용적(measurement), 화인(shipping marks) 및 포장의 일련번호 등을 기재한 명세서이다. 포장명세서는 상업송장의 기재사항과 부합되어야 한다.

또한 수출서류를 매입하기 위해서는 중량이나 용적 등은 운송서류상의 용적 및 중량과도 반드시 일치하여야 한다. 신용장에서 요구하는 기본서류 이외의 서류로 보통 ⑲ 원산지증명서(certificate of origin), ⑳ 검사증명서(inspection certificate), ㉑ 중량 및 용적증명서(certificate of weight and measurement), ㉒ 수익자증명서(beneficiary's certificate), ㉓ 세관송장(Customs Invoice), ㉔ 품질증명서(certificate of quality), ㉕ 검역증명서(certificate of quarantine) 등을 요구하는 경우가 많다.

(5) 운송에 관한 사항

㉖ 분할선적(partial shipments) : 43A

분할선적을 허용하는 경우에는 "allowed", "permitted" 등으로 표시하고, 금지하는 경우는 "not allowed", "prohibited", "not permitted" 등으로 표시하는데, 금지가 없는 경우에는 허용하는 것으로 간주한다. 동일 운송의 동일 운송수단에 의한 각 선적은 본선 선적을 증명하는 복수의 운송서류가 비록 각각 다른 선적일이나 선적장소가 표시가 되어 있더라도 동일한 목적지가 표시되어 있다면 분할선적으로 간주되지 않는다. 일정 기간의 할부선적(shipment by instalments)이 규정된 신용장인 경우 그 중 어느 한회 선적분이 허용된 기간내에 선적되지 않았을 경우에는 신용장에 별도의 명시가 없는 한 당해 할부선적분은 물론 그 이후의 모든 선적분에 대해서도 신용장은 무효가 된다.

㉗ 환적(transhipments) : 43T

환적은 운송물품을 다른 운송방법으로 이적 및 재적재하는 것을 의미한다. 물품의 운송 도중에 있어서 환적을 허용하는 경우에는 "allowed", "permitted", "authorized" 등으로 표시하고, 금지하는 경우는 "not allowed", "prohibited", "not permitted" 등으로 표시한다. 신용장이 복합운송서류를 요구하는 경우 신용장상에 환적금지의 조건이 있어도 환적은 허용된다. 또한 비록 신용장에 환적을 금지하는 조건이 있어도 선하증권상에서 화물이 컨테이너·트레일러·Lash선 등에 선적된 것으로 입증되거나, 운송인이 환적을 할 권리를 유보한다는 뜻이 인쇄되어 있는 선하증권이라도 수리될 수 있다.

㉘ 적재·발송 및 수취(loading on board/dispatch/taking in charge) : 44A

신용장에서 별도 명시가 없으면 선적(shipment)이란 표현은 본선적재(loading on board), 발송(dispatch), 운송을 위한 인수(accepted for carriage), 우편수령일(date of post receipt), 접수일(date of pick-up) 또는 복합운송을 요구하는 신용장의 경우에는 수탁(taking in charge)의 뜻이 포함되어 있는 것으로 해석된다. 따라서 적재지가 부산항이라면 "from Busan, Korea"로, 발송지가 인천공항이라면 "from Incheon Airport"로, 수탁지가 ABC화물운송터미널이라면 "from ABC Cargo Transport Terminal"로 표시하면 된다.

㉙ 선적기일(shipping date) : 44C

선적기일은 물품의 최종선적, 즉 적재, 발송, 수탁 등을 위하여 최종적으로 허용되는 일자를 뜻한다. "latest date of shipment May 30, 2019"이라면 인도조건에 따라 5월 30일까지는 적재, 발송 또는 수탁을 완료하여야 한다는 의미이며, 만일 5월 30일이 공휴일이더라도 공휴일을 불문하고 적재, 발송 또는 수탁을 완료하여야 한다. 선적기일의 기준은 선하증권의 일자 또는 선적이나 발송을 증명하는 수령인(reception stamp)이 찍힌 일자로 하며, 선적기일의 표시에 사용되는 'to', 'until', 'till', 'from' 및 'between'이라는 용어는 기재된 일자를 포함하며, 'before'와 'after'란 용어가 사용되면 기재된 일자는 제외한다. 그리고 'on or about'라는 용어가 지정일자와 함께 표시된 경우는 지정일자 이전 5일부터 그 이후의 5일을 선적일자로 본다. "Loading on board", "dispatch", "taking in charge" 등으로 최종 선적기일을 표시해도 선적(shipment)과 같은 뜻으로 간주하며, 또한 선적해야 하는 최종일이 공휴일이라도 선적기일은 연장되지 않는다.

㉚ 운송목적지(for transportation to) : 44B

최종 목적지는 "shipment to" 다음에 표시되는데, 선적물품의 최종도착지를 기재하여야 한다. 즉 해상운송의 경우에는 "to New York, U.S.A" 항공운송의 경우에는 "to New York Airport" 복합운송의 경우에는 "to ABC Cargo Transport Terminal, New York"과 같이 표시한다.

(6) 부가조건(additional conditions)에 관한 사항 : 47A

부가조건에 대해서는 신용장에 따라 다르지만, 신용장표준양식에 기재되지 못한 부가조건에 대하여 언급하게 된다. 즉 예를 들면 ㉘ 특정선박편의 지정은 "Shipment must be effected by Star Line only", ㉙ 신용장양도의 허용은 "This credit is transferable", ㉚ 서류상에 신용장번호 등 기재사항의 지시는 "Each documents of presentation must be indicated the credit number of the issuing bank and the number of the advising bank", 대금상환과 관련하여 전신환(telegraphic transfer : T/T)에 의한 상환은 금지된다는 지시는 ㉛ "T/T reimbursement not allowed" 등과 같이 요구할 수 있다.

(7) 기타의 기재사항에 관한 사항

㉜ 제시기일(period for presentation) : 48

제시기일은 수익자가 신용장에 의한 대금지급을 받기 위하여 은행에 서류를 제시해야 하는 기일이다. 신용장 예시에서는 "선하증권 발급 후(물품선적 후) 3일 이내에 서류가 제시되어야 하지만 서류가 신용장에서 규정하고 있는 만기일 이내에 제시되어야 한다"라고 규정되어 있다.

㉝ 은행수수료의 부담 : 71B

은행업무와 관련하여 발생하는 수수료와 요금을 부담하는 자를 기재하는데, 은행수수료와 부담자는 "all banking charges commissions including reimbursing charges outside 신용장발행지 are for account of beneficiary(or applicant)" 등으로 명시되어 있다.

㉞ 확인지시(confirmation instructions) : 49

발행은행의 확인은 수출국에 소재하는 자신의 본·지점 혹은 제3은행의 확인 유무에 대해 표기한다. 통지은행의 신용장 확인에 대한 발행은행의 지시는 'CONFIRM(확인 요청)', 'MAY ADD(확인 가능)', 'WITH-OUT(확인 불요)' → 통지은행에 대하여 확인을 요청하지 않는다는 것 등의 3가지로 구분하고 있다.

㉟ 상환은행(reimbursing bank) : 53A

신용장발행은행이 대금의 상환을 위해 제3의 은행에게 결제방법을 지시하는 것으로 발행은행의 계정을 가지고 있는 상환은행에게 대금지급을 하도록 지시한다.

㊱ 서류의 송달방법 : 78

서류의 분실 등에 대비하기 위하여 "in two lots by registered airmail, in two consecutive lots airmail"와 같이 항공등기우편으로 송부할 것을 기재한다.

㊲ 지급, 인수, 매입은행에 대한 지시사항(지급확약문언)

지급확약문언(engagement clause)과 관련하여 발행은행의 지급확약문언은 신용장의 종류에 따라 다르다.

- 매입신용장 : We hereby engage with drawers, endorsers and bona fide holders that drafts drawn under and negotiated in conformity with the terms of this credit will be duly honoured on presentation.
- 일람지급신용장 : We hereby engage with you that payment will be duly made against documents presented in conformity with terms of this credit.
- 인수신용장 : We hereby engage with you that drafts drawn in conformity with the terms of this credit will be duly accepted on presentation and duly honored at maturity.

㊳ 상환지시(reimbursing instructions) : 53A

신용장발행은행은 상환(reimbursement)을 위하여 대금결제은행 및 대금결제 방법에 대하여 다음과 같은 예와 같이 기재한다.

- We shall remit the proceeds of your draft to your account with your designated bank according to your instructions.
- Please reimburse yourselves for your payment and charges on A Bank, New York, under advise to us.
- Please debit our head office A/C with you at maturity.
- We shall remit the proceeds according to your instructions.
- Upon receipt of documents in compliance with the terms of the credit, We will remit the proceeds of the drafts to your account as per your instruction.

㊴ 신용장통일규칙 준거문언 : 72

신용장상에는 화환신용장통일규칙(This documentary credit is subject to the Uniform Customs and Practice for Documentary Credits(2007 Revision) International Chamber of Commerce Publication No. 600)의 준거문언이 명시되며, 신용장 통일규칙이 명시된 신용장을 사용하는 관계당사자는 동 통일규칙에 따른 법적 구속력을 가지게 된다.

Model Form 11 SWIFT 수출신용장 신용장 항목별 설명

MT 700 ISSUE OF A DOCUMENTARY CREDIT (메시지 형식 700 화환신용장발행)
Advice Number : A0604-906-00123 (신용장 통지번호)
From: BANK OF AMERICA, NEW YORK ① (송신자, 즉 발행은행)
To: KOREA EXCHANGE BANK SEOUL, KOREA ⑧ (수신자, 즉 통지은행)
:27 sequence of total : 1/1 (일련의 총 메시지 중 본 메시지 수)
:40A form of documentary credit : IRREVOCABLE ③ (화환신용장 형식)
:20 documentary credit number : 78910 ④ (화환신용장 번호)
:31C date of issue : 15 JUNE 2019 ② (신용장 발행일자)
:31D date and place of expiry : 10 SEPTEMBER 2019 KOREA ⑤ (유효기일 및 유효장소)
:50 applicant : AMERICA INTERNATIONAL INC. ⑥ (신용장발행의뢰인)
310 FIFTH AVE, NEW YORK, N.Y.10118, U.S.A.
:59 beneficiary : KANGNAM TRADING CO., LTD. ⑦ (수익자)
275, YANGJAE-DONG, SEOCHO-GU, SEOUL 137-130, KOREA
:32B currency code amount : USD100,000 ⑨ (통화코드 및 금액)
:39A pct credit amount tolerance : 0/0 ⑬ (신용장금액의 과부족허용 비율)
:41D available with by name, address : ANY BANK ⑩ (신용장 가용가능 은행)
BY NEGOTIATION ⑪ (확약방식)
:42C drafts at : SIGHT ⑫ (환어음의 지급기일)
:42A drawee : BANK OF AMERICA, NEW YORK, NY10015, U.S.A. ⑭ (환어음 지급인)
:43P partial shipment : ALLOWED ㉓ (분할선적)
:43T transshipment : NOT ALLOWED ㉔ (환적)
:44A loading on board/dispatch/taking in charge : BUSAN, KOREA ㉕
(본선적재/발송/수탁장소)
:44B for transportation to : NEW YORK, U.S.A. ㉗ (운송 목적지)
:44C latest date of shipment : 31 AUGUST 2019 ㉖ (최종 선적기일)
:45A description of goods and/or services and/or performance ⑮
(물품 및/또는 서비스 및/또는 이행의 명세)
4000 PCS OF MEN'S SPLIT LEATHER JACKETS OTHER DETAILS AS PER SALES NOTE NO. 10016 DATED JUNE 5, 2019 CIF NEW YORK Incoterms® 2010
:46A documents required (요구 서류)
+SIGNED COMMERCIAL INVOICE IN TRIPLICATE ⑯ (상업송장)
+PACKING LIST IN TRIPLICATE ⑲ (포장명세서)
+FULL SET OF CLEAN ON BOARD OCEAN BILL OF LANDING MADE OUT TO THE ORDER OF BANK OF AMERICA MARKED FREIGHT PREPAID AND NOTIFY ACCOUNTEE ⑰ (선하증권)
+MARINE INSURANCE POLICIES AND CERTIFICATES IN DUPLICATE ENDORSED IN BLANK FOR 110PCT OF INVOICE VALUE. INSURANCE POLICES OR CERTIFICATES

	MUST EXPRESSLY STIPULATE THAT CLAIMS ARE PAYABLE IN THE CURRENCY OF THE DRAFTS AND MUST ALSO INDICATE A CLAIM SETTLING AGENT IN NEW YORK.
	INSURANCE MUST INCLUDE INSTITUTE CARGO CLAUSES(B) ⑱ (보험조건)
	+CERTIFICATE OF ORIGIN IN DUPLICATE ⑳ (원산지증명서)
	+INSPECTION CERTIFICATE IN DUPLICATE ㉑ (검사증명서)
	+CERTIFICATE OF WEIGHT AND MEASUREMENT IN DUPLICATE ㉒ (용적·중량증명서)
:47A	additional conditions (부가조건)
	SHIPMENT MUST BE EFFECTED BY STAR LINE ONLY ㉘ (운송기관 지정조항)
	THIS CREDIT IS TRANSFERABLE ㉙ (양도가능신용장 표시문언)
	ALL DOCUMENTS MUST BEAR OUR CREDIT NUMBER ㉚ (서류에 신용장번호 기재문언)
	T/T REIMBURSEMENT NOT ALLOWED ㉛ (전신환 상환 금지문언)
:48	period for presentation : DOCUMENTS MUST BE PRESENTED WITHIN 3 DAYS AFTER THE DATE OF BILL OF LADING BUT WITHIN THE CREDIT VALIDITY(서류제시기간)
:71B	charges : ALL BANKING COMMISSIONS AND CHARGES INCLUDING REIMBURSEMENT CHARGES OUTSIDE U.S.A. ARE FOR ACCOUNT OF BENEFICIARY ㉜ (상환수수료를 포함한 모든 은행비용은 수익자로 한다는 은행비용 부담자 문언)
:49	confirmation instructions : WITHOUT ③ (확인 여부 문언)
:53A	reimbursement bank : BANK OF AMERICA, NEW YORK, NY10015, U.S.A. ㉞ (상환은행명)
:78	instructions to the paying/accepting/negotiating bank
	DRAFTS MUST BE SENT TO DRAWEE BANK FOR YOUR REIMBURSEMENT AND ALL DOCUMENTS TO US BY COURIER SERVICE IN ONE LOT ㉝ (서류 송부처 명시문언)
:72	sender to receiver information : THIS CREDIT IS SUBJECT TO UCP(2007 REVISION) ICC PUBLICATION NO. 600 ㉟ (신용장통일규칙 준거문언)

Note : Directions to Advising Bank/Paying Bank/Negotiating Bank are given on the reverse of this credit.

7 신용장에 관련된 통신문

신용장관련 통신문은 거래당사자들 간에 ① 매매계약을 체결할 때 합의된 기간 내에 신용장이 발행되지 않아 수출업자로부터 수입업자에게 신용장 발행을 독촉하는 경우, ② 신용장을 접수하였지만 그 문면에 계약사항과 상이한 내용이 있어서 수입업자에게 조건변경(amendment)이나 수정(modification)을 요구하는 경우, ③ 어떠한 이유나 사유로 인하여 선적지연(delayed shipment)으로 신용장의 유효기간(expiry date)이나 선적기한(shipping date)의 연기(extension)를 요청하는 경우 등과 같은 사항이 필요한 경우에 이루어진다.

Keys to the Lesson

1. advise us of opening an L/C : 당사에 신용장 발행을 통지해 주다.

1) They have advised us of Issuing an L/C in your favor.
   ➡ 은행이 귀사를 수익자로 한 신용장을 발행했음을 당사에 통지해 주었다.
2) We are notified by Hanvit Bank that they have issued a credit.
   ➡ 당사는 한빛은행으로부터 동 은행이 신용장을 발행했다는 통보를 받았다.
3) We are informed that the original of this credit had been forwarded direct to you.
   ➡ 당사는 이 신용장 원본이 귀사로 직접 발송되었다는 통보를 받았습니다.
4) 한빛은행은 귀사를 수익자로 한 취소불능 신용장을 발행했다는 통지를 보내 왔습니다.
   ➡ We are informed by Hanvit Bank that they have opened an irrevocable L/C in your favor.

주 ① open(=issue, arrange, establish, furnish) an L/C : 신용장을 발행(개설)하다.
② the original of credit : 신용장 원본.
③ in one's favor : ~을 수익자로 하여, ~ 앞으로. cf. in your favor : 귀사를 수익자로 하여.

2. amend the credit to~ : 신용장을 ~로 정정하다.

1) We hope that you amend the credit to 36 CBM by cable.
   ➡ 귀사께서는 신용장의 내용을 36입방미터로 전신으로 정정해 주시기 바란다.
2) They want that you extend the above credit for 14 days.
   ➡ 동 상사는 귀사께서 위 신용장의 (유효)기간을 14일간 연장해 주시기를 원하고 있습니다.
3) We ask you to extend the said credit till April 5.
   ➡ 귀사께서 위의 신용장 (유효)기간을 4월 5일까지 연장해 주시기를 바란다.
4) 신용장의 유효기간을 3주일간 연장하여 주시기 바랍니다.
   ➡ We ask you to extend the following credit for 3 weeks.

주 ① amend(=alter, change, modify, renew, revise) : 정정하다, 수정하다.
② CBM : cubic meter, 입방미터, ㎥.
③ extend the L/C to(or till, until) ~ : 신용장 유효기간을 ~까지 연장하다.
④ extend the L/C for ~ : 신용장 유효기간을 ~동안 연장하다.

3. As to the settlement of account : 대금결제에 관해서는.

1) As to the settlement of account, we are agreeable to your terms.
   ➡ 대금결제에 관해서는 당사는 귀사의 조건에 동의합니다.
2) Concerning the payment of shipment, we agree to your terms.
   ➡ 선적물품의 대금결제에 관해서는 당사는 귀사의 조건에 동의합니다.
3) We are pleased to agree with you about the settlement of the July.
   ➡ 7월 대금결제에 관해서는 기꺼이 귀사의 의견에 동의합니다.
4) 대금결제에 관해서는 동 상사도 귀사의 조건에 동의하였습니다.
   ➡ As to the settlement of account, they have agree to your terms.

주 ① agreeable to ~ : ~에 따라서, ~대로(= agreeably to, according to, as per).
② the settlement of account : 대금결제.
③ the payment of shipment : 선적물품의 대금결제. cf. payment : settlement.

4. We solicit you for ~ : ~해 주시기 바랍니다. ~을 부탁합니다.

1) We solicit you for your cooperation in this matter.
➡ 이 일에 대해서 귀사의 협조를 부탁드립니다.
2) We will appreciate your careful attention to this matter.
➡ 이 일에 대해서 귀사께서 세심한 배려를 해주시면 감사하겠습니다.
3) Your prompt cable amendment, upon receipt of this letter, will be appreciated.
➡ 이 서한을 받는 즉시, 신속하게 전신으로 정정하여 주시면 감사하겠습니다.
4) 전신으로 빨리 수정하여 주시기 바랍니다.
➡ Your prompt cable amendment would be appreciated.

주 ① solicit(ask) A to(for ~ing) : A에게 ~할 것을 부탁하다. 요청하다.
② we will(or would) appreciate ~ing : ~해 주시면 감사하겠습니다.
cf. we appreciate ~ing : 해 주셔서 감사드립니다.
③ amendment(= modification, alteration, renewal, revision) : 정정, 수정.
④ upon receipt of ~ : ~을 받는(인수하는) 즉시(= as soon as you receive ~)
on(upon) + 동명사 = ~을 하자마자

5. instead of ~ : ~대신에, ~이 아니고

1) The length has been stated as 120m instead of 100m in your credit.
➡ 귀 신용장에는 길이가 100m 대신에 120m로 기재되어 있습니다.
2) You have noted the width as 60cm instead of 70cm in your L/C.
➡ 귀사께서는 귀 신용장에 폭을 70cm 대신에 60cm로 기재하셨습니다.
3) Your credit has indicated the weight as 30kg instead of 50kg.
➡ 귀 신용장에는 중량이 50kg 대신에 30kg으로 표시되어 있습니다.
4) 귀 신용장에는 높이가 원래 계약된 대로의 30인치 대신에 20인치로 기재되어 있습니다.
➡ Your credit has indicated the height as 20 inches instead of 30 inches as contracted originally.

주 ① B instead of A : A 대신 B로.
Please amend the L/C terms to 'Partial shipment are allowed' instead of prohibited as discussed(신용장 조건을 논의한 대로 '분할선적 금지함 대신 허용함으로 정정해 주시기 바람).
② width : 폭 cf. length(길이), depth(깊이), height(높이), thickness(두께), weight(중량)
③ has been stated as ~ : ~로 기재되어 있다(= The height has been stated as ~ in your L/C).
④ your credit has indicated the height as ~ : 귀 신용장에는 높이가 ~로 기재되어 있다.
⑤ as contracted : 계약된 대로
Your credit has indicated the width as 36cm instead of 48cm as contracted.
(= 귀 신용장에는 폭이 계약서대로 48cm 대신에 36cm로 기재되어 있습니다).
It is imperative that you amend the credit as contracted.
(= 귀사께서는 신용장조건을 계약대로 정정해 주셔야 되겠습니다).

사례 36 신용장 발행을 요청하는 서신

Gentlemen :

We regret very much to inform you that we have not yet received your credit opening advice, though your order has been confirmed on July 5, 2019.

We would very much appreciate it if you could expedite L/C opening by this week. Otherwise, due to price increase in raw material offer, we may be forced to add additional 5 percent to our previous offer.

On receipt of your L/C, we will pack and ship the goods at the first available opportunity and send you the shipping advice by fax.

Please understand our difficulties and open a credit soon, we wait for the early arrival of the Letter of Credit.

Yours faithfully,

주 ① regret to(=be sorry to) ~ : ~하게 되어 유감스럽게 생각하다.

② We will appreciate it if you will(we will(or would) appreciate ~ing) : ~해 주시면 감사하겠습니다.

사례 37 신용장 발행 통보

Gentlemen :

We are pleased to inform you that we have instructed our bankers, Korea Exchange Bank, Kangnam Branch, Seoul to open an Irrevocable Letter of Credit for US$250,000 valid until August 31, in your favor. This credit will be confirmed by our banker's correspondents, The Citi Corp, which will let you have it within several days by registered mail.

We would request you to attach the following documents, viz full sets of bill of lading, three commercial invoices, one insurance policy, three packing lists, certificate & list of weight and/or measurement to your sight draft when negotiating it through your bankers.

The price you quoted us being CIF Pusan, the amount of our credit will cover the amount of your invoice and also the cost of freight and insurance.

We hope that you will execute our order for six hundred units of your computer model, 202K KNT-2K to our complete satisfaction as usual.

Yours truly,

주 ① viz(=videlicet, namely, that is to say) : 즉, 말하자면.

② execute(=fill, carry out, fulfil, complete) order : 주문품을 조달하다.

사례 38 신용장 조건변경 요청

Gentlemen :

We have just received with thanks your credit No. AD－1234 covering 100,000 square yards of Nylon Taffeta. However, to our great dismay, your credit has indicated the width as 48 inches instead of 36 inches as contracted originally.

As we cannot ship 48 inches Taffeta under this credit, it is imperative that you amend the credit to 36 inches by cable.

Your prompt cable amendment, upon receipt of this letter, will be appreciated.

Very truly yours,

주 ① covering(= to cover) : ~에 대한 대금결제를 위한
② square yard(= sq yd.) : 평방 야드. cf. cubic yard(처. yd) : 입방 야드
③ to our (great) dismay : 매우 놀랍게도, 어이없게도.
④ your credit has indicated the width as ~ : 귀 신용장에는 폭이 ~로 기재되어 있다.
⑤ under this credit : 이 신용장에 의거하여
⑥ it is imperative(= unavoidable, essential) that ~ : 어떤 일이 있어도 ~해야 한다.
⑦ upon receipt of ~(= at the moment of receipt of ~) : ~을 받는 즉시로

사례 39 선적기한 연장요청

Gentlemen :

We regret to inform you that we cannot ship the L/C No. AD-1245 and Order KN-500 within the shipping date as stipulated in the letter of credit due to the cancellation of voyage by the S.S "Ocean Dragon".

According to the steamship company, a terrible typhoon is expected in the South China Sea area during the period of scheduled voyage.

This is a sort of force majeure, and there is no other vessel scheduled to sail for your port during September.

We, therefore, ask you to extend the above credit for one month so that we can ship the order in October after the typhoon has passed by.

We solicit you for your understanding and cooperation.

Very truly yours,

주 ① the South China Sea area : 남지나 해역
② there is no ~ : ~이 없다.
③ scheduled to sail for(sailing for, leaving for) : ~로 출항할 예정인, ~로 출항하는.
④ extend the credit for ~ : 신용장 기간을 ~동안 연장하다.
⑤ so that A can(or may) ~ : A가 ~할 수 있도록(in order to ~, so as to ~)

사례 40 신용장 유효기간 및 선적기간 연장 요청 서신

KOEXBANK L/C NO. KE-12345

Dear Sirs,

We confirm our cable dispatched to you today upon receipt of this credit. Your credit reads, in part, that it expires on August 15 when the only direct vessel available for your port during the month leaves here on August 26.

We have to ask you, therefore, to extend both the latest date for shipment and the expiry date to August 31 and September 15, as per the relative contract. You will please cable confirmation to reach us by August 5.

Our Sales Note stipulates that latest date for shipment is August 31, 2019, and your goods are ready for shipment. We count on your complying with our request so that we may complete shipment as contracted.

Very truly yours,

주 ① when(=although, much as) : ~인데도, ~임에도 불구하고.
② it expires on May : 만기일이 5월 15일이다, 5월 15일까지 유효합니다.
③ when = although, much as : ~인데도, ~임에도 불구하고.
④ count on(rely upon, depend on) : 기대하다.

사례 41 신용장의 취소 서신

Gentlemen :

We thank you very much for your president's visiting our office and kindly accept our deepest apology for not having extended our warm reception to him because his schedule was very tight.

Today, our bank informed us L/C No. M-0613-909-NS-00055 is invalid and asked us to cancel it. We are so sorry for being unable to accept your shipment of hair dry.

Indeed, this quantity can not meet our requirements. Later, if you can produce this article with the better quality, please do not hesitate to tell us, we will not fail to place our order with you soon.

Yours very truly,

주 ① not having extended our warm reception : 당사의 따듯한 환대를 드리지 못했던 것
② invalid : 무효의, 무효가 되는
③ our requirements : 당사의 요구조건
④ fail to : ~을 못하다(cannot), not fail to : 꼭 ~하다(이중 부정).

Model Form 12 수입신용장 발행신청서의 작성

CHB CHOHUNG BANK

취소불능화환신용장 발행신청서
(APPLICANT FOR IRREVOCABLE DOCUMENTARY CREDIT)
☐AIRMAIL ☑CABLE ☐CONFIRMED

ADVISING BANK SUMITOMO MITSUI BANKING CORPORATION SHLIO OMIYA BRANCH	APPLICANT KANGNAM TRADING INC. 45-1, KWANCHUL-DONG, CHONGRO-KU, C.P.O. BOX 8484, SEOUL, KOREA
CREDIT NUMBER M-16XO - 905 - NS - 00057 AMOUNT JPY7,800,000-	BENEFICIARY HAYASHI CHEMICAL INDUSTRY CO., LTD. 31, NISHI-MACHI, DOGO, ISHIHARA, KISSHOIN, MINAMI-KU, KYOTO, JAPAN
SHIPPING DATE 19-05-27	DOCUMENTS MUST BE PRESENTED WITHIN 10 DAYS AFTER THE DATE OF SHIPMENT
TENOR OF DRAFT ☑ AT SIGHT ☐ USANCE	(Usance only) ☐ BANKER'S ☐ SHIPPER'S ☐ DOMESTIC

DOCUMENTS REQUIRED
☑ SIGNED COMMERCIAL INVOICE IN QUINTUPLICATE
☑ AIRWAY BILLS CONSIGNED TO CHOHUNG BANK MARKED "FREIGHT COLLECT" AND "NOTIFY ACCOUNTEE"
☐ FULL SET OF CLEAN ON BOARD OCEAN BILLS OF LADING MADE OUT TO THE ORDER OF CHOHUNG BANK MARKED "FREIGHT" AND "NOTIFY ACCOUNTEE"
☐ INSURANCE POLICY, CERTIFICATE OR DECLARATION IN DUPLICATE, ENDORSED IN BLANK FOR 110% OF THE INVOICE COST INSURANCE POLICIES, CERTIFICATE OR DECLARATION MUST EXPRESSLY THAT CLAIMS ARE PAYABLE IN THE CURRENCY OF THE CREDIT AND MUST ALSO INDICATE A LAIMS SETTLING AGENT IN KOREA.
INSURANCE MUST INCLUDE INSTITUTE : CARGO CLAUSE
☑ PACKING LIST IN DUPLICATE
☐ OTHER DOCUMENTS

HS NO.	COMMODITY DESCRIPTION	QUANTITY	UNIT PRICE	AMOUNT
3824.90-6600	DIELECTRIC POWDER HIZIRCO MWF-38R	3,000Kg	JPY2,600/Kg	JPY7,800,000-

(JAPAN) ORIGIN	PRICE TERMS (FOB JAPAN ☐ PORT ☑ AIRPORT)
MARKING INSTRUCTION	PARTIAL SHIPMENT ☑ ALLOWED ☐ PROHIBITED
SHIPMENT FROM : JAPAN AIR PORT TO : INCHEON AIR PORT	TRANSSHIPMENT ☐ ALLOWED ☑ PROHIBITED ALL BANKING CHARGES OUTSIDE KOREA ARE FOR ACCOUNT OF ☐ APPLICANT ☑ BENEFICIARY

SPECIAL CONDITIONS
☐ CHARTER PARTY B/L ACCEPTABLE
☐ DOCUMENTS PRESENTED LATER THAN 21DAYS AFTER THE DATE OF SHIPMENT ACCEPTABLE
☑ SHIPMENT TO BE MADE ON HOUSE AIRWAYBILL SHOULD BE ISSUED BY "K" LINE AIR SERVICE LTD.
☐ ACCEPTANCE COMMISSION AND DISCOUNT CHARGES ARE FOR BUYER'S ACCOUNT
☐ THIRD PARTY B/L ACCEPTABLE
☐ CONFIRMATION CHARGES ARE FOR ACCOUNT OF

위와 같이 신용장 발행을 신청함에 있어서 따로 제출한 외국환거래약정서의 해당 조항에 따를 것을 확약하며 아울러 위 수입물품에 관한 모든 권리를 은행에 양도하겠습니다.

2019 년 5 월 13 일

조흥은행
CHOHUNG BANK 앞

신청인 : (인)
주 소 :

ORIGINATOR: CHOHKRSEAXXX
SESSION: 1937 SEQUENCE: 346539
DESTINATION: SMBCJPJTXXX TYPE: 700

:27:	Sequence of Total 1/1
:40A	Form of Documentary Credit IRREVOCABLE
:20:	Documentary Credit Number M16X0905NS00057
:31C:	Date of Issue 190513
:31D:	Date and Place of Expiry 190720 AT NEGOTIATING BANK
:50:	Applicant KANGNAM TRADING INC. 46-1, KWANCHUL-DONG, CHONGRO-KU, C.P.O. BOX 8484, SEOUL, KOREA.
:59:	Beneficiary HAYASHI CHEMICAL INDUSTRY CO., LTD. 31, ISHI-MACHI, ONG,ISHIHARA, ISSHOIN, INAMI-KU, KYOTO, JAPAN
:32B:	Currency Code, Amount JPY7800000,
:41D:	Available With … By … ANY BANK BY NEGOTIATION
:42C:	Drafts at ... AT SIGHT
:42D:	Drawee DRAWN ON CHOHUNG BANK, SEOUL FOR FULL INVOICE COST.
:43P:	Partial shipments ALLOWED
:43T:	Transhipment PROHIBITED
:44A:	Loading on Board/Dispatch/Taking in Charge at/from... JAPAN AIRPORT
:44B:	For Transportation to … INCHEON AIRPORT
:44C:	Latest Date of Shipment 190527

:45A:	Description of Goods and/or Services DIELECTRIC POWDER HIZIRCO MWF-38R 3,000KG AT JPY2,600/KG JAPAN ORIGIN FOB JAPAN AIRPORT
:46A:	Documents Required SIGNED COMMERCIAL INVOICE IN QUINTUPLICATE AIRWAY BILLS CONSIGNED TO CHOHUNG BANK MARKED 'FREIGHT COLLECT' AND 'NOTIFY ACCOUNTEE' PACKING LIST IN DUPLICATE
:47A:	Additional Conditions UPON RECEIPT OF YOUR DOCUMENTS IN GOOD ORDER, WE WILL REMIT THE PROCEEDS TO THE ACCOUNT DESIGNATED BY NEGOTIATION. HOUSE AIRWAYBILL SHOULD BE ISSUED BY 'K" LINE AIR SERVICE LTD. TYO (81)(3)3455-4901 OSA (81)(6)615-3252 FUK (81)(92)622-7421
:71B:	Charge ALL BANKING COMMISSIONS AND CHARGES INCLUDING REIMBURSEMENT CHARGES AND POSTAGE OUTSIDE KOREA ARE FOR ACCOUNT OF BENEFICIARY.
:48:	Period for Presentation DOCUMENTS MUST BE PRESENTED WITHIN 10DAYS AFTER THE DATE OF SHIPMENT
:49:	Conformation Instructions WITHOUT
:78:	Instructions to the Paying/Accepting/Negotiating Bank THE AMOUNT OF EACH NEGOTIATION(DRAFT) MUST BE ENDORSED ON THE REVERSE OF THIS CREDIT BY THE NEGOTIATION BANK. ALL DOCUMENTS MUST BE FORWARDED DIRECTLY BY COURIER SERVICE IN ONE LOT TO CHOHUNG BANK H.O.,(INTERNATIONAL OPERATIONS DIVISION) 14, 1-KA, NAMDAEMUNRO, CHUNG-KU, SEOUL 100-757, KOREA IF DOCUMENTS ARE PRESENTED WITH DISCREPANCIES, A DISCREPANCY FEE OF USD60.00 OR EQUIVALENT SHOULD(WILL) BE DEDUCTED FROM THE REIMBURSEMENT CLAIM(THE PROCEEDS). THIS FEE SHOULD BE CHARGED TO THE BENEFICIARY.
:57D:	'Advise Through' Bank PLS ADVISE THRU YR SHLIO OMIYA BR.

:72:	Sender to Receiver Information
	/REC/
	//THIS CREDIT IS SUBJECT TO I.C.C
	//PUBLIC NO 600(2007 REVISION).

Model Form 13 APPLICATION FOR AMENDMENT TO IRREVOCABLE DOCUMENTARY CREDIT

To : CHOHUNG BANK

Advising bank SUMITOMO MITSUI BANKING CORPORATION SHLIO OMIYA BRANCH	to be advised by ☑ CABLE ☐ AIR MAIL

Re our L/C NO M16X0905NS00057 a dated
for JPY 7,800,000.- in favor of HAWASHI CHEMICAL INDUSTRY CO., LTD.
amended as follows (Marked by X)

☐ Credit amount increased/decreased by to
☐ The latest shipping date is extended to
☐ Expiry date is extended to
☐ Partial shipments are now allowed / prohibited
☐ Transshipment is now allowed / prohibited
☑ Loading port / airport now changed to OSAKA ☑ Port / ☐ airport
☑ Unloading port / airport now changed to PUSAN ☑ Port / ☐ airport
☐ Airwaybills acceptable / required
☐ Price terms are changed to instead of previous
☐ Others

1. PLS AMEND IN FIELD 46A : B/L INSTEAD OF PREVIOUS AWB.
2. FULL SET OF CLEAN ON BOARD OCEAN BILLS OF LADING MADE OUT TO THE ORDER OF CHOHUNG BANK MARKED "FREIGHT COLLECT" AND "NOTIFY ACCOUNTEE"

All other terms and conditions remain unchanged

위와 같이 수입신용장 조건변경을 신청함에 있어서 따로 제출한 외국환거래약정서의 해당 조항에 따를 것을 확약합니다.

신청일자 2019. 06. 27
주 소 서울특별시 종로구 관철동 46-1번지
신청인 강남무역주식회사

CHB CHOHUNG BANK

____
Authorized Signature

TO : CHOHUNG BANK
ORIGINATOR : CHOHKRSEAXXX
SESSION : 1954 SEQUENCE : 436869
DESTINATION : SMBCJPJTXXXX TYPE : 707

:20: Sender's Reference
M16X0905NS00057
:21: Receiver's Reference
NONREF
:31C: Date fo Issue
190513
:30: Date of Amendment
190627
KOREA.
:59: Beneficiary
HAYASHI CHEMICAL INDUSTRY CO., LTD.
:44A: Loading on Board/Dispatch/Taking in Charge at/from.
LOADING AIRPORT NOW CHANGE TO OSAKA PORT
:44B: For Transportation to ..
UNLOADING AIRPORT NOW CHANGE TO PUSAN PORT
:79: Narrative
PLS AMEND IN FIELD 46A :
B/L INSTEAD OF PREVIOUS AWB.
FULL SET OF CLEAN ON BOARD OCEAN BILLS OF LADING MADE OUT TO THE ORDER OF CHOHUNG BANK MARKED "FREIGHT COLLECT" AND "NOTIFY ACCOUNTEE"
:72: Sender to Receiver Information
/REC/
//// PLS ADVISE THRU YR SHLIO OMIYA
//// BRANCH
//////

Model Form 14 APPLICATION FOR IRREVOCABLE DOCUMENTARY CREDIT

KOREA EXCHANGE BANK ☑ SWIFT ☐ MAIL

1. Credit Number	M4533902NS00099	2. Date	2019/02/25
3. Advising Bank	THE INTERNATIONAL COMMERCIAL BANK OF CHINA TA AN BRANCH. NO.66, AN-HO RD. SEC.3, TAIPEI, TAIWAN, R.O.C		
4. Confirmation	☐ Yes ☑ No	5. transferable	☐ Yes ☑ No
6. Applicant	EUN SUNG CORPORATION. 14-3, SHINRIM-DONG, KWANAK-GU, SEOUL, KOREA.		
7. Beneficiary	ENJOYBABY OVERSEAS LTD. 7F., NO, AM-HO RD., SEC.3, TAIPEI, TAIWAN, R.O.C		
8. Amount	USD20,113.50	9. Expiry date	2019/06/15
10. Tenor	☑ At sight ☐ Usance : ☐ Banker's (A/C, D/C : 선취 ☐, 후취 ☐) ☐ Shipper's ( ) days after sight		
11. Drawee Bank	☐ Yes ☐ No	12. T/T Reimbursement	☐ Allowed ☑ Prohibited

13. ☑ Full set of clean on board ocean bill of lading made out to the order of KOREA EXCHANGE BANK, SEOUL, KOREA marked "Freight ☑ collect ☐ prepaid" and "Notify ☑ Applicant ☐"
☐ Airway bills consigned to KOREA EXCHANGE BANK, SEOUL, marked "Freight ☐ collect ☐ prepaid" and "Notify ☐ Applicant ☐"
14. ☑ Signed commercial invoiced in five folds
15. ☑ Packing list in five folds
16. ☐ Marine ☐ Air Insurance Policy or Certificate endorsed in blank for 110% of invoice value, Covering Institute War Clauses and Institute Cargo Clauses ☐ All risks ☐ W.A. % ☐ W.A.I.O.P ☐ F.P.A
☐ Insurance to be effected by buyer

17. Commodity Descriptions	Quantity	Unit Price	Total Amount
ITEM NO. NE6A PACO RABANNE STROLLER ALUMINIUM & IRON RUBE MIXED WHEELS : EVA TYRE & PLASTIC RIM SURCHARGE OF 1×20' TOTAL HS CODE : 8715.00-0000235PCS	235PCS	USD84.10	USD19,763.50 USD350.00 US20,113.50

18. Country of origin	CHINA	19. Price term	☐ CIF ☐ CFR ☑ FOB H.K(Port name)
20. Shipment	FORM : HONG KONG, CHINA TO : KOREA PORT	21. Latest shipment date	2019/05/08
22. Partial Shipment	☐ Allowed ☑ Prohibited	23. Transhipment	☐ Allowed ☑ Prohibited

24. Documents must be presented within 15 days after date of shipment but within the expiry date of this credit
25. All banking charges outside korea and reimbursement charges are for the Account of
☐ Allowed ☑ Prohibited
26. Shipment must be effected by
27. Other Documents or Other Conditions
·10 PERCENT MORE OR LESS ON BOTH QUANTITY AND CREDIT AMOUNT ARE ACCEPTABLE
·THIRD PARTY DOCUMENT ARE ACCEPTABLE
·SPARE PARTS OR SAMPLES ARE ACCEPTABLE
·SHIPMENT MUST BE CONTAINERIZED AND B/L MUST SHOW 20'' CONTAINER SHIPMENT

위와 같이 신용장 발행을 신청함에 있어서 따로 제출한 외국환거래약정서의 해당 조항에 따를 것을 확약하며 아울러 위 수입물품에 관한 모든 권리를 은행에 양도하겠습니다.

행운은행 영업점 사용란				
계	대리	차장	부점장	신청인 : 서울시 관악구 신림동 14-3
				주식회사 강남무역(주)
				대표이사 강 남 국 (인)

Model Form 15 SWIFT CREDIT

한국외환은행 외환 전문 통보 서비스

Fax : (82)02 3232 8282

DOC ID : 20190303S01076 REF NO I M4533902NS00099
MIR NO : 1762536452GOODLED847563 MUR NO :
MOR NO : STATUS : SWIFT[90]

TO : ICBCTWTPXXX
INTERNATIONAL COMMERCIAL BANK OF CHINA, THE 100 CHIN LIN ROAD FLOOR 9
: : MT700 ISSUE OF A DOCUMENTARY CREDIT

:27 : Sequence of Total : 1/1
:40A : Form of Documentary Credit : IRREVOCABLE
:20 : Documentary Credit Number : M4533902NS00099
:31C : Date of Issue : 90302
:31D : Date and Place of Expiry : 90615 AT YOUR COUNTRY
:50 : Applicant : EUN SUNG CORPORATION
14-3, SHINRIM-DONG, KWANAK-GU, SEOUL, KOREA
T)+82 2 3232 5858, F)+82 2 3232 282
: Beneficiary : ENJOYBABY OVERSEAS LTD.
:59 7F., NO.90, AN-HO RD., SEC.3, TAIPEI, TAIWAN, R.O.C
: Currency Code, Amount : USD20,113.50
:32B : Percentage Credit Amount Tolerance : 10/10
:39A : Available With .... By ...... : ANY BANK BY NEGOTIATION
:41D : Drafts At ..... : BENEFICIARY DRAFTS AT SIGHT
:42C : Drawee : KOREA EXCHANGE BANK
:42A 77, DA-DONG CHUNG-GU, SEOUL, KOREA
: Partial Shipment : PROHIBITED
:43P : Transshipment : PROHIBITED
:43T : Loading on Board/Dispatch/Taking in Charge at/from : HONG KONG, CHINA
:44A : For Transportation to ... : KOREA PORT
:44B : Latest Date of Shipment : 90508
:44C : Description of Goods and/or Services
:45A ITEM NO. NE6A PACO RABANNE
STROLLER 235PCS USD84.10 USD19,763.50
ALUMINIUM AND IRON TUBE MIXED
WHEEKS I EVA TYRE LIASTIC
SURCHARGE OF 1×20 USD350.00

TOTAL USD20,113.50
H.S.CODE : 8715.00-0000
COUNTRY OF ORIGIN : CHINA
FOB HK

:46A : Documents Required

+FULL SET OF CLEAN ON BOARD OCEAN BILLS OF LADING MADE OUT TO THE ORDER OF KOREA EXCHANGE BANK, SEOUL MARKED FREIGHT COLLECT AND NOTIFY APPLICANT

+ THIRD PARTY DOCUMENT ARE ACCEPTABLE

+ SIGNED COMMERCIAL INVOICE IN FIVE FOLDS

+ PACKING LIST IN FIVE FOLDS

:47A : Additional Conditions

+10PERCENT MORE OF LESS ON BOTH QUANTITY AND CREDIT AMOUNT ARE ACCEPTABLE

+THIRD PARTY DOCUMENT ARE ACCEPTABLE

+SPARE PARTS OR SAMPLES ARE ACCEPTABLE

+SHIPMENT MUST BE CONTAINERIZED AND B/L MUST SHOW 20'S CONTAINER SHIPMENT

+U.C.P(2007 REVISION) I.C.C PUBLICATION NO.600

:71B : Charges

ALL BANKING CHARGES OUTSIDE KOREA AND REIMBURSEMENT CHARGES ARE FOR ACCOUNT OF BENEFICIARY

:48 : Period for Presentation

DOCUMENT MUST BE PRESENTED WITHIN 15 DAY AFTER THE DATE OF SHIPMENT BUT WITHIN THE VALIDITY OF THIS CREDIT

:49 : Confirmation Instruction

WITHOUT

:78 : Instructions to the Paying/Accepting/Negotiating

+T/T REIMBURSEMENT CLAIM NOT ALLOWED

+UPON RECEIPT OF DOCUMENTS IN ORDER WE SHALL REMIT PROCEEDS TO YOUR DESIGNATING ACCOUNT

+ALL DOCUMENTS MUST BE SENT TO ISSUING BANK(KOREA EXCHANGE BANK, 50, DADONG, CHUNG-GU, SEOUL, KOREA) IN ONE LOT(FOR OUR BANK' FILING, PLEASE ATTACH TWO YOUR NEGO COVER LETTER TO ONE LOT DOCUMENT, DO NOT MAKE DOCS TWO LOT)

:57D "Advice Through" Bank

TA AN BRANCH

------------------------ END OF MESSAGE ------------------

Model Form 16 APPLICATION FOR IRREVOCABLE DOCUMENTARY CREDIT

취소불능 화환신용장 발행 신청서 (번역)

FROM : WOORI BANK HEAD OFFICE [발신은행 : 우리은행 본점]
TO : UNION BANK OF CALIFORNIA(BOFCJPJT)

Form of documentary credit [신용장형태] 40A : IRREVOCABLE [취소불능]
Documentary credit number [화환신용장번호] 20 : MD1LV210EU
Date of issue [신용장 발행일] 31C : 2019.10.16
Date and place of expiry [유효기일의 날짜와 장소] 31D : 2019.01.20 AT NEGO BANK
Applicant [발행의뢰인] 50 : KANGNAM TRADING CO., LTD.
7-11., HWASU-DONG, DONG-GU INCHEON, KOREA
Beneficiary [수익자] 59 : DAEWOO MACHINERY CORPORATION
3RD FLOOR, K-A BLDG., 19-4
NISHI-SHIMBASHI 2 CHOME, MINATO-KU, TOKYO.
JAPAN.
Currency code, amount [통화종류, 금액] 38B : JPY 6,849,500,00
Available with/by - name address [신용장 사용방법과 사용은행] 41D : any bank
Draft at [환어음 결제방법] 42C : at 180 days after sight [일람후 180일]
Drawee-name and address [결제은행] 42D :
Partial shipments [분할선적] 43P : Allowed [허용]
Transshipment [환적] 43T : Not Allowed [불허용]
On board/disp/taking charge [출발지] 44A : JAPANESE PORT/AIRPORT
For transportation to [목적지] 44B : KOREA PORT/AIRPORT
Latest shipment of date [최종선적기일] 44C : 2019/12/31
Description of goods [상품의 명세] 45A :
INCHEON/PARTS FOR EXCAVATOR
DETAILS ARE AS PER OFFER NO. KTC-02-0545
ISSUED BY KANGNAM TRADING CO., LTD.
FOB JAPANESE PORT/AIRPORT. ORIGIN : JAPAN
[인천/굴삭기 부품]
세부 사항은 강남무역(주))에 의하여 발행된 OFFER NO. KTC-02-0545에 따름
FOB 일본 항구/공항, 원산지 : 일본
Documents required [요구서류] 46A :
+SIGNED COMMERCIAL INVOICE IN TRIPLICATE
+PACKING LIST IN TRIPLICATE
+FULL SET CLEAN ON BOARD OCEAN BILL OF LADING MADE OUT TO THE ORDER OF WOORI BANK HEAD OFFICE MARKED FREIGHT COLLECT AND NOTIFY KANGNAM TRADING CO., LTD(7-11 HWASU-DONG, DONG-GU, INCHEON, KOREA)
+AIRWAY BILL CONSIGNED TO WOORI BANK DAEWOO CENTER BRANCH ACCEPTABLE

[+ 서명된 상업송장 3통
+ 포장명세서 3통
+ 운임 후지급 표시가 되어 있고 통지처는 강남무역(주)(7-11 HWASU-DONG, DONG-DU, INCHEON, KOREA), 우리은행의 대우센터지점의 지시식으로 작성되어진 무고장 본선적재 해상선하증권 원본 전통
+ 우리은행의 본점이 수화인으로 되어 있는 항공화물운송장은 인수함]

Additional condition [추가조건] 47A :
+ All documents must be bear our credit number MD1LV210EU
[+ 모든 서류들은 신용번호를 기재해야 됨]
Charges [수수료] 71B : ALL BANKING CHARGES INCLUDING POSTAGE, ADVISING COMM., OUTSIDE KOREA ARE FOR ACCOUNT OF BENEFICIARY
[한국 국외에서 발생하는 우편료, 통지수수료를 포함한 은행수수료 수익자의 부담임]
Period for presentation [서류제시기일] 48 : within 21 days from B/L date
[B/L일자로부터 21일 이내에 제시해야 한다]
Reimbursement bank [상환은행] 53 :
Instruction to pay/nego bank 78 : [지급/매입은행에 대한 지시]
+ NEGOTIATION UNDER THIS L/C IS NOT RESTRICTED
+ COMBINED INVOICE AND PACKING LIST IS ACCEPTABLE
+ THIS CREDIT IS TO BE NEGOTIATED AT SIGHT BASIS FOR VALUE OF INVOICE
+ DISCOUNT CHARGE AND ACCEPTANCE COMM. ARE FOR BUYER'S ACCOUNT AND WILL BE PAID AT MATURITY WITH PRINCIPAL
+ DISCOUNT CHANGE INCLUDING ACCEPTANCE COMM. MUST NOT EXCEED JPY 6 MONTHS LIBOR + P.A

[이 신용장하에서 서류매입은행을 제한하지 않는다.
+ 복합되어진 송장과 포장명세서는 허용된다.
+ 이 신용장은 상업송장 금액에 대하여 일람지급기준으로 매입되어질 수 있다.
+ 할인수수료와 인수수수료는 수입상이 부담하며, 만기에 원급과 같이 지급될 것이다.
+ 인수수수료를 포함한 할인수수료는 "엔화 6개월 LIBOR + P.A"를 초과하지 못함]

Sender to receiver information [송신자가 수신자에게 보내는 정보] 72 :
THIS CREDIT IS SUBJECT TO U.C.P(2007 REV.) I.C.C PUB NO 600
[이 신용장은 ICC 발행번호 600번 UCP(2007년 개정판)를 준수한다.

Review Exercises

연습문제

1. 다음은 수출입절차(export and import Procedure) 중 일부의 내용이다. ( ) 안에 들어갈 내용이 순서적으로 알맞은 것은?

> Exporter 'A' presents to the concerned authorities the application of ( ) attached with letter of credit. This application, when proved true and correct in every description, shall be certified by the authorities with the official certification and shall be returned to the declarant together with aforesaid letter of credit.
> Exporter 'A' buys the ordered goods from the local suppliers by establishing ( ) or credit account or imports raw material from the overseas market in order to manufacture the export goods.
> Exporter 'A' packs and ( ) the purchased goods or the manufactured goods for exportation, and makes 'Commercial Invoices' and 'Packing List' for the application of'Inspection Certificate', 'Shipping Request' and 'Export Declaration'.
> Exporter 'A', if needed, obtains ( ) of the shipping cargo from a Measurer's Company.

① Import License - Baby L/C - marks - Certificate of Weight and/or Measurement
② Export License - Local L/C - marks - Certificate of Weight and/or Measurement
③ Export License - Local L/C - marks - Certificate of Weight and/or Measurement
④ Import License - Baby L/C - marks - Certificate of Weight and/or Measurement

해설

- application of Export Licence : 수출(승인)신청서
- certify : 공인하다, 증명(보증)하다. certification: 증명(서), 검정, 보증
- declarant : 신고자, 신청자/declaration : 신고
- order : '~을 ~에서 주문하다'의 경우 전치사 to를 쓰기 쉬우나 from이 정확하다.
  - I will order some new books from America. 나는 미국에 새 책을 좀 주문하겠다.
- account : 거래, 계산, 계정, 대변. by credit account : 외상(신용)거래로
- raw material: 원재료
- '수입'의 명사는 import 또는 importation을 사용하고 강세(accent)가 앞에 있으며, '수입하다'는 동사도 import를 사용하나 강세가 뒤에 있다.
- overseas : 외국에서, 외국으로(across or beyond the sea; abroad)/overseas market: 해외시장/overseas students : 외국에서 와서 공부하고 있는 학생들(=students from overseas/students overseas : 외국에 나가서 공부하고 있는 자국의 학생들

▸ Exporter 'A' imports raw material in order to manufacture the export goods. 'in order to 부정사'는 부사적 용법으로 '~할 목적으로, ~하기 위하여(so as to)'로 해석하고, 단순한 'to 부정사'보다 목적하는 바의 의미가 더 강해진다.
▸ for the application of : ~의 신청에 필요한. for는 '~에 필요한'으로 해석/ application of Shipping Request(=S/R) : 선적요청(신청)서
▸ Export Declaration(=E/D) : 수출신고, (세관에 제출하는) 수출신고(서)

정답 : ②

2. 다음의 신용장 내용과 관련 있는 문언과 동 신용장의 유형이 잘 연결된 것은?

We hereby engage with the drawers, endorsers and bona-fide holders of drafts drawn under and in compliance with the terms of this credit that such drafts shall be duly honored upon presentation and surrender of the documents to the drawee.

① Engagement clause - Open Credit - negotiation credit
② Compliance clause - Usance Credit - confirmed credit
③ Payment clause - Sight Payment Credit - straight credit
④ Endorsement clause - General Credit - negotiation credit

해설 상기 내용은 발행인(drawer), 배서인(endorser) 및 선의의 소지인(bonafide holder)에게 지급확약(engagement)하고 있으므로 매입신용장(negotiation credit)이고 지급확약 문언에 해당되는 내용이다.

정답 : ①

3. 다음 ( ) 안에 들어갈 문장으로 가장 적절한 것을 고르시오.

We engage with the drawers, (㉮) and bona fide holders of drafts drawn under and in (㉯) with the terms of this credit that such drafts shall be duly honored on (㉰) presentation to the (㉱) bank on or (㉲) April 10, 2018.

	㉮	㉯	㉰	㉱	㉲
①	endorsers	compliance	due	drawee	about
②	endorsers	confirmity	maturity	drawee	after
③	endorsers	compliance	due	drawee	before
④	endorsers	confirmity	due	drawee	about

해설 당행은 이 신용장의 조건 하에서 그리고 이 신용장의 조건과 일치하여 발행된 환어음의 발행인, 배서인 및 선의의 소지인에 대하여 이러한 환어음들이 2018년 4월 10일 이전에 환어음 지급은행에 정히 제시되었을 때 정히 지급될 것을 확약합니다.

▸ engage : 보증하다, drawer : 환어음 발행인, endorsers : 배서인
▸ bona fide holder: 선의의 소지인. 환어음이 문면상 완전하고 정규의 환어음으로 인정하고 소지하고 있는 자를 말한다. bona fide는 원래 라틴어로서 '선의의'(in good faith = without dishonesty, fraud, or deceit = genuine(ly) = sincere(ly))라는 의미의 부사 또는 형용사이다. bona fide purchase(third party) : 선의의 매수인(제3자)/mala fide holder : 악의의 소지인. mala fide는 라틴어로서 '악의의(in bad faith = with intent to deceive)'
▸ in compliance with ~ : ~을 준수하여, ~에 따라
▸ honor : (어음을) 인수하다, (기일에) 지급하다.
▸ on due presentation : 정히 제시되면
▸ on or before(= not later than) ~ : ~ 이전/ on and after ~ : ~ 이후

정답 : ③

4. 다음 빈 칸에 가장 적합한 것은?

> An irrevocable Credit constitutes (   ) of the Issuing Bank, provided that the stipulated documents are presented to the Nominated Bank or to the Issuing Bank and that the terms and conditions of the Credit are complied with :

① a conditional payment
② a definite payment
③ a definite undertaking
④ a definite guarantee

해설 UCP 600 제7조 a항. "취소불능신용장은 신용장의 제조건이 충족되고 약정된 서류가 지정은행 또는 발행은행에 제시되어질 경우에 발행은행의 다음과 같은 지급확약(a undertaking)을 구성한다."

정답 ③

5. 다음 문장의 밑줄 친 신용장의 당사자가 바르게 된 것을 고르시오.

> We (㉠) inform you (㉡) that the Bank of City (㉢) has today issued on Irrevocable Letter of Credit No. 12345 in your favor covering shipment of the goods under Sales Contract No. NK-0077, which will be advised through Korea Exchange Bank (㉣), in your city, will send you the L/C which you will receive within a few days.

① ㉠ Beneficiary - ㉡ Applicant - ㉢ advising bank - ㉣ issuing bank
② ㉠ Applicant - ㉡ Beneficiary - ㉢ issuing bank - ㉣ advising bank
③ ㉠ Beneficiary - ㉡ importer - ㉢ issuing bank - ㉣ advising bank
④ ㉠ Applicant - ㉡ exporter - ㉢ advising bank - ㉣ issuing bank

해설 We = 수입상인 발행의뢰인(applicant, importer)
You = 수출상인 수익자(beneficiary, exporter)
The Bank of City = 발행은행(issuing bank, opening bank)
Korea Exchange Bank = 통지은행(advising bank, notifying bank)
정답 : ②

6. 다음에 설명하는 신용장 거래 관련 은행들이 적절하게 연결된 것을 고르시오.

㉠ The bank is also known as the correspondent bank which is requested by the issuing to inform the beneficiary of a credit.
㉡ The bank which adds its own undertaking to that of the issuing bank.
㉢ The bank that makes negotiation to the beneficiary against the presentation of shipping documents.
㉣ The bank which opens the credit initially and acts for the applicant.

① confirming bank - advising bank - negotiation bank - issuing bank
② confirming bank - advising bank - issuing bank - negotiation bank
③ advising bank - confirming bank - negotiation bank - issuing bank
④ advising bank - confirming bank - issuing bank - negotiation bank

해설 ㉠ 발행은행의 요청으로 수익자에게 신용장 알려주는, 환거래은행으로 알려진 은행, ㉡ 발행은행의 확약에 자신의 확약을 추가하는 은행, ㉢ 수익자에게 선적서류에 대해 매입을 해 주는 은행, ㉣ 최초로 신용장을 발행하고 신청인을 위해 행동하는 은행.
정답 ③

7. 다음 문장의 ( ) 안에 들어갈 수 없는 당사자를 고르시오.

We hereby agree with the ( ) of drafts under and in compliance with the terms of this credit that the same will be duly honoured on due presentation.

① applicants ② drawers
③ endorsers ④ bona-fide holders

해설 「당 은행(발행은행)은 이 신용장의 제 조건과 일치하고, 이 신용장 조건에 따라 발행되는 환어음의 발행인(drawers), 배서인(endorsers), 선의의 소지인(bona-fide holders)에게 그 환어음이 적절하게 제시될 경우 틀림없이 결제할 것을 정히 확약합니다.」 applicants(L/C 발행신청인)는 해당되지 않는다.
정답 ①

(8-10) 다음 신용장을 읽고 아래의 질문에 답하시오.

THE BANK OF KANSAI, LTD. INTERNATIONAL DEPARTMENT 7-21, SHINSAIBASHISUJI 2-CHOME, CHUO-KU, OSAKA, JAPAN Place and date of Issue : FEB, 21, 2018	**IRREVOCABLE DOCUMENTARY CREDIT** CREDIT NUMBER : 14 - 21 - 00085 DATE AND PLACE OF EXPIRY MARCH 31, 2019 in SEOUL
ADVISING BANK KOREA EXCHANGE BANK GONGPYUNG-DONG, CHONGRO-GU, SEOUL, KOREA	**APPLICANT** FISHERMAN CORP. C.P.O. BOX 1024 KOBE, JAPAN
BENEFICIARY KANGNAM TRADING CO., LTD. NO. 761-8 CHUNGDAM-DONG, KANGNAM-GU SEOUL, KOREA	**AMOUNT** US$40,218.75(SAY US DOLLARS FORTY THOUSAND TWO HUNDRED EIGHTEEN AND CENTS SEVENTY FIVE ONLY)
PARTIAL SHIPMENTS ☒ allowed ☐ not allowed **TRANSHIPMENT** ☐ allowed ☒ not allowed **SHIPMENT/DESPATCH/TAKING IN CHARGE** FROM/AT KOREAN PORT NOT LATER THAN MARCH 26, 2019 FOR TRANSPORTATION TO GENOA, ITALY	Credit available with ANY BANK by NEGOTIATION against presentation of the documents detailed herein and of beneficiary's draft(s) AT SIGHT for full invoice cost drawn on PHILADELPHIA INTERNATIONAL BANK, NEW YORK, USA ㈎

DOCUMENTS REQUIRED : A-0601-803-00185

☒ SIGNED COMMERCIAL INVOICE IN TRIPLICATE.
☒ FULL SET OF CLEAN ON BOARD OCEAN BILLS OF LADING MADE OUT TO ORDER MARKED FREIGHT COLLECT SHOWING SUDIMPORT SEVERO, ITALY AS NOTIFY PARTY.
☒ PACKING LIST IN TRIPLICATE, WHICH MUST INDICATE WEIGHT AND MEASUREMENT PER EACH PACKAGE.
COVERING ; FISHING TACKLES(CHEMICAL LIGHTS) 250,000 PACKS TRADE TERMS : F.O.B. KOREA
SPECIAL INSTRUCTIONS :
- SHIPPER'S NAME ON BILL OF LADING MUST BE : FISHERMAN CORP., KOBE, JAPAN.
- CONSIGNEE'S NAME ON CERTIFICATE OF ORIGIN MUST BE : SUDIMPORT SEVERO, ITALY
- THE NEGOTIATING BANK MUST SEND ALL DOCUMENTS DIRECT TO US IN ONE LOT BY SPEED POST OR D.H.L.

Unless otherwise expressly stated all banking commissions and charges outside issuing country are for account of beneficiary

Documents to be presented within 10 days after the date of issuance of the transport documents but within the validity of the credit

We hereby engage with the drawers, endorsers and bona fide holders of drafts drawn under and in compliance with the terms of this credit that such drafts will be duly honored upon presentation to the drawee. The amount of each drawing under this credit must be endorsed by the negotiating bank on the reverse hereof. It is Uniform Customs and Practice for Documentary Credits(2007 Revision), International Chamber of Commerce. Paris, France, Publication No. 600	**THE BANK OF KANSAI LTD.** INTERNATIONAL DEPARTMENT T. Sugihayashi Authorized signature

8. PHILADELPHIA INTERNATIONAL BANK, NEW YORK, USA ㈎로 나타내고 있는 동 은행 명칭을 구체적으로 무엇이라 표현하는가?

① Reimbursing Bank ② Negotiating Bank ③ Paying Bank ④ Accepting Bank

해설

• 상환은행(reimbursing bank) : 신용장거래에서 상환은행은 신용장에서 지급, 인수 또는 매입은행에 대한 상환을 발행은행의 본·지점 또는 환거래계약은행인 제3의 은행으로 하여금 청구하게 하는 경우에 발행은행을 대신하여 상환업무를 수행하는 은행을 상환은행(reimbursing bank)이라 한다. 특히 상환은행은 지급, 인수 또는 매입은행에게 어음대금을 결제하여 주기 때문에 일명 "결제은행(settling bank)"이라고도 한다.
• 매입은행(negotiating bank) : 신용장거래에서 매입은행은 매입신용장(negotiation credit)이 발행된 경우 발행은행이나 발행의뢰인 앞으로 발행된 환어음이나 서류를 매입(negotiation)하도록 수권된 은행을 말한다.
• 지급은행(paying bank) : 발행은행과 예치환거래계약을 체결하여 자행에 발행은행 명의의 예금계정을 설치하여 두고 신용장의 조건과 일치되는 서류가 제시될 때 또는 그러한 서류가

첨부된 환어음(일람출급)이 자행을 지급인으로 하여 제시될 때 발행은행의 예금계정에서 차감하면서 지급을 이행하는 은행을 지급은행(paying bank)이라 한다.

• 인수은행(accepting bank) : 신용장거래에서 인수은행은 신용장의 조건에 따라 수익자가 환어음을 발행할 때 일람출급이 아닌 기한부 환어음(time bill or usance bill)을 발행하여 은행에 제시하면, 이 기한부 환어음을 인수하도록 수권된 은행을 말한다.

정답 ①

9. 동 신용장에서 요구하는 선하증권에 가장 적합한 것은?

① Switch B/L ② Third Party B/L ③ Surrender B/L ④ Groupage B/L

해설

① 화물의 운송회사가 동일한 목적지로 가는 여러 수출상의 상품을 하나의 컨테이너에 혼재하여 선적시키는 화물(LCL화물)인 경우에 선박회사는 목적지가 같은 화물을 수집하는 운송주선업자(forwarder) 앞으로 선하증권을 발급하게 되는데 이러한 증권을 집단선하증권(Groupage B/L) 또는 "Master B/L"이라고 한다.

② 환어음을 제외하고 상업송장을 포함한 모든 서류가 수익자 외의 사람에 의해 발행될 수 있다. Third Party B/L에 대한 실무적 내용이다. 한국의 수출상(Kangnam Trading Co)이 일본의 수입상(Fisherman Corp.)으로부터 Master L/C를 받았지만 실제 원래 수입상은 Sudimport Trading Corp, ITALY이므로 제3자 명의의 선하증권으로 발행하여 달라는 내용의 실무적 신용장 내용이다.

③ 중계무역에 주로 사용되는 B/L로서 중계업자가 원수출자를 노출시키지 않기 위하여, 화물을 실제 수출한 지역에 위치한 선사, 항공사 또는 포워더가 B/L을 발행하지 않고 제3의 장소에서 발행하는 것을 말한다.

④ 운송화물이 하나의 컨테이너 분량이 안 되는 경우(Less that Container Load : LCL)에 운송회사는 같은 목적지로 운송되는 화물을 집화하여 하나의 'Group'으로 선적해 보낼 때 이용되는 것이 Groupage B/L이다.

⑤ "Surrender B/L"이라는 명칭의 의미는 "Surrender to carrier by shipper of original B/L is acceptable" 즉, 운송인으로부터 원본 선하증권을 교부받은 화주가 그 원본 선하증권 전부를 발행자인 운송인에게 다시 반환하는 것을 허용한다는 조건이다. 따라서 매입은행과 발행은행 앞으로 원본 선하증권이 제시되지 않으므로, 신용장 발행은행 입장에서는 신용장 거래의 가장 큰 장점인 화물에 대한 담보권을 상실하는 것임. 따라서 발행은행은 수입상의 신용도를 고려하여 허용 여부를 신중하게 결정한다.

정답 ②

10. 상기 신용장 조건 내용대로 S/R(Shipping Request) 작성을 위한 아래의 ①, ②, ③의 항목 안에 기재될 내용을 순차적으로 가장 알맞게 기재한 것은?

<table>
<tr><td>① Shipper</td><td colspan="2">PAN OCEAN BULK CARRIERS, LTD.
SEOUL : 777-8981~5, BUSAN : 445-1591~5,</td></tr>
<tr><td>② Consignee</td><td>S/O No</td><td>B/L No.</td></tr>
<tr><td>③ Notify Party</td><td></td><td></td></tr>
</table>

① Kangnam Trading Co., Ltd. - to order - Fisherman Corp., Japan
② Fisherman Corp., Japan - to order of Kansai bank - Sudimport Severo, Italy
③ Kangnam Trading Co., Ltd. - to order of shipper - Fisherman Corp., Japan
④ Fisherman Corp., Japan - to order - Sudimport Severo, Italy.

해설 이태리의 수입상(Sudimport Severo, Italy)으로부터 Master L/C를 받은 수출상(Fisherman Corp., Ltd.)은 이태리로 수출하기 위하여 수출물품 확보 차원에서 한국의 수출상(Kangnam Trading Co., Ltd.)에게 Baby L/C를 발행 · 수입하여 다시 이태리로 수출하게 될 때 Third Party B/L을 발급받아 자국으로 내도되는 선하증권을 Switch B/L로 바꾸지 않고 그대로 B/L을 제시하기 위하여 동 조건의 Baby L/C를 한국으로 발행할 때 한국의 수출상은 수출하게 될 때 동 조건을 충족시키기 위하여 사용되는 Third Party B/L의 이용방법이다.
① Fisherman Corp., Japan, ② to order, ③ Sudimport Severo Italy
정답 ④

11. D/P USANCE의 특징이 아닌 것은?
① 일본과 우리나라처럼 항해거리가 짧은 D/P 거래에 선택한다.
② 수입상이 자금부담을 해소하기 위하여 선택한다.
③ 독일과 우리나라처럼 항해거리가 장거리인 경우에 선택한다.
④ 수입상이 Unpaid 방법으로 클레임을 처리하기 어려워서 채택하기도 한다.

해설 D/P 거래에서 수입지의 추심은행(수입자 거래은행)은 추심서류가 도착한 경우 통상의 경우에는 즉시 수입업자에게 서류를 인도하여야 하지만, 선하증권이나 어음의 일자 후 일정기간에 서류를 인도하여야 하는 경우가 있다. 전자를 D/P at sight라 하고 후자를 D/P Usance라고 한다.
예컨대 "D/P at 30 days after B/L date"라고 되어 있으면 서류가 도착하였더라도 B/L 일자 후 30일의 날짜에 서류를 인도하여야 한다. 만약 B/L의 일자가 8월 20일이라면 9월 19일에야 수입자에게 서류를 인도하여야 한다. D/P at sight에서는 추심은행(수입자 거래은행)이 상품이 도착되지 않았더라도 서류를 수입업자에게 인도하여야 하고 수입업자는 대금을 지급하고 서류를 인수하여야 하므로 자금부담이 되는 경우가 있다. 그러나 "D/P at 30 days after B/L date"와 같이 기재하여 물품 도착시기에 맞추어 서류를 인도하도록 하면 수입업자가 자금부담을 면할 수 있으므로 B/L 일자 후 30일에 서류를 인도하도록 하는 것이다.
그러므로 D/P usance는 항해거리가 장거리인 경우 일반적인 D/P로는 수입상의 자금부담을 해소할 수 없을 때 활용할 수 있다. 추심은행은 반드시 B/L 일자 후 30일에 인도를 하여야지 그렇지 않으면 이로 인하여 발생하는 문제에 대하여 책임을 부담하여야 하며, 미리 인도하고자 하는 경우에는 반드시 추심의뢰은행의 용인을 받아야 한다.
정답 ①

※ 다음 추심결제방식 거래에서 작성된 D/A 계약서를 참조하여 답하시오.

D/A CONTRACT
PACIFIC COSMETICS CO., LTD.

Messrs, PACIFIC PRODUCTS GMBH.
6370 OBSERUSEL/TS, GERMANY

Date : May 30, 2019
NO. : INT-PPG-004/DA

We as Seller confirm having sold you as Buyer the following goods on the terms and conditions as stated below

Item #	Description		Quantity	Unit Price	Amount
	AMORE STEM III BRAND COSMETICS			C I F HAMBURG	
1603.00-9000	SKIN CONTROL LOTION	100ML	500	DM9.20	DM4,600.00
	SAMMI BRAND COSMETICS				
	MOISTURIZING LOTION	125ML	1,000	7.21	7,210.00
	MOISTURIZING CREAM	50ML	500	7.52	3,760.00
	EYE CREM CONCENTRATE	15ML	300	4.91	1,473.00
	CLEASING LOTION	5ML	3,000		FREE OF CHARGE
	SKIN SOFTENER	5ML	3,000		FREE OF CHARGE
	MOISTURIZING CREAM	5GR	3,000		FREE OF CHARGE
	TOTAL :		2,300PCS		DM17,043.00
	MINIATURE COSMETICS		9,000PCS		

* REMARKS : **The CHARTERED BANK ㈎** IN HAMBURG AS BUYER'S BANK AND **KOREA EXCHANGE BANK ㈏** IN KOREA AS SELLER'S BANK

Payment : AT 270 DAYS FROM B/L DATE IN DEUTCH MARK UNDER D/A BASES
(**USANCE INTEREST TO BE COVERED BY SELLER ㈐**)

Price Term : CIF HAMBURG, GERMANY
Origin : REPUBLIC OF KOREA
Shipment : NOT LATER THAN OCT. 31, 2019.
Destination : HAMBURG, GERMANY BY SEA
Shipping Marks : P . P . G.
HAMBURG, GERMANY
C/T NO:1-UP
MADE IN KOREA
Inspection : MAKER'S INSPECTION TO BE FINAL
Packing : MAKER'S EXPORT STANDARD PACKING
Insurance : TO BE COVERED BY SELLER
Shipping Documents :
A. COMMERCIAL INVOICE AND PACKING LIST IN TRIPLICATE.
B. FULL SET OF CLEAN OCEAN BILL OF LADING MADE OUT TO THE ORDER OF PACIFIC PRODUCTS GMBH MARKED FREIGHT PREPAID AND NOTIFY BUYER.
C. INSURANCE POLICY IN DUPLICATE
E. RELEVANT DRAFT TO BE **DRAWN ON BUYER ㈑** AT 270 DAYS FROM B/L DATE FOR 100% INVOICE VALUE.
F. BENEFICIARY'S CERTIFICATE STATING THAT THE DUPLICATE SET OF THE STIPULATED DOCUMENTS INCLUDING 1/3 ORIGINAL B/L AND A COPY OF C/I AND P/L HAVE BEEN SENT TO DIRECTLY TO APPLICANT.

15. 상기 추심결제방식 거래에서 작성된 D/A 계약서에서 ㈎, ㈏, ㈐, ㈑의 내용이 의미하는 바를 순차적으로 가장 알맞게 설명된 것은?

① Remitting Bank - Collecting Bank - Buyer's Bank - Principal
② Remitting Bank - Collecting Bank - Shipper's Usance - Drawee
③ Collecting Bank - Remitting Bank - Seller's Usance - Drawee
④ Collecting Bank - Presenting Bank - Supplier's Usance - Principal

해설

① Principal(추심의뢰인) : 물품을 선적하고 거래은행에 추심을 지시하는 수출상(seller, exporter)을 말한다.
② Remitting Bank(추심의뢰은행) : 추심의뢰인으로부터 추심을 지시받은 수출국의 은행이다.
③ Collecting Bank(추심은행) : 추심의뢰은행이 요청한 추심의뢰서(collect order)에 따라 지급인에게 추심하여 대금을 송부하는 수입국의 은행을 의미한다.
④ Presenting Bank(제시은행) : 지급인에게 제시를 하는 수입국의 은행을 의미한다. 추심의뢰은행으로부터 추심의뢰를 받은 추심은행은 수입자와의 거래관계 등으로 인하여 직접 수입자에 대한 서류의 제시가 곤란한 경우에는 다른 추심은행(제시은행)으로 추심서류를 송달하여 다시 추심의뢰하게 된다(대개의 경우는 추심은행이 수입상의 거래은행이 되도록 추심은행을 선정한다. 즉, 조속한 추심을 위하여 최초의 추심은행이 제시은행이 되도록 하는 것이다).

- 추심당사자는 아니지만 지급인(drawee)은 추심의뢰서에 따라 제시은행으로부터 지급 또는 인수를 위한 제시를 받고 만기일에 대금을 지급하는 자를 말하며 추심의뢰서에 따라 제시를 받아야 할 수입상(buyer, importer)을 의미한다.
- 수출환어음 중 Usance Bill(기한부어음)은 Usance 기간 동안의 신용공여 주체에 따라 Shipper's(Seller's, Supplier's) Usance와 Buyer's Usance로 구분하는데, 전자는 신용공여를 수출상이 수입상에게 주는 것으로 수입상은 서류를 인수하여 수입화물을 찾고 만기일에 수입대금을 결제한다. 후자는 Usance 기간 동안의 신용공여를 수입상이 해주는 것으로 수출상은 at sight basis와 동일하게 수출대금을 수취하고, 수입상은 인수수수료와 할인료만 선지급하고 원리금은 만기일에 지급한다.

정답 ③

16. **내국수입 Usance란 무엇을 의미하는가?**

① 정부가 수입업자에게 공여하는 금융을 말한다.
② 수입업자가 수출업자에게 공여하는 금융을 말한다.
③ 수출업자가 수입업자에게 공여하는 일종의 외상거래이다.
④ 국내 신용장 발행은행이 수입업자에게 공여하는 금융이다.

해설 내국수입유전스 신용장

내국수입 Usance는 국내에 있는 신용장 발행은행이 수입자에게 제공하는 금융을 말한다. 수입대금의 결제를 기한부조건에 의하는 경우에 있어 신용공여측이 누구인가에 따라서 수출상의 신용에 의하는 경우에는 Shipper's Usance라 하고, 은행의 신용에 의하는 경우에는 Banker's Usance라고 한다.
내국수입 Usance는 이 Banker's Usance의 일종으로 볼 수 있는 것으로서 신용공여측이 수입국의 은행 즉, 신용장 발행은행인 경우를 말한다. 즉, 수입상의 입장에서는 은행의 금융을 이용하여 수입대금의 지급이 Usance기간만큼 유예되면서 수입상품을 인도받게 되므로 동 상품을 판매하여 수입대금을 마련할 수가 있고, 해외의 매입은행의 입장에서는 수출환어음이 표면적으로 기한부어음이나 발행은행에 의하여 일람불로 결제받게 되므로 사실상 일람불조건의 수출환어음을 매입할 경우와 동일하게 된다.

정답 ④

17. 신용장거래시와 추심결제방식에서 각각 환어음 지급인으로 바르게 짝지어진 것은?

① Issuing Bank, Collecting Bank
② Accepting Bank, Remitting Bank
③ Reimbursing Bank, Drawee
④ Negotiating Bank, Beneficiary

해설 신용장거래시 환어음상의 지급인은 Negotiation Credit인 경우 Issuing Bank 또는 Reimbursing Bank이며, Acceptance Credit인 경우 Accepting Bank이다. 그리고 추심결제방식(D/P, D/A)에서는 지급인이 Drawee이다.

정답 ③

18. 다음 중 신용장의 본질을 훼손하는 것으로 볼 수 있는 것은?

① Principle of Independence
② Principle of Injunction
③ Principle of Abstraction
④ Principle of Irrevocable

해설 Principle of Injunction(지급금지명령의 원칙)은 미국 통일상법전에서 서류가 사기적 또는 위조인 경우에 있어 발행은행의 지급거절권이나 지급의무의 범위를, 그리고 발행의뢰인의 지급금지 명령 획득가능성을 명문화한 것을 의미한다. 그러나 UCP의 경우에는 사기나 위조에 관한 규정을 마련하고 있지 않기 때문에 지급금지명령의 원칙은 신용장의 본질(독립성·추상성)을 훼손하는 것으로 볼 수 있다. 법원의 지급금지명령은 수입상을 보호한다는 취지는 인정하지만 ① 발행은행의 대금지급 이전일 것 ② 수출상의 사기행위에 대한 명백하고 확실한 증거가 존재할 것 ③ 매입은행의 피해가 없을 것 등의 요건을 갖춘 영우에 한정하여 적용되어야 할 것이다.

한편 미국의 경우에는 Injunction(지급정지 가처분)의 요건으로 다음 사항을 필요로 하고 있다.

① 가처분에 의한 지급정지가 허용되지 않으면 신청인에게 회복할 수 없는 손해가 발생할 것이 입증 것인지의 여부는 결국 신청인이 법률적으로 적절하게 배상받을 수 있는가의 여부에 귀착된다.
② 신청인이 본 안의 소송에서 승소가능성이 있어야 한다. 즉 신청인이 지급정지 가처분을 정당화 시켜주는 수익자의 기망을 충분히 입증함으로써 본 안에서 승소할 가능성이 있어야 한다. 수익자의 기망이 통일상법전 제5-114조(2)항 (b)에 규정된 "거래에서의 기망(fraud in the transaction)"에 해당된다는 것이 충분히 증명되어야 하며, 동시에 위와 같은 기망적인 거래에 선의의 제 3자가 개입되어 있는 경우가 아니라야 한다. 그러므로 만약 신용장거래에서 수익자의 기망행위가 있었는지 전혀 모르는 선의의 매입은행이 매입한 어음과 선적서류를 발행은행에 송부하여 지급을 요청하면 발행은행을 상대로 발행의뢰인이 수익자의 기망행위를 입증하여 지급정지가처분을 신청하여도 법원은 선의의 제3자가 개입되었다는 이유로 가처분 신청을 기각하게 된다.
③ 지급정지가처분신청이 인용되지 아니하면 신청인에게 발생하는 손해가 동 신청이 인용됨으로써 수익자에게 발생할 손해보다 커야 한다.

정답 ②

(19-21) 다음의 수입신용장 내용을 읽고 물음에 맞는 답을 고르시오.

> Documents Required :
> ☒ Signed Commercial Invoice in triplicate.
> ☒ Full Set of Clean On Board Ocean Bills of Lading
> A. 한국외환은행의 지시식으로 작성되고, marked "freight prepaid" and notify "Kangnam Trading Co., Ltd."
> ☒ Insurance Policies, Certificate must expressly stipulate that claims are payable in the currency of the credit and must also indicate a claims settling agent in Korea.
> B. 송장금액의 110%에 대하여 백지배서된 보험증권 또는 보험증명서 2통,
> C. 도난 및 미도착 위험이 포함된 협회적하약관(B) 조건으로 부보되어야 함.
> ☒ Packing List in triplicate

19. 밑줄 친 A 부분을 영어로 표현하였을 때 가장 적합하지 않은 것은?

① issued to order of Korea Exchange Bank
② consigned to order of Korea Exchange Bank
③ stated to order of Korea Exchange Bank
④ made out to order of Korea Exchange Bank

20. 밑줄 친 B 부분을 영어로 표현하였을 때 가장 적합한 것을 고르시오.

① endorsed for 110% of the invoice value.
② endorsed in blank for 110% above the invoice value.
③ endorsed for 110% over the invoice value.
④ endorsed in blank for 110% of the invoice value.

21. 밑줄 친 C 부분을 영어로 표현하였을 때 가장 적합한 표현을 고르시오.

① ICC(B) including risks of JWOB. ② ICC(B) including risks of RFWD.
③ ICC(B) including risks of TPND. ④ ICC(B) including risks of COOC.

해설

▸ 동 신용장은 선하증권의 Consignee 난에 한국외환은행의 지시식 즉, 해상선하증권은 "Full sets of Clean on Board Marine(Ocean) Bills of Lading made out (issued, consigned) to order(the order of shipper, the order of issuing bank) blank endorsed (endorsed in blank) marked Freight Prepaid (collect) Notify Applicant" 등으로, 복합운송증권인 경우 "Full set of Clean Combined Transport Bill of Lading issued to the order of issuing bank indicating place of taking in charge of the goods xxx, port of loading xxx, port of discharge xxx, Place of final destination xxx …", 항공화물운송장의 경우는 "Clean Air Waybill consigned to xx Bank marked Freight Collect Notify Accountee" 등으로 기명식으로 작성한다.

▸ 「송장금액의 110%에 대하여 백지배서된 보험증권 또는 보험증명서 2통」
Insurance Policy, Certificate in Duplicate, endorsed in blank for 110% of the Invoice Value, "Insurance Policy or Certificate in duplicate blank endorsed for 110% of the invoice value covering Institute Cargo Clause(All risks), War Clauses, SRCC and TPND Clause", "Insurance Policy or Certificate issued in Duplicate duly endorsed in Blank for full invoice value plus 10 percent with claim payable in china in the same currency as the draft covering institute cargo clauses (A)"

▸ 「도난 및 미도착 위험이 포함된 협회적하약관(B) 조건으로 부보되어야 함.」
All shipment are to be covered on I.C.C. B including risks of Theft, Philferage and Non-delivery, for a sum equal to the amount of the Invoice plus ten(10) per cent, if no other conditions are particularly agreed upon.
모든 선적품은 다른 조건이 협정되지 아니하면, 송장금액에 10%를 가산한 금액에 대하여, 도난, 좀도둑, 불착(不着)의 위험을 포함하여, 협회화물약관 'B' 조건으로 보험을 부보한다.

정답 : ③, ④, ③

22. 다음 은행에 대한 설명으로 ( ) 안에 들어갈 당사자가 알맞게 짝지어 지지 않은 것은?

(A) There are several banks with which our bank has regular dealings. We have several (   ).
(B) When a confirming bank determines that a presentation is complying, it must honour or negotiate and forward the documents to the (   ).
(C) A (   ) is irrevocably bound to honour or negotiate as of the time it adds its confirmation to the credit.
(D) (   )'s charges are for the account of the issuing bank. However, if the charges are for the account of the beneficiary, it is the responsibility of an issuing bank to indicate in the credit and in the reimbursement authorization.

① (A) - correspondent banks
② (B) - issuing bank
③ (C) - confirming bank
④ (D) - advising bank

해설

(A) 당행이 정기적인 거래를 하고 있는 여러 은행이 있으며, 당행은 여러 개의 환거래은행을 가지고 있다.
(B) 확인은행이 제시가 일치한다고 결정하는 경우에는 그 확인은행은 결제 또는 매입하고 발행은행에게 서류를 발송하여야 한다.
(C) 확인은행은 신용장에 자행의 확인을 추가하는 시점부터 결제 또는 매입할 취소불능의 의무를 부담한다.
(D) 상환은행 [reimbursing bank)의 비용은 발행은행의 부담으로 하여야 한다. 그러나 그 비용이 수익자의 부담으로 되는 경우에는 발행은행은 신용장 및 상환수권서에 이를 지시할 책임이 있다.

정답 ④

Contracts for Transportation and Shipment

Chapter 08

운송계약과 선적

1 무역화물의 운송

수출품의 제조가 완료되면 수출업자는 계약내용에 따라 정해진 기일 이내에 물품을 선적하여야 하며, 수출계약조건이 CIF일 경우에는 Seller의 책임으로 해상적하보험에 부보해야 한다. 선적과 관련하여 최근의 운송유형은 일반적으로 해상운송(海上運送)과 항공운송(航空運送) 중심에서 항로(航路)와 육로(陸路)를 연결하는 복합운송(複合運送)방식이 많이 이용되고 있다.

(1) 해상화물운송 (marine cargo transportation)

해상운송은 화물운송선에 의하여 화물을 운송하는 방식으로 주로 대량화물이나 또는 저렴한 운임으로 운송하고자 하는 경우에 주로 이용된다.

전자제품이나 잡화 등과 같은 일반화물(general cargo)의 대부분은 컨테이너화(containerization)되어 컨테이너로 운송되며, 운송경로와 운임이 미리 정해져 있는 정기선(liner) 운송과 운송수요에 따라 운행되는 부정기선(tramper) 운송이 있나.

(2) 항공화물운송 (air cargo transportation)

항공운송은 항공기에 의하여 공로를 통하여 화물을 운송하는 방식으로, 시장전략과 경쟁력 증대방안 등의 이유로 주로 긴급물품이나 소량화물, 고부가가치 제품인 전자제품, 신선도를 유지할 필요가 있는 상품 등의 운송에 이용되고 있다.

항공운송에도 해상화물 운송처럼 정기항공화물 운송 및 부정기항공화물 운송의 방식이 있으며, 항공기에 의한 화물운송의 가장 중요한 특징은 화물의 적기인도(just-in-time delivery)를 통한 운송시간 단축이며, 또한 해상운송이나 육상운송에 비하여 진동이 적어 포장을 간단하게 할 수 있어 포장비용이 싼 특징이 있다.

한편, 항공화물의 인수는 항공화물운송대리점(cargo agent), 국제항공운송주선업자(freight forwarder)가 주로 하며, 항공화물대리점은 항공회사의 운임율과 운송약관을 사용하며 국제항공운송주선업자는 자체의 운임율과 운송약관을 사용한다.

(3) 육상운송(land transport)

육상운송은 철도나 자동차에 의한 육로운송을 말하는데, 철도는 대량화물의 원거리 운송에 운임이 저렴하여 경제적이며 안전수송의 장점이 있고, 자동차 운송은 운송의 시작과 도착을 마감하는 중요한 운송수단으로 철도운송의 보조적인 수단으로 출발하여 FCL화물과 LCL화물의 운송에 이용되고 있을 뿐만 아니라 철도운송보다 신속하고 저렴하여 해상운송과의 연계에서 많이 활용되고 있다.

(4) 복합운송(multimodal transport)

복합운송은 독립된 복합운송인이 단일의 운송계약으로 복합운송서류를 발행해서 운송의 전 과정에 대해 화주에 대하여 책임을 지고, 동시에 복합운송인은 각 운송구간에 대해 하청운송인 내지 실제운송인에 각각의 운송수단에 의한 운송의 수행을 위탁하여 이루어지는 운송방식이다. 국제복합운송은 규격화된 컨테이너를 사용함으로써 해상운송에 있어서 문전에서 문전(door to door)까지의 운송을 가능하게 하는 컨테이너운송이 급속하게 발전하고 있는 운송방식이다.

2 해상운송의 형태

해상운송(ocean transportation)은 선박을 운송수단으로 해상에서 이루어지는 상선(商船)에 의한 국제간 물품의 운송을 뜻한다. 운송인은 상품의 국제간 이동을 책임지는 자로서 운송수단에 따라 해상운송의 경우는 해상운송인(ocean carrier), 항공운송의 경우는 항공운송인(air carrier), 육상운송의 경우는 육상운송인(overland carrier), 복합운송의 경우는 복합운송인(multimodal transport operator) 등으로 분류될 수 있다. 또한 운송인은 선박을 보유하고 있는 선박회사와 선박을 보유하지 않은 운송주선업자(forwarder)가 있다. 화주는 선사와 또는 Forwarder와 직접 운송계약을 체결할 수 있으며, 화주가 만약 Forwarder와 운송계약을 체결하면 Forwarder는 선사와 다시 운송계약을 체결하여 선복(ship's space)을 수배한다. Forwarder는 화주와 실제운송인(actual carrier)인 선사 사이에서 화주에게는 운송인으로서의 역할을 수행하는 계약운송인(contractual carrier)이며, 선사에게는 송화인으로서 화주의 입장이다.

(1) 정기선(Liner) 운송

선박회사가 동일항로에 정기선 즉, 정기적으로 선박을 운항할 경우를 정기선박운송이라 한다. 이의 특징으로는 ① 사전에 작성·공표된 운항일정(sailing schedule)에 의해서 특정한 항로만을 왕복운항하며, ② 불특정다수 화주의 소량화물, 여객, 우편물 등의 수송을 주요대상으로 하고, ③ 고정된 항로(route), 운임(tariff) 등에 의하여 평등한 서비스를 제공하는 것이다. 정기선운송은 주로 개품운송계약에 의한다.

(2) 부정기선(Tramper) 운송

정기선의 경우 화물이 선박을 찾아오는 데 반해서, 부정기선(tramper)의 경우 선박이 화물을 찾아간다고 할 수 있으며, 이의 특징은 ① 고정된 운항일정과 항로가 없으므로 항로의 자유선택이 가능하며, ② 대량의 화물(bulk cargo) 등의 수송을 주요대상으로 하고, ③ 운임이 그 당시의 수요와 공급에 의한 완전경쟁으로 운임율을 결정하게 된나는 특징을 갖고 있다. 부정기선운송은 주로 용선운송계약에 의한다.

3 해상화물의 운송계약

해상운송계약(contract of affreightment)이란 운송을 의뢰하는 화주(shipper)의 청약에 대한 운송인의 승낙으로 성립한 운송에 대한 합의로서 운송인(carrier)은 운임 또는 용선료의 지급과 상환으로 수출국의 일정장소에서 수입국의 일정장소까지 화물을 운송하여 화물에 대한 권리자에게 인도할 것을 내용으로 하는 계약을 의미하며, 운송계약의 형태는 개개의 운송물품을 계약의 목적물로 하는 개품운송계약과 선박의 일부 또는 선부를 계약의 목적으로 하는 용선운송계약이 있다.

(1) 개품운송계약(contract of affreightment in a general ship)

정기선(liner)인 선박회사가 다수의 화주로부터 개개의 물품을 대상으로 개별적으로 운송계약을 체결하는 것을 개품운송계약이라 하며, 일반적으로 선박회사가 불특정다수의 화주로부터 화물운송을 위탁받아 이들 화물을 분류하여 목적지별로 화물을 혼재(consolidation)하여 컨테이너에 적입한 후 정기항로에 취항하는 정기선을 통하여 운송하는 형태이다.

개품운송계약은 화주와 운송인간의 권리와 의무를 약정하는 것으로서 운송실무상 일반적으로 운송계약은 송화인(shipper)이나 그 대리인인 국제물류주선인이 운송인인 선박회사가 사전에 작성·공포된 항해일정표(sailing schedule)에서 항로별 선박명, 출항예정일(expected time of departure ; ETD) 및 도착예정일(expected time of arrival ; ETA) 등을 참조하여 화물의 준비상황, 매매계약상의 선적일(shipping date), 화물특성에 맞는 선박종류 등을 고려하여 선박을 선정한 후 운송인에게 선복요청서(shipping request ; S/R)를 Fax 또는 e-Mail 등의 방법으로 제출하여 선복(ship's space)의 예약을 의뢰하고 선박회사가 이를 승낙(booking)함으로써 계약이 체결된 것으로 인식되고 있다. 다만 선박회사에서 운송계약의 증거로 물품을 선적하게 되면 선하증권(Bill of Lading)을 발행함으로써 이면에 인쇄되어 있는 운송약관이 화주와 운송인간에 운송계약의 증빙으로서의 역할을 한다.

(2) 용선운송계약(contract of sea carriage by charter party)

용선운송계약이란 타인소유의 선박을 세내어 일정한 조건을 정하여 차용할 때의 계약을 말한다. 즉, 선주가 제공한 선박의 전부 또는 일부의 선복에 의하여 화물을 운송할 것을 약정하고, 그 보수를 지급할 것을 약속하는 해상운송방식이다. 용선운송계약은 다시 일부용선계약과 전부용선계약으로 구별되고, 전부용선계약은 항해용선계약과 기간용선계약으로 구분되며, 특수한 형태의 나용선이 있다.

4 정기선의 운임

(1) 정기선운임의 구성

정기선 운임은 기본적으로 기본운임(basic rate)과 화물의 형상, 항만사정, 화물의 특수성, 항해 여건상의 사유 등에 따라 부과되는 할증료(surcharge) 및 기타 추가요금(additional charge) 등으로 구성되는 것이 보통이다.

해상운임(ocean freight) = 기본운임(basic rate) + 부대요금(할증료 + 추가요금)

할증료는 일반화물보다 무거울 때 부과하는 중량할증운임(heavy life surcharge), 부피가 크거나 길이가 길 때는 용적 및 장척할증료(bulky/lengthy surcharge), 도착항의 항만사정이 선박으로 혼잡할 때는 체선할증료(congestion surcharge), 통화의 환율변동에 따른 환차손을 하주에게 부담하는 통화할증료(CAF), 유류가격의 인상으로 발생하는 손실을 보전하는 유류할증료(BAF) 등이 있다.

(2) 정기운임의 계산방법

운임산정 기준은 일단 운송인에게 유리한 쪽으로 적용된다는 점이 가장 큰 특징이다. 예를 들어 부정기선 운임은 중량을 기준으로 하는 것이 운송인에게 유리하기 때문에 대부분 중량기준이 적용되고, 정기선 운임은 운송인에게 중량기준이 유리하면 중량을 적용하고 부피(용적)가 유리하면 용적을 적용하는 것이 가장 좋은 예이다.

1) 화물의 중량기준(weight basis)

중량(weight)을 기준으로 운임을 계산하는 방법으로 1,000kg의 중량을 의미하며, 통상 Metric Ton(M/T)이라고 하며, 1,000kg은 1 Kilo Ton이라고 한다. 용적은 작지만 중량이 높은 화물, 예컨데 철강제품이나 화학제품 등은 중량을 기준으로 하여 운임이 책정된다. 중량기준 화물도 1 Long Ton = 2,240lbs(1,016kg), 1 Short Ton = 2,000lbs (907kg), 1 Metric Ton = 2,204lbs(1,000kg) 등의 톤 중에서 사용선택은 선적지역·화물종류에 따라 각각 다르지만 실무상 Metric Ton이 보편화되어 있다.

2) 화물의 용적기준(measurement basis)

일반화물의 용적계량 단위는 Cubic Meter(CBM)로 1㎥(1m × 1m × 1m)를 1 Ton으로 하는 용적 Ton(Measurement Ton : M/T)을 기준으로 운임률이 정해지며, 용적에 의하여 계산되는 운임을 용적운임이라 하고 그러한 화물을 용적화물이라고 한다. 통상 선박회사는 중량톤 또는 용적톤 중 운임수입이 많은 쪽을 운임징수의 기준으로 하는 선택권을 갖고 운임징수 기준으로 사용하는 Ton을 Freight Ton 또는 Revenue Ton(R/T)이라고 한다. 화물의 포장명세서, 선적요청서(Shipping Request : S/R) 등에 중량과 용적의 두 가지 중 높은 쪽의 톤 수가 운임산정의 기준이 된다.

3) 종가단위(ad valorem)

종가라는 말은 "가격에 따른다"는 뜻으로, 보석이나 예술품, 희귀품 등에 대해서는 보통 상품가격의 2~5% 정도의 일정비율을 할증·추가하여 운임으로 결정하는 경우 이를 종가운임이라고 하며, 정기선 운임에서만 통용되는 계산기준이다.

4) 박스 레이트(box rate)

컨테이너 내부에 넣는 화물의 종류나 중량에 상관없이 무조건 컨테이너 하나당 얼마라고 하는 식으로 운임을 책정한 운임을 말하며, Box Rate는 상품 종류에 상관없이 적용하는 품목별 무차별 운임(FAK : Freight All Kinds Rate)과 상품을 크게 몇 등급으로 분류하여 적용하는 등급운임(Class Box Rate)과 상품을 몇 품목으로 분류하여 적용하는 품목별 운임(Commodity Box Rate)이 있다.

(3) 해상운임의 종류

1) 지급시기에 따른 분류

① 선불운임(freight prepaid) : CIF 또는 CFR 조건에 의한 수출의 경우 수출상이 선적지에서 선불하는 경우로 B/L발급 시 운임을 지불하게 되는 것을 말한다.

② 후불운임(freight collect) : FOB조건의 경우 수입상이 화물의 도착지에서 운임을 지급하는 경우로서 수입상이 운임을 완불하지 않으면 선사는 화물을 찾을 수 있는 화물인도지시서(D/O : Delivery Order)를 발행하여 주지 않는다.

2) 부과방법에 따른 분류

① 종가운임(ad valorem freight) : 귀금속 등 고가물품의 운송에서 화물의 가격을 기초로 하여 이의 일정률을 운임으로 징수하는 경우의 운임이다.

② 최저운임(minimum all kinds rate) : 운임은 일정단위(CBM 또는 Ton)를 기초로 부과되는데 화물의 용적과 중량이 일정기준 이하(예, 1CBM)일 경우의 운임이다.

③ 무차별운임(freight all kinds rate) : 이는 품목여부를 가리지 않고 일률적으로 부과하는 운임으로 FAK Rate라고 한다.

3) 운송완성도에 의한 분류

운송의 완성 여부에 불구하고 전액을 지급하는 전액운임, 그 완성도에 따라 지급되는 비교운임 및 화주가 계약한 수량보다 실제 적게 적재한 양, 즉 선적 부족분에 대해서도 지급되는 부적운임(不積運賃 : dead freight) 등이 있다.

4) 하역비부담에 의한 분류

화물의 적양(積揚)하역 비용을 누가 부담하느냐에 따라 ① Berth Terms(B/T), ② Free In and Out(FIO), ③ Free In(FI), ④ Free Out(FO) 등이 있다.

① Berth Terms(liner terms) : 하주가 화물을 선측까지 운송하여 선주(船主)에게 인도하면, 선주가 화물을 Tackle에 걸어서 선적하면서부터 하역비와 화물 손상비를 부담한다. 이 조건은 하주의 하역비 부담이 적다. 통상 정기선은 이 Berth Terms조건으로 운임이 책정되므로 "Liner Terms"라고도 한다.

② Free In(FI) : 본선 내로의 적재 하역비와 그 사이의 손해비용은 선주가 부담하지 않는다.

③ Free Out(FO) : 본선에서 화물을 양하할 때 양하 하역비와 그 사이의 화물 손상 비용은 선주가 부담하지 않는다.

④ Free In & Free Out(FIO) : 적양하역비는 모두 선주가 부담하지 않는다.

5) 특수운임

① 특별운임(special rate) : 해운동맹이 비동맹과 화물유치경쟁을 할 때 일정한 화물에 대해 일정조건을 갖춘 경우 정상요율을 인하하여 특별요율로 화물을 인수하는 수단으로 사용되는 운임이다.

② 경쟁운임(open rate) : 정기선요율에 있어서 자동차, 시멘트, 비료, 광산물과 같은 선적단위가 큰 대량화물에 있어서는 해운동맹이 비동맹보다 경쟁력이 약하다. 이 경우 해운동맹은 이들 대량화물에 대해서는 요율을 별도로 정하지 않고, 그 동맹가입선사가 임의로 적용하여 경쟁력을 높이고 있는데, 이들 품목을 Open Rate Cargo라고 하며, 이때 적용되는 운임을 경쟁운임이라 한다.

③ 접속운임(ocp rate) : 북미내륙의 육상운송의 종착역에 해당하는 OCP지역으로 운송하는 경우 해상운송업자가 육상·항공운송까지 하주를 대신하여 계약을 체결하는 경우에 하주가 지급하게 되는 총괄운임을 말한다.

④ 최저운임(minimum rate) : 최저운임은 용적 또는 중량이 운임산출 톤에 미달되는 화물에 대한 B/L이 발행되는 경우에, 화물의 종류에 관계없이 선하증권(B/L) 한 건 당을 단위로 하여 특정하게 운임을 설정하는 방법이다.

⑤ 지역운임(local freight) : 태평양운임동맹(TPFC)의 요율에는 태평양 연안 여러 항구까지의 양륙화물에 대한 운임과, 북미 내륙지역을 도착지로 하는 화물에 대해 적용하는 미 내륙항 접속운임률 등의 두 가지가 있다. 미국 록키산맥의 동부지역은 Local Area라고 부르며 Main Port에서 내륙지역까지의 운송료를 Port Local Freight라고 한다.

6) 미국 신해운법상의 운임

① 독자운임결정권(independent action : I/A) : 미국항로에 취항하는 선사들에게 Tariff에 신고된 운임률이나 기타 조건에 관계없이 독자적인 운임률을 설정할 수 있도록 허용한 것으로써, 선사는 효력발생 10일 전까지만 FMC(미연방해사위원회)에 신고하게 되면 IA를 행사할 수 있게 된다.

② 우대운송계약(service contract : S/C) : 하주 또는 하주 단체가 일정기간에 대하여 일정량의 화물선적을 보증하고 이에 대해 선박회사 또는 해운동맹이 일정한 운임 및 선복 등을 보증하는 제도이다.

③ 기간별물량별운임(time volume rate : TVR) : 선박회사 또는 해운동맹이 일정기간 동안 일정하게 정해진 품목을 선적한다는 조건부로 화주에게 할인혜택을 주는 운임을 말한다.

7) 할증운임

특정한 항로구간에 있어서 각 취항선이 정기적으로 반복 운항하는 항구에는 해운동맹 운임표가 작성되어 이것이 통상 기본운임(base rate)의 역할을 하고 있다. 그러나 경우에 따라서는 다음과 같이 기본운임 외에 일종의 할증운임(additional rate, surcharge)을 설정하는 경우도 있다.

① 중량할증운임(heavy lift surcharge) : 단위당 화물이 3톤 또는 4톤을 초과할 경우의 할증운임과 컨테이너의 중량이 일정 중량을 초과할 경우의 할증운임.

② 용적 및 장척할증료(bulky/lengthy surcharge) : 화물의 부피가 너무 크거나 길이가 너무 긴 화물에 대해 부과되는 할증료.

③ 체선할증료(port congestion surcharge) : 도착항의 항만사정이 혼잡할 때 받는 할증료이다.

④ 통화할증료(currency adjustment factor : CAF) : 통화의 변동에 따른 환차 손해를 화주에게 부담시키는 할증료이다.

⑤ 유류할증료(bunker adjustment factor : BAF) : 유류 가격의 인상으로 발생하는 손실을 보전하기 위한 할증료이다.

8) 부대비용의 종류

① 터미널화물처리비(Terminal Handling Charge : THC) : THC는 수출화물의 CY 입고 시점부터 선측까지, 수입화물의 본선선측에서 CY Gate 통과 시까지 화물의 이동에 따르는 화물처리비용을 말한다. 우리나라를 포함한 극동지역, ASEAN 국가, 유럽지역에서는 THC, 일본은 아시아 항로에 CHC(Container Handling Charge), 미국은 DDC(도착지화물인도비용 : Destination Delivery Charge) 라는 명칭으로 THC에 내륙운송비를 추가하여 부과하고 있다.

② Wharfage : 부두사용료를 말하는 것으로 국토해양부 고시에 의하여 부과하며, 수출입화물의 수출입 시 부과하는 부두사용료이다.

③ CFS Charge : 선사가 컨테이너 하나의 분량이 되지 않는 소량화물(LCL : Less than Container Load)을 운송하는 경우 선적지 및 도착지의 CFS(Container Freight Station)에서 화물의 혼재(적입) 또는 분류작업시 발생하는 비용.

④ 서류발급비(Documentation Fee : DOC Fee) : 서류발급비는 선사가 일반관리비 보전을 목적으로 선하증권(B/L)을 발급해 줄 때, 수입시는 화물인도지시서(D/O)를 발급해 줄 때 소요되는 비용을 보전하기 위하여 징수하는 비용.

⑤ 도착지화물인도비용(Destination Delivery Charge : DDC) : 북미수출의 경우 도착항에서의 하역 및 터미널 작업비용을 해상운임과는 별도로 징수하는 것.

⑥ **체선료(Demmurage) :** 적하(loading) 또는 양하(discharging)일수가 약정된 정박기간(laydays)을 초과하는 경우 초과일수에 대하여 용선자가 선주에게 지불하는 것으로 하루 또는 중량 톤수 1톤당 얼마를 지불하는 금액이다.

⑦ **지체료(Detention Charge) :** 화주가 컨테이너 또는 트레일러를 대여 받았을 경우 규정된 시간(free time) 이내에 반환을 못할 경우 벌과금으로 운송업체에게 지불해야 하는 비용이다. 정기 선사들은 보통 4일 기간의 Free Time을 설정해 두고 그 이상을 경과하면 하루당 일정액의 지체료를 징수하고 있다.

5 CONTAINER 수출화물의 선적

(1) 컨테이너의 제원

컨테이너(container)는 수출입물품의 수송을 위해 거대한 용기로 화물을 보다 능률적이고 경제적으로 수송하기 위해 반복적으로 사용이 가능하도록 규격화된 수송도구이다. 화물의 단위운송(unit load)을 실현시켜주는 혁신적인 수송용구로, Freight Container 혹은 Cargo Container라고 불리우며 컨테이너에는 크기에 따라 20 feet (TEU; Twenty-foot Equivalent Unit), 40 feet(Forty-foot Equivalent Unit), High Cubic Container, Jumbo Container 등의 종류가 있다.

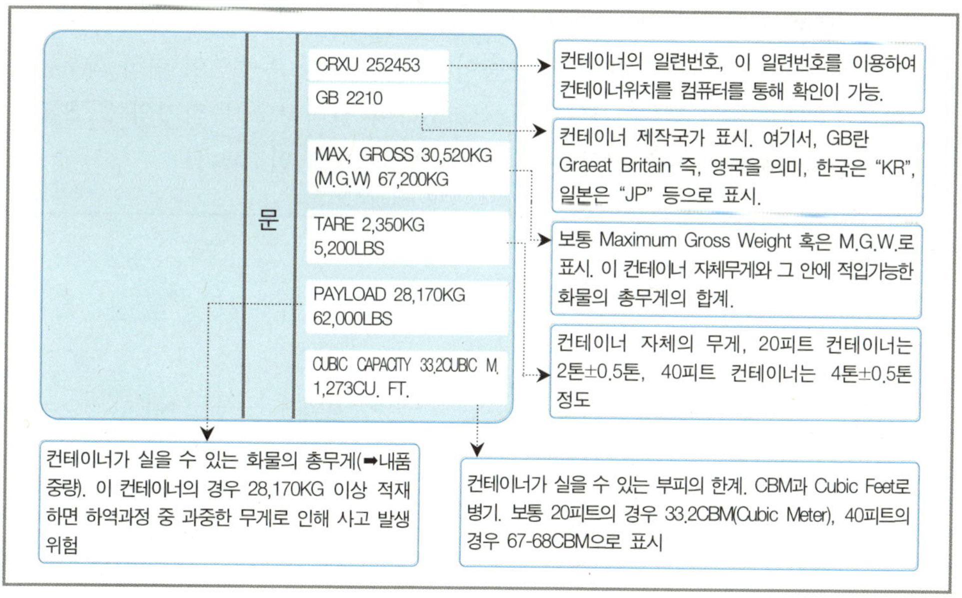

그림 8-1 컨테이너 규격 표시

(2) 컨테이너의 화물의 운송형태

1) CY/CY(FCL/FCL : Door to Door)

컨테이너의 장점을 최대로 활용한 운송방식으로 수출상의 창고로부터 수입상 창고까지의 육·해·육 혹은 육·해·공을 있는 일관운송형태이다. 수출지의 공장에서 컨테이너에 적재한 화물을 그대로 선적항 및 양륙항을 통과, 최종 목적지인 수하인의 창고까지 컨테이너의 개폐 없이 수송하는 방법이다. 동 방식은 컨테이너 운송의 3대 요소인 신속성·안전성·경제성을 최대로 충족시키는 운송형태로서 대수출업자·대수입업자간에 활용될 수 있는 방법으로 한 수출업자가 자기상품을 전량 컨테이너에 적입(stuffing), 그대로 수입업자 창고까지 상품을 인도하는 데에 이용된다. 하주는 창고간 운송에 따른 육·해·육 혹은 육·해·공 구간의 운임을 지불해야 하며, 운송인의 책임은 수출상의 창고로부터 수입상의 창고까지이다.

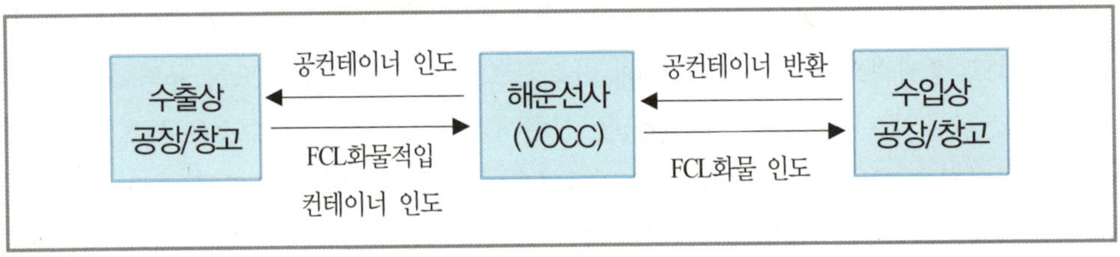

2) CFS/CFS(LCL/LCL : Pier to Pier)

선적항의 CFS에서 목적항의 CFS까지 컨테이너로 운송되는 방법으로, CFS/CFS 운송은 Pier to Pier 혹은 LCL/LCL 운송이라고도 하는데 운송인이 여러 화주들의 소량화물(LCL)들을 집하·혼재(consolidation)하여 선적하고 목적지의 CFS에서 컨테이너를 개봉하여 화물을 분류하여 여러 수입업자에게 인도된다.

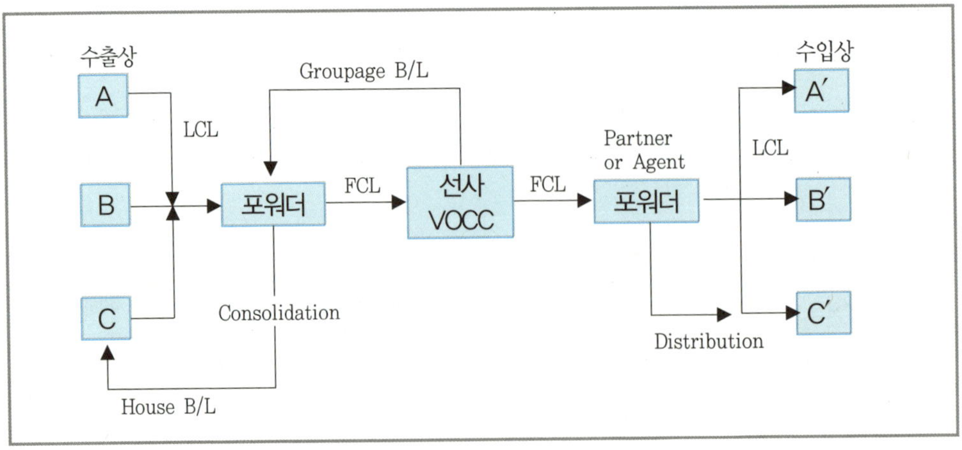

실무적으로 선사는 포워더가 여러 LCL 화물을 혼재하여 FCL화물로 만들어 선사에 인도할 때 Master B/L인 Groupage B/L을 발행하면, 포워더는 이를 근거로 LCL화하주에게 House B/L을 발행한다. CFS 또는 ICD(inland container/clearance Depot)에서 컨테이너에 적입(stuffing)되고 목적지에서도 수출지에서와 마찬가지로 CFS/ICD에서 적출(devanning)되어 수입업자에게 분배된다.

3) CFS/CY(LCL/FCL : Pier to Door)

선적항의 CFS로부터 목적지의 CY까지 컨테이너 화물운송 형태로, 운송인이 여러 수출상으로부터 화물을 CFS에서 집하하여 컨테이너에 적입한 후 최종 목적지의 수하인 창고까지 운송하는 것을 말하며, 이를 Buyer's Consolidation이라 한다.

동 방식은 CFS·CFS에서 한 단계 발전한 운송형태로서 일반적으로 대수입업자가 여러 수출상으로부터 여러 LCL화물을 수하여 일시에 자기의 창고까지 운송하는 형태의 운송방식이다. 실무적에서 포워더를 통해 화물을 운송할 때 포워더는 화물수령증(Forwarder's Cargo Receipt : FCR)을 발행할 경우가 있는데, House B/L과 달리 신용장에 명시되어 있지 않으면 은행에서 수리하지 않으므로 주의해야 한다. 주로 백화점 또는 종합상사가 다수의 수출상으로부터 물품을 수입할 때 이용하며, 수입지의 포워더에게 운송을 의뢰하는 Buyer's Consolidation의 형태를 취한다.

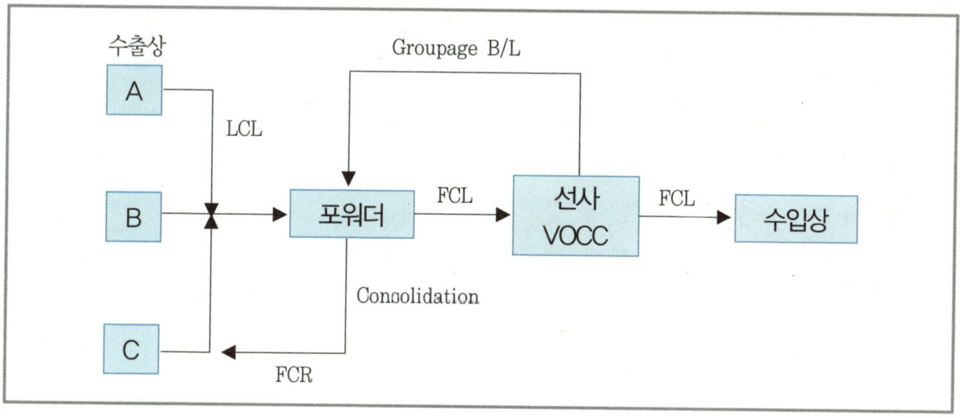

4) CY/CFS(FCL/LCL)

선적항의 CY에서 목적항의 CFS까지 컨테이너에 의해서 운송되는 방법으로서, 단일의 송화인, 다수의 수하인 구조를 갖고 있다. 선적지에서 수출업자가 FCL화물로 운송, 수입항의 CFS에서 화물을 인출(devanning), 다수의 수하인들에게 배분하는 방식이다. 동 방법은 1인의 수출업자가 1개 수입국의 여러 수입업자에게 일시에 운송하고자 할 때 사용될 수 있으나 사용빈도는 높지 않다. 화주는 선적지의 창고로부터 수입항의 CFS까지 운임을 지불하게 되며 운송인의 책임도 동 구간에 한한다.

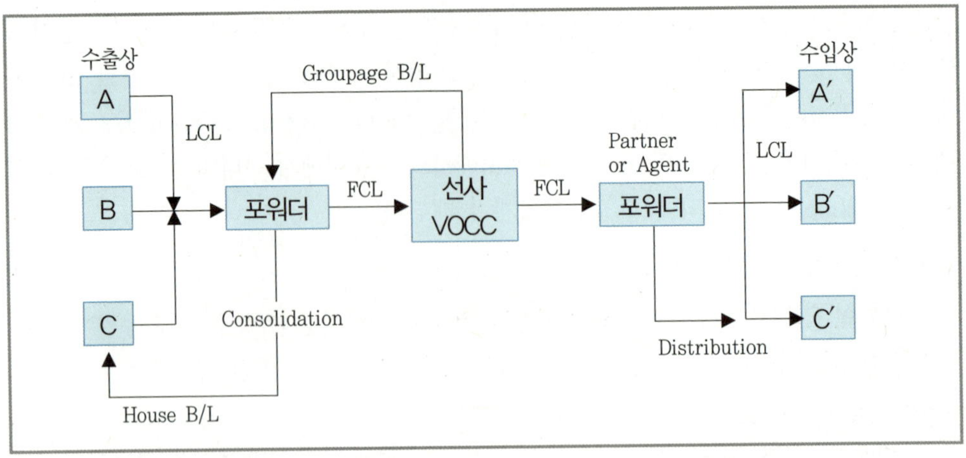

(3) 컨테이너 수출화물의 운송절차

수출상은 수출계약 ⇨ 신용장접수 ⇨ 수출승인 ⇨ 상품의 제조 또는 구매 ⇨ 수출검사 ⇨ 수출신고 등의 절차를 거친 후 선적을 의뢰한다. 이 때 선사의 영업부에 직접 의뢰하는 방법과, 포워더를 통해 간접 의뢰하는 방법이 있다. 통상 양자 간의 운임에 차이가 없어 포워더를 통한 간접의뢰가 많은 편이다.

따라서 아래에서는 포워더(운송주선인)를 통한 컨테이너 수출화물과 서류의 흐름을 FCL(Full Container Load)과 LCL(Less than Container Load)로 나눠 살펴본다.

선적예약은 화주가 포워더에게 팩스 또는 전화로 선적을 의뢰하면 포워더가 선적요청서(Shipping Request : S/R)를 작성, 선박회사에 제출한다. 이 때 S/R의 Shipper란에는 화주와 포워더의 이름이 병기(倂記)된다.

선박회사는 화주(포워더)로부터 접수한 S/R에 기초하여 선적예약서(booking note)를 작성, 이들을 집계, 예약일람표(booking list)를 작성한다. 그리고 Booking List를 자사(또는 계약) 터미널에 송부, 공컨테이너(empty container)의 반출 및 적재컨테이너의 반입준비를 시킨다.

FCL화물 선적을 의뢰할 경우 운송인은 하주가 별도로 지정하지 않는 한 자신과 계약된 Container Trucking 회사에 연락, 선적기일에 맞추어 수출상의 공장 혹은 창고에 공 컨테이너를 배송한다. 수출상은 공 컨테이너를 받은 경우 공인검량인(sworn measurer & public weigher)과 검수인(tallyman)에 의하여 용적중량을 계량하고 검수를 끝낸 후 화물적재 담당직원은 직접 Stuffing 작업을 끝내면 컨테이너는 회사의 공장이나 창고에서 수출신고가 이루어졌을 경우 봉인(sealing)된 채 선적항의 컨테이너 야드(off-dock CY)를 거쳐 부두로 운송되거나 혹은 부두로 직반입된다.

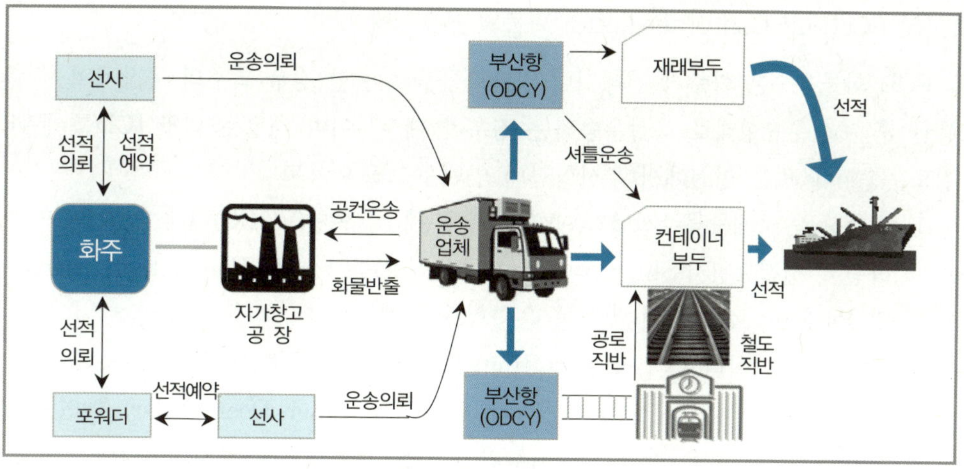

그림 8-2 FCL화물 이동경로

(4) 서울·경인지역에서 수출통관 후 적입된 FCL

① 화주전문 통관 후 공로수송(公路輸送) : 화주의 Door에서 긴데이너의 적입작업이 완료된 컨테이너화물은 고속도로를 이용하여 일단 부산지역에 있는 ODCY (Off-Dock CY)나 컨테이너부두의 CY(On-Dock CY)까지 운송된다. ODCY의 기능은 터미널의 부두내 CY의 절대부족으로 이의 기능, 즉 수출 및 수입되는 컨테이너의 장치, 보관, 수리 및 통관작업이 이루어진다.

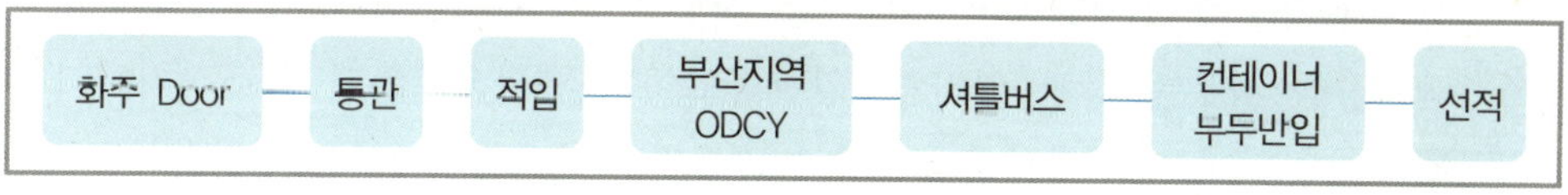

② 화주문전 통관 후 철도수송 : 의왕역을 출발, 철도운송으로 부산진역에 도착한 컨테이너부두로 직반입되는 컨테이너는 지선을 통하여 컨테이너부두로 직반입되거나, 대부분의 컨데이너는 부산진역에 소재한 철도 CY에 하차되어 일시 장치되거나 셔틀운송으로 ODCY에 반입되어 컨테이너는 선적기일까지 ODCY에 장치 및 보관되었다가 선적일정에 맞추어 컨테이너는 각각 본선선적을 위한 Marshalling Yard에 이송·장치되었다가 본선 입항시 선적순서 목록에 따라 본선에 선적된다.

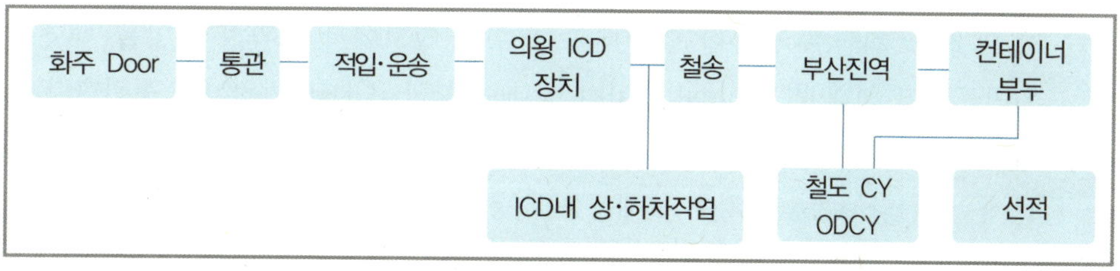

(5) FCL(Full Container Load) 화물의 운송절차

FCL 화물운송은 화주가 컨테이너 만재화물을 수출할 경우 화주의 공장에서 수출 통관 후 보세운송형태로 육상운송되는 경우가 대부분이며 때로는 의왕 ICD를 통한 철도운송이나 또는 인천에서 부산항간의 연안운송도 이용된다.

① 수출상은 국제물류주선업자(NVOCC)나 해상운송인(VOCC)에게 선적을 의뢰하면서 선적요청서(Shipping Request : S/R)를 비롯한 Commercial Invoice 및 Packing List 등의 서류를 운송회사에 제출한다.

② 화물의 컨테이너 적입작업(stuffing)을 위해서 공컨테이너를 수출자의 공장 또는 창고로 투입을 요청할 경우(Empty Container Door Order) 투입요청 시간 및 장소 등을 정확히 알려주면 선사는 트럭회사에 공컨테이너의 인도를 지시(door delivery or spotting order)한다. 공컨테이너 투입장소가 대전 이북 지역인 경우 의왕 ICD(Inland Clearance Depot), 대전 이남지역인 경우 부산 ODCY(off dock container yard)에 장치되어 있는 컨테이너를 조달한다.

③ CY 운영자가 공컨테이너를 화주에게 임대할 경우 기기수도증(EIR or ER : Equipment Interchange Receipt) 5부를 작성하여 1부를 화주에게 전달한다.

④ 화주의 창고에 공컨테이너가 인도되는 것은 내국화물이 적입 전에 반드시 수출신고필증이 발부되어 외국화물의 상태로 된 경우로 수출화물이 화주의 창고에서 통관됨을 의미한다. 따라서 화주는 적입장소가 보세구역으로 인정받은 자가 장치장인 경우는 상관 없지만, 일반창고이면 세관으로부터 타소장치허가를 득하여야 하며 세관에 수출통관과 통관후의 보세운송허가를 요청한다.

⑤ 세관은 전송화면상의 수출신고 자료에 하자가 없고 검사대상 품목이 아니면 현품검사를 생략하고 수출신고서에 신고필 날인을 한다. 통관후의 보세운송은 통관용 수출신고로 일괄 처리된다. 즉, 통관시 보세운송신고를 병행하는 수출신고서를 사용하면 수출신고필과 함께 보세운송 면허도 얻는다.

⑥ 수출상은 해상운임(ocean freight) 징수의 기본자료가 되는 수출상품의 용적중량의 검량을 마치고 컨테이너에 화물을 적입(stuffing)한 뒤 선사의 봉인(Carrier's Seal) 또는 세관봉인(Custom Seal)을 부(장)착한다.

⑦ 한편 FCL 화물로 충분한 양인데도 화주의 창고에서 통관하지 않을 때에는 일반트럭에 의해 벌크(break bulk) 상태로 양산 ICD에 반입하여 통관한다.

⑧ 육상운송업체는 수출통관이 완료되어 컨테이너에 적입된 물품을 보세상태로 보세운송한다. 수출의 경우 보세운송 허용기간은 30일이다.

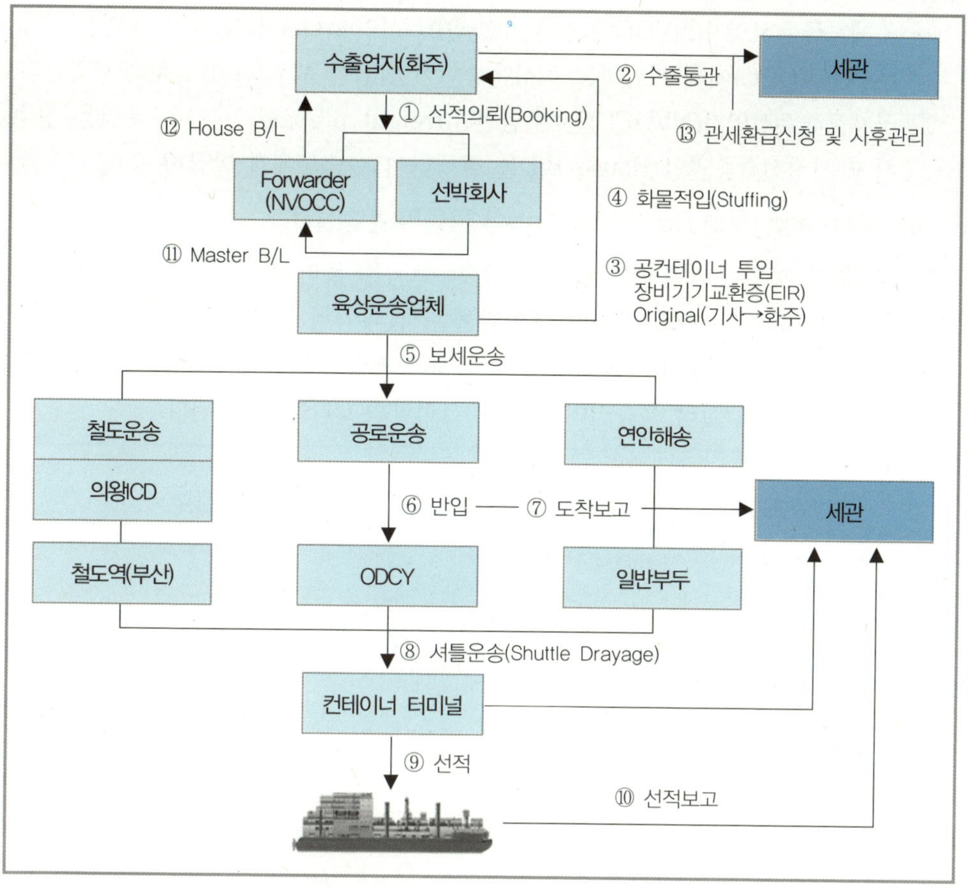

그림 8-3 FCL 수출화물의 흐름도

⑨ 화물을 적입한 컨테이너는 국제물류주선업자(NVOCC)가 운영하는 Off-Dock CY로 입고한 후 해당 선박회사의 CY로 반입할 수도 있지만, 실무적으로 곧바로 해당 신사의 CY에 입고시긴다. 국제물류주선업지는 입고의 증명으로 부두수취증(dock receipt : D/R)을 발급받는다.

⑩ CY에 반입한 후 CY 운영업자(operator)로부터 수출신고서에 장치확인을 받아 관할세관에 보세화물 도착신고를 한다.

⑪ CY에 있는 각 선사의 업무담당자는 컨테이너와 함께 접수된 수출신고필증을 확인한 후 CY Gate에 제출한 반입계를 작성하여 트럭 기사편으로 전달한다. 이 때 CY에서 Marshalling Yard까지의 단거리 운송을 셔틀운송(shuttle drayage)이라고 한다. 본선 입항 3일 전부터 출항 12시간 전까지 반입이 가능하다.

⑫ Container Terminal 반입된 컨테이너는 작업처리를 거쳐 본선에 선적된다.

⑬ 선박회사는 수출화물의 선적 후 관할세관에 선적보고를 한다.

⑭ 국제물류주선업자(NVOCC)는 운임선급(freight prepaid)인 경우 운임을 해상운송인(VOCC)에게 지급하고 해상운송인이 발급한 Master B/L을 교부받는다.

⑮ 국제물류주선업자(NVOCC)는 운임선급(freight prepaid)인 경우 운임을 징수하고 선적선하증권인 House B/L을 발행하여 수출상에게 발급해 준다.

(6) LCL(Less than Container Load) 화물의 운송절차

LCL화물의 경우는 제품생산 완료 후 일반 트럭을 불러 적재하여 ODCY내 CFS 또는 부두내 CFS로 운송한다. 즉 LCL화물은 컨테이너 1대에 만재(滿載)될 만한 물량이 되지 못하기 때문에 Container Door 운송과정이 필요없이 단위화 되지 않은 화물 상태로 트럭에 실려 운송인이 지정한 선적항의 CFS로 운송된다.

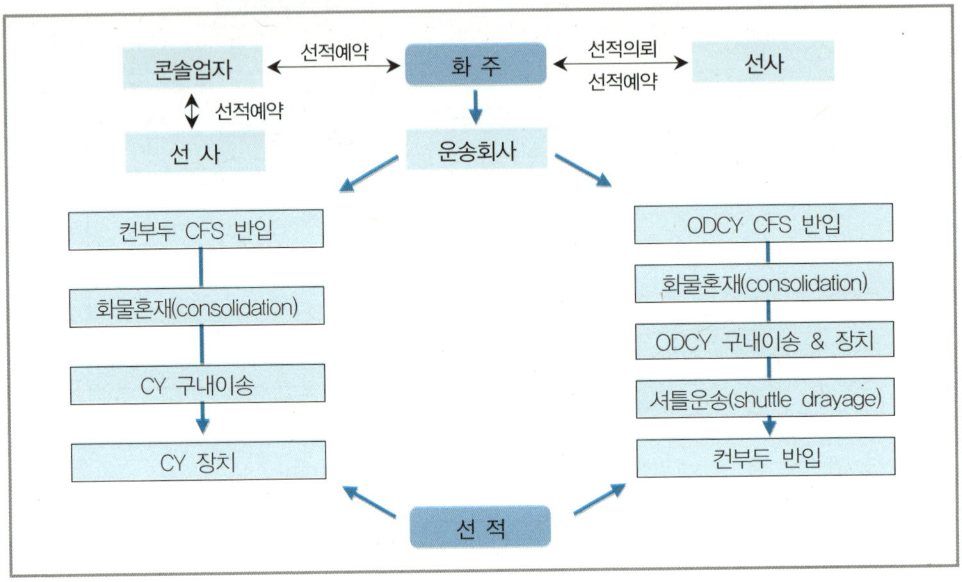

그림 8-4 LCL화물 이동경로

화주의 수출입화물이 LCL화물인 경우에는 일반적으로 화주가 직접 일반차량을 수배해서 CY/CFS까지 수송하고 있으며, 운임상의 혜택과 동일 지역행 화물이 혼재를 용이하게 하기 위하여 포워더를 이용하고 있다. 포워더의 집하화물이 ODCY의 CFS에 반입이 되면 CFS담당자는 화물수령을 증명하는 화물인수도증인 FCR을 발행해 준다. 혼재되어 FCL화물로 된 경우 통상 부두내 CY(On-Dock CY)로 구내이송된 후 선적시에 Apron지역으로 이송되어 선박에 적재하게 되는 것이 일반적이다.

LCL수출화물의 운송절차는 다음과 같다.

① 수출상은 국제물류주선업자(NVOCC)나 해상운송인(VOCC)에게 선적을 의뢰하면서, 선적요청서(Shipping Request : S/R)를 비롯한 상업송장(commercial invoice) 및 포장명세서(packing list) 등의 서류를 운송회사에 제출한다.

② 수출상이 직접 일반차량을 수배하거나 국제물류주선업자(NVOCC)나 해상운송인(VOCC)에게 차량수배를 의뢰하여 화주의 창고에서 LCL 화물을 인수하여 수출상의 LCL화물을 적재한 차량은 공로(육상)를 이용하여 지정된 CFS까지 운송하거나 운송인은 화물혼재를 용이하게 하기 위하여 동일 행선지의 타화물과 혼재(consolidation)하여 운송한다. 포워더가 집하한 화물이 단독으로 FCL 화물이 안되면 동일 행선지의 다른 포워더와 Joint Consolidation, 즉 Co-Loading을 한다. Co-Loading은 본선 출항 1~2일 전(closing time)까지 혼재 가능한 포워더를 물색, CFS에 반입·적입시켜 선적 후 그로부터 Forwarder's B/L(FBL)을 발급받는데 이때의 FBL은 Master B/L의 성격을 갖는다. 포워더의 주 사업이 LCL 화물의 집하·혼재이므로 Co-Loading은 중요한 업무의 하나다.

③ LCL 화물은 화주의 창고 또는 의왕 ICD에서 통관, 보세운송으로 양산 ICD 또는 On-Deck CY로 운송되거나, 미통관 상태로 부산의 양산 ICD 또는 On-Deck CFS로 반입·통관, 혼재(consolidation)·적입(stuffing)한다.

④ CFS에 도착한 화물은 공인검량인(sworn measurer)과 검수인(tallyman)에 의하여 용적중량을 계량(計量)하고 검수(檢受)를 끝낸다. 보세구역 장치확인을 받은 후 관세사를 통하여 관할세관에 수출신고하여 통관을 완료한다.

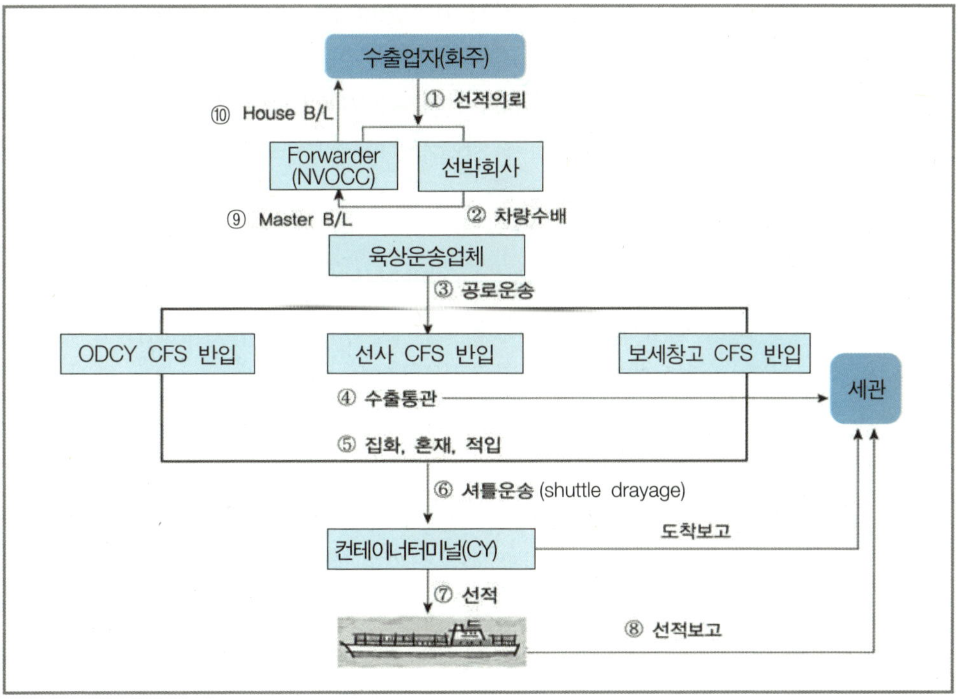

그림 8-5 LCL 수출화물의 흐름도

⑤ 수출통관이 완료되고 수출신고필증이 교부되면 CFS 운영자는 화물을 목적지별로 선별하여 집화하고, 컨테이너를 배정받아 컨테이너에 화물을 혼재(consolidation)·적입(stuffing)한 다음 봉인(seal)을 장착한다.

⑥ 혼재된 컨테이너화물은 CFS에서 반출하여 CY로 인도되거나 ODCY에 반입되어 선적대기 하며, 운송회사는 선적지 관할세관에 보세화물 도착보고를 하고, 선적을 위하여 CY나 ODCY에서 Marshalling Yard까지 셔틀운송을 한다.

⑦ Container Terminal에 반입된 화물은 본선에 선적되며 국제물류주선업자는 본선수취증(mate's receipt : M/R)을 교부받는다.

⑧ 선적이 완료되면 선박회사는 관할세관에 수출화물 선적보고를 한다.

⑨ 국제물류주선업자(NVOCC)는 운임선급(freight prepaid)인 경우 운임을 해상운송인(VOCC)에게 지급하고 해상운송인이 발급한 Master B/L을 교부받는다. CFS에 반입되었던 화물이 본선에 선적되면 선사는 포워더에게 Master B/L (On Board B/L)을 발행하며, 국제물류주선업자(NVOCC)는 화주에게 House B/L(HBL) 또는 Forwarder's B/L을 발행한다. 포워더가 화주에게 발행하는 HBL 또는 FBL에는 화주가 포워더에게 지불한 운임이 기재되고, 선사가 포워더에게 발급하는 Master B/L에는 포워더가 선사에 지불하는 운임이 기재된다.

⑩ 국제물류주선업자(NVOCC)는 운임선급(freight prepaid)인 경우 운임을 징수하고 선적선하증권인 House B/L을 발급하여 수출업자에게 교부한다.

⑪ 화물이 본선에 적재되면 국제물류주선업자(NVOCC)는 수입지의 파트너에게 선적통지(shipping notice)와 함께 선적서류를 송부한다.

3) 컨테이너화물의 수입운송절차

수출지의 운송인은 목적지에 있는 운송인(선박회사의 지점 또는 포워더의 파트너)에게 선적서류를 발송하고, 수입화물이 수입항에 도착하게 되면 운송인(선사 또는 포워더의 파트너)은 수입상에게 화물도착통지(arrival notice of cargo)를 하게 되며, 수입상은 거래은행에 수입대금을 결제하고 선적서류를 인수받아 수입통관절차를 밟게 된다. FCL은 부두에서 양하되어 수입상의 문전(창고 또는 공장)까지 도착되는 과정은 보세운송을 통한 도착지 통관인 경우와 부두의 보세장치장에서 통관하여 일반운송되는 양하지 통관 등 두 가지로 나누어지며, LCL은 반드시 양하지 통관을 거쳐 일반화물 상태로 화주의 문전에 도달하게 된다.

① 수출지에 있는 운송인은 목적지에 있는 운송인(선박회사 지점 또는 포워더의 파트너)에게 제 선적서류와 함께 선적통지(shipping advice)를 발송한다.

즉, 선적항에서 선적이 완료되면 본선은 출항하며 이때 컨테이너내적치표(CLP : Container Load Plan), 출항보고서 등 적하관계 서류를 선사 또는 포워더로 송부하며, 또한 Manifest, 도착예정통지서(arrival notice of cargo), 화물인도지시서(D/O : delivery order), 운임청구서(freight bill) 등의 서류를 E-mail 이나 Fax로 관련기관에 송부한다.

② 본선 도착 전에 수입상의 신속한 화물인수 준비를 위해 수입상에게 화물도착통지(arrival notice)를 한다. 즉, 선사지점 또는 포워더는 도착예정통지서, 운임청구서를 수화인 혹은 수입화물 도착통지처(notify party)에 송부하며, 본선 입항시 세관에 적하목록을 제출·신고해야 하므로 세관에 적하목록을 전송한다.

③ 도착지 운송인으로부터 화물의 도착통지를 받은 수입상은 거래은행 또는 발행은행으로부터 선적서류 도착통지(arrival notice of documents)를 받으면 은행에 수입대금을 결제하고 수출지의 매입은행을 통해 제시된 선적서류를 수취한다.

④ 수화인은 선하증권 원본을 선사에 제시하고 운임(운임후불의 경우) 및 부대비용을 지불하고, 선사나 대리점은 D/O를 발행하여 수하인에게 교부한다.

⑤ 화물도착통지를 받은 화주는 화물이 어느 창고에 입고될 것인가를 지정하게 되며, 선사는 Manifest에 배정처를 기록하여 배정적하목록을 작성하여 세관에 입항신고를 하게 된다. Manifest 및 Container Load List에 의거하여 양륙하여 FCL화물은 On-Dock CY or 양산 ICD CY에 반입·장치되며, LCL화물은 On-Dock CFS 또는 양산 ICD CFS에 이송되어 반입·장치되고 컨테이너에서 적출(devanning), 수하인별로 화물을 분류하여 인도한다.

⑥ 선사는 수입화물에 대해 보세운송, CY, 지정보세구역, 자가창고, CFS 등 인도형태별로 배정하여 세관의 확인을 받는다. 수입화물의 배정은 FCL 화물은 CY, LCL 화물은 CFS, 보세화물은 CY Delivery를 원칙으로 한다.

⑦ 수입신고(import declaration, 통관)는 화주, 관세사, 통관법인 및 관세사법인의 명의로 하여야 하며 관세법에 의하여 등록된 관세사를 채용하여 관세사 명의로 수입신고서에 송품장, 가격신고서, 선하증권 사본, 포장명세서 등을 첨부하여 관할 세관장에게 수입신고를 하고 수입관세 및 제세를 납부하여 수입신고 수리필증(import declaration certificate)을 발급 받는다.

수입통관은 원칙적으로 통관지 세관관할 보세구역에 반입, 장치한 후 세관에 수입신고를 해야 이루어진다. 수입통관은 On-Deck CY 통관 및 세관으로부터 타소장치허가를 받은 화주창고에서의 통관이 있다. 수입신고필을 얻기 전에 수입상은 세관이 교부한 신고납부서(납세고지서)에 의거 은행에 관세를 납부하여야 한다.

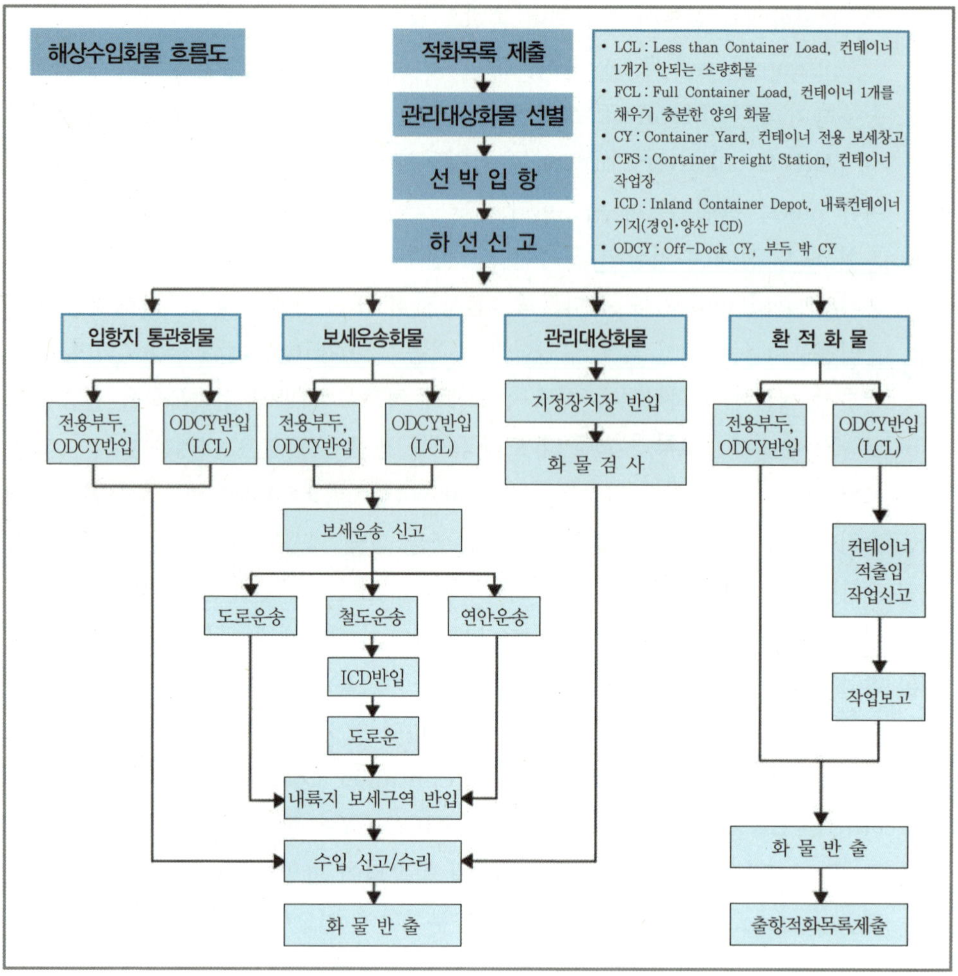

그림 8-6 해상수입 화물의 흐름도

⑧ 수입화물은 도착하였으나 선적서류가 도착하지 않았을 경우 수입상은 B/L 원본이 없으므로 거래은행이나 신용장 발행은행의 보증은행이 연대 보증한 수입화물선취보증서(L/G)와 상환으로 화물인도지시서(D/O)를 발행한다.

⑨ FCL을 화주문전에서 통관하고자 할 경우 보세운송을 통하여 이루어지는데, 수입화물의 보세운송신고 시 구비서류는 보세운송신고서 및 선하증권 사본이며 보세운송기간은 운송품의 중량, 기타 운송과정 등을 감안하여 세관장이 정한다. 보세운송으로 배정된 화물은 보세운송업자가 양륙항에 보세운송 신고하여 신고필증을 받아 운송하고 도착지 세관에 도착보고를 해야 한다. 세관장은 동 업무를 보세장치장 관리인에게 위임할 수 있어 현재 발착 확인업무는 거의 보세장치장 관리인이 대행한다.

⑩ 수입신고 수리필증을 받은 후 화주는 CY/CFS에 D/O를 제시하면 CY 또는 CFS 운영자는 수입상에게 화물을 인도한다. 즉, 수화인은 FCL화물은 CY에서 LCL화물은 CFS에서 인수한다. FCL 화물의 공컨테이너 반환은 Pick-Up했던 CY로 하여야 되지만 선사가 지정한 ICD에 반환할 수 있다. 무료장치기간(free time)이 경과된 때에는 컨테이너 지체료(detention charge)가 부과된다.

6 선하증권(Bill of Lading)

(1) 선하증권의 의의

선하증권(B/L)은 선주가 자기 선박에 화주로부터 의뢰받은 운송화물을 적재하거나 선적을 위하여 그 화물을 수취한 것을 증명하고, 이것을 도착항에서 일정조건하에 수하인 또는 그 지시인에게 인도할 것을 약정한 유가증권이며, 선하증권상에 기재된 화물의 권리를 화체화한 것으로서 선하증권의 이전은 바로 화물에 대한 권리의 이전을 의미하므로 화물을 처분할 시에는 반드시 관련 선하증권을 갖고 있어야만 한다.

선하증권의 기능과 역할은 다음과 같다.

① 권리증권(entitled document) : 선하증권에 기재된 물건을 화체화(貨體化)하는 권리증권으로 선하증권의 소유자나 피배서인은 해당 상품의 인도를 주장할 수 있으며 권리증권의 소지인은 증권에 기재된 물품을 임으로 처분할 수 있다.

② 계약의 증빙(evidence of contract) : 선주와 화주간 운송계약이 체결된 것을 증명하는 역할을 하는 협정된 운송계약을 나타내는 증거서류이다.

③ 물품수령증(receipt of goods) : 선하증권은 선장 또는 선주의 대리인으로서 정당한 권한을 부여받은 자가 서명한 선박회사의 화물수취증이다.

(2) 선하증권의 종류

1) 선적선하증권과 수취선하증권(Shipped or On Board B/L vs Received for B/L)

선하증권은 원래 본선상에 화물이 선적된 후에 발행되는데, 증권에 Shipped 혹은 Shipped on Board와 같이 실질적으로 화물의 선적완료를 표시한 것이 선적선하증권이다. 지정선박이 아직 부두에 정박하지 않았거나 입항조차 하지 않았을 경우에는 우선 화물은 선박회사의 부두창고에 입고되어 Received for shipment 형식으로 발행되는 것이 수취선하증권이다.

2) 무사고선하증권과 사고부선하증권(Clean B/L vs Foul or Dirty B/L)

본선에 계약화물을 선적할 때 그 화물의 상태가 양호하고 수량이 정확하여 비고(remarks) 난에 아무것도 기재되지 않고 증권면에 "shipped on board in apparent good order and condition"이라고 표시된 선하증권을 무사고선적선하증권(Clean B/L)이라고 하며, 비고란에 "5 bags torn" 등과 같이 선박회사가 인수할 당시 포장상태가 불완전하거나 수량이 부족하면 동 사실이 선하증권에 기재되면 동 선하증권을 사고부선하증권(Foul B/L)이라 한다. 이는 은행이 매입을 거절하므로 선박회사에 L/I(letter of indemnity : 파손화물보상장)를 제공하고 무사고선하증권을 교부받아야 한다.

3) 기명식선하증권과 지시식선하증권(Straight B/L vs Order B/L)

기명식선하증권은 화물의 수취인으로서 수입자명이 기재된 선하증권으로, 기명된 수입자만이 물품인도를 청구할 수 있을 뿐, 수출상은 아무런 권리가 없으므로 화환어음에 의한 결제가 아니고 송금결제방식, 청산결제방식 그리고 이삿짐 또는 개인의 물품을 발송하는 경우에 많이 이용되며 유통이 되지 않으므로 하송인의 배서는 필요 없다. 지시식선하증권은 B/L의 수하인 난에 특정의 수하인명이 기재되지 않고, 단순히 "to order", "to order of shipper", "to order of … bank"와 같이 지시인만 기재하여 유통을 목적으로 한 선하증권으로 수출업자가 지시식 선하증권 이면에 백지배서만 하면 이 증권의 소지자가 그 화물에 대한 소유권을 갖게 된다.

4) 집단선하증권과 혼재화물선하증권(Master B/L vs House B/L)

운송해 보낼 화물이 한 컨테이너 분량이 안되거나(LCL) 한 Lot가 안될 정도로 적은 분량이면 화물운송회사가 같은 목적지로 가는 화물을 같이 모아서 하나의 Group으로 선적해 보낼 때 선박회사가 발급하는 선하증권을 집단선하증권이라 한다. 즉 선박회사가 포워더의 혼재화물에 대해 포워더에게 1건으로 발행하는 선하증권을 Groupage B/L 또는 Master B/L이라고 하며 포워더가 LCL화물 건건마다 LCL화물 화주에게 개별적으로 발행하는 B/L을 House B/L이라고 한다.

5) 제3자 명의 선하증권과 Switch B/L(Third Party B/L vs Switch B/L)

선하증권상에 표시되는 선적인(shipper)은 일반적으로 신용장의 수익자가 되는 것이 보통이나 수출입거래의 매매당사자가 아닌 제3자(third party)가 선적인(shipper)이 되는 경우가 있는데 이를 제3자 명의 선하증권(Third Party B/L, Neutral Party B/L)이라고 하며, 주로 중계무역에서 이용된다. 한편 Switch B/L은 해외 공급업자로부터 받은 선하증권의 수하인이 실제 공급업자인 경우 그 선하증권을 운송회사에 반납하고 자신을 선적인(shipper, consignor)으로 하는 새로운 선하증권을 다시 발급 받게 되는데 이것을 Switch B/L이라고 한다. Master L/C를 네고하기 위하여 해외 공급업자를 숨기고 자신을 선적인(shipper)으로 하는 경우에 이용되며, 선하증권상에 Switch 한다는 취지의 문구를 포함하고 있다고 하여 Switch B/L이라고도 한다.

6) 권리포기선하증권 vs 해상화물운송장(Surrender B/L vs Sea Waybill)

운송회사가 Original B/L을 발급하여 화주에게 주지 않고 "Non-Negotiable Copy"에 자신의 서명(sign)을 하여 이것으로 수입상이 물품을 찾을 수 있도록 권리를 양도하는 것이다. 원칙적으로 운송회사는 Original B/L을 발급하고 수입상은 발행은행을 통하여 대금결제 후 Original B/L을 인도받아 물품을 찾지만 인접국가 간의 무역거래에서는 선박의 운항시간이 짧아 정상적인 신용장의 매입과정을 거쳐 수입상이 B/L을 받는다면 수입물품 확보에 장기간이 소요된다. 따라서 운송회사는 송화인에게 Surrender B/L을 발급하여 주고 송하인은 수입상에게 이것을 보내고 수입상은 수입지의 운송회사 파트너에게 가서 자신이 수하인임을 확인 받은 후 화물인도지시서(Delivery Order : D/O)를 받아 수입물품을 찾을 수 있어 업무가 해결된다.

Sea Waybill(해상화물운송장)은 운송기술의 발달로 물품이 운송서류보다 먼저 도착지에 도착하는 경우가 빈번히 발생하고 있는 경우에 관습적으로 B/L 대신에 L/G를 이용하고 있으나, L/G보증에 따른 까다로운 절차와 비용, L/G 위조문제 등 L/G에 제기되고 있는 문제점을 해결하기 위해 유통성 선하증권 대신에 도착지에서 서류의 제시가 필요 없는 비유통성 서류를 사용하고 있는데 이것이 해상화물운송장이다. Sea Waybill은 운송계약의 증빙서류이며 물품에 대한 수령증이라는 점에서 B/L과 공통점을 가지고 있으나 해상화물 운송인에게 제시할 필요가 없다는 점이 다르다. 다시 말해 해상화물운송장은 B/L과 달리 수화인이 물품을 수령할 때 운송인에게 제출할 필요가 없는 유가증권이 아니기 때문에 B/L의 입수가 화물의 도착보다 지연됨으로써 발생하는 물품의 인도지연을 해소할 수 있고, 보관료나 이자의 절감이 가능하고, 분실할 경우 B/L과 같은 위험이 존재하지 않고, 물품수취에 꼭 필요로 하는 서류가 아니기 때문에 해상화물운송장이 없이도 수화인은 물품의 통관·수령의 신속화를 꾀할 수 있다.

7) 복합운송선하증권과 통과선하증권(Combined Transport B/L vs Through B/L)

복합운송선하증권이란 수출국의 화물인수 장소로부터 수입국의 인도장소까지 문전운송(door to door transportation)을 본질로 하고, 해상·육상·항공 중 적어도 두 가지 이상의 운송수단을 결합하여 운송되는 경우에 발행되는 운송증권으로서 발송·수탁·적재의 사실을 입증하고 복합운송인이 발행한다. 통과선하증권이란 운송화물을 목적지까지 운송하는데 선주가 다른 선박회사의 선박을 이용하거나 해상운송과 육상운송을 교대로 이용하여 운송된 경우 최초의 운송업자가 전구간의 운송에 대하여 발행하여 모든 책임을 지는 운송증권을 통과선하증권이라고 한다.

8) 용선계약선하증권(Charter Party B/L)

화주가 대량화물을 수송하기 위하여 일 항해 또는 일정기간 동안 부정기선을 사용하는 경우, 화주와 선박회사 사이에 체결된 용선계약에 의하여 발행되는 선하증권을 말한다. 신용장통일규칙 제26조에 이런 선하증권은 별도의 명시가 없는 한 은행은 수리를 거절할 수 있도록 규정하고 있다.

9) 기한경과 선하증권(Stale B/L)

선하증권의 제시시기가 필요이상으로 지연되어 제시되는 선하증권을 말한다. 신용장통일규칙에 모든 선적서류는 발행후 신용장에서 명시한 기간 내에 제시되어야 한다고 규정되어 있고, 만일 선적일 후 21일이 지나 매입은행에 제시하면 은행은 특별히 신용장에 "Stale B/L Acceptable"이란 조항이 없이는 수리를 거절하게 된다.

10) 전자식 선하증권(Electronic Bill of Lading)

선하증권의 서류를 소지하지 않고서는 선박회사에 화물을 청구할 수 없으므로 L/G라는 편법을 낳았고, Non-Negotiable Sea Waybill은 매우 제한적인 거래에서만 사용되고 선하증권과 비교하여 수하인의 지위가 불확실하고 운송중 물품전매의 거래에서는 사용될 수 없다. Paper B/L의 문제점과 유럽지역에서 사용되는 Non-Negotiable Sea Waybill의 문제점을 극복하기 위해 권리증권의 기능을 하면서 서류를 신속하게 수하인에게 인도할 수 있는 방법의 배경에서 개발된 것이 전자식 선하증권이다. 전자식 선하증권은 Paper B/L을 발행하지 않고 선하증권의 내용을 구성하는 정보를 전자적 방법에 의해 물품의 지배권 및 처분권의 권리를 수화인에게 전송하는 형식의 선하증권을 말한다.

(3) 선하증권의 배서형식

선하증권을 타인에게 양도하기 위하여 배서할 때 피배서인의 표시방법에는 ① 피배서인의 성명을 명기하고 배서인이 서명하는 방식인 기명식 배서 ② 피배서인으로서 "order of xx"라고 기재하고 배서인이 서명하는 방식인 지시식 배서 ③ 피배서인에 대하여서는 누구라고 기재하지 않고 배서인이 서명만 하는 방식인 무기명식(백지식) 배서 ④ 특정의 「피배서인 또는 본권 지참인」이라고 기입하고 배서인이 서명하는 형식인 선택무기명식 배서 등과 같이 4종이 이용되고 있다.

① 기명식배서(full endorsement : special endorsement) : 동 방식은 피배서인(endorsee)의 성명 또는 상호를 기재하고 배서인(endorser)이 서명하는 경우로서 Kangnam Trading Co., Ltd.가 송하인(shipper)으로서 배서한 예이다. 피배서인(endorsee)의 성명을 명기하고 배서인(endorser)이 서명하는 방식이다. 기명식으로 발행될 경우 최초의 배서인은 선하증권에 수하인(consignee)으로 기명된 자이며 배서의 연속에 의해 권리가 이전된다. 즉 배서된 기명식 선하증권을 다시 유통시키기 위해서는 피배서인의 배서가 또 있어야 한다.

> 예 Deliver to .... Co., Ltd.
> Kangnam Trading Co., Ltd.
> (signed)
> Trade Manager

② 지시식 배서(order endorsement) : 동 방식은 피배서인의 이름이 명기되지 않고 지시인, 즉 송하인 또는 신용장 발행은행의 지시를 받아 그들이 지정한 자에게 화물을 인도하라는 문언과 함께 배서인이 서명한다.

> 예 Deliver to order or Delivery to order of .... Bank.
> Kangnam Trading Co., Ltd.
> (signed)
> Trade Manager

③ 백지식(무기명식) 배서(blank endorsement) : 백지식 배서방식은 두 가지가 있다. 하나는 피배서인의 이름이 없고 인도문언 및 배서인의 서명만 있는 방식이고, 다른 하나는 피배서인의 이름과 인도문언이 없고 배서인의 서명만 있는 방식이다.

예 a. Deliver to (공란)	b. (공란)
Kangnam Trading Co., Ltd.	Kangnam Trading Co., Ltd.
(signed)	(signed)
Trade Manager	Trade Manager

④ 선택 무기명식 배서 : 동 방식은 특정의 「피배서인 또는 본권 지참인 [ABC CO., LTD. or Bona fide holder(bearer)」이라고 기입하고 배서인(Kangnam Trading Co., Ltd.)이 서명하는 형식이다.

> 예 Deliver to the Bearer
> Kangnam Trading Co., Ltd.
> (signed)
> Trade Manager

(4) 선하증권의 기재사항

선하증권의 양식 및 기재사항은 컨테이너와 복합운송증권 간에 다소 차이는 있으나 대동소이하며, 선하증권의 기재내용은 법정기재사항과 임의기재사항이 있다.

1) 기재사항

① Shipper(송하인) : 송하인의 성명 또는 상호를 기재하며 혼동이 예상될 때는 주소를 명기하여 명확히 하는 것이 좋으며, 운송계약의 체결계약당사자로써, 화물명세서의 제공 및 정확성 담보의무, 운송에 필요한 각종 서류의 교부의무, 운임 기타요금 지급의무, 위험물의 경우 적정 포장, Mark 및 Label부착 의무를 진다.

② Consignee(수하인) : T/T방식이나 D/P·D/A방식에서는 수입상이 기재되나 신용장 방식에서는 신용장에 명기된 문구에 따라 통상 지시식으로 "to order", "to order of shipper" 또는 "to order of issuing bank" 등으로 기재된다.

③ Notify Party(통지처) : 대개 신용장에 "Notify Accountee"로 기재되어 신용장 발행의뢰인 즉, 수입업자 또는 수입업자가 지정하는 대리인을 통지처로 기재된다.

④ Pre-Carriage By : 화물 인수지점에서 본선 선적항까지 운송을 담당한 운송인을 기재한다.

⑤ Place of Receipt : 송하인으로부터 운송인이 화물을 수취하는 장소로 "Busan CY", "Busan C.F.S" 등으로 기재한다.

⑥ Ocean Vessel : 화물을 수송하는 해상운송 선박명을 기재한다.

⑦ Voyage No. : 운송회사나 선박회사가 임의로 정한 일련번호가 기재되는데, 1항차는 출발항에서 목적항을 거쳐 출발항에 회항하는 것으로 한다. 출항·회항을 구별하기 위하여 East(E), West(W), South(S), North(N) 등을 표기한다.

⑧ Port of Loading : 화물을 선적하는 항구명 및 국명이 표시된다.

⑨ Port of Discharge : 화물의 양륙항 및 국명이 기재된다.

⑩ Place of Delivery : 운송인이 책임지고 화물을 운송하여 수하인에게 인도하여 주는 장소를 명기한다.

⑪ Final Destination : 화물의 최종 목적지를 표시하나, 선하증권에 운임이 기재되어 있지 않은 경우는 운송인의 운송운임이 없고 단지 참조사항에 불과하며, 복합운송이 아닌 경우에는 기재되지 않는 경우가 많다.

⑫ B/L No. : 선사가 임의로 규정한 표시번호를 기재한다. 통상 선적항과 양육항의 알파벳 두문자를 이용하고 번호는 일련번호로 쓴다. "BO-5001" : Busan-Osaka, "HMBU-9001" : Hamburg-Busan 등으로 표시된다.

⑬ Container No. : 화물이 적재되는 컨테이너번호(container no.)를 표기한다.

⑭ Seal No. : 화물이 적재된 컨테이너 봉인번호(seal no.)를 표기한다.

⑮ Marks and No. : 포장명세서상에 표시된 하인 및 포장의 일련번호를 기재한다.

⑯ No. & Kinds of Containers or Pkgs. : 운송인이 인수한 화물의 수량을 표기하며, FCL 화물인 경우에는 컨테이너 종류와 수량(예 : 1 × 40' CNTR)을 표기한다.

⑰ Description of Packages and Goods : 포장명세서 및 상업송장에 기재된 상품의 내용을 열거·기재하며, 선하증권 번호(B/L No.)도 통상 표시되어 진다.

⑱ Gross Weight : 공인검량회사가 검측한 중량·용적을 명기하며, 포장명세서 및 상업송장과 일치시켜야 하고, 수출입의 경우 포장명세서와 선하증권이 상이한 경우 통관되지 아니하므로 세심히 작성되어야 한다.

⑲ Measurement : 공인검량회사에서 검량된 포장의 가로×세로×높이 최대길이의 용적을 기재하며, 역시 포장명세서 등의 기타 서류와 일치하여야 한다.

⑳ Total Number of Container or Packages(In Words) : 상품의 수량 또는 컨테이너의 개수를 영문(1 × 20' CONTAINERS ONLY)으로 명백히 표시한다.

㉑ Freight and Charge : 상품의 운송에 따른 운임 및 제반비용의 명세로 Freight, CAF, BAF, CFS Charge, Wharfage 등이 통상 표시되며 복합운송 선하증권인 경우는 Inland Charge가 표시된다.

㉒ Revenue Tons : 중량톤과 용적톤 중에서 운임이 높게 계산되는 톤, 즉 총중량 또는 총용적에 각각의 운임단가를 곱하여 총중량의 운임이 총용적의 경우보다 많을 경우는 "K/T"를, 총용적의 운임이 많을 경우는 "CBM"을 표시한다.

㉓ Rate : 운임톤당(per revenue ton) 운임단가 및 CFS Charge, Wharfage, BAF, CAF의 Percent 등이 표시된다. Wharfage의 경우 1톤 이하는 무조건 올림으로 산정하고 있으므로 만약 7.001 CBM이라면 8 CBM으로 계산된다.

㉔ Per : 용적 또는 중량단위로 표시하고, FCL의 경우는 Van 단위로 표시한다.

㉕ Prepaid : 선·후불운임의 금액을 표기, 즉 CIF 조건의 수출일 경우는 Prepaid란에 운임을 표시하며, F0B 조건의 수출일 경우는 Collect란에 계산 표시한다. 또한 운임의 지불조건은 Description of Goods난에 "Freight Prepaid(Collect)"라고 구별하여 각각의 난에 기재한다. 또한 복합운송의 경우는 각 구간마다의 운임을 표시하여 계산하는 것이 복합운송을 명백히 표시하는 방법이므로 구간표시를 하고 각 구간마다 구간운임을 표시하는 것이 좋다.

㉖ Collect : 후불운임의 금액을 표기하며, 선불운임은 종종 기재되지 않는 경우도 있으나 후불운임은 반드시 기재하여야 한다.

㉗ Freight Prepaid At : CIF 수출조건인 경우 운임이 지불되는 장소를 나타낸다. 즉, 화물이 부산에서 선적·운송되고 서울에서 운임이 지불되는 경우는 “Seoul, Korea”라고 기재한다.

㉘ Freight Payable At : FOB. 수출조건으로 운임이 수하인 부담인 경우에 수하인의 운임 지불장소가 기재되며, 운임이 지불되지 않으면 운송인 또는 그 대리점은 화물인도지시서(delivery order : D/O)를 발행·교부하지 않는다.

㉙ Place of Issue : 선하증권 발행지는 운송인이 선하증권을 서명하여 하주에게 교부한 곳이고, 선하증권(B/L)의 발행장소가 기재된다.

㉚ Total Prepaid in : 선적지 통화기준 선불운임 및 제요금의 합계, 즉 외화표시 운임에 환율을 곱하여 선적지통화 운임액을 산출하고 여기에 제요금을 합하여 (부가세는 제외함) 총액을 표시한다.

㉛ No. of Original B/L : Original B/L의 발행통수를 기재한다. Original B/L은 통상 3통을 한 세트로 발행하는데 Original B/L에는 “Original”, “Duplicate”, “Trip1icate” 등의 표시가 있고 은행과의 거래를 위하여 “Negotiable”이라는 문구도 표시된다. Original B/L의 경우는 발행통수에 관계없이 그 한 장이라도 회수되면 나머지는 유가증권으로서의 효력을 상실한다.

㉜ Date of Issue : 선하증권(B/L)의 발행일자가 기재된다. 수취선하증권은 화물전량이 반입된 날, 선적선하증권은 화물전량이 선적된 날자가 기재된다.

㉝ On Board Date : 화물의 선적일자(on board date)가 기재되며, 이는 통상 발행일자와 일치되며, 발행일자(date of issue)가 선적일자(on board date)보다 늦을 수는 있으나 빠른 경우는 은행에서 매입을 거절당할 수 있다. 선적일자(on board date) 하단에는 선하증권 발행자의 서명(signature)이 표기된다.

㉞ Carrier Name : 선하증권 발행권자의 서명이 기재된다. 선하증권 발행권자는 은행에 서명을 등록하고 있으며, 일단 발행권자가 서명을 한 후에 선하증권을 수정할 경우에는 재발급을 하든가 또는 중량 및 용적 등 상품의 가격에 영향을 미치지 않는 부분에는 수정도장만 날인해도 유효하다.

㉟ By : 선사의 상호 및 서명자의 이름을 기재한다. 대리점이 발행할 경우에는 ‘XXX as Agent of YYY Carrier’라고 표기한다. 은행에 따라 UCP에 의거, 선사의 상호 앞에 Acting as a Carrier의 명시를 요구하는 경우도 있다.
서명의 효력은 실서명을 요구하지 않는 한 팩시밀리, 요철, 스템프, 도장과 같은 상징표시, 전자식, 기계식 서명을 포함하며, 기명날인권자 또는 서명권자는 운송인 또는 그 대리인이며, 기명날인 또는 서명이 없는 선하증권은 효력이 없다.

Model Form 17 BILL OF LADING(선하증권의 기재사항 설명자료)

① Shipper/Exporter FISHERMAN CORP., KOBE, JAPAN	⑫ B/L No. WPGE – 0128
② Consignee TO ORDER	FBL NEGOTIATIABLE FIATA COMBINED TRANSPORT BILL OF LADING issued subject to ICC Uniform Rules for a combined Transport Document (ICC Publication 298)
③ Notify Party SUDIMPORT ANGELORO SRL, VIA MARSALA 99-S, SEVERO, ITALY	世運海商株式會社 WORLD TRANS CORPORATION C.P.O.BOX. 7197 SEOUL, KOREA TEL : (02) 756-2340(Rep) FAX : (02) 756-2337 TLX : K29762 WTSHIP

④ Pre-carriage by		⑤ Place of Receipt BUSAN CFS	
⑥ Ocean Vessel "MING ENERGY"	⑦ Voy. No. V-47E	⑧ Port of Loading BUSAN, KOREA	
⑨ Port of Discharge GENOA, ITALY		⑩ Place of Delivery GENOA, CY	⑪ Final destination (for the merchant's reference only)

⑬ Container No.	⑭ Seal No. ⑮ Marks & Nos	⑯ No. of Containers or Pkgs	⑰ Description of Goods	⑱ Gross Weight	⑲ Measurement
				17,325.00KGS	15,180CBM
FSCU3227240/20'	314165 S A S 3553 GENOA C/T NO : 1-100 MADE IN KOREA USE NO HOOKS SIDE UP HANDLE WITH CARE	100 CTNS TOTAL 20 FT×1 CONTAINER LCL/FCL	SAID TO CONTAIN; 250,000 PACK OF FISHING TACKLES (CHEMICAL LIGHTS) "FREIGHT COLLECT" ㉝ ON BOARD DATE 2019 3. 25		

⑳ Total Number of Containers or Packages(in words)
SAY ; ONE HUNDRED (100) CARTONS ONLY.

㉑ Freight & Charge	㉒ Revenue Tons	㉓ Rate	㉔ Per	㉕ Prepaid	㉖ Collect
FREIGHT COLLECT C.F.S. CHARGE+THC WHARFAGE CNTR TAX DOC'S FEE				₩42,176. ₩ 1,044. ₩ 6,590. ₩ 3,700.	USD666.28

㉗ Freight Prepaid At	㉘ Freight Payable At GENOA, ITALY	㉙ Place of Issue BUSAN, KOREA
㉚ Total Prepaid In	㉛ No. of Original B/L THREE(3)	㉜ Date of Issue MARCH 25, 2019

For delivery of goods S.I.T./SOC. ITALIANA TRANSPORTI VIALE LOMBARDIA, 32 MILANO TEL : 02/2362400 ATTN : MR. ALDO MARTINELLI	㉞ WORLD TRANS CORPORATION. SEOUL, KOREA ACTING AS A CARRIER ㉟ BY sang - hyun han

7 국제항공운송

(1) 항공화물운송의 의의

항공운송(air transportation)이란 항공기의 항복(航腹 : space)에 여객과 화물을 탑재하고 국내외의 공항(air port)에서 공로(air rout)로 다른 공항까지 운송하는 최근대식 운송시스템을 의미하며, 항공화물(air cargo)이라 함은 항공기에 의해 수송되는 승객의 수하물(passenger's baggages)과 우편물(mail)을 제외한 모든 물품을 말하며 이를 항공으로 운송하는 시스템을 항공화물운송시스템이라 할 수 있으며 항공운송장(air waybill)에 의해 수송되는 모든 물품을 가리킨다.

오늘날에는 공간개념이 축소되고 신속한 운송에 의한 교역의 증대, 항공산업의 발전과 화물 전세기의 등장, 항공화물의 컨테이너화, 지상조업의 자동화, 고부가가치화물의 증가, 국제분업의 가속화를 통한 운송수요의 증가와 항공운송의 정시성 그리고 세계무역의 긴밀화 등으로 인하여 모든 화물이 항공운송의 대상이 되며 수출입화물운송에서 점유율이 점차 높아가고 있다.

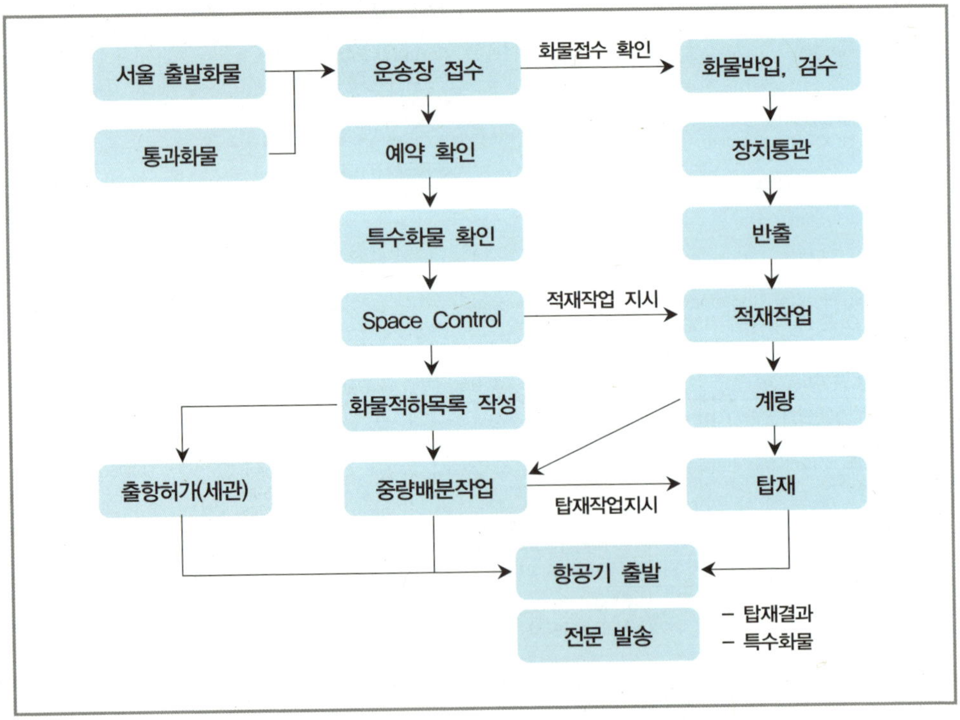

그림 8-7 수출항공화물의 흐름

(2) 항공화물운송의 특성

긴급 또는 특별한 경우에만 이용하는 운송수단으로 간주되어 왔던 항공화물운송은 대형 화물전용기의 출현으로 수송력의 증대, 단위당 운항원가의 절감 및 운임의 저렴화가 실현되었고, 또한 종합물류 원가개념의 인식으로 기업의 물류관리 중요성이 크게 부각되면서 항공화물의 이용범위도 크게 확대되었다.

항공화물운송의 장점은 ① 해운에 비해 높은 안전도와 신속성, ② 포장비가 저렴하고, 운송과정에 화물에 대한 손상발생 가능성이 낮음, ③ 화물의 적기인도(just-in-time delivery)를 통한 재고비용과 자본비용의 절감이 가능, ④ 도난 및 손상방지 효과, ⑤ 긴급을 요하는 물품의 운송에 적합, ⑥ 신선도 유지 물품의 운송에도 적합하다. 항공화물운송의 이점은 단순히 운임만을 비교하면 항공운송이 해상운송보다 훨씬 높지만 총 원가면에서 보면 항공운송이 해상운송보다 더 저렴할 수도 있기 때문에 신속성·안전성·확실성에 항공운송의 이용이 경제적인 이점은 매우 많다.

(3) 항공운송 이용방법

1) 항공운송 이용방법

① **포장** : 항공운송은 항공기의 특성상 포장이 매우 중요한데, Dead Space를 최소화하여 코스트를 절감토록 하는 포장방법이 강구되어야 한다.

② **운송의뢰** : 대부분 화물은 서면을 통하여 대리점에 의뢰하지만, 송하주가 직접 대리섬으로 화물을 진달할 경우에는 바로 AWB 자성 및 서명을 하므로 서면에 의한 위임의 필요가 없다. 서면의뢰시 위험품 하주신고서(shipper's declaration for dangerous goods), 생동물하주신고서(shipper's certification for live animals), 상업송장(commercial invoice), 수출입국세관 요구서류 등을 제출할 수 있다.

③ **품명에 의한 운송 제한** : 생동물(live animal), 무기류(arms, ammunition, war material), 시체(human remain), 기계류(machinery), 부패성화물(perishables) 등은 품명은 의하여 운송 제한된다. 화물의 정확한 명칭 및 화물에 수반되는 필요서류를 명시하는 것은 송하인의 책임사항이다.

④ **총중량(gross weight)** : 접수시 화물의 중량측정은 항공사 또는 대리점 직원의 감독 하에 정확히 계량되어진다. 중량이 정확치 않은 경우 안전비행, 정확한 요금산정 및 도난으로 인한 손해배상 청구시 문제가 발생할 수 있다.

⑤ **착지불(collect) 금지** : 송하인은 운임지불이 송하인에 의해 선불(prepaid) 또는 수하인에 의해 착지불(collect)될 것인지를 지정하여야 하며 선불의 경우는 문제가 없으나 수하인과 송하인이 동일인인 경우, 수하인이 자유가 제한된 자인

경우, 주소가 도착지 공항 터미널 혹은 호텔 또는 기타 유동 상태인 경우, 그 화물을 판매하였을 때 화물의 가격이 운임보다 싼 경우, 도착지 국가의 통화규정이 수하인으로부터 운임지불을 허용 않는 경우, 최종 인도항공사가 착지불화물 취급을 동의 않는 경우, 착지불 화물로 접수가 불가한 품목(시체, 생동물, 부패성화물, 개인용 또는 사용된 이사품)은 착지불 지급이 금지되어 있다.

⑥ 운송신고가격(declared value for carriage) : 송하인은 운송신고가격 란에 화물의 가격 또는 NVD(no value declared)를 꼭 기입하여야 한다. 이 내용은 화물에 적용되는 종가요금(valuation charges)을 계산하기 위한 것이며 AWB당 항공사별 특정가격을 초과하면 수송 전 항공사와 협의하여야 한다.

⑦ 세관신고가격 : 세관신고가격 란에 신고된 금액에 따라 관세가 부과된다. 수입국의 규정에 세관신고가격의 기입이 의무적이 아닐 경우에는 NCD(No Customs Declared)로 기재하여도 무방하다.

⑧ 서명 및 일자(signature/date) : 운송의뢰서에 송하주가 서명한 경우에는 화물의 취급에 대한 권한을 대리점에 위임한다는 뜻이 된다. 또한 항공화물 운송장(AWB)에 하주가 서명을 한 순간부터 그 운송계약은 약관의 지배를 받으므로 운송업자의 최대 책임한도, 사고발생시 관련 항공사에 대한 사고발생 사실의 서면통보 기일이 기재되어 있는 이면약관을 숙지해야 한다.

2) 항공화물 수출운송 절차

① 수입자와 매매계약이 체결되어 수출을 위한 준비단계가 완료되면 화물의 출고시간에 맞추어 운송수단을 선정하고 해당 항공사에 예약(booking)을 하며, 보통 절차는 항공운송주선업자가 중간매체로서 업무를 대행하게 된다.

② 화물운송 예약 시에는 항공운송장 번호, 출발지/도착지, 포장개수, 각 포장 상자의 중량, 부피, 상품명 등과 함께 지정 항공편에 예약을 의뢰한다.

③ 수출서류를 준비하고 상품을 포장하여 수출통관 준비를 한다.

④ 포장이 완료된 화물을 보세지역에 반입하고 상업송장, 포장명세서 등 서류와 함께 수출신고서에 첨부하여 관할 세관에 제출한 후 수출신고필증을 교부받는다.

⑤ 항공사 또는 그 대리점에서 항공운송장을 발급받고 화물의 내용에 따라 적절한 라벨(label)을 붙인다. 이때 위험물, 생동물 취급에 관한 제반규정은 ICAO/IATA가 제정한 규정에 따라야 한다.

⑥ 탑재가 결정된 화물은 적하목록에 기재하고 작성된 적하목록의 세관제출용을 세관에 제출하여 화물의 반출허가를 받는다.

⑦ 적하목록의 화물반출 체크용을 가지고 화물장치장에서 탑재할 화물을 픽업(pick-up)하여 행선지별로 컨테이너, 팔레트 등에 적재한다.

⑧ 탑재 책임자는 항공기의 운항에 필요한 자료와 수하물, 기타 화물량의 따라 탑재계획을 작성하여 탑재하여 출발한다.

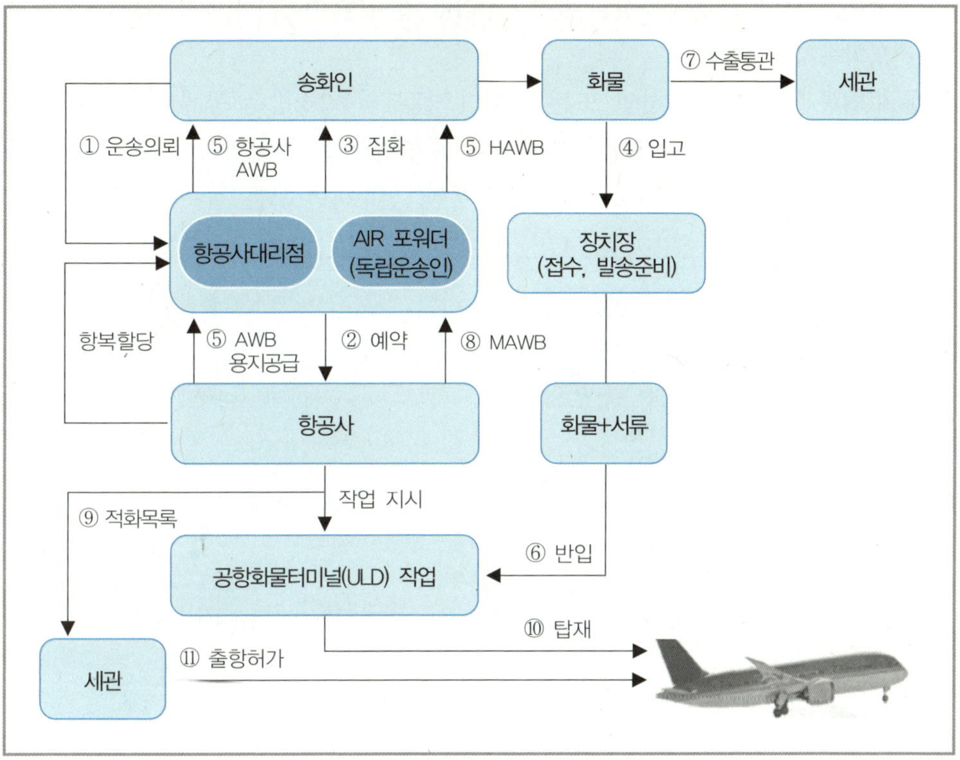

그림 8-8 항공화물의 수출운송 절차

3) 항공화물 수입운송 절차

① 항공기가 도착하면 기내 검역이 행해지고 하기지시서(unloading instruction)에 따라 하기작업이 행해진다.

② 하기된 화물은 분류장에 운반되어 서류와 함께 점검하고 분류하며, 서울 도착화물은 인천세관, 김포세관, 서울세관, 남서울세관 화물로 분류한다.

③ 도착화물은 항공사가 보관하지 않고 단지 탑재명세서에 의거, 화물의 대조 확인 및 파손 유무를 점검한 후 보세창고에 보관되며 관련서류는 항공사가 보관한다. 인천 및 김포세관을 제외한 서울세관, 부산, 대구로 운송되는 화물은 세관의 감독 하에 보세운송면허를 득한 업자에 의해 운반된다.

④ 목적지가 부산인 화물의 경우 항공운송장에 목적지를 부산으로 표기하게 되면 통과화물로 취급되어 항공사에 의해 항공기 혹은 보세운송트럭에 의해 부산까지 운송해 준다.

⑤ 자가보세 장치장을 가진 수하인은 김포공항 도착 즉시 현장에서 인수할 수 있도록 되어 있으며, 항공운송장의 분류, 정리가 끝나면 수하인에게 전화나 우편으로 도착통지를 한다.

⑥ 수입통관 업무는 수하인 또는 수하인으로부터 지정받은 통관업자가 행하며, 항공사로부터 항공운송장을 인수받은 수하인 또는 통관업자는 수입신고서를 세관에 제출하고 수입허가를 득하여 통관, 인수하면 모든 절차가 끝난다.

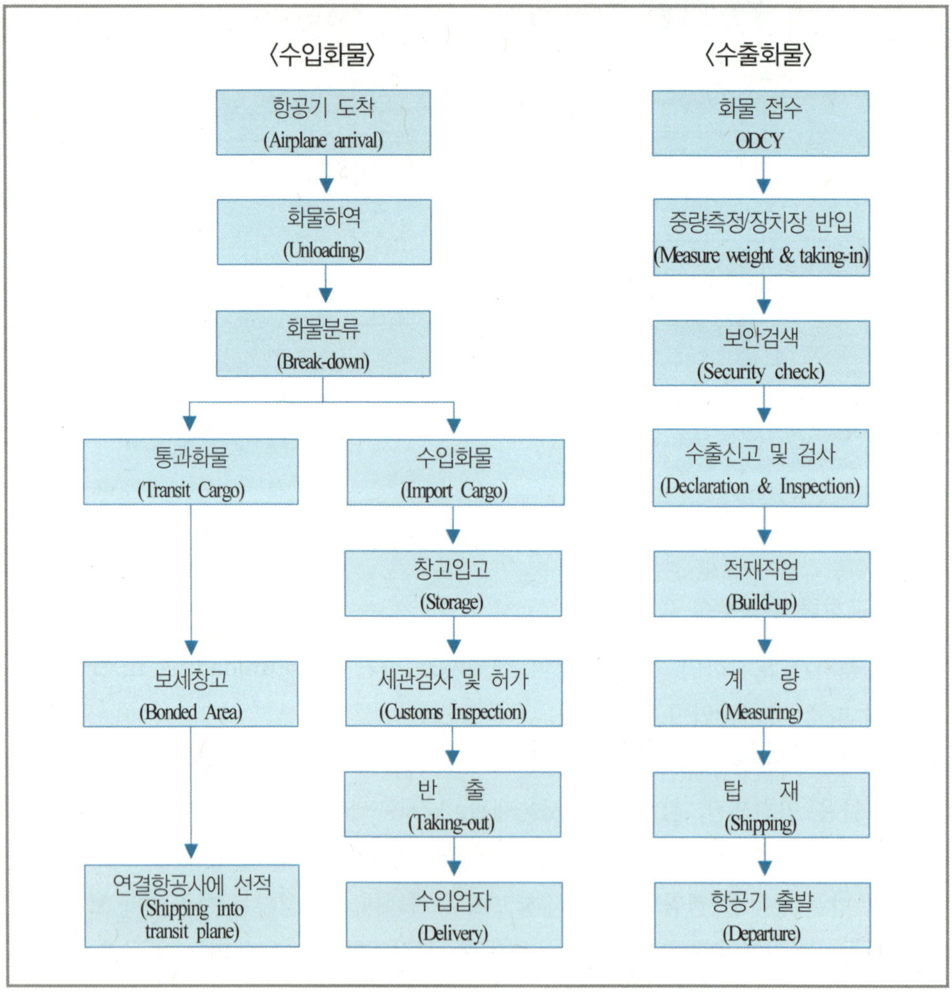

그림 8-9 항공화물 수출입 운송절차

(4) 항공화물대리점(항공화물복합운송주선업)

1) 항공화물대리점의 분류

복합운송주선업은 영업형태에 따라 항공화물운송대리점(air cargo agent), 항공운송주선업(air freight forwarder, consolidator), 상업서류송달업(courier)으로 구분할 수 있으며, 또한 IATA 가입 여부에 따라 IATA 대리점과 Non-IATA 대리점으로 구분할 수도 있다. 이들의 영업형태에 따른 복합운송주선업을 살펴보기로 한다.

① 항공화물운송대리점(Air Cargo Agent) : 우리나라의 현행법 체계에는 항공화물운송대리점업을 별도로 규정하고 있지 않다. 화물유통촉진법의 업종 일원화 조치로 항공운송주선업, 항공화물운송대리점업 그리고 해상화물운송주선업을 복합운송주선업으로 통합시켜 수출입화물을 취급하는 업종을 단일화하였다. 따라서 업종구분은 없으나 영업형태에서는 항공화물운송대리행위와 항공운송주선행위가 구분되어 이루어지고 있다. 항공화물운송대리점(일반대리점, Air Cargo Agent)은 항공운송사업자 또는 항공운송총대리점업자를 위하여 유상으로 항공기에 의한 화물의 운송 계약체결을 대리하는 사업이다.

② 항공운송주선업자 : 항공운송주선업자(혼재업자, air freight forwarder, consolidator)는 스스로가 송하인과의 계약주체로서 독자적인 운송장(air waybill), 운송약관, 요율을 가지고 있다. 항공운송주선업자는 항공사와 유사한 입장에 있으나 현실적으로 항공기를 갖고 있지 않으므로 집화한 화물을 운송하기 위해서는 항공사가 발행하는 화물운송장(master air waybill)에 의해 항공운송주선업자를 송하인으로 하여 항공사의 운송약관에 의한 운송계약을 체결해야만 한다.

항공사의 운임은 한 건으로 운송되는 화물이 중량이 커짐에 따라 킬로그램(혹은 파운드)당 적용요율(rate)은 더 낮은 것을 적용 받을 수 있도록 되어 있으므로 주선업자는 이것을 근거로 하여 영업을 하게 된다. 특히 주선업자들의 업무 중 혼재운송을 전문으로 하는 전문혼재업자(consolidator)는 직접 하주를 상대로 영업을 하지 않고 주선업자의 화물만을 취급한다.

③ 상업서류 송달업 : 상업서류 송달업(courier)은 외국의 상업서류 송달업체와 계약을 체결하여 상업서류 등을 신속하게 발송 또는 배달하는 업체로 우편법에 제한적용을 받지 않는 상업서류와 서적, 잡지, 견본품, 신문 등 정기간행물을 자체 Tariff와 운송약관에 의해 Door to Door 서비스로 신속하게 운송하는 업무를 행한다.

2) 항공화물대리점의 역할

① 항공화물대리점의 역할

ⅰ. 수출입항공화물의 판매 및 유치(selling transportation) : 대리점의 주요 역할은 항공사를 대신하여 세계 각국으로의 수출입화물의 항공수요를 개발하여 유치하고 운송계약을 체결하는 것이다.

ⅱ. 운송을 위한 준비(ready for carriage)

ⓐ 항공화물운송장(AWB)의 작성 : 화물의 중량, 크기, 품목 등을 사전에 점검하여 AWB을 작성한다.

ⓑ 운송서류의 준비 : Shipper's Letter of Instruction, Commercial Invoice, 출발지, 도착지 세관이 요구하는 각종 통관 관련 서류, 화물의 성질에 따라 작성하는 서류, 기타 무역관계 서류

ⓒ Marking of Packages : AWB상의 하주성명, 주소와 일치되게 각 포장단위로 정확히 Marking 되어야 한다.

ⓓ 포장(packing) : 정상적인 항공운송이 가능토록 화물 내용에 적합하게 포장되어야 하며, 특히 위험물, 생동물은 관련 규정에 의해 포장되어야 한다.

ⓔ Labelling of packages : 화물의 성질에 따라 관련 Label이 포장단위로 잘 보이게 부착되어야 한다.

ⅲ. 수출입 통관수속 대행 : 일반적으로 수출화물에 대한 통관은 그 절차가 간편하지만 수입화물의 경우에는 그 통관 절차가 복잡하다. 도착지 국가에 도착한 모든 화물은 반드시 적법한 절차에 따라 세관에 신고되어야 하며 화물의 신고 내용은 정확해야 한다.

ⅳ. Trucking 주선 : 실제화물의 최초 출발, 최종 도착지점은 출발, 도착지의 공항 또는 수하인이 특정지점으로 이루어지는 효율적인 Trucking의 주선이야말로 대리점의 주요한 역할이라 할 수 있다. 항공화물은 Trucking에 의해서 절대 지연되어서는 안되고 Pick-up, Delivery의 장소, 시간, Trucking 시설 등 제반 요건이 고려되어 가장 저렴한 운임으로 고객에게 서비스되어야 한다.

ⅴ. 기타 서비스 활동

ⓐ 수출입운송과 관련한 자문(consulting)

ⓑ 보험(insurance) : 화물의 분실, 손실에 대비하기 위해 보험에 부보한다.

ⓒ Tracking : 항공화물의 증가에 따라 화물사고에 대비하고 대리점은 항상 화물이 정상 루트에 의해 이동되고 있는가를 체크하고 사고발생 시 즉각적인 조치를 취할 수 있어야 한다.

표 8-1 항공화물운송대리점 및 항공운송주선업자의 업무대조표

내 용	항공화물운송대리점	항공운송주선업자
1. 자체 Tariff	없음(항공사 Tariff 사용)	있음(자체 Tariff 사용)
2. 운송약관	없음(항공사 약관에 준함)	자체 약관 사용
3. 수 하 인	매 건당 Consignee가 됨 (Master AWB)	Break Bulk Agent가 Consignee가 됨 (Break Bulk Reforwarding)
4. 수 익	판매운임 - 항공사 운임	• 항공운임 중량체감에 의한 하주로부터의 수령금과 항공사 지불운임과의 차액 • 혼재에 의한 Volume Weight의 감소
5. Air-Waybill	One AWB(항공사의 Master AWB사용)	자체 House AWB 사용

② 항공운송주선업자의 역할 : 항공운송주선업자(air freight forwarder, consolidator)는 항공기는 없지만 자체적으로 설정한 요율 및 운송약관을 적용하고 House Air Waybill을 발행하면서 개개의 송하인과 운송계약을 체결하고 운송책임을 부담하며, 수탁한 화물을 하나의 화물(One Lot)로 모아서 스스로 송하인이 되어 항공회사에 운송을 위탁하는 것이다. 이들이 화물을 항공회사에 인도하면 항공회사는 운송계약 및 화물수령의 증거로서 Master Air Waybill을 발행하여 혼재화물을 운송하고 주선업자가 발행한 House Air Waybill은 화물과 함께 목적지로 발송되며, 또한 송하인이나 수하인에게 교부된다. Air Freight Forwarder는 Ocean Freight Forwarder와 마찬가지로 운송수단을 갖고 있지는 않지만 자체적으로 설정한 요율 및 운송약관을 적용하고 House Air Way Bill을 발행하므로 Forwarder들이 행하는 혼재운송부분을 강조하여 Consolidator라고도 부른다.

항공운송주선업자의 주요역할은 항공화물대리점의 역할은 물론 수출항공화물의 경우 화물을 혼재하여 항공회사와 운송계약을 체결하고 화물의 출발, 환적, 도착 등 일련의 화물이동을 추적·관리하는 기능을 수행한다. 수입항공화물의 경우에는 수입통관 및 Door to Door Delivery를 위한 조치를 취하며, 수하인(수입상)을 위한 수입관세 지급을 주선하기도 한다.

목적지에서 혼재화물을 분류해야 하는 경우 혼재업자의 현지법인 또는 현지 Forwarder에게 이것을 위탁하는데 혼재화물 처리를 위탁받은 대리점(break bulk agent)은 목적지에 도착된 혼재화물을 수하인별로 분류하여 각 수하인에게 인도하는 업무를 담당한다. 즉, 혼재화물이 목적지에 도착하면 항공회사로부터 항공운송장을 받아 House Air Waybill별로 화물을 분류하여 수하인에게 항공화물의 도착을 통지하고 통관절차를 대행(주선)해 주며, 운임후불의 경우 수하인으로부터 운임을 징수하고 출발지의 혼재업자에게 송금하는 업무를 행한다. 또한 각 송하인을 위한 개체의 항공화물운송장(AWB)을 발행하고, 또한 스스로 송하인이 되어 운송계약 및 화물인도의 증거로 Master AWB을 발행하여 혼재화물과 함께 항공회사에 인도되면 항공회사는 이를 목적지까지 운송하여 혼재업자의 현지법인 또는 현지 대리인에게 인도한다.

(5) 항공화물운송서류(Air Waybill)

1) 항공화물운송장의 의의

항공화물운송장(AWB : air waybill)은 항공회사가 화물을 항공으로 운송하는 경우에 발행하는 화물수취증으로서 항공화물운송을 위한 가장 기본적인 서류로 해상운송에서의 선하증권에 해당되며, 항공운송장 또는 항공화물수취증이라고도 한다.

항공화물운송장은 일반적으로 Air Waybill이라고 하지만 유럽이나 미국에서는 Consignment Note나 Air Consignment Note라고도 부르며, 항공회사가 발행하는 항공화물운송장과 혼재업자가 발행하는 항공화물운송장을 구분하기 위하여 항공회사가 혼재화물을 커버하기 위해 운송주선인에게 발행하는 운송장을 Master Air Waybill, 혼재업자가 개별 송하인의 화물에 대해서 발행하는 Air Waybill은 House Air Waybill 이라고 한다.

항공화물운송장은 송하인과 운송인(혼재업자도 계약운송인에 포함됨)과의 사이에 화물의 운송계약이 체결되었다는 것을 나타내는 증거서류이며, 동시에 송하인으로부터 화물을 운송하기 위하여 수령하였다는 증거서류이기도 하다. 운송계약은 항공화물운송장을 발행한 시점, 즉 하주 또는 그 대리인이 AWB에 서명하거나 항공사 또는 해당 항공사가 인정한 항공화물취급대리점이 AWB에 서명한 순간부터 유효하며 AWB상에 명시된 수하인에게 화물이 인도되는 순간 소멸된다. 운송장은 화물과 함께 보내져 화물의 출발지, 경유지, 목적지를 통하여 각 지점에서 적절한 화물취급 및 운임정산 등의 작업이 원활하게 수행되는데 필요한 사항이 기재되어 있다.

2) 항공화물운송장의 기능

항공화물운송장은 화물의 유통을 보장하는 가장 기본적인 운송서류이다. 이것으로 화물은 수송거리의 원근, 운송에 참여하는 항공사의 수에 관계없이 출발지에서 목적지까지 운송되는 것을 보장한다. 항공화물운송장은 ㉮ 운송 위탁된 화물을 접수했다는 영수증, ㉯ 운송계약체결에 대한 문서상의 증명, ㉰ 요금계산서(freight bill), ㉱ 송하인이 하주보험(AWB에 보험금액과 보험료가 기재됨)에 부보한 경우 보험가입증명서, ㉲ 세관신고서 및 화물운송의 지침서(취급, 중계, 배달 등)의 기능을 수행한다.

표 8-2 항공화물운송장(AWB)의 구성

번호		용도	색	기능 및 역할
원본	1	발행항공사용 (for carrier)	녹색	항공화물을 인수하고 AWB을 발행한 항공사용으로 송화인과 운송인간 운송계약체결의 증명서이며 운임 등의 회계처리용으로 사용
	2	수화인용 (for consignee)	적색	화물과 함께 목적지에 보내어지는 AWB로 운송인은 AWB에 기명된 수화인에게 화물인도
	3	송화인용 (for shipper)	청색	출발지에서 운송인이 항공운송을 위하여 송화인으로부터 화물을 수령하였다는 수취증 및 운송계약을 체결하였다는 증거서류
부본	4	화물인도 항공사용 (delivery receipt)	황색	도착지에서 수화인이 화물인수 시에 서명하고 인도 항공사에게 돌려주는 화물인도증명서 및 운송계약이행 증명서류
	5	도착지 공항용 (for airport at destination)	백색	화물과 함께 도착지 공항에 보내져 세관 등 도착지 공항의 필요 부서에서 사용
	6	세 번째 운송 항공사용 (for third carrier)	백색	운송에 참여한 항공사가 운임정산을 위해 사용함
	7	두 번째 운송 항공사용 (for second carrier)	백색	운송에 참여한 항공사가 운임정산을 위해 사용함
	8	첫 번째 운송 항공사용 (for first carrier)	백색	운송에 참여한 항공사가 운임정산을 위해 사용함
	9	발행대리점용 (for Agent)	백색	AWB을 발행한 대리점의 보관용
	10 ~ 12	예비용(extra copies)	백색	참가 항공사가 많을 경우 필요시 사용 송화인 참고용(file용)

3) 항공화물운송장의 주요 내용

운송장은 화물과 함께 보내져 화물의 출발지, 경유지, 목적지를 통해 각 지점에서 적절한 화물취급 및 운임정산 등의 작업수행이 원활하게 이루어질 수 있도록 이에 필요한 사항이 기재되는데, 이에 대한 항공화물운송장의 주요 내용은 다음과 같다.

① Airport of Departure : 출발지 도시 또는 공항의 3 문자 코드를 기재한다.

② Shipper's Name and Address : 송화인 성명, 주소, 도시, 국명이 기재되며 전화번호가 있을 경우 같이 기재해 두는 것이 좋다.

③ Shipper's Account number : 항공화물운송장 발행 항공사가 임의 기재한다.

④ Consignee's Name and Address : 수화인의 성명, 주소, 국명, 전화번호 등이 기재된다. 실수화인을 대신하여 은행이나 대리점이 수화인이 되는 경우 실수하인을 Handling Information란에 '인도불가 시의 연락처'라는 표시와 함께 기재된다.

⑤ Consignee's Account Number : 고객 분류를 위해 항공사 임의로 필요사항 기재.

⑥ Issuing Carrier's Agent, Name and City : 항공화물운송장 발행 대리점의 이름, 도시명을 기재한다.

⑦ Agent's IATA Code : 대리점의 IATA 코드를 기재한다.

⑧ Issuing Carrier's Agent, Account Number : AWB 발행 항공사 임의 사용

⑨ Airport of Departure(address of first carrier) and Requested Routing : 출발지 공항과 운송구간을 기재한다. 3 Letter City Code의 사용도 가능하다.

⑩ Accounting Information : 특별히 회계처리에 관한 내용을 기록한다. 예를 들어 운송료 지불방법(현금, 수표)이나 기타 필요한 내용을 기록한다.

⑪ Routing and Destination : 예약에 의한 첫 구간의 도착지와 운송 항공사명을 Full Name으로 기재하며, 최종 목적지까지 2개 이상의 항공사가 수송에 개입되는 경우에는 각 경유지와 해당구간을 수송하는 운송항공사명을 Code로 기재한다.

⑫ Currency : 항공화물운송장 발행국의 화폐단위 Code를 기재하며 AWB에 나타난 모든 금액은 본란에 표시되는 화폐단위와 일치하는 것이어야 한다.

⑬ Charge Code : 항공사 임의로 필요사항 기재한다.

⑭ Weight/Valuation Charge–Prepaid/Collect : 화물운임의 지불방법에 따라 선불(PPD) 또는 착지불(COLL)란에 'x'자로 표시한다.

⑮ Other Charges at Origin–Prepaid/Collect : 화물운임과 종가요금을 제외한 출발지에서 발생된 요금을 지불방식에 따라 선불 또는 착지불란에 'x'자로 표시한다.

⑯ Declared Value for Carriage : 송하인의 운송 신고가격을 본란에 기재하며, 화물의 분실이나 파손인 경우 동 금액은 손해배상의 기준이 되며, 종가요금 산정도 동 금액을 기준으로 계산된다. 가격신고 방법은 일정한 금액을 신고하는 것과 무가격 신고(NVD로 표시함)의 2가지 방법 중 화주가 임의로 선택할 수 있다.

⑰ Declared Value for Customs : 세관통관 목적을 위해 송하인의 세관신고 가격을 기재한다. NCV(No Customs Value)도 가능하다.

⑱ Airport of Destination : 최종 목적지의 공항이나 도시명을 Full Name로 기재.

⑲ Flight/Date : 항공사 임의로 사용되며, 본란에 기입된 Flight가 확정된 것임을 의미하지는 않는다.

⑳ Amount of Insurance : 화주가 보험에 부보할 때 보험금액을, 부보하지 않을 때는 공란으로 남겨둔다. 부보금액은 대체로 운송신고 가격과 일치한다.

㉑ Handling Information : 화물의 포장방법 및 포장표면에 나타난 식별부호, 번호, 수하인 외에 화물도착 통보를 할 필요가 있는 사람의 주소, 성명, AWB과 함께

동반되는 서류명, Non-Delivery로 인한 화물의 경우 최초의 AWB 번호, 기타 화물운송과 관련된 제반 지시 또는 참고사항을 기재한다.

㉒ Consignment Details and Rating : 화물의 수량, 요율결합지점, 실제중량, 중량 단위, 화물요율별 해당 코드, 품목번호, 요금중량표시, Kg당 또는 Lb당 적용 요율, 화물품목 등 요금과 관련된 세부사항을 기재한다.

i. Number of Pieces : 화물의 개수, 총 개수는 아랫부분의 합계란에 표시

ii. RCP(Rate Combination Point) : 요율 결합 지점을 표시해 줄 필요가 있을 경우 해당 도시 3-Letter Code를 기재한다.

iii. Actual Gross Weight : 화물의 실제중량을 기입하며 합계중량은 아랫부분에 표시한다. BUC를 적용했을 경우는 사용된 ULD의 자체 중량을 화물 중량 아래에 기재한다.

iv. kg/lb : 중량 단위를 기입한다.(kilogram : K, pound : L로 표시)

v. Rate Class : 화물요율에 따라 Code M·N·Q·C·R·S·P·Y·U·E·X 중에 선택하여 사용하면 된다.

vi. Commodity Item Number : SCR이 적용될 때는 품목번호, CCR은 %, BUC는 ULD의 Rating Type을 표시한다.

vii. Chargeable Weight : 화물의 실제중량과 부피 중량 중 높은 쪽의 중량을 기재한다. 최저운임(Minimum Charge)이 적용될 경우는 기재할 필요 없고, BUC를 적용했을 경우에는 해당 ULD의 운임적용 최저중량을 기입한다.

viii. Rate/Charge : kg당 또는 lb당 적용요율을 기입하며, 최저운임 적용시는 최저운임, BUC는 ULD의 최저적용운임(Pivot charge), 하주소유 ULD는 ULD 할인 금액, Over Pivot Rate 기입한다.

ix. Total : 운임적용중량(11-vii) × 요율(12-viii) 금액을 기입한다. 서로 다른 요율이 적용되는 품목이 둘 이상의 경우 총합계 금액은 아랫부분의 빈칸에 기입한다.

x. Nature and Quantity of Goods(Include Dimensions or Volume) : 화물의 품목을 기재한다. 필요시에는 상품의 원산국을 기입하기도 하고, 부피중량이 적용되는 경우는 최대 가로×최대 세로×최대 높이의 순으로 표시하고, BUC 적용시 사용된 ULD의 IATA Code를 기재하며, 본란의 여백이 부족할 경우 'Extension List'를 사용할 수 있다.

㉓ Weight Charge(Prepaid/Collect) : 운임지불방법에 따라 선불 또는 착지불 란에 해당화물의 운임을 기재한다.

㉔ Valuation Charge(Prepaid/Collect) : 화주의 가격신고에 따라 부과되는 종가금액을 지불방법에 따라 선불 또는 착지불 란에 기재한다.

㉕ Other Charges : 화물운임, 종가요금을 제외한 기타 비용의 명세와 금액을 기재한다. 명세를 표시하기 위해서는 아래의 Code를 금액 앞에 표시해야 하며 상기 제 비용들의 귀속여부를 확실히 하기 위해 항공사 몫일 경우 C, 대리점 몫일 경우 A로 표시한다. 이때 'A' 또는 'C'의 표시는 비용 Code와 금액 사이에 기재한다(예 : PU 'C' : 35.00).

※ 명세를 표시하기 위해서는 아래의 Code가 사용된다.

AC Animal Container	PU Pick Up	AS Assembly Service Fee
SO Storage	AW Air Waybill Fee	SU Surface Charge
CH Clearance & Handling	TR Transit	DB Disbursement Fee
TX Taxes	IN Insurance Premium	UH ULD Handing
MO Miscellaneous		

㉖ Total Other Charges : 출발지에서 발생하여 ⑰란에 표시된 제비용은 모두가 선불이거나 또는 착지불이어야 한다.

㉗ Total Prepaid : 운임, 종가요금, 기타 제비용(항공사 몫, 대리점 몫 포함) 중 선불 란에 표시된 금액의 합계를 기재한다.

㉘ Total Collect : 운임, 종가요금, 기타 제 비용 중 착지불 란에 표시된 금액의 합계를 기재한다.

㉙ Shipper's Certification Box : 송화인 또는 그 대리인의 서명(인쇄, 서명 또는 Stamp)이 표시된다.

㉚ Carrier's Execution Box : 항공화물운송장 발행일자 및 장소, 항공사 또는 그 대리인의 서명이 표시되며, 월(月)의 표시는 영어로 Full Spelling 또는 약자를 사용할 수 있으나 숫자로 표시하는 것은 허용되지 않는다.

㉛ Airwaybill Number : 항공화물운송장 번호는 상단 좌우와 하단 우측에 명기되며, IATA Carrier 3 Digit Code와 7단위의 일련번호 그리고 7진법에 의한 Check Digit 등 11단위로 표시된다.

180 – 1234567 5

- 5 → Check Digit(7진법 사용)
- 1234567 → 일련번호
- 180 → IATA Carrier 3 Digit Code

Model Form 18 Air Waybill(항공화물 운송장)

Shipper's Name and Address	Shipper's Account Number	Not negotiable Air Waybill *issued by* **KOREAN AIR**
		Copies 1, 2 and 3 of this Air Waybil are originals and have the same validity.
Consignee's Name and Address Telephone :	Consignee's Account Number	It is agreed that the goods described herein are accepted in apparent good order and condition (except as noted) for carriage SUBJECT TO THE CONDITIONS OF CONTRACT ON THE REVERSE HEREOF. THE SHIPPER'S ATTENTION IS DRAWN TO THE NOTICE CONCERNING CARRIER'S LIMITATION OF LIABILITY. Shipper may increase such limitation of liability by declaring a higher value for carriage and paying a supplemental charge if required.
Issuing Carrier's Agent Name and City		Accounting Information
Agent's IATA Code	Account No.	
Airport of Departure(Addr. of First Carrier) and Requested Routing		

TO	By First Carrier	Routing and Destination	to	by	to	by	Currency	CHGS Code	WT/VAL		Other		Declared Value for Carriage	Declared Value for Customs
									PPD	COLL	PPD	COLL		

Airport of Destination	Flight/Date	For Carrier Use Only	Flight/Date	Amount of Insurance	INSURANCE–If Carrier offers Insurance, and such insurance is requested in accordance with conditions on reverse hereof, indicate amount to be insured in figures in box marked 'amount of Insurance'.

Handling Information

No. of Pieces RCP	Gross Weight	kg lb	Rate Class Com–modity item No.	Chargeable Weight	Rate / Charge	Total	Nature and Quantity of Goods (incl. Dimensions or Volume)

Prepaid	Weight Charge	Collect	Other Charges
	Valuation Charge		
	Tax		
	Total Other Charges Due Agent		Shipper certifies that the particulars on the face hereof are correct and that insofar as any part of the consignment contains dangerous goods, such part is properly described by name and is in proper condition for carriage by air according to the applicable Dangerous Goods Regulations.
	Total Other Charges Due Carrier		Signature of Shipper or his Agent
Total Prepaid		Total Collect	
Currency Conversion Rates		CC Charges In Dest. Currency	Executed on(date) at(place) Signature of Issuing Carrier or its Agent
For Carrier's Use Only at Destination	Charges at Destination	Total Collect Charges	

ORIGINAL 3(FOR SHIPPER)

(6) 항공화물운임

1) 운임산출중량의 결정

화물에 적용할 요율을 운임표에서 찾기 위해서는 운임부과중량(chargeable weight)을 결정하여야 하며, 운임산출중량은 ① 실제중량에 의한 방법, ② 용적중량에 의한 방법, ③ 저운임의 적용에 의한 방법에 의하여 결정된다.

(가) 실제중량에 의한 방법

실제화물의 중량(actual weight)을 기준으로 운임을 산출하는 방법으로 kg, Lb 모두 0.1단위까지 측정한다. 소수점이 있는 경우의 처리는 실중량이 0.5kg 미만이면 0.5kg으로 0.6kg 이상 1kg 미만은 1kg으로 계산하며, Lb는 소수점 이하를 절상하여 운임을 산출한다.

(나) 용적중량에 의한 방법

용적중량(volume weight)의 산출은 계산 전에 각 단위치수를 반올림하여 정수로 만든 후 가로×세로×높이의 방식으로 계산하나, 직육면체나 정육면체가 아닌 경우에는 최대 가로×최대 세로×최대 높이로 계산한다. 이때 부피를 운임부과중량으로 환산하는 기준은 1Kg = 6,000m^3 = 166inch^{3}와 1Lb = 166inch^{3}로 한다.

(다) 저임금의 적용에 의한 방법

높은 중량단계에서 낮은 중량을 적용하여 운임이 낮아지면 이를 적용한다. 예를 들어 45kg 미만 기본요율이 U$15.0이고, 45kg 이상 요율이 U$10.0인 경우 35kg의 화물은 35kg × U$15 = U$525와 35kg × U$10 = U$350으로 계산됨으로 낮은 운임을 적용하여 운임산출중량을 45kg로 하여 U$525을 부과하게 된다.

2) 항공운임요율의 종류

항공사 및 포워더의 항공화물운송요금은 일반적으로 요율(rate) 및 부대요금(charge), 기타 수수료에 의해 결정한다. 요율(rate)이란 항공운송 기업이 화물운송의 대가로서 징수하는 운임을 중량 단위당(kg) 또는 용기 단위당 금액으로 나타내며, 대개 노선별로 요율표(tariff)에 정해져 있다. 부대요금(charge)은 운송에 관련한 부수적인 업무 및 설비의 사용에 대한 대가를 의미하는데, 수출항공화물취급수수료(handling charge), 수입화물 AWB Fee, Pick Up Service Charge, 위험품 취급 수수료, 결제수수료 등이 이에 해당된다.

항공화물운임 = 요율(rate) + 부대요금(charge) + 기타수수료

(가) 일반화물요율(GCR : General Cargo Rate)

일반화물 요율은 품목분류 요율(class rate: CGR) 또는 특정품목 할인요율(specific commodity rate: SCR)의 적용을 받지 않는 모든 화물의 운임에 적용되는 요율이다. 또한 일반화물 요율은 최저운임, 기본요율, 중량단계별 할인요율 등으로 분류된다.

① 최저운임(minimum charge : "M") : 한 건의 화물운송에 적용할 수 있는 가장 적은 운임을 최저운임이라 한다. 즉, 중량운임이나 부피운임이 최저운임보다 낮은 경우 적용되며 효율표에 'M'이라 표시된다.

② 기본요율(normal rate : "N") : 45kg 미만의 화물에 적용되는 요율로서, 모든 화물 요율의 기준이 되며, 요율표상에 'N'으로 표시한다.

③ 정량요율(quantity rate : "Q", 중량단계별 할인요율) : 화물요율은 일정 중량단계(weight break)에 따라 다른 요율이 설정되는데 화물요율은 중량이 높아짐에 따라 kg당 요율은 더 낮게 설정, 즉 일반품목화물이 45kg 이상인 경우 45kg 이하 요율보다 약 25% 낮게 요율이 설정되어 있다. 이외에도 100kg, 200kg, 300kg, 500kg 이상의 중량단계에 대해 점점 더 낮은 요율이 설정되어 있다.

④ 운임산출중량(chargeable weight) : 화물 요율표에 kg당 또는 LB당 요율이 설정되어 있으며 어떤 한 건의 화물에 대하여 적용요율을 찾기 위해서는 운임산출 중량을 먼저 결정해야 한다. 운임산출중량은 ⓐ 실제중량에 의한 방법(by actual weight), ⓑ 용적중량에 의한 방법(by volume weight), ⓒ "높은 중량단계에서의 낮은 운임 적용" 규정에 의한 방법 등 3가지 방법으로 결정된다.

(나) 특정품목할인요율(SCR : specific commodity rate)

특정품목할인요율은 특정구간에서 특정품목에 대해 설정되는 요율로, 이 요율의 설정목적은 화물운송의 유형으로 보아 특정구간에 동일품목이 계속적으로 반복되어 운송되는 품목에 대해 일반품목보다 요율을 낮게 설정하므로써 항공운송 이용을 촉진, 확대하는데 목적이 있다.

또한 선박이나 육상으로 운송되는 품목 중에서도 항공운송편이 이점이 많은 품목에 대해, 이 특정품목 할인요율을 설정, 적용함으로써 항공운송편의 이용을 유도할 수 있다. 이 특정품목 할인요율은 그 요율과 관련하여 설정된 최저중량이 제한을 받도록 되어 있으며, 이는 다량의 상품수송에 적용코자 하는 목적에 의한 것이다. 예를 들면 서울발 동경행 수산물에 적용되는 SCR 0300은 최저중량이 100kg로 설정되어 있어, 100kg 이상의 상기품목에 한해서만 SCR 0300이 적용될 수 있도록 되어 있다.

(다) 품목분류요율(CGR : class rate, commodity classification rate)

품목분류요율은 몇 가지 특정품목에만 적용되며, 특정구간 또는 특정지역 내에서만 적용되는 경우도 있다. 품목분류요율은 대개 일반화물요율의 백분율에 의한 할증, 또는 할인으로 표시된다. 따라서 Class Rate는 일반화물요율보다 높게 또는 낮게 설정되는 경우 두 가지가 있으며, 이중 화물로 운송되는 비동반수화물, 신문, 잡지 등은 기본요율에서 할인된 요율이 적용되며, 귀중화물, 생동물, 시체와 자동차는 일반화물요율에서 할증된 요율을 적용한다. Class Rate 적용대상 품목은 다음과 같다.

① 할인 요금 적용품목

• 신문, 잡지, 정기간행물, 서적, 카탈로그, 점자책 및 Talking Books(Calendar, Price Tag, Poster 등은 적용 불가)
• 화물로 운송되는 개인의류 및 개인용품(Baggage Shipped as Cargo)

② 할증 요금 적용품목

• 금괴, 화폐, 유가증권, 다이아몬드 등의 귀중화물, 시체(human remains), 생동물 요율이 적용되는 특정품목으로는 6가지 종류가 있으며 이중 화물로 운송되는 비동반수화물(baggage shipped as cargo), 신문, 잡지 등은 기본요율에서 할인된 요율이 적용되며, 귀중화물, 생동물, 시체와 자동차는 일반화물요율에서 할증된 요율을 적용한다.

(라) 종가운임(valuation charges)

화물운송에 있어서 사고발생시 항공사의 최대배상한도액(maximum liability)은 U$20/kg이기 때문에 송하인이 최대배상한도액을 초과하는 금액을 항공사로부터 배상받고자 할 때 운송장상에 그 화물의 가격을 신고하고 종가요금을 지불하면 상기 US$20/kg를 초과하는 실손해액을 배상받을 수 있다. 송하인은 운송장상에 그 화물의 가격을 신고하여야 하는데 신고가격은 "Declared Value for Carriage"란에 기재하며 이때 U$20kg 미만인 경우에는 운송장상 NVD(no value declared)로 표시되며, U$20/kg 초과 시는 계산된 종가요금을 "Valuation Charge"란에 기재하게 된다.

종가운임의 신고조건은 1건을 구성하는 화물의 일부만을 가격 신고하고 나머지를 제외할 수 없으며, 또한 일부분에 대하여 높은 가격을 신고하고 타 부분을 낮은 가격으로 신고할 수 없고 중량운임(weight charge)과 함께 선불(freight prepaid)이나 착지불(freight collect)이어야 한다.

종가운임 = 운송신고가격 − (총중량 × U$20/kg 또는 U$9.07/Lb) × 0.5%

(마) 단위탑재용기(ULD : Unit Load Device) 운임

항공사가 송화인 또는 대리점에게 컨테이너 또는 팔렛트단위로 판매시 적용되는 요금으로 국제항공운송협회(IATA)에서 규정한 단위탑재용기(ULD : Unit Load Device)의 형태에 따라 상이한 운임이 적용된다.

BUC요금이 적용되는 ULD의 적재작업(build-up)은 송하인 또는 대리점의 책임하에 이루어지며 항공사는 송·수하인에게 만48시간 이내에 해당 ULD를 무료로 제공할 수 있고 이 시한이 지나면 연체료를 징수한다. 다만 BUC 적용 시 위험품 규정집에 나타난 제한품목, 생동물, 귀중화물, 시체 등은 ULD 내에 실리지 못한다.

(바) 기타요금

① 입체지불수수료(disbursement fee) : 송하인의 요청에 따라 항공사, 송하인 또는 그 대리인이 선불한 비용을 수하인으로부터 징수하는 금액으로 입체지불금에 일정 요율을 곱하여 산출하고 있다. 입체지불금에는 Trucking Service Charge, Pick-Up Charge, 화물취급수수료(handling charge), 항공운송장 작성수수료(AWB fee) 및 기타 송하인이 요청한 금액 등이 포함된다.

② 위험품취급수수료(dangerous goods handling fee) : 위험품 규정집에 위험품으로 명시된 품목에 대하여 부과되는 취급수수료를 말한다.

③ 착지불수수료(charges collect charge) : 운임을 수하인이 납부토록 되어 있는 화물에 대해 동 금액의 일정비율을 항공사가 징수하는 수수료이다.

(사) 부대운임

① 항공화물 THC(terminal handling charge) : 항공화물이 수출통관 또는 수입통관되기 위해 항공사가 직영하는 보세장치장에 반입되었을 때 창고가 화주들에게 부담시키는 화물 조작료이다.

② EDI사용료(D/O 전송료) : 수입화물의 효율적인 반출을 위해 도입된 D/O 진신화 이후 항공운송 대리점이 화주들을 대리하여 보세장치장에 D/O를 전송할 경우 발생하는 EDI사용료(D/O 전송료)로 화주들에게 건당 얼마씩 징구하는 요금이다.

③ CCF(collect charge fee) : 항공화물 운임을 Collect(후불)로 항공운송대리점에 지불할 경우 항공운송 대리점이 환전 및 송금에 필요한 경비를 보전하기 위해 징구하는 요금이며, 보통 송장금액의 2%를 징구하며 최소 U$10를 징구한다.

④ Handing Charge : 항공운송대리점이 하주를 위하여 스케줄을 넣어주고, B/L Copy를 전송해 주는 등의 명목으로 화주에게 청구하는데 업체마다 상이하지만 보통 선하증권 건당 징수하고 있다.

⑤ L/G 발급 수수료 : 항공화물운송장(AWB)상의 Consignee가 은행일 경우 수입화주가 수입대금을 은행에 결제하기 전에 반출하고자 할 경우 은행이 동 화물에 대한 수입대금 결제를 보증하는 서류인 L/G를 발행할 때 징구하는 수수료이다.

⑥ Documentation Fee : 수출의 경우 Airway Bill Fee라고도 부르는데 수입시는 보통 D/O Charge라 한다.

8 국제복합운송

(1) 국제복합운송의 의의

복합운송(multimodal transport or combined transport)이란 복합운송인(MTO : multimodal transport operator)이 화물을 자기 책임하에 인수하여 어느 국가의 한 지점에서 다른 국가에 위치해 있는 지정 인도지점까지 복합운송계약에 의거 해상·내수로·항공·철도나 도로운송 등 여러 운송방식 중 2종류 이상의 운송수단을 사용하여 운송하는 것을 의미한다. 복합운송은 국제간의 무역운송에 있어 컨테이너화의 발달과 수송기술 및 장비의 혁신에 따라 Tackle to Tackle 운송개념이 CY to CY 개념으로 더 나아가 Door to Door라는 운송형태로 발전되어 컨테이너에 의한 화물의 복합운송은 해상운송을 신속·저렴하게 하였을 뿐만 아니라 해상·육상·항공운송에 이르기까지 전 수송을 신속하고 효율적으로 연결 수송할 수 있게 한 중대한 수송 혁신이다.

표 8-3 국제복합운송의 연결형태

명 칭	연결형태	내 용
Piggy-back	철도와 트럭	트레일러나 컨테이너를 철도의 무개화차(flat car)에 적재운송하는 방식
Fishy-back	해운과 트럭	트럭으로 운송된 컨테이너를 선박에 적재 운송하는 방식
Birdy-back	항공과 트럭	트럭으로 운송된 컨테이너를 항공기에 적재 운송하는 방식
Truck-air	트럭과 항공	트럭과 항공을 혼합 이용하는 운송방식
Rail-water	철도와 수운	철도를 구비한 특수선박에 기차를 적재하고 운송하는 방식
Ship-barge	선박과 부선	내륙수로와 연안항구 간의 해운을 혼합 이용하는 방식
Sea-air	해운과 항공	항공기와 선박을 혼합 이용하는 방식
Sky-rail	철도와 항공	철도와 항공기를 혼합 이용하는 방식

따라서 국제복합운송은 국제간의 물품운송을 복수의 수송수단에 의해 문전에서 문전(door to door)까지의 일관수송을 지향하는 수송방식으로 이를 세분하면 복합운송은 국제간에 이루어지는 화물운송이며 다른 두 가지 이상의 운송수단을 조직적이고 유기적으로 결합해 모든 운송구간에 걸쳐 운송서비스를 제공할 뿐 아니라 단일의 운송계약에 의하여 복합운송인이 일관해서 운송책임을 지는 형태의 운송이다.

국제복합운송의 장점은 다음과 같다.

① 코스트 절감 : 환적작업 검사, 사무수속 등 수송기관의 접점에서 발생하는 작업 코스트를 절감할 수 있으며, 작업흐름의 원활화 및 하역생산성 향상 가능

② 서류단순화 : 컨테이너화에 의해 수송수속의 간소화로 화물과 서류의 체크, 서류의 단순화가 가능

③ 운송책임 일원화 : 복합운송업자에 의한 일괄 운송업무 수행으로 운송책임의 일원화가 가능케 됨으로써 그에 따라 클레임처리도 일원화 가능

④ 화물추적 용이 : 단일의 운송인에 의해 취급되므로 화물의 추적 시스템화가 용이

(2) 국제복합운송의 기본요건

국제복합운송이 되기 위해서는 세 가지 요건 ① Through Rate, ② Through(or multimodal transport) B/L, ③ Single Carrier's Liability라는 조건이 충족되어야 한다. 그러나 단일운송인책임제도(single carrier's liability system)로써 Network Liability System과 Uniform Liability System 간에는 문제해결이 완결되지 못해 마찰이 야기되고 있는 실정이다.

① 운송책임의 단일성(through liability) : 복합운송인은 자기의 명의와 계산으로 송화인을 상대로 복합운송계약을 체결한 계약당사자일 뿐만 아니라 전체 운송을 계획하고 여러 운송구간을 연결·통괄하여 운송이 원활하게 이루어지도록 조정하고 감독할 지위에 있으므로 전 구간에 걸쳐 하주에 대해 단일책임을 진다.

② 복합운송증권의 발행 : 복합운송이 되기 위해서는 복합운송인이 하주에 대하여 전 운송 구간에 대한 유가증권으로서의 복합운송증권이 발행되어야 한다.

③ 단일운임의 설정 : 복합운송인은 그 서비스의 대가로서 각 운송구간마다 분할된 것이 아닌 전 구간에 대한 단일운임(through rate)을 설정, 하주에게 제시한다.

④ 운송방식의 다양성 : 복합운송은 반드시 두 가지 이상 서로 다른 운송방식에 의하여 이행되어야 한다. 이때 운송방식은 운송수단 종류가 문제가 되며 이러한 운송방식은 각각 다른 법적규제를 받는 것이라야 한다.

(3) 국제복합운송인의 유형

1) 복합운송인의 의의

복합운송인(MTO : multimodal transport operator)에 대한 UN복합운송조약의 규정은 "자기 또는 자신의 대리인을 통하여 복합운송계약을 체결하고 송하인이나 복합운송 업무에 관여하는 운송인의 대리인 또는 주체로서 행위를 하고 계약의 이행에 관한 채무를 부담하는 자"로서 복합운송을 수행하는 자는 곧 복합운송인이라 할 수 있다.

복합운송에서는 스스로 운송수단을 소유하여 구간운송을 주도하는 실제운송인(육상운송인과 해상운송인 또는 항공운송인)이 다른 운송수단을 소유한 구간운송인이나 운송의 실행에 관여하는 다른 운송인 등 기타의 자를 하청운송인(sub-carrier), 운송의 이행보조자로 이용하여 복합운송업무를 수행하거나, 또는 다른 운송인과 공동으로 혹은 다른 운송인이 당초 하주와의 통운송계약 관계에 가입하는 형태로 실행하는 경우가 있다.

복합운송인에는 NVOCC(non-vessel operating carrier)와 같이 스스로 운송수단을 소유하고 있지 않거나 직접 선박을 운항하지 않는 운송주선인이 복합운송인이 되어 여러 실제운송인을 하청운송인으로서 이용한다.

2) 복합운송주선인의 역할

포워더의 가장 중요한 역할은 외국과의 국제복합운송에 있어 상대방 국가의 포워더와 제휴함으로써 전 운송구간에 걸쳐 일관운송책임을 지는 운송주체라는 점이다. 즉, NVOCC로서 ① 자신의 책임하에(single carrier's liability), ② 하주들에게 일관운임(through rate)을 제시하고, ③ 복합운송증권(combined transport B/L)을 발행한다. 이러한 일관운송을 수향하기 위해 포워더는 "무역업체의 운송부서 역할을 다하고 있음"을 표방하고 있는데, 다음과 같은 관련업무 및 부대서비스를 제공한다.

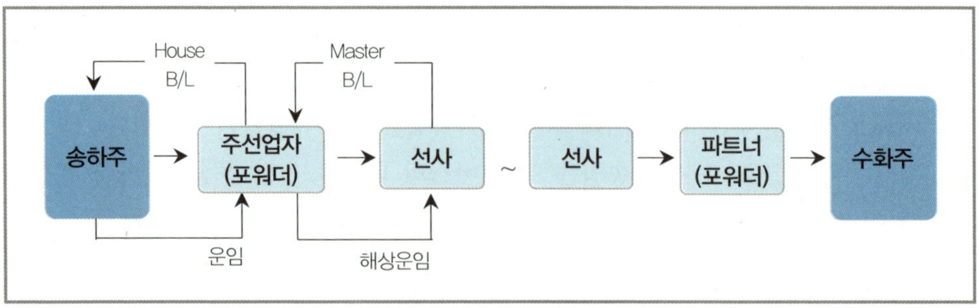

그림 8-10 Forwarder의 기능

① 하주에 대한 전문적인 조언 : 수출자 또는 송하인의 요청에 따라 화물의 전 운송구간에 걸쳐 적절한 운송수단, 운송루트, 그리고 이에 적합한 화물의 포장형태, 목적국의 각종 운송법규 및 무역관행 등에 대해 조언한다.

② 운송의 수배 : 수출자 또는 송하인을 대신하여 전 운송구간에 걸쳐 운송수단(선박, 항공기, 트럭, 열차 등)에 수출자 또는 송하인을 대신하여 전 운송구간에 걸쳐 운송수단(선박, 항공기, 트럭, 열차)에 대해 필요한 스페이스를 확보하고 이들 운송수단에 의한 화물의 이동 상태를 체크한다.

③ 운송 관련 서류의 작성 : 운송 관련 서류로 가장 중요한 선하증권(B/L), 선복예약서(S/R), 부두수령증(D/R), 통관서류, 원산지증명서, 보험증권 등의 서류를 포워더가 직접 작성해 주거나 화주가 효율적으로 작성할 수 있도록 도와준다.

④ 통관대행 : 수출입화물의 운송 및 부수되는 서비스를 종합적으로 수행하기 위하여 주요 항만 등에 사무소를 두고 통관업무(customs clearing)를 대행하여 준다.

⑤ 포장 및 창고보관 : 운송수단 또는 적합한 포장시설을 소유하고 직접 포장 서비스를 하거나 화물의 포장방법에 관해서 화주에게 적절한 조언을 한다. 또한 창고 또는 자체의 CFS를 운영하거나 임대하여 수출지에서의 화물혼재, 통관, 선적, 그리고 수입지에서의 화물의 양하, 통관, 운송하는 과정에서 화물의 손상이나 분실 등을 방지한다.

⑥ 소량화물의 혼재(Consolidation) : 컨테이너 화물은 단일 화주의 화물량에 따라 FCL화물과 LCL화물로 분류할 수 있는데, 포워더는 LCL화물을 CFS로 모아 FCL로 보내는 혼재기능을 수행한다. 실무적인 운송의뢰 방법으로 화주는 해상운송의 경우 FCL·LCL화물 모두 선사나 포워더에 직접 운송의뢰를 할 수 있으나, LCL화물은 대부분 포워더를 이용하고 있으며, 항공운송의 경우에는 항공운송대리점 또는 포워더를 이용하게 된다

(4) 국제복합운송인의 주요경로

1) 해·육 복합운송

① American Land Bridge(ALB) : 국제무역에서 해상과 육로를 이용하여 화물을 운송하는 복합운송경로이다. 육로를 마치 해상과 해상을 잇는 육교처럼 이용하는 Land Bridge의 일종으로, 극동의 주요 항구로부터 북미서안의 주요 항구까지 해상으로 운송하여 내륙운송(육상운송)을 철도에 연결, 북미 동남부항에서 다시 해상운송으로 유럽지역 항구 또는 유럽 내륙까지의 일관수송하는 방식이다.

출발지	수송수단	중계지	수송수단	중계지	수송수단	목적지	소요일수
극 동 주요항	→배→	오클랜드 로스앤젤레스	→철도→ →철도→	갈벨스톤 뉴올리언즈	→배→ →배→	앤트워프, 함부르크, 로테르담, 브레멘 등	35–40일 35–40일

② Mini Land Bridge(MLB) : MLB는 미국 서안에서 철도 등의 내륙운송을 거쳐 미동안(대서양 안) 또는 걸프지역 항만까지 수송하는 해륙복합운송이다. 즉, 극동–미서해안항까지 해상운송을 한 다음 그곳에서 철도나 철도–도로운송으로 미동해안, 걸프지역까지 내륙운송하는 복합운송방식으로 파나마운하의 해상운송보다 수송시간을 단축할 수 있다.

출발지	수송수단	중계지	수송수단	목적지	소요일수
부산	→배→	시애틀, 오클랜드 로스앤젤레스, 상파울로 롱비치 등 미 서안 제항	→철도→	미 동안 제항 최종지의 철도회사	15~18일

③ Micro Land Bridge(MCB, Interior Point Intermodal : IPI) : 극동에서 선적된 화물이 미국 태평양 서안 항구에서 양륙되어 철도 등의 육상운송수단으로 북미 대륙을 횡단하여 미국 로키산맥 동부의 내륙지점까지 운송되는 복합운송의 한 형태로 주요 수송거점까지 철도운송하고 화주 문전까지 도로로 운송하는 시스템으로 IPI(Interior Point Intermodal)라고도 한다. MLB가 미국의 동안항 또는 걸프연항인데 비하여 MCB는 목적지가 항구가 아닌 미국의 내륙지점이다. 한편 수정된 RIPI(Revised Interior Point Intermodal)는 극동에서 선박으로 파나마 운하를 경유하여 북미 동부지역 항구에서 양륙되어 철도 등의 육상운송 수단으로 내륙지역까지 운송서비스하는 시스템이다.

출발지	수송수단	중계지	수송수단	중계지	수송수단	목적지	소요일수
부산	→배→	시애틀, 오클랜드 샌프란시스코 롱비취 등 미 서안 항구	→철도→ →트럭→	철 도 터미널	→트럭→	그룹 Ⅰ : (미시시피강 서쪽) 그룹 Ⅱ : (미시시피강 동쪽) 그룹 Ⅲ : (동안에 가까운 도시)	22일

④ Canadian Land Bridge(CLB) : ALB와 같은 형태로 밴쿠버 또는 시애틀까지 해상으로 운송하고 그곳에서 캐나다의 철도를 이용, 몬트리올에서 대서양의 해상운송에 접속하여 유럽 각 항구로 수송하는 복합운송 경로를 CLB라고 한다.

출발지	수송수단	중계지	수송수단	중계지	수송수단	목적지	소요일수
부산	→배→	밴쿠버 시애틀	→철도→ →철도→	St. John 몬트리올	→배→	함부르크, 로테르담, Le Havre	35일

⑤ Trans China Railway(TCR) : 중국 연안항에서 시작하여 구소련 접경지역인 아라산쿠 경유 소련을 통과하여 로테르담까지 연결하는 철도로서 CLB(China Land Bridge)이라고 한다.

출발지	수송수단	중계지	수송수단	중계지	수송수단	목적지	소요일수
한국	→배→	연운항 청도항 천진(신강)	→철도→	알라산쿠, 두루주바	→철도→	SLB와 동일	30~40일

⑥ Siberian Land Bridge(SLB) : SLB운송은 극동지역에서 유럽과 중동의 화물을 러시아의 극동항구인 보스토치니 항으로 수송한 다음 시베리아의 서부국경에서 유럽지역이나 반대 루트로 운송하는 해상·육상 또는 해상·육상·해상의 형태로 연결하는 복합운송시스템으로 시베리아 횡단철도(Trans-Siberia Railway : TSR)를 이용하여 TSR이라고도 한다.

2) Sea & Air(해·공 복합운송)

Sea & Air(해·공) 복합운송은 해상운송의 저렴과 항공운송의 신속성이라는 양자의 장점을 결합한 운송방식이다. 항공운송보다는 저렴하게, 해상운송보다는 신속하게 운송되는 운송이라는 관점에서 경제적인 운송방식이라 할 수 있다. 해·공 복합운송방식은 일본, 한국을 비롯한 극동-북미서인 간의 태평양항로에서는 해상운송을, 미국 내 및 대서양에서는 항공운송을 이용하여 미국 중·동부 및 유럽 각지로 수송하는 방식이다. Sea & Air 복합운송의 이점은 해상운송에 비해 소요일수를 대폭 축소할 수 있고, 항공수송에 비해 운임을 절감할 수 있으며, 전 구간 재고투자와 창고료의 절감, 포장비의 절감이라는 종합 물류코스트의 절감을 기할 수 있나는 데 있다.

① 북미 서해안 경유 유럽행 해·공 복합운송 : 아시아의 극동항구에서 선박으로 미국의 서해안이나 캐나다의 벤쿠버항까지 운송하고 화물을 양륙하여 공항까지 육상운송한 다음 항공기로 유럽의 목적지까지 운송하는 것을 말한다.

아시아항 (부산 등) — 해상 — 북미 서안항 (LA, Seattle, Vancouver) — 항공 — 유럽 공항 (Frankfurt)

② 북미 서부 경유 중남미행 해·공 복합운송 : 아시아의 극동항구에서 선박으로 북미 서부 또는 동남부 항구까지 운송하고 화물을 양륙하여 공항까지 육상운송 한 다음 항공기로 중남미까지 운송하는 것을 말한다.

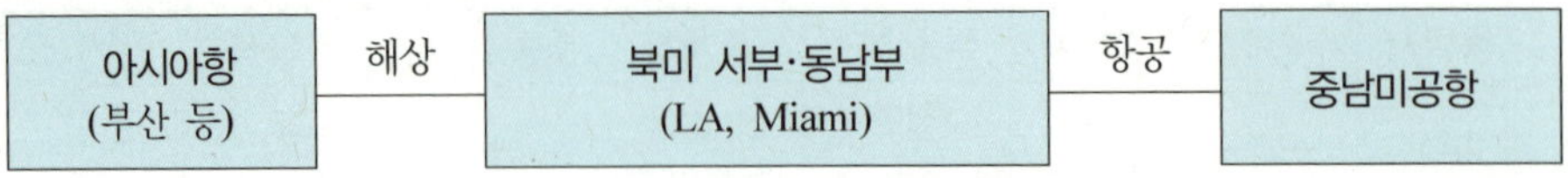

③ 동남아시아 경유 유럽행 해·공 복합운송 : 아시아의 극동항구에서 선박으로 싱가포르·홍콩까지 운송하고 화물을 양륙하여 항공기로 유럽까지 운송하는 것을 말한다.

(5) 복합운송증권

1) 복합운송증권의 의의

복합운송증권(multimodal transport documents : MTD)이란 선박·철도·항공기·자동차 등 종류가 다른 운송수단 중 두 가지 이상의 조합에 의해 이루어지는 운송에 대해 복합운송인이 발행하는 증권을 말하며, 발행자인 운송인이 운송품의 수령을 증명하고 운송계약의 증거가 되며 유가증권으로서의 성격을 갖는다.

복합운송증권의 특징은 ㉮ 화물의 멸실, 손상에 대한 정 운송구간을 커버하는 일관책임을 지고, ㉯ 선하증권과 달리 운송인 뿐 아니라 운송주선인에 의해서도 발행되며, ㉰ 화물이 본선 적재 전에 복합운송인이 수탁 또는 수취한 상태에서 발행된다는 점이다. 복합운송증권은 법적으로 선하증권과 똑같이 유통증권으로서의 기능을 갖는다. 다만 지시식 또는 무기명식으로 되어야 하며, 지시식으로 된 때에는 배서에 의해 양도 가능하다. 복합운송증권의 표면에 "Negotiable combined transport document issued subject to Uniform Rules for Combined Transport Document(ICC Brochure No.273)"이라는 머리글이 기재되어 있다.

2) 복합운송증권의 형태

기존의 선하증권에 복합운송을 의미하는 명칭을 붙인 Combined Transport Document (CTD), Multimodal Transport B/L(MTD), Intermodal Transport B/L 등과 같은 형태의 복합운송증권을 말한다. 현재 실무에서 사용되는 복합운송증권은 FIATA가 제정한 FIATA B/L이 보편적으로 사용되고 있으며, 복합운송서류라는 명칭을 사용하는 CTD는 ICC에서 제정한 복합운송증권에 관한 통일조약에서 사용된 복합운송증권이다. 복합운송서류는 유통성여부에 따라 "Negotiable"과 "Non-Negotiable"으로 구분되고, 유통성서류는 작성방법에 따라 지시식과 소지인식으로 구분할 수 있다. 기타 복합운송증권은 발행인에 따라 해상운송인, 항공운송인, 육상운송인 등 실제 운송인이 발행한 증권이 있고 Freight Forwarder가 복합운송인으로서 발행한 증권이 있다.

Model Form 19 복합운송증권(Combined Transport B/L)

CONSIGNOR/SHIPPER/EXPORTER CHOKWANG LEATHER CO., LTD. 8/FL HONGWOO BLDG NO.834-34 YUKSAM-DONG KANGNAM-KU SEOUL KOREA		*Negotiable KIFFA* MULTIMODAL TRANSPORT BILL OF LADING B/L NO. HASL02MGD59DP03	
CONSIGNEE ⇒ ⑫ TO ORDER		HEUNG-A SHIPPING CO., LTD TEL : 82-2-771-2100(Rep) FAX : 82-2-771-2101(Rep) For delivery of goods please apply to : DONGBO SHIPPING DALIAN OFFICE ROOM 1027 SENYE BUILDING NO.2 GANGWAN STREET ZRONGSHAN DISTRICT DALIAND, TEL : 413--2718524 FAX : 411-2718514	
NOTIFY PARTY ⇒ ⑩ .SHENYANG SUJIATUN DISTRICT LEATHER SHOES NO.2 FACTORY SHENYANG CHINA			
PRE-CARRIAGE BY	PLACE OF RECEIPT BUSAN, CY, S. KOREA		
VESSEL/VOYAGE NO. SKY LOVE 921W	PLACE OF DELIVERY DALIAN CY, CHINA		
PORT OF LOADING ⇒ ④ BUSAN, S. KOREA	PLACE OF DISCHARGE ⇒ ⑤ DALIAN CY, CHINA	PLACE OF DELIVERY DALIAN	FINAL DESTINATION (For the Merchant Ref.) ⇒ ⑥

PARTICULARS FURNISHED BY CONSIGNOR/SHIPP9,153.00R

Container No.	Seal No. Marks and No. of Packages	Description of Goods	Gross Weight	Measurement
DALIAN CHINA P.O. NO. :SUOS ITEM : C/T NO.: 1-234 Q'TY : MADE IN KOREA CY/CY 은행보관용 ⑧ ← C O P Y NON NEGOTIABLE		20' x 1(234 CARTONS) SHIPPER'S LOAD & COUNT, SEALED, SAID TO CONTAIN : ⇒ ⑪ 234 CTNS OF NUBUCK 2.0 – 2.2MM COLOR : WHEAT MELDISCO STOCK NO : 46571 QUANTITY : 56,3074SF CREDIT : LC82A90551 HALU2421859/234764 * CIF DALIAN "FREIGHT PREPAID" ⇒ ⑨	9,153.00KGS	25.903CBM

TOTAL NUMBER OF CONTAINERS OR PKGS(in words) SAY : ONE(20×1) CONTAINER ONLY				ON BOARD DATE : ⇒ ③ MAR. 15. 2019	
FREIGHT & CHARGES	REVENUE TONS	RATE	PER	PREPAID	COLLECT
FREIGHT PREPAID AS ARRANGED					

	FREIGHT PAYABLE AT	PLACE AND DATE OF ISSUE SEOUL, S. KOREA MAR. 15. 2019
TOTAL PREPAID IN	NO. OF ORIGINAL B/L ⇒ ⑦ THREE (3)	HEUNG-A SHIPPING CO., LTD
LADEN ON BOARD THE VESSEL DATE 2019/05/20	SIGNATURE __________	ACTING AS A CARRIER

Keys to the Lesson

1. make out Bill of Lading : 선하증권을 작성하다.

1) Please make out your Contract Note with your signature.
   ➡ 귀사의 서명으로 계약서를 작성하여 주시기 바랍니다.
2) We have made out the Insurance Certificate as mentioned in your Application.
   ➡ 당사는 귀사의 신청서에서 언급하신 대로 보험증명서를 작성하였습니다.
3) Would you please make out Bills of Lading in triplicate.
   ➡ 선하증권을 3통 작성하여 주시기 바랍니다.
4) 상업송장 2통을 작성하여 주시기 바랍니다.
   ➡ Please make out the Commercial Invoice in duplicate.

주 ① make(=write) out : (서류 등을) 작성하다.
② as mentioned in : ~에서 언급한 대로, ~대로(=as per).
③ duplicate : 2통. triplicate : 3통. quadruplicate : 4통. quintuplicate : 5통. sixtuplicate : 6통.

2. ~per the s/s "B" sailing for A : A항으로 출항하는 선박 B호 편에.

1) Please make shipment of the products by the s.s. "Arirang" leaving busan on May 15.
   ➡ 5월 15일에 부산항을 출항하는 선박 아리랑호 편에 상품을 선적해 주십시오.
2) The captioned products by the S.S. "Prince" E.T.D. busan on the 10th of last month reached New York yesterday.
   ➡ 지난 달 10일 부산항을 출항한 선박 프린스 호에 선적하신 위의 상품(제품)이 어제 뉴욕에 도착하였습니다.
3) 7월 20일에 런던을 향하여 부산을 출항할 예정인 귀 선박 아리랑호의 선복 500입방미터를 예약하여 주시기 바랍니다.
   ➡ Please reserve space of 500 CBM on your M/S "Arirang" leaving for London from busan on July 20.

주 ① sailing from ~(=leaving ~, scheduled to leave from ~, scheduled to sail from ~)
: ~(을)를 출항 예정인, ~를 출항하는.
sailing for ~(=leaving for ~, scheduled to sail for ~, scheduled to leave for ~)
: ~로 (향하여) 출항하는, 출항예정인.
We will ship the goods on the s/s "Arirang" sailing for Los Angeles on July 20.
(당사는 동 상품을 7월 20일에 출항예정인 "아리랑"호에 선적하겠습니다.).
sailing for A from B : B를 출항하여 A로 가는(갈 예정인)
(which is) scheduled to arrive at ~(=due to arrive at, due to reach) : ~에 도착할 예정인
We shipped 100 TV sets by S.S "Arirang" which is scheduled to arrive at Kobe on July 30. (당사는 7월 30일에 고베항에 도착할 예정인 TV 100 Sets를 선적하였습니다.)
S/S(Steam Ship), M/S(Motor Ship), M/V(Motor Vessel)
② ETD : estimated(=expected) time of departure : 출항예정일.
ETA : estimated(=expected) time of arrival : 도착예정일.
③ reserve space(=ship's space) : ~의 선복을 예약하다.

3. relative shipping documents : 관련선적서류.

1) We are enclosed the copies of Commercial Invoice, Airwaybill and Insurance Policy, etc, the relative shipping documents.
   ➡ 당사는 상업송장, 항공운송장 및 보험증권 등의 관련 선적서류 사본을 동봉하였습니다.
2) At the time of negotiating of drafts, the relative shipping documents are to be delivered to the negotiating bank.
   ➡ 환어음의 매입의뢰 시에 그 관련 선적서류가 매입은행에 인도되어야 합니다.
3) Please draw on us at sight with documents attached.
   ➡ 관련 선적서류를 첨부하여 당사를 지급인으로 하여 일람출급 환어음을 발행하십시오.
4) 당사는 선적서류를 첨부하고, 씨티은행이 발행한 신용장에 의거하여 송장금액에 대해 귀 은행을 지급인으로 한 일람출급 환어음을 발행하였습니다.
   ➡ We have drawn a draft on your bank at sight for the invoice amount under L/C opened by Citi Bank, with documents attached.

주 ① with documents attached. : 운송(선적)서류를 첨부하여.
cf. relative(= relevant, covering) contract : 관련 계약, 관계된 계약.
Sales Contract(= Sales Note) : 무역계약서(= 매출계약서)
Purchase Contract(Purchase Note, Purchase Order) : 구매계약서(= 매입계약서)
② negotiated a draft : 환어음을 매입하다.
③ in settlement of(account, draft) : (계정, 어음 등) ~을 결제하기 위하여.
cf. in payment for(order, goods) : (주문, 상품 등) 대금지급을 위해.

4. Non-Negotiable B/L : 비유통성 선하증권.

1) As requested, two non-negotiable copies of the B/L and three copies of shipping invoice are enclosed.
   ➡ 귀사께서 요청하신 바대로 비유통성 선하증권 사본 2통과 선적송장 사본 3통을 동봉했습니다.
2) As requested, we are enclosing a non-negotiable copy of Bill of Lading.
   ➡ 귀사께서 요청하신 대로, 당사는 유통불능의 선하증권 사본 1통을 동봉하여 보내드립니다.
3) We are enclosing a non-negotiable copy of B/L and copies of the Marine Insurance Policy and our Invoice No.499.
   ➡ 당사는 비유통성 선하증권과 해상보험증권 그리고 당사의 상업송장 제499번의 사본을 동봉했습니다.
4) 유통불능의 선하증권 사본과 해상보험증권 및 상업송장의 사본입니다.
   ➡ They are copies of non-negotiable B/L and copies of Marine Insurance Policy and Commercial Invoice.

주 ① three copies of shipping invoice : 3통의 선적송장 사본.
② marine insurance policy : 해상보험증권, marine insurance premium : 해상보험료
insurer : 보험자, insured : 피보험자, expected profit : 희망이익, insurance benefit : 보험금
해상보험금액 : 송장금액 + 희망이익(expected profit), Insurance Certificate : 보험증명서,
main shipping documents : B/L(Bill of Lading), C/I(Commercial Invoice), I/P(Insurance Policy)

사례 42 **선복(Ship's space) 예약 신청**

Gentlemen :

We are much obliged for the arrangements you promised us by telephone this morning to reserve the space of 5,250 CBM on the S/S "Arirang" sailing for Los Angeles from busan on September 20.

The goods are five cases for our NIKE brand tennis shoes destined for Los Angeles, which will be warehouse by September 19 by our shipping agents, Songdo Unsong Company.

We are informed that there is a rising tendency in freight rates, and we are grateful to you for giving us your usual rate of $1.50 per CBM.

Your immediate confirmation will be greatly appreciated.

Yours truly,

주 ① arrangements you promised us by ~ : ~으로 귀사께서 약속하신 예약.
② sailing for A from B : B를 떠나 A로 가는(갈 예정인)
③ destine : 미리 정해지다. cf. destine for : ~하기로 되어 있는.
④ warehouse : 창고. 입고시키다. cf. bonded warehouse(area) : 보세창고(구역).
⑤ shipping agent : 운송대리인(점). cf. shipping company : 선사, 선박회사.
⑥ we are informed that ~ : ~라는 것으로 당사는 알고 있다.
⑦ rising tendency : 오르는 경향, 상승세
⑧ usual rate : 통상 요율, 종전의 요율
⑨ your immediate ~ appreciated : 신속히 수락, 확인해 주시면 감사하겠습니다.

사례 43 **항공(소포)편으로 발송통지 서신**

Dispatch : Order No.351

We confirm dispatch of your packages containing Watch Parts by BA Flight No.320 to Genoa this afternoon.

Enclosed is our invoice No. IG514 covering these parts. The cost of insurance and freight, which is payable by you, has, therefore, been included in the document.

We expect your payment in due course.

Yours faithfully,

주 ① watch parts : 시계부품.
② BA(British Airways) : 대영 항공(사).
③ in due course(= at the right and proper time, in good time) : 마침 좋은 때에, 알맞은 때에, 제 때에, 순서를 따라, 멀지 않아, 그러는 동안에

사례 44 **파업으로 인한 선적지시의 변경을 알리는 서신**

Shipment : Order No. 124

We have to invite your attention to a stevedores strike which started a week ago. This strike shows no sign of letting up ; it is feared to last at least another four weeks. We must consider a change, therefore, in our shipping arrangement.

We have to ask you to direct our goods to Shizuoka via Nagoya : we would also ask you to pay attention to crating because of the increased distance your goods must travel by road. The latest date for shipment remains unchanged.

You will perhaps confirm by cable that you can follow our new instructions.

Yours faithfully,

주 ① we have to invite your attention to ~ : 귀사에 ~을 말씀드려야만 되겠습니다.
② stevedore(= docker, long shoreman) : 부두노동자, 하역인부.
③ strike(= strike, walkout, sit－down, slowdown) : 파업, 노동쟁의
cf. general strike : 총파업. go on(a) strike : 파업하다.
④ show no sign of ~ : ~할 징조(기미)가 없다(보이지 않다).
⑤ letting up(= stopping, cessation) : 중지, 쉼, 감소.
⑥ it is feared to ~ : ~할 것 같아 걱정이다.
⑦ last(= continue, endure, remain) : 계속하다, 견디다.
⑧ direct(turn) (A) to B : A를 B로 돌리다.
⑨ pay attention to ~ : ~에 주의를 기울이다, ~에 대한 조치를 취하다.

사례 45 **선적지연으로 인한 주문취소에 대한 서신**

We are very sorry that causes completely beyond our control have made it impossible for us to keep the shipment date of August 10. The recent traffic strike held up supplies of new material and resulted in delays of a month.

We have made every possible effort to speed up delivery but unfortunately in vain. Under the circumstances, we have no alternative but to accept your cancellation, but we would ask you to beleive that the delay was in no way caused by any negligence on our part.

While offering our sincere apologies we trust that you will continue to place your order with us.

Yours faithfully,

주 ① beyond our control : 불가항력의, Seller 측에서는 어쩔 수 없는
② place an order with ~ : ~에게 ~을 주문하다.
③ we trust that you will ~ : 귀사께서 ~하실 것으로 믿습니다.

사례 46 (파업피해에 의한) 선적지연 서신

ORDER NO.104 SHIPMENT

The Times of in India reported this morning that the trade union of the railway between Bombay and Ganganagar are likely to go on a strike very soon.

If they do, the transport of raw cotton to the ginning factories on the outskirts of Bombay may be seriously affected even though we try to use trucks for the conveyance.

We think it only fair to keep informed our customers in your territory (i.e., Korea) by way of warning so that they may prepare themselves for the worst.

You (ie., the selling agents) will get in touch with our customers to advise them which way the wind is blowing.

Yours very truly,

주 ① The Times of India : 인도의 국내신문.
② the trade union(=labor union) : 노동조합.
③ Ganganager : 인도의 면화 주산지.
④ are likely to go on a strike : 파업할 것 같다. cf. strike(=slowdown, walkout, sit-down : 파업
⑤ ginning factories : 조면 공장.
⑥ on the outskirts of : ~의 변두리, 교외.
⑦ trucks for the conveyance : 수송용 트럭
⑧ i.e.(=which is to say, that is, that is to say, namely) : 즉, 곧.
⑨ by way of warning(=for the purpose of warning) : 경고할 목적으로, 알려주기 위해.
⑩ the worst : 최악의 사태.
⑪ get in touch with(=contract with, keep in touch with ~, make contract with ~, come into contract with ~, contract ~) : ~와 연락하다.
⑫ which way the wind is blowing of this situation : 이번 사태가 어떻게 진전되는 지를.

사례 47 선적지연을 사과하는 서신

We regret very much your complaint of August 25, that we have not yet been able to execute your Order No. 380. We are, of course, aware that your goods are long overdue, but work at the plant was suspended for several weeks through the strike of employees.

However we have been doing everything possible in our power to deliver the goods within a week, and now arranging for shipment. In the meantime we offer our apologies to you for the inconvenience the delay has caused you.

Yours faithfully,

주 ① long overdue : 장기간 기한이 경과된
② execute order(=carry out order, accomplish order, perform order) : 주문을 이행하다.

9 선적통지(shipping advice)

(1) 선적통지의 의의

상품의 생산이 완료된 경우에 수출상이나 수입상은 적당한 운송회사인 선박회사나 항공회사의 운송수단을 수배한 후 선사에 S/R을 제출하고 항구관행의 방법으로 약정 물품의 선적이 완료되면 그 사실을 즉시 수입상에게 통보해 주어야 한다. 선적사실을 수입상에게 통지하도록 하고 있는 이유는 수입상이 주문품의 도착예정일을 감안하여 판매활동을 개시 및 결제대금의 조달준비 등을 하도록 하는데 의의가 있다.

(2) 선적통지의 방법

선적통지는 대체로 신속히 통신수단을 이용하게 되므로 일반적으로는 e-Mail이나 Fax. 등을 통해 보내게 된다. 이 선적통지시에는 ① 주문번호와 일자, ② 상품수량, ③ 선명, 선박출항일자(ETD) 및 예정도착일자(ETA), ④ 컨테이너 및 B/L 번호, ⑤ 기타 운송서류 사본 등은 언제 보낸다는 내용 등의 사항이 명시되어야 하며, 선적통지는 e-Mail이나 Fax.로 발송한 후 선적서류 사본을 동봉하여 서신을 보내는 것이 좋다. 선적통지 서신의 기재사항은 ㉮ 주문 또는 계약일자와 번호, ㉯ 선적상품의 품명, 품질과 수량, ㉰ 운송수단, 선적일시, 출항일자와 운송 회사명, ㉱ 화환어음의 매도통지 및 운송서류 사본의 동봉 등이다.

(3) 수입화물의 수입절차

1) 수입화물의 도착

해외의 수출자가 계약물품을 선적하면 즉시 전신으로 그 사실을 수입자에게 통지하고 동시에 그 선적통지서(shipping advice)를 우송하여 준다. 이 선적통지서를 받은 수입자는 수입화물의 품종, 품목, 수량, 적재선명, 적출일 등을 정확하게 알 수 있어 그 선박회사 또는 대리점에 조회하여 본선의 입항일자를 확인하여야 한다. 이 본선이 수입지에 입항하였을 때에는 선박회사는 선하증권에 기재되어 있는 화물도착 통지처(notify party)인 수하인인 수입상에게 본선 도착의 사실을 통고하고 화물인수를 요청한다. 수입자는 이미 해외 수출자로부터 받은 선적통지서에 의해 수입품의 적재선명을 알고 그 입항을 예측하고 미리 은행에 절차를 취한 후 관계서류를 정비하고 있으므로, 이 화물도착통지를 접수하는 대로 한편에서는 세관에 수입통관의 절차를 취하고, 다른 한편에서는 선박회사에 대해 화수(貨受)의 절차를 밟는다. 통관되는 시점에 따라 화물의 이동은 보세운송과 일반운송으로 나누어지는데, 일반운송은 ODCY(CFS)에서 통관되어 화주가 운송하며, 보세운송의 경우는 전용부두 또는 CY에서 미통관상태로 화주의 문전까지 운송되어 통관되는 경우로 타소장치허가를 득하여야 하며 세관의 파출검사 후에 통관이 된다. 한편 외국무역선이 입항하게 되면 Customs(세관절차) 이전에 Immigration(출입국절차)와 Quarantine(검역절차)를 받아야 하는데 이러한 3가지 절차를 CIQ(Customs, Immigration, Quarantine)라 한다.

2) 선하증권의 처리

수입업자로서 선하증권은 화물인도를 청구할 때 사용하는 서류이다. 즉 선하증권의 상환성을 근거로 수입업자는 선하증권과 상환으로 운송물을 인도받을 수 있으므로 무역상의 선적화물에는 예외 없이 선하증권이 발행된다. 그러므로 본선으로부터 화물의 인도를 받을 때에는 그 운송서류와 상환(相換)하지 않으면 안 되는데, 대개의 경우 이 선하증권은 화환어음의 담보로서 수출지 은행에서 수입지 은행으로 송부되므로 수입업자는 은행에 수입물품 대금을 결제한 후 선하증권을 수취한 후 절차를 취하여야 한다. 신용장 발행은행에 수입대금을 결제한 수입업자는 당해 수입품이 수입지의 항만 혹은 보세구역(컨테이너 화물의 경우 CY/CFS)에 도착통지를 받으면 선하증권 원본을 선박회사에 제시하여 운임란에 "Freight Collect"라고 명시되어 있으면 운임을 지불하면 선박회사에서는 화물인도지시서(Delivery Order : D/O를 발급하며, "Freight Prepaid" 라고 명시되어 있으면 수출상이 선적지에서 운임을 지불하였으므로 그대로 D/O를 발급해 준다.

3) 화물인도지시서의 입수

수하인은 배서필 선하증권을 선박회사에 제출하고, 이에 대한 화물인도지시서(D/O)를 발급받고 이 지시서와 상환으로 화물을 인수하게 된다. 화물인도지시서를 청구 받은 선박회사는 선하증권을 받은 다음 사전에 본선의 선장으로부터 제출된 적하목록(manifest, cargo manifest)과 화물의 품명, 개수, 중량, 하인 및 화물번호 등을 조회하고, 운임의 완납을 확인한 다음 증권과 상환으로 화물인도지시서(D/O)를 교부받아 화주는 거래하는 관세사 등을 통하여 세관에 수입신고를 하여 수입통관절차를 거쳐 해당 보세장치장에 수입신고필증과 함께 제시하고 화물을 인수받는다. D/O는 선주나 이를 대리하는 책임자가 본선 선장 또는 화물 소재지의 현장 책임자 앞으로 이 서류에 기재된 화물을 이 서류 소지인에게 인도하라는 문서이며, 수하인이 제출한 선하증권과 선장이 제출한 적하목록(manifest) 및 선하증권의 선장보관용(captain's copy)을 참조하여 작성·발행되는 것이다.

사례 48 **선적통지**

Messrs. A. Brown & Co., Ltd.
P.O. Box 500
Singapore

Dear sirs,

SHIPPING ADVICE

We wish to inform you that we have shipped the following goods covering your order No. 275 dated 20th December by the M/S Arirang Ho of The South Sea Line Ltd. as per enclosed copies of the relative shipping documents.

AB
C/#1－100 100 cases Refrigerator
Singapore SIP－133 100 sets
Made in Korea

To cover this shipment, we have drawn a draft at 90 d/s and negotiated it through The Bank of Seoul, Ltd. with L/C No.13827 issued by The Bank of Singapore, Singapore. We hope you would honor the draft upon presentation.

We believe that the goods will reach you in good order and perfect satisfaction so that you may furnish us with further orders.

Faithfully yours,

SEOUL INDUSTRIAL CO., LTD.
S. C. Choe
Sung Chol Choe
Vice President

주 ① Shipping Advice(Notice) : 선적통지서.
cf. arrival notice : 도착통지. delivery order : 화물인도지시서.
shipping order : 선적지시서(선사 → 선장).
② goods covering your order No.275 : 귀사의 주문 275호에 충당할 상품.
③ the relative shipping documents : 관련 선적서류.
④ to cover this shipment : 선적대금을 회수하기 위하여.
⑤ in good order(condition) : 제대로, 약속한 대로.
⑥ honor the draft upon presentation : 제시될 때에 어음을 인수하다.
⑦ vice president : 부사장(副社長)

사례 49 지연선적(지적) 통지

Dear Sirs,

We are very sorry to advice you that the shipment during September covering your order No.456 is impossible to execute within the date stipulated on account of labor shortage. Korea Steel Co., Ltd. with which your order was placed is suffering a serious labor shortage.

Every effort is being made to deliver the goods as requested. However, they say that one month delay of shipment is unavoidable. We ask, therefore, that you kindly approve the situation with a 3% price discount as shown in the enclosed cable.

Although this is beyond our control, we deeply apologize for the inconvenience you have been put to. We assure you that we will take every precaution against such trouble arising in the future.

Yours faithfully.

주 ① be suffering ~ : ~의 고통을 겪고 있다.
② labor shortage : 노동력 부족
③ take precaution against : ~에 경계(조심)하다.

사례 50 선박명 변경통지

Order No. 123

We regret to tell you that your order for five thousand(5,000) pairs of tennis shoes due to a change in the sailing schedule for S.S. "Star" of the KukJe. Shipping Co., we are shipping your order via S.S. "Glory" of the Korea Shipping Corporation sailing from Busan on May 25.

In compliance with the agreed terms of settlement, to cover ourselves for this shipment we have drawn a draft on Bank of America, New York at 60 d/s for U.S. $75,000 under L/C No.567, with documents attached, and have negotiated through Korea Exchange Bank, Seoul. Korea.

We trust that the goods will reach you in good condition and give you complete satisfaction.

Faithfully yours,

주 ① sailing schedule for ~ : ~로 항해할 예정인.
② to cover ourselves for ~ : ~에 대한 대금회수를 위해.
③ draw a draft on 지급인(A), at 지급방법(B), for 금액(C), under 근거(D), with 운송서류(E). : E를 첨부하여, D에 의거하여, C금액으로, B출급으로, A앞으로 환어음을 발행하다.
④ with documents attached : 운송서류를 첨부하여.
⑤ give you complete satisfaction : 귀사를 아주 만족스럽게 해주다.

10 운송서류(transport documents)

(1) 서류의 종류

서류는 어느 거래의 경우에나 꼭 필요한 기본서류와 필요한 경우에만 요구되는 기타 서류로 구분되며, 기본서류는 상업송장(commercial invoice), 선하증권(bill of lading), 보험증권(insurance policy) 등을 말한다. 그런데 대금결제를 할 때 환어음에 첨부되는 서류는 통상적으로 그 계약조건이 FOB인가 혹은 CIF인가에 따라 달라지게 되는데, CIF조건에는 기본서류로 선하증권을 포함한 운송서류와 보험서류(insurance document), 상업송장으로 구성되며, FOB조건에서는 매수인이 보험에 부보해야 하기 때문에 선하증권을 포함한 운송서류와 상업송장만으로 충분하다.

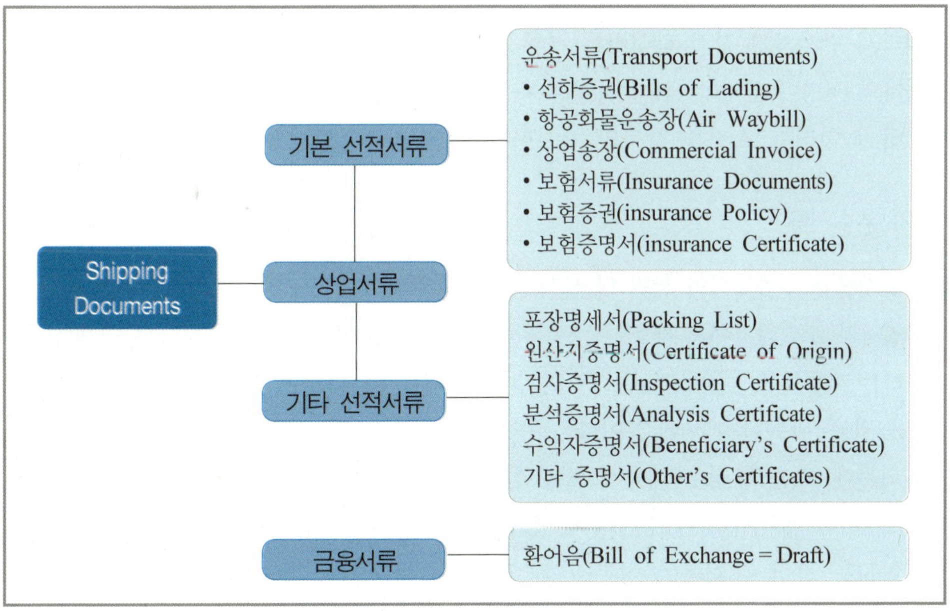

그림 8-11 선적서류 종류(Shipping Documents)

기타 서류는 위의 운송서류 외에 포장명세서(packing list), 영사송장(consular invoice), 세관송장(customs invoice), 검사증명서(certificate of inspection), 용적중량증명서(certificate of weight and/or measurement), 품질증명서(certificate of quality) 등을 말한다. 기타서류는 모든 거래에 반드시 필요한 서류는 아니기 때문에 매수인이 계약서 또는 신용장에 요구하고 있는 경우에만 이를 준비하면 된다. 그런데 계약서나 신용장에 기본서류가 아닌 기타서류로서 포장명세서, 영사송장, 세관송장, 원산지증명서 등의 서류를 명기하여 요구하고 있을 때에는 그 요구서류는 성격상 수출업자가 제출하여야 하는 기본서류가 되므로 반드시 이를 준비하여야 한다.

계약서나 신용장에서 요구하는 서류들은 작성자를 기준으로 구분하면 수출상 자신이 직접 작성해야 하는 것과 관련기관(선박회사, 보험회사, 기타의 관련기관 등)에서 작성하는 것으로 구분할 수 있다. 전자에 해당되는 것은 상업송장, 환어음, 포장명세서 등이며, 후자에 해당되는 것은 선하증권, 보험증권, 원산지증명서, 세관송장, 영사송장, 검사증명서, 용적중량증명서 등이다.

계약서나 신용장에는 매수인이 요구하고 있는 서류의 명칭과 제출통수 및 기재내용이 명시되어 있다. 문제가 되는 것은 이 운송서류가 원본이나 혹은 사본으로 인정될 수 있는가 하는 것이다. UCP 600에서는 운송서류나 보험서류 등과 같이 관련 기관에서 작성한 핵심서류를 제외한 기타의 서류는 신용장에서 여러 통을 요구할 경우 1매의 원본에 나머지는 사본으로 충당해도 된다고 규정하고 있다.

따라서 당사자가 직접 작성하는 서류자체에 원본, 즉 "Original"이라는 표시와 함께 발행자의 서명이 있어야 하며, 서명은 육필, 천공, 스템프, 기계 및 전자방식으로 하여도 무방하며 이러한 조건을 갖추면 복사한 서류도 원본으로서의 효력을 인정받는다.

(2) 운송서류

운송서류는 수출화물의 선적 및 선적과 관련된 여러 가지 사실을 증명하는 선하증권 등 수출업자가 수입업자에게 제공하는 서류들을 말하며, 신용장거래의 경우에는 신용장에서 요구하는 서류들을 총칭하여 부르는 말이다. 따라서 운송서류는 환어음 매입 시 담보물인 선하증권을 비롯한 제반서류이다. 운송서류는 보통 각 서류마다 복통수(複通數)로 구성되는데, 대개의 경우 계약서 또는 신용장에 그 필요한 서류의 종류와 통수가 명시된다. 그러나 계약서 또는 신용장에 명시가 없을 때에는 3통이 1조가 되는 선하증권을 제외하고는 통상 각 2통이 정본(正本)으로 필요하다.

무역거래에서 화물을 수송하는 방법은 해로, 육로, 공로, 내수로 및 이를 복합한 형식, 그 중에서 현재 가장 많이 이용되고 있는 방식은 선박을 이용한 해상을 통한 화물운송이다. 따라서 운송서류를 운송방식별로 구분하면 해상선하증권(ocean B/L), 해상화물운송장(non-negotiable sea waybill), 용선계약부선하증권(charter party document), 복합운송서류(multimodal transport document), 항공운송서류(air waybill), 도로/철도/내수로 운송서류(road, rail or inland waterway transport documents), 우편수령증(post receipt)/우편발송증명서(certificate of posting)/특사수령증(certificate of courier) 등으로 나눌 수 있다.

Model Form 20 견적송장(Pro-forma Invoice)

DA-JU CORPORATION
120-3, CHUNGDAM-DONG, KANGNAMI-GU,
SEOUL, KOREA TEL: (02) 653-6965 FAX : (02) 665-9424

PROFORMA INVOICE

MESSRS : S & A TRAIDING CO.
P.O BOX 2076
JOHANNESBURG 2000 R.S.A

OUR REF : SR-2K0922
DATE : 22TH SEP 2019

WE ARE PLEASED TO OFFER THE UNDER-MENTIONED ARTICLES AS PER CONDITIONS AND DETAILS DESCRIBED AS FOLLOW

MODEL NO	COMMODITY & DESCRIPTION	UNIT	QTY	U/P	AMOUNT
CAR SPEAKERS					
TED 1350	5" DUAL CONE SPEAKER	PAIR	1010	5.40	5,454.00
RED 1650	6.5" DUAL CONE/SLIM TYPE	PAIR	1010	7.20	7,272.00
TED 1040	4" DUAL CONE SPEAKER	PAIR	1010	5.10	5,151.00
SP-80	6.5" DUAL CONE SPEAKER	PAIR	505	8.45	4,267.25
SP-100	6.5" 2-WAY SPEAKER	PAIR	505	12.70	6,413.50
SP-150	6.5" 3-WAY SPEAKER	PAIR	505	15.20	7,676.00
SP-215	6 X 9" 4-WAY SPEAKER P/P CONE	PAIR	505	22.60	11,413.00
	TOTAL 5,050 PAIRS		US$ FOB		47,646.75

ORIGIN : REPUBLIC OF KOREA
PACKING : EXPORT-STANDARD PACKING
SHIPMENT : WITHIN 30TH NOV 2019
SHIPMENT PORT : PUSAN, KOREA
INSPECTION : OUR'S TO BE FINAL
DESTINATION : JOHANNESBURG, SOUTH AFRICA
PAYMENT : L/C AMOUNT US$ 18,296.15
T/T AMOUNT US$ 29,350.60
VALIDITY : 30TH NOV 2019
ADVISING BANK : INDUSTRIAL BANK OF KOREA / HEAD OFFICE.
ACCOUNT NO : 107-01-0173-001

LOOKING FORWARD TO YOUR VALUED ORDER FOR THE ABOVE OFFER. WE ARE YOUR FAITHFULLY,

SUNG JU CORPORATION
120-3, CHUNGDAM-DONG,
KANGNAM-GU,
SEOUL, KOREA

Review Exercises

연습문제

1. 다음은 수출입절차(export and import procedure) 중 일부의 내용이다. ( ) 안에 들어갈 내용이 순서적으로 알맞은 것은?

> Exporter 'A' loads the goods on board the vessel against the tender of the '(㉮)' and the 'Export Permit'.
> Exporter 'A' applies for the cargo space to a shipping company. Against the '(㉯)', a 'Shipping Order' is issued.
> Exporter 'A', if needed, obtains 'Certificate of Weight and/or Measurement' of the shipping cargo from a Measurer's Company.
> After the completion of the loading of the cargo, a 'Mate's Receipt(M/R)' or '(㉰)' is issued and Export Permit is returned after having been stamped by the Customs Officer on the spot to the effect that the loading had duly been completed.
> '(㉱)' are issued from the shipping company against the tender of the M/R or D/R.

	㉮	㉯	㉰	㉱
①	Shipping Order	Shipping Request	Dock Receipt	Bills of Lading
②	Shipping Order	Shipping Request	Mate's Receipt	Bills of Lading
③	Shipping Request	Shipping Order	Dock Receipt	Bills of Lading
④	Shipping Request	Shipping Order	Mate's Receipt	Bills of Lading

해설

- load : 싣다. load A with B: (사람이) B(물건)를 A(선박, 차 등)에 싣다. load 뒤에 up, down 등이 오기도 한다.
- on board the vessel : 본선(本船) 상에
- against : '~와 교환으로(= in exchange for)'
- Mate's Receipt(= M/R) : 본선수취증 ▸ Dock Receipt(= D/R) : 부두수취증
- Export Permit is returned after having been stamped → Export Permit is returned after it has been stamped
- Customs Officer : 세관원
- on(upon) the spot : 현장에서, 즉석에서
- to the effect that : ~라는 취지로
- duly : 정식으로, 정당하게
- if needed = if it is need

- ▸ Certificate of Weight and/or Measurement : 중량용적증명서
- ▸ measurer's company(= measuring company) : 측량(검량)회사
- ▸ cargo space(= ship's space for the cargo) : 선복(船腹)
- ▸ Shipping Request(= S/R) : 선적요청서 ▸ Shipping Order(= S/O) : 선적지시서

정답 : ①

2. 다음은 수출입절차(export and import procedure) 중 일부의 내용이다. ( ) 안에 들어갈 내용이 순서적으로 알맞은 것은?

> Importer 'B' tenders the B/L endorsed to the shipping company. Against the tender of B/L, Importer 'B' obtains '(㉮)' from the shipping company.
> Importer 'B' tenders a set of '(㉯)' together with a 'Import License' issued by the Concerned Authorities and 'Shipper's Invoices', 'Certificate of Origin' if required, to the Customs Authorities.
> An 'Import Permit' is granted when the (㉰) would have been paid if the goods dutiable.
> Import 'B' tenders to the Customs Authorities a 'Declaration for Clearance' accompanied by the '(㉱)' together with 'Delivery Order' through the hand of a landing agent or a freight forwarder.
> A 'Clearance Permit' having been granted, Importer 'B' takes delivery of the goods from the customs compound or directly from the steamship.

	㉮	㉯	㉰	㉱
①	Delivery Order	Import Permit	import duties	Import Declaration
②	Delivery Order	Import Declaration	import permit	Import duties
③	Delivery Order	Import Duties	Import Permit	Import Declaration
④	Delivery Order	Import Declaration	import duties	Import Permit

해설 ▸ tender A to B : B에게 A를 제출하다. A가 길 때에는 tender to B A로 쓴다.
- ▸ Import Permit(I/P) : 수입허가(서), 수입면장
- ▸ dutiable : 과세되는, 유세(有稅)의/ duty : 의무, 관세, 조세, 세(稅)
- ▸ Declaration for Clearance : 통관신고서
- ▸ hand: 서명, 보호, 조력, 노력/ through the hand of : ~의 도움(노력)으로
- ▸ landing agent : 양륙업자, 양륙대리인(선주와 화주의 대리인)
- ▸ freight forwarder : 운송중개업자, 운송주선업자
- ▸ Clearance Permit : 통관허가(서) ▸ customs compound : 세관구내
- ▸ A 'Clearance Permit' having been granted, Importer 'B' takes delivery of the goods ~ (독립분사 구문) → When a'Clearance Permit'has been granted, Importer 'B' takes delivery of the goods ~
- ▸ takes delivery of the goods : 물품을 인수하다.

▸ 매수인은 물품 수령시 최우선적으로 그 물품이 계약목적에 합치하는가를 외견상으로 검사하여 하자를 발견하거나 수량이 부족하면 지체 없이 매도인에서 그 사실을 통지하여야 하며, 이러한 검사와 통지를 게을리 하면 법률적 청구권을 상실하게 된다.
클레임의 정당성이나 근거를 입증하기 위하여 공인감정인의 감정보고서를 클레임 제기시에 제시하는 것이 바람직하다.

정답 : ④

3. 다음 ( ) 안에 들어갈 문장으로 가장 적절한 것을 고르시오.

> (1) Full set of clean on board ocean bills of lading issued to (㉮) of shipper, endorsed in (㉯), marked "Freight Prepaid" and "(㉰) : P & G Corporation, Spring St, Los Angeles, California" and (㉱) not later than March 31, 2019.
> (2) Signed Commercial Invoice and Packing List in triplicate.
> (3) Marine Insurance Policy in duplicate, endorsed in blank for (㉲) of the full invoice value subject to ICC (A).

	㉮	㉯	㉰	㉱	㉲
①	order	blank	notify	dated	110%
②	cover	blank	notify	issued	100%
③	order	blank	notify	evidenced	110%
④	cover	blank	notify	issued	100%

해설 송화인의 지시인 앞으로 발행되고, 백지배서가 되고, 운임선지급과 통지인이 P & G Corporation으로 표시가 되고 2019년 3월 31일 이전의 일자표시가 된 전통의 무고장 본선적재 해상선하증권, 서명된 상업송장 3부, 포장명세서 3부, ICC(A) 조건으로 총 송장금액의 110%의 보험금액에 대하여 백지배서가 된 해상보험증권 2부

정답 : ①

4. 다음 문언이 설명하는 내용에 가장 알맞은 것을 고르시오.

> Bill of Lading issued by freight forwarders who consolidate subject-matter of different export transactions in one consignment shipped under a groupage bill of lading issued by the carrier to the forwarder.

① Switch B/L ② Master B/L ③ House B/L ④ Third Party B/L

해설 ▸ Third party B/L과 Switch B/L : Third Party B/L은 B/L상에 표시되는 선적인(shipper)은 일반적으로 신용장의 수익자가 되는 것이 보통이나 수출입거래의 매매당사자가 아닌 제3자(third party)가 선적인이 되는 경우가 있는데 이를 제3자 명의 선하증권

(Third Party B/L, Neutral Party B/L)이라고 한다. 주로 중계무역에서 이용되는데 신용장통일규칙에서는 신용장에 별도의 명시가 없는 한 은행은 이 서류를 수리하도록 정하고 있다. Switch B/L은 해외 공급업자로부터 받은 선하증권의 Consignee가 실제 공급업자인 경우 그 선하증권을 운송회사에 반납하고 자신을 선적인(shipper, consignor)으로 하는 새로운 선하증권을 다시 발급 받게 되는데 이것을 Switch B/L이라고 한다. 원신용장을 네고하기 위하여 해외 공급업자를 숨기고 자신을 선적인(shipper, consignor)으로 하는 경우에 이용된다. 선하증권상에 Switch한다는 취지의 문구를 포함하고 있다고 하여 Switch B/L이라고 부르는데 중개무역(intermediary trade)에 사용된다.

▸ Master B/L과 House B/L : 운송해 보낼 화물이 한 컨테이너 분량이 안되거나(LCL) 한 Lot가 안될 정도로 적은 분량이면 화물운송회사가 같은 목적지로 가는 화물을 같이 모아서 하나의 Group으로 선적해 보낼 때 선박회사가 발급하는 선하증권을 집단선하증권이라 한다. 즉 선박회사가 포워더의 혼재화물에 대해 포워더에게 1건으로 발행하는 선하증권을 Groupage B/L 또는 Master B/L이라고 하며 포워더가 LCL화물 건건마다 LCL화물 화주에게 개별적으로 발행하는 B/L을 House B/L이라고 한다.

정답 : ③

5. 다음 문장에서 설명하고 있는 <u>서류의 종류</u>를 고르시오.

A document commonly used in international trade to allow a carrier to release goods to a consignee who is not yet in possession of the B/L and assuring the carrier that he will not suffer any financial loss by having released the goods in the absence of the B/L.

① Letter of Guarantee ② Letter of Indemnity
③ Letter of Credit ④ Trust Receipt

해설 「운송인(carrier)이 아직 B/L을 입수하지 못한 수화인(consignee)에게 화물을 인도하도록 허용하는, 무역거래에서 통상적으로 사용되는 서류이면서, B/L이 없는 상태에서 화물을 인도해 주어도 운송인이 어떤 재정적 손실도 입지 않을 것이라는 것을 보증하는 서류」로 Letter of Guarantee(수입화물 선취보증서)를 설명하는 내용이다.

▸ 수입화물선취보증서(Letter of Guarantee, L/G)란 운송서류의 도착 전에 수입자가 먼저 도착한 수입물품을 인도 받음에 따라 발생하는 모든 문제에 대하여 L/G 발행은행이 책임을 지고 차후 운송서류 원본이 도착하면 이를 운송회사에 제출할 것을 보증하는 L/G 발행은행의 보증서를 말함(B/L 원본 없이 화물을 인수할 수 있음).
수출입지역간의 항해일정이 짧거나 항공운송인 경우 또는 수출자의 운송서류 매입지연에 따라 서류송달의 지연이 빈번하게 발생하게 되어 수입상은 통관지연에 따르는 창고료 및 보험료 등 부담을 경감시키고 수입물품을 적당한 시기에 판매할 수 있다.
L/G 발행은 수입상에 대한 L/G 발행은행의 여신 행위의 일종임. 따라서 신청인에 대한 채권보전상황, 신청인의 신용도 등을 검토하여 은행이 발급하며 'Shipside Bond (SSB)', 'Shipping L/G'라고도 함.

▸ L/I(Letter of Indemnity, 파손화물보상장) : 해상운송에 있어 L/I는 필요한 경우 송하인 등이 일종의 각서형식으로 작성하여 선박회사에 제출하는 서류이다. 예를 들어 신용장을 이용한 국제교역에 있어 선적화물의 외관상 상태 등에 이상이 발견되었을 경우 원칙적

으로는 하자(瑕疵) 선하증권(Foul B/L 또는 Dirty B/L)이 발행되어야 하나 그렇게 되면 보편적인 경우에는 환어음 매입이 거절되므로 이 서류를 선사에 제출하고 무고장선하증권(Clean B/L)을 발급받아 순조로운 매입절차를 밟게 된다. 즉, 이 경우 선사에 대한 L/I의 제출행위는 Foul B/L이 발행됨으로써 차후에 발생될 수 있는 제반 사항에 대해 그 L/I의 제출행위는 Foul B/L이 아닌 Clean B/L이 발행됨으로써 차후에 발생될 수 있는 제반 사항에 대해 그 L/I의 발행자(송하인, 수출업자 등)가 전적으로 책임을 지겠다는 확약으로 간주될 수 있을 것이다.

정답 : ①

6. 다음 문장이 설명하는 단어를 고르시오.

Bill of Lading issued by freight forwarders who consolidate several cargoes belonging to different owners or forming the subject-matter of different export transactions in one consignment shipped under a groupage bill of lading issued by the carrier to the forwarder.

① Stale B/L ② Master B/L ③ House B/L ④ Forwarder's waybill

해설 화물을 혼재한 운송주선업자(freight forwarders who consolidate several cargoes)에 의해 발행되는 선하증권이기 때문에 House B/L이 된다.

▸ Groupage B/L vs House B/L : 화물의 운송회사가 동일한 목적지로 가는 여러 수출상의 상품을 하나의 컨테이너에 혼재하여 선적시키는 화물(Less than Container Load)인 경우에 선박회사는 목적지가 같은 화물을 수집하는 운송주선업자(forwarder) 앞으로 선하증권을 발급하게 되는데 이러한 증권을 집단선하증권 또는 "Master B/L"이라고 한다. 운송화물이 LCL Cargo인 경우에 운송회사는 같은 목적지로 운송되는 화물을 집화(consolidation)하여 하나의 Group으로 선적해 보낼 때 이용되는 것이 집단선하증권이다. 이러한 증권의 선적인은 화물을 주선한 운송중개인(forwarding agent)으로 선박회사로부터는 정상적인 Groupage B/L을 발급받고 실제 선적인(운송중개인)이 개개의 화주들에게는 혼재선하증권인 House B/L이라는 일종의 선적증명서(certificate of shipping)를 발급해 주며 이 House B/L을 수출상이 외국환거래은행에 제시하게 된다.

정답 ③

7. Incoterms(2010)에서 정한 정형거래조건 중 우리나라에서 미국으로 항공을 통한 수출을 할 때 사용할 수 있는 거래조건을 올바르게 표기한 것은?

① FOB Incheon Airport ② FCA Incheon Airport
③ CFR New York Airport ④ CIF New York Airport

해설 Incoterms(2010)의 규정에 의거 FOB, CFR, CIF 조건은 항공운송조건에서는 사용할 수 없으며 이 조건들은 단지 해상운송 및 내륙수로 운송에만 사용될 수 있다. 항공운송처럼 선박의 난간(the ship's rail)을 통과해서 물건을 싣지 않을 경우에는 FOB, CFR, CIF 대신에 각각 FCA, CPT, CIP 조건을 사용해야 한다.

정답 ②

9. **정기선 해상운송시 필요한 서류의 흐름이다. <u>순서가 바르게 나열된 것은?</u>**

① S/R → M/R → S/O → B/L → D/O ② S/R → S/O → M/R → B/L → D/O
③ S/R → S/O → B/L → M/R → D/O ④ S/R → S/O → M/R → D/O → B/L

해설 정기선(Liner) 운송시 하주가 선사에 선적의뢰(Shipping Request : S/R)를 하게 되며, 선사는 선적될 화물과 함께 선장 앞으로 선적을 허락하는 선적지시서(Shipping Order : S/O)를 송부한다. 화물이 본선에 반입되면 선박운항책임자인 일등항해사(chief's mate)가 선박회사에서 발급한 선적지시서(S/O)와 대조해 가며, 화물을 수취하여 선창 내에 적부(積付)시킨다. 이때 화물을 수취한 증거로 LCL 화물은 본선수취증(Mate's Receipt : M/R)을, FCL 화물은 부두수취증(Dock Receipt : D/R)을 발급한다. 본선선적이 끝나고 본선수취증(M/R)이나 부두수취증(D/R)이 발급되면 본선승선 세관원은 수출면장(Export Permit)에 "선적완료를 인정함"이라는 배서를 하여 선적 연월일 및 본선관리의 서명날인을 한다. 하주는 배서된 수출면장과 본선수취증(M/R) 또는 부두수취증(D/R)을 선박회사에 제출하여 본선수취증(M/R) 또는 부두수취증(D/R)과 상환으로 한 Set의 선하증권(B/L)을 발급받게 된다. 한편 화물이 수입지에 도착하면 수입자는 수출자가 보내온 선하증권상으로 "Freight Collect"이면 운임정산을 하고 이와 상환으로 화물인도지시서(Delivery Order)를 발급받아 수입통관 질차를 밟아 화물을 인수하게 된다.

정답 ②

10. **항공화물운송장(Air Waybill)과 선하증권(Bill of Lading)을 비교한 것이다. <u>이중 잘못된 항목은?</u>**

	<u>항공화물운송장</u>	<u>선하증권</u>
①	양도성이 없는 비유가증권	양도성이 있는 유가증권
②	창고에 반입후 발행(수취식)	선적후 발행(선적식)
③	기명식	무기명식(지시식)
④	항공사가 작성함이 원칙	선박회사가 작성

해설 법률적으로 항공화물운송장은 송하인이 작성해서 항공사에 교부하는 형식을 취한다.

정답 ④

11. **정기선과 부정기선의 특징을 비교한 것이다. 다음 중 <u>옳지 않은 것은?</u>**

	정기선(Liner)	부정기선(Tramper)
①	완전경쟁에 접근	경쟁제한
②	불특정 다수	대기업 및 종합상사
③	개품운송계약 체결	용선계약 체결
④	Tariff 보유	별도의 Tariff가 없음

해설 정기선과 부정기선의 비교 내용은 다음과 같다.

구분	정기선(Liner)해운	부정기선(Tramper)해운
운항형태	규칙성, 반복성	불규칙성
운송인*	일반운송인(common carrier), 공중운송인 (public carrier)	개인운송인(private carrier), 산업운송인(industrial carrier)
취급화물	이종화물(불특정화주)	동종화물(특정화주)
화물가치	고자	저가
운송계약	선하증권(Bill of Loading)	용선계약(Charter Party)
운임	고율, 동일운임, 운임표작성, 운임동맹	저율, 선박의 수요와 공급에 의해 결정
서비스	화주의 요구에 따라 조정	선주와 용선자의 합의에 의해 결정
선박	대형조직	저가, 구조수단(벌크선)
조직	대형조직	소형조직
화물집화	영업부 직원	중개인
여객취급	제한적으로 취급	취급하지 않음

▸ 정기선 해운시장의 경우 주로 해운동맹이 주도하여 운임을 결정하고 상대적으로 불특정 다수인 하주에 대해 시장지배력을 갖기 때문에 경쟁이 제한되어 있다. 반면, 부정기선 해운시장의 경우 정기선 해운시장과 달리 경쟁을 제한하는 제도적 장벽이 없기 때문에 완전경쟁에 접근해 있다.

정답 ②

12. Incoterms(2010)에 의거 복합운송조건에 사용하기 적합한 <u>정형 거래조건만으로 이루어진 조합은?</u>

① FCA, FAS, FOB　　② FCA, CPT, CIP
③ FOB, CFR, CIF　　④ CFR, CPT, CIP

해설 EXW, FCA, CPT, CIP, DAT, DAP, DPU, DDP는 운송수단에 상관없이 사용할 수 있기 때문에 복합운송에 적합하며, FAS, FOB, CFR, CIF 등은 해상 또는 내수로 전용 운송에만 사용하도록 규정되어 있다.

운송수단별 비교	
해상 및 내수로 전용 (Sea and Inland waterway)	복합운송(Any modes of transport)
FAS, FOB, CFR, CIF	EXW, FCA, CPT, CIP, DAP, DPU, DDP
해상이나 내륙 내수로 전용	운송수단에 상관 없음

정답 ②

13. 중계무역시 주로 사용되는 선하증권(B/L)으로서 <u>수출자와 선하증권상의 선적인(Shipper)이 각각 다른 경우에 발급되는 선하증권(B/L)은?</u>

① Switch B/L　② Surrender B/L　③ Third-Party B/L　④ Groupage B/L

해설 ▸ Switch B/L은 해외 공급업자로부터 받은 선하증권의 Consignee가 실제 공급업자인 경우 그 선하증권을 운송회사에 반납하고 자신을 선적인(shipper)으로 하는 새로운 선하증권을 다시 발급 받게 되는데 이것을 Switch B/L이라고 한다. Master L/C를 네고하기 위하여 해외 공급업자를 숨기고 자신을 선적인으로 하는 경우에 이용되며, 선하증권상에 Switch한다는 취지의 문구를 포함하고 있다고 하여 Switch B/L이라고 하는데 중계무역에서 많이 사용되는 것이다. Switch B/L은 중계무역에 사용되는 선하증권으로 싱가포르에 중계무역상이 있어 한국으로부터 인도로 운송되는 물품을 중계하는 경우 한국의 수출업자가 발급하는 선하증권을 회수하고 싱가포르에서 다시 선하증권을 발급하여 인도에 있는 수입업자에게 발급하게 되는데 인도에 있는 수입업자가 한국에 있는 수출업자에 의해 수출되는 것을 알지 못하도록 하기 위해 사용됨.

▸ Surrender B/L은 송화인이 B/L 송부를 선사나 운송중개인(포워더)에게 위임하는 선하증권으로 원본 B/L 없이 수입상(수화인)이 물품을 인수할 수 있게 하려는 목적으로 업계에서 편의상 이용하는 것으로 활용되고 있다. 그러므로 대금회수에 문제가 없는 거래관계나 신용관계가 있는 경우에만 이용될 수 있다. Surrender B/L은 송화인이 배서를 하여 운송인에게 반환하기 때문에 선하증권의 가장 중요한 성격 중의 하나인 유통성이 소멸된 선하증권이다. B/L에서 "SURRENDER"라고 표시되어있는 경우에는 실질적으로 원본의 교부없이 "SURRENDER"라고 표기되어 있는 사본으로 통관절차를 진행한다. 이 방식은 수출자가 선적서류 원본을 보내는데 시간이 걸리고 수입지역에 선사 대리점이 수입자를 익히 알고 있는 경우에 사용된다. 통상 수출자로부터 FAX로 B/L을 받아서 통관처리를 하고 물품을 인수하게 된다.

▸ Third Party B/L은 일반적으로 선적인(shipper)은 신용장상의 수익자가 되는 것이 보통이다. 그러나 선하증권상의 선적인이 신용장의 수익자가 아닌 제3자로 기재되어 있는 선하증권을 제3자 선하증권(Third Party B/L)이라고 한다. 중계무역에 주로 사용되는 B/L은 수출자(seller)와 선적인(shipper)이 B/L의 Shipper 난에 기재되게 되는데, 이때 수출자와 B/L의 선적인이 다른 경우에 발급되는 B/L을 Neutral Party B/L이라고도 한다.

▸ Groupage B/L은 운송할 화물이 컨테이너 1개 분량이 안되는 LCL화물을 동일 목적지로 향하는 여러 수출상의 상품을 하나의 컨테이너에 혼재(consolidation)하여 선적하는 경우 선사가 운송주선업사(forwarder)에게 선하증권을 발급하게 되는데 이러한 증권을 Groupage B/L 또는 "Master B/L"이라고도 한다. House B/L은 혼재를 주선한 운송주선업자가 선사로부터 발급받은 Groupage B/L을 받고 이를 근거로 개별 화주에게 일종의 선적증명서(certificate of shipping)로 발급하는 B/L을 말한다.

정답 ③

14. 무역계약에서 선적일자는 통상 운송서류의 일자를 기준으로 하여 판단하게 된다. 다음 중 잘못된 것은?

① 해상선하증권은 본선적재일(date of loading on board) 또는 선적일(date of shipment)
② 복합운송증권은 발송일(date of dispatch) 혹은 수탁일(date of taking in charge)
③ 항공운송서류는 접수일(date of pick-up) 또는 인수스탬프(date of stamp)일자
④ 용선계약선하증권은 선하증권 발행일(date of Issuance) 또는 본선적재일(date of loading on board)

해설 신용장이 실제의 발송일을 요구하고 있는 경우에는 항공운송서류는 운송서류 내에 명시된 발송일을 선적일자로 간주한다. 항공운송서류는 기타 모든 경우에도 발송일을 선적일로 본다.

정답 ③

15. 수출 컨테이너 화물의 선적을 위한 서류의 시간적 흐름이 올바르게 배열된 것은?

① EIR → S/R → B/L → Shipping Confirmation Letter → Manifest
② Shipping Confirmation Letter → S/R → B/L → EIR → Manifest
③ S/R → Shipping Confirmation Letter → EIR → B/L → Manifest
④ EIR → B/L → Manifest → S/R → Shipping Confirmation Letter

해설 ▸ S/R(shipping request) 송부 → Shipping Confirmation Letter(운송사는 선적예약 확인서를 보내줌) → EIR(Equipment Interchange Receipt : 송하인은 운송사가 가져온 공 컨테이너 인수인계서에 서명함) → B/L(송하인은 선적한 후 B/L을 교부받음) → Manifest(운송사는 선적 후 적하목록을 세관에 발송함).

▸ Shipping Request(S/R: 선복요청서) : 선복요청서란 화주가 선사에 제출하는 물품운송 신청서를 말하며, 여기에는 선하증권 상에 명기되는 각종 화물과 관련된 명세가 기재되고, 이것을 근거로 선하증권과 적화목록 등이 작성되므로 정확하게 작성하여야 하며 2부 이상을 작성하여 한 부는 선사의 확인서명을 받아 선복요청의 증거서류로 보관하게 된다.

▸ EIR(Equipment Interchange Receipt) : 기기수도증(機器受渡證) : 공컨테이너 대출 시 CY Operator가 트럭 기사를 통해 화주에게 전달하는 서류.

▸ 적하목록(Manifest)은 선박 또는 항공기에 적재된 화물의 총괄목록이다. 선사, 항공사, 포워더가 작성하여 제출한 B/L일련번호에 의하여 화물관리번호가 B/L 한 건에 대하여 하나씩 자동으로 부여된다. 화물관리번호는 사람에게 있어서 주민등록번호와도 같은 것으로 세관의 수입화물관리에 있어서 가장 중요한 자료이다. 적하목록은 선사, 항공사, 포워더가 작성하며 적하목록을 틀리게 작성한 경우에는 적하목록을 수정하거나 정정할 수 있다. 적하목록은 선적이 끝난 후 선하증권의 사본을 기초로 하여 본선이나 선사 또는 대리점에서 작성하는 적화품의 명세서이다. 이는 양륙지에 입항할 때 선장의 서명을 받아 이를 세관에 제출하여 입항 절차용으로 제공되어지는 중요한 서류이다.

정답 ③

16. 다음에서 설명하고 있는 국제 복합운송 경로로 옳은 것은?

선박으로 극동에서 미국서안까지 운송하고 미국서안에서 록키산맥 동부의 내륙지점까지 수송하는 것으로 주요 수송기점까지 철도운송하고 화주문전까지 공로운송하는 복합운송 시스템으로 선사의 책임 하에 통운임과 통선하증권을 발행하여 주요 수송기점으로부터 2~3일 내에 문전수송 서비스가 이루어진다.

① RIPI (Reversed IPI)
② MLB (Mini Land Bridge)
③ ALB (American Land Bridge)
④ IPI (Interior Point Intermodal)

해설 IPI의 특징

① 극동에서 미국 서안 항만까지 해상운송하고 미국 서안에서 로키산맥 동부의 내륙도시까지 철도운송하고 철도거점에서 화주문전까지 도로를 이용하여 복합운송하는 방식
② 파나마운하를 경유하지 않는다.
③ 내륙운송은 철도와 화물자동차에 의해 이루어진다.

▸ Mini Land Bridge(MLB : 동아시아-미국 서해안-미국 대륙-미국 동해안)와 Micro Land Bridge(동아시아-북미 서해안-미국내륙지역) Mini Land Bridge는 극동에서 미국 태평양안까지의 해상운송에 이어 미국 대서양안 및 걸프만의 제 항구까지 철도운송을 하는 해륙복합운송을 말하는데 반하여, Micro Land Bridge는 Interior Point Intermodal (IPI)라고도 하며 전 미국의 철도 및 도로망을 이용하여 내륙지역의 목적지까지 운송을 하는 것을 말한다. 즉 MLB가 '항구까지(to port)'로 한정되는데 반하여, IPI는 '문전까지 (to door)' 서비스를 확대한 것이다.

정답 ④

17. 무역과 수출입화물운송 흐름으로서 가장 적합한 것은?

① 무역계약 → 수출신고 → L/C 발행 → 운송계약 → B/L 입수 → D/O 발급 → B/L 제출 → 수입신고 → 화물반출
② 무역계약 → L/C 발행 → 운송계약 → B/L 입수 → 수출신고 → D/O 발급 → B/L 제출 → D/O 발급 → 화물반출
③ 무역계약 → L/C 발행 → 수출신고 → 운송계약 → B/L 입수 → 수입신고 → B/L 제출 → D/O발급 → 화물반출
④ 무역계약 → 수출신고 → 운송계약 → L/C 빌행 → B/L 발급 → D/O 발급 → 수입신고 → B/L 제출 → 화물반출

해설 I무역과 운송의 관계상 대체로 다음의 흐름에 의해 수출입업무가 진행되고 있다. 무역계약 체결→수출자는 신용장발행을 통보받은 후 제품생산→세관에 수출신고→신고 후 운송인과 운송계약→선사에게서 B/L 발급 받음→선적서류 및 화환어음의 네고→대금 회수과정을 거치고 수입자는 화물도착통보를 받은 후→수입신고절차→선사에 B/L의 제출→ D/O 발급 후→화물을 반출하는 절차를 거침.

정답 ③

18. 아래에서 설명하고 있는 해상운임(Ocean Freight)을 고르시오.

While freight is normally arranged according to weight, measurements or value, the shipper may agree to pay for the use of the entire ship or a portion of it. In this case, the amount of freight payable by the shipper is fixed and as long as the shipowner is willing to perform his contract, the full fixed amount should be paid regardless of whether the shipper uses the hired space to full capacity, loads below capacity or does not load at all.

① Lump sum freight ② Back freight ③ Dead freight ④ Surcharge

해설 해상운임 중 선복운임(일괄요금)으로 용선자가 형편에 따라 운임계산을 개별로 정할 수 없는 경우라든가 다른 화물과 같이 쌓는 것을 원하지 않고 선복의 전부를 자유로 사용하고자 할 때 그 선복의 운임을 총괄하여 정하는 것을 말한다. Lump Sum Freight (선복운임)는 화물의 개수, 중량 혹은 용적과 관계없어 일항해(trip or voyage) 혹은 선복 (space)을 기준으로 하여 일괄 계산하는 운임을 의미한다.

정답 : ①

Marine Insurance

Chapter 09

해상보험

1 해상보험의 의의

해상보험(marine insurance)은 화물의 이동구간, 즉 운송구간에 있어서 해난(海難) 또는 항해에 관한 우발적인 사고에 의해 발생하는 선박이나 적하에 대한 손해를 보험사고로 하여, 보험자는 그 손해를 보상할 것을 약속하고 피보험자는 대가로 보험료를 지급할 것을 약속하는 손해보험의 일종이다. 즉 해상운송 중에 화물이 파손되거나 멸실되었을 때를 대비하여 부보하는 보험을 말하며 실무상 해상보험 또는 적하보험(cargo insurance)이라고 한다.

2 해상보험의 관련 당사자

(1) 보험자(insurer, assurer, underwriter)

보험자란 보험업을 전문으로 하는 보험계약의 당사자로서, 보험계약을 인수하고 보험료를 받고 담보위험으로 인해 사고가 발생하면 그 손해의 보상을 약속한 자이며, 보험계약에 의해 보험료를 받고, 위험을 담보하며, 담보위험으로 인하여 손해가 발생하면 보상할 것을 약정한 개인 혹은 회사를 말한다.

(2) 보험계약자(insurance policy holder, party insuring)

보험계약자란 보험자와 함께 보험계약의 당사자로서 보험자와 보험계약을 체결하고 보험료(insurance premium)를 지급하기로 약속한 자이다. 보험계약자는 복수로 존재할 수도 있고, 자연이던 법인이던 또는 상인이던 상인이 아니던 관계없이 보험계약을 체결할 수 있으며, 자신의 대리인으로 하여금 보험계약을 체결하도록 할 수 있다.

(3) 피보험자(insured, assured)

피보험자란 피보험이익(interest insured)을 갖는 자, 즉 피보험목적물이 손해를 입었을 때 보험자로부터 보험금을 지급받는 자를 말한다. 즉, 피보험자는 보험사고의 발생 시 보험자로부터 손해의 보상으로 보험금을 영수하는 자이다.

(4) 보험대리점(insurance agent)

보험대리점은 특정 보험자와 계속적인 보험계약 체결의 대리 또는 중재를 업으로 하는 독립된 상인을 말하며, 이들은 특정 보험자로부터 위임받아 그를 위해서만 계속적인 보조를 수행한다.

(5) 보험중개인(insurance broker)

보험중개인은 불특정보험자를 위해 보험중개의 성립을 중재하는 것을 업으로 하는 자를 말한다. 보험대리점이 특정한 보험사를 위해 대리, 종속되어 있는 반면에, 이 보험중개인은 불특정 보험자나 피보험자로부터 위임받아 계약의 성립을 중개한다.

3 해상보험의 관련 용어

(1) 보험가액(insurable value)

보험가액은 피보험이익의 평가액으로 보험사고 발생 시 피보험자가 당할 수 있는 손해의 최고한도액이다. 다시 말해 보험자가 보상할 최대한의 손해액으로 보험자의 보상책임에 대한 한도액을 말한다. 적하보험에서의 보험가액은 일반적으로 CIF가격에 10%를 가산한 금액으로 하고 있다.

(2) 보험금액(insured amount or sum insured)

보험금액은 전손 사고가 발생하였을 때에 보험자가 피보험자에게 지급하여야 할 금액의 최고한도로, 실제로 부보된 금액으로 증권에 나타난 금액을 말한다. 이를 보험가입금액이라고도 한다. 보험금액과 보험가액과의 관계에서, 양자가 동일한 경우를 전부보험(full insurance)이라 하고, 보험금액이 보험가액보다 적은 경우를 일부보험(partial insurance, under insurance), 보험금액이 보험가액보다 큰 경우를 초과보험(over insurance)이라 한다.

(3) 보험료(insurance premium)

보험료는 보험자의 손해보상에 대한 약속의 반대급부로 보험계약자가 지불하는 금전이며, 이는 통상 보험계약 체결시에 확정되게 된다. 보험요율은 보험금액에 대하여 백분율(%)로 표시되며, 보험료의 산출은 보험금액(CIF value × 110%)에 보험요율(premium rate)을 곱해서 산출한다.

(4) 보험금(claim amount)

보험금은 담보위험에 의하여 손해가 발생한 경우 보험자가 피보험자에게 지급해야 할 손해보상의 최고 한도액을 말한다. 다시 말해, 보험증권에 담보되는 위험으로 인하여 경제적 손해가 발생했을 경우 손해보상금의 명목으로 지급되는 금액을 말한다. 보험금액은 보험자의 보상액이 되기 때문에 보험산정의 기준이 된다.

(5) 보험기간(duration of insurance)

보험기간은 피보험목적물에 대해 보험자의 책임이 존속되는 기간이다. 즉 피보험자가 보험자로부터 부보받을 수 있는 시간적·공간적 한계를 말한다. 보험기간을 정하는 방법에는 두 가지가 있다. 첫째는 기간보험(time policy)로 이는 일정한 기간을 표준으로 하는 것으로 선박보험의 경우와 둘째는 항해보험(voyage policy)로 이는 일정한 항해를 표준으로 하는 적하보험의 경우에 많이 적용된다.

한편, 적하보험의 경우 런던보험자협회(institute of london underwriter)의 운송약관(transit clause)에는 보험자가 책임을 부담하는 시기를 "운송개시를 위하여 출하지 창고 또는 보관창고를 떠나서"로 정하여, 통상의 운송구간동안 계속 담보되며, 종기는 첫째, 증권에 기재된 목적지의 수하인이나 수하인의 최종창고, 보관창고 혹은 둘째, 목적지 도착 이전이라도 ① 보관을 위해 선택한 창고(보관창고)에 인도될 때, ② 분배나 할당을 위해 선택한 창고(보관창고)에 인도될 때, ③ 최종 양하항에서 양하 완료 후 60일이 경과된 때 종료된다고 규정하고 있다.

(6) 보험계약기간(duration of policy)

보험계약기간은 보험계약이 유효하게 존속하는 기간 즉, 보험계약의 존속기간을 말한다. 통상적으로 보험계약기간은 보험기간과 거의 동일하나, 예정보험(open cover, open policy)이나 소급보험의 경우는 예외이다. 소급보험의 경우에는 보험기간이 보험계약 전의 일정한 시기로 소급하여 개시하므로 손해가 보험계약 체결 전에 발생하였을지라도 피보험자가 손해의 발생을 모르면 손해보상을 받을 수 있다.

(7) 해상보험증권(insurance policy)

해상보험증권은 보험계약성립내용을 명확히 하고 그 내용을 증명하기 위해 보험자가 발행하는 증권으로, 담보조건, 피보험자, 보험계약자, 피보험목적물 등이 명시되고 많은 약관들로 구성되어 있다. 이 증권의 발행은 원칙적으로는 보험자가 발행하여 교부하는 것이지만, 실무적으로는 편의를 위하여 청구가 없어도 발행하여 교부하고 있다.

(8) 보험약관(insurance clause)

보험약관은 보험계약에 공통된 표준적 사항을 보험자가 미리 인쇄하여 둔 보험증권상의 각종 약속이나 규정을 말하는데, 이 약관에는 보통약관(common, general clause)과 특별약관(special, additional clause)이 있다. 전자는 약관 가운데 표준적인 것으로 ICC(A)·(B)·(C) 등을 말하며, 후자는 약관가운데 특별한 것으로 갑판적, 도난, 발하, 불착약관 등을 말한다. 특히 전자의 경우 보험자가 보상하는 범위가 가장 넓은 조건을 순서대로 나열하면 ICC(A), ICC(B), ICC(C)의 순서가 되며, 신협회적하약관이다.

(9) 위험과 손해

1) 위험(perils, risk, hazards)

위험은 손해를 초래할 사고발생의 가능성을 말하는데, 해상에서 발생하는 위험은 해상위험(maritime perils)이라 하고, 보험자가 담보(보상)하는 위험은 담보위험(risk coved, perils insured against), 보험자가 담보하지 않은 위험은 부(비)담보위험 혹은 면책위험(exclusions)이라 한다.

2) 손해(loss, damages)

손해는 위험의 발생으로 피보험목적물의 전부 혹은 일부가 멸실되거나 손상을 입은 것을 말하는데, 여기에는 전부 손실되는 전손(total loss)과 일부 손상되는 분손(partial loss)이 있다. 또한 손해에는 발생한 손해를 보험자가 보상하게 되는 보상손해와 발생한 손해를 보험자가 보상하지 않는 면책손해가 있으며, 담보위험과 인과관계가 직접적이냐 간접적이냐의 구분에 따라 직접손해와 간접손해로 구분된다.

(10) 담보와 부보

담보(to cover)는 보험자가 피보험자의 재산상의 손해가 발생하면 그 손해를 보상한다는 약속이다. 즉, 보험자가 손해발생의 가능성인 위험을 책임진다는 것을 의미한다. 이를 보상 혹은 전보(塡補; to pay)로도 부른다. 한편, 부보(insure, effect, cover)는 어떠한 상품을 보험에 붙인다는 뜻으로 통상 보험계약을 체결한다는 말을 의미한다.

4 해상위험과 해상손해

(1) 해상위험

1) 해상위험의 의의와 요건

해상보험계약은 보험자가 피보험자에게 계약에 의하여 합의된 방법과 범위 내에서 해상손해(maritime loss), 즉 항해사업과 관련하여 발생하는 손해를 보상할 것을 확약하는 손해보험계약이다. 따라서 위험이 없으면 손해도 있을 수 없으며 보상도 있을 수 없으므로 해상보험은 결국 운송 중에 발생 가능한 위험을 전제로 한 것이다.

보험자가 보상하기 위해서는 손해의 발생원인이 되는 위험은 ① 해상보험에 의하여 보험자는 담보위험에 의한 손해를 보상하기 때문에 위험은 손해의 위험원인이 되어야 한다. ② 위험은 그 발생이 우연적이어야 하므로 불가피하거나 이미 발생한 위험, 그리고 고의적인 위험은 보험대상이 되지 않는다. ③ 위험은 반드시 불가항력(force majeure)적인 사건이어야 할 필요는 없다 등과 같은 요건을 갖추어야 한다.

2) 해상위험의 범위

원칙적으로 해상위험은 해상구간에서 발생하는 위험만을 지칭하는 것이 아니라 항해사업과 관련하여 발생하는 위험이다. 따라서 해상위험의 범위는 해상고유의 위험에다 항해와 관련되는 내수 및 육상위험도 포함된다. 그런데 일반적으로 보험자가 담보되는 해상위험의 범위는 보험계약을 체결할 때 확정되어 보험증권에 나타나게 된다. 그러므로 실제적인 담보위험의 범위는 보험증권에 기재된 항로나 기간 이외의 구간에서 발생한 위험은 그 보험에서 해상위험이 될 수 없다.

3) 해상위험의 종류

① **해상고유의 위험(perils of the seas) :** 해상고유의 위험은 바다의 작용을 원인으로 해상에서 발생하는 우발적인 사고의 원인을 말하며, 해상고유의 위험은 침몰(sinking), 좌초(stranding), 충돌(collision)이 있는데, 이를 “SSC 위험”이라고 한다.

㉮ **침몰(sinking) 및 전복 :** 침몰은 선박이 부력을 상실하고 수중에 가라앉아 항해가 불가능한 상태를 말하는데, 이는 우연적으로 발생한 것이어야 하며 초과적재나 선박의 불내항 등에 의한 침몰은 제외된다. 한편, 침몰은 심해에서 구조불능의 침몰인 심몰(foundering)과 천해에서 구조 가능한 침몰인 천몰(submersion)로 구분된다.

㉯ 좌초(stranding) 및 교사(grounding) : 좌초는 선박이 암초나 그 밖의 견고한 물체에 얹혀 일정기간 진퇴가 불가능한 상태를 말하며, 교사는 모래나 진흙 등과 같이 견고치 않은 물체에 걸쳐 일정기간 진퇴가 불능인 상태를 말하는데, 영미법에서는 이를 구분하지 않고 혼용하여 사용하고 있다. 한편, 좌초와 비슷한 의미로 촉초(touch and go)가 있는데, 이는 선박이 암초 등의 물체에 얹혔다가 항진하는 힘에 의하여 저절로 이초(refloating)하는 것으로 해상 고유의 위험에는 속하지 않는다.

㉰ 충돌(collision, running down) : 해상위험에서의 충돌은 협의의 개념과 광의의 개념으로 구분된다. 협의의 충돌은 선박과 타 선박간의 충돌만을 의미하는 것으로 로이즈 보험증권상의 충돌을 지칭한다. 광의의 충돌은 선박과 타 선박간의 충돌뿐 아니라 난파물, 암벽 등의 일체의 다른 물체(물은 제외, 얼음은 포함)와 직접적으로 접촉하는 것을 말한다. 한편, 충돌은 그 원인에 따라 과실에 기인하는 충돌과 무과실에 기인하는 충돌로 구분되는데, 전자는 일방과실에 의한 충돌과 쌍방과실에 의한 충돌로 구분되며, 후자는 불가항력에 의한 충돌, 원인불명의 충돌로 구분된다.

㉱ 풍파의 이례적인 작용과 악천후(heavy weather) : 해상고유의 위험에는 해상에서 발생하는 풍파의 이상적인 작용이 속하며, 황천(黃天)인 악천후도 속한다. 특히 악천후는 화물의 해수침손이나 갑판적화물의 풍랑유실 및 악천후에 의한 곰팡이 손해 등이 속하며, ICC(A)나 ICC(B)는 보상되지만, ICC(C)조건은 담보되지 않는다. 그러나 피보험목적물의 고유의 하자 또는 성질을 근인(根因)으로 하는 멸실이나 손상은 보상되지 않는다. 여기에는 ① 야채나 과실의 부패, 곡물의 변질, ② 곡물의 곰팡이(mildew)나 금속의 녹(rust), ③ 동물의 자연사, ④ 자연발화 및 자연폭발, ⑤ 쥐 및 벌레에 의한 손해 등이 해당한다.

② 해상위험

㉮ 화재(fire) : 화재는 해상고유의 위험은 아니다. 화재의 원인으로는 사고 또는 선원의 과실 등이 있고, 여기서 사고라 함은 우연한 사고, 낙뢰, 화물의 자연발화 등을 실례로 들 수 있다. 그러나 보험목적물의 고유의 하자나 성질로 인한 자연발화는 법적면책 위험이고, 이러한 원인에 의한 사고임을 입증할 책임은 보험자에게 있으며, 화재는 로이즈증권이든 ICC 협회적하약관이든 모두 보상되는 위험이다. 다만, 화재의 원인이 자연발화나 피보험목적물의 고유의 하자 또는 성질을 근인으로 하는 멸실 혹은 손상의 경우에는 보상되지 아니한다. 그러나 화염에 의한 소실, 화재에 의한 연기나 열에 의한 손해 및 소화주수

에 의한 손해와 폭발과 낙뢰도 동종제한의 원칙에 따라 담보된다.

㉯ **투하(jettisons) :** 투하는 선장이 다수의 이익을 위하여 현실적으로 공동의 중대한 위험에 직면하여 임의로 화물을 바다에 던지는 행위로 가장 전형적인 공동해손에 속한다. 그러나 투하(投荷)라 하더라도 화물이 부패하거나 화물 고유의 하자로 인한 투하는 로이즈증권에서 보상되지 않는다.

㉰ **선장 또는 선원의 악행(barratry of master or mariner) :** 선장 또는 선원이 고의적으로, 의도적으로 선주 또는 용선자에게 행하는 모든 비행이 속한다. 예를 들어 선박을 밀수목적으로 사용하거나 방화, 고의적인 좌초, 침몰, 천공, 고의적인 이로, 선박을 갖고 도주하는 행위, 사기의 목적을 가지고 화물을 매각 처분이 해당한다. 물론 고의가 아닌 단순과실은 악행으로 인정되지 않으며, 주로 선박보험의 경우에 발생한다.

㉱ **해적행위(pirates)나 표도(rovers) :** 해적행위는 법률상 권한이 없이 자기 이익을 위해 해상에서 타인의 선박을 탈취하는 것을 말하며, 표도는 약탈물을 구하려고 해상을 배회하는 자로 해적행위와 동의어이다. 이 위험은 ICC(A)에서는 담보되지만 ICC(B)나 ICC(C)에서는 담보되지 않는다. 전에는 이러한 위험들이 해상운송 중 만날 수 있는 가장 중요한 위험이었으나, 오늘날에는 선박이 대형화되어 극동해안을 제외하고는 거의 보기 힘든 위험이 되었다.

㉲ **강도(thieves) :** 강도는 화물감독자가 습격을 받아 화물을 강탈당하는 것으로 폭력을 동반한 습격을 의미하므로, 은밀한 절도나 승선자의 절도는 이에 해당하지 않으며, 이 위험은 ICC(A)에서는 담보되지만 ICC(B)나 ICC(C)에서는 담보되지 않는다. 따라서 보험자로부터 이를 담보받기 위해서는 부보시에 도난, 발하, 불착약관(theft, pilferage and non-delivery clause)을 특약해야 한다.

③ **전쟁위험(war perils) :** 전쟁위험에는 군함(men-of war), 외적(enemies), 습격 및 해상탈취(surprisals and taking at sea), 군왕, 군주, 인민의 강류, 억지, 억류(arrest, restraints and detainment of king, princes and people) 등이 있다. 이 위험은 ICC(A)에서는 물론 ICC(B)나 ICC(C)에서도 담보되지 않기 때문에 이 위험을 보상받기 위해서는 협회전쟁약관(institute war clause)을 특약해야 한다.

④ **기타 일체의 위험(all other perils) :** 해상위험에는 이상에서 열거한 위험의 종류 이외에도 동종 제한의 원칙에 따라 이와 유사한 기타의 위험들이 포함된다. 즉 "상기 화물·상품 및 선박 또는 기타에 대하여 혹은 그들 일부에 대하여 파손·훼손 또는 손상을 발생케 했거나 또는 발생케 할 기타 일체의 위험·멸실 및 불행"을 의미한다.

(2) 해상손해

1) 해상손해의 의의

해상손해는 항해사업에 관련된 화물이나 선박 등 피보험목적물이 해상위험의 발생으로 인하여 전부 또는 일부가 멸실 또는 손상되어 피보험자에게 경제적 불이익을 초래한 것을 말한다. 따라서 광의의 해상손해는 피보험목적물의 손해인 물적 손해와 비용손해 등을 포함하는 의미이다.

2) 해상손해의 종류

해상손해는 손해형태에 따라 물적손해와 비용손해로 구분하고, 물적손해는 다시 손해의 정도에 따라 전손과 분손, 손해의 성격에 따라 단독해손과 공동해손으로 구분된다.

① 물적 손해

㉮ 전손(total loss) : 전손은 피보험목적물 전부가 담보위험에 의해서 멸실되거나 손상정도가 심해서 구조나 수리비용이 부보된 금액보다 많은 경우이다.

ⓐ 현실전손(actual total loss) : 현실전손은 “절대전손”이라고도 하며 보험목적이 파괴된 경우, 부보된 종류의 물건으로서 존재할 수 없을 정도로 심한 손상을 입은 경우, 선박이나 적하 등이 충돌, 침몰, 좌초 등으로 완전히 파괴되어 복구가능성이 전혀 없는 상태, 피보험자가 보험의 목적을 탈취 당하여 회복할 수 없게 된 경우, 위험에 당면한 선박이 행방불명이 되었을 때 또는 상당한 기간이 경과되어도 그 소식을 알 수 없을 때가 이에 해당된다. 보험목적물이나 피보험이익에 실질적으로 전손이 발생하여 원래의 상태로 복구할 가능성이 전혀 없기 때문에 절대전손(absolute total loss)이라고도 한다.

ⓑ 추정전손(constructive total loss) : 추정전손은 전손의 한 형태이지만 현실적 전멸은 아닌 경우를 말한다. 즉, 손해정도가 심하여 현실전손과 경제적으로 동일시 할 수밖에 없는 경우를 말한다. 영국해상보험법에 의하면 보험증권에 명시된 특약이 있는 경우를 제외하고 보험목적의 현실전손이 불가피하다고 생각되기 때문에, 또는 비용을 지출하지 않으면 현실전손을 면할 수 없기 때문에 보험의 목적을 정당하게 위부한 경우에는 추정전손이 있다고 규정하고 있다. 선박이나 화물의 점유를 박탈 당하여 회복할 가망이 없거나 회복하는 비용이 회복한 후의 가액을 초과할 것이 예상되는 경우, 선박의 수리비가 수리 후의 선박가액을 초과할 것이 예상되는 경우, 화물의 수리비와 목적지까지 운반비가 도착 후의 화물가액을 초과할 것이 예상되는 경우가 이에 해당된다.

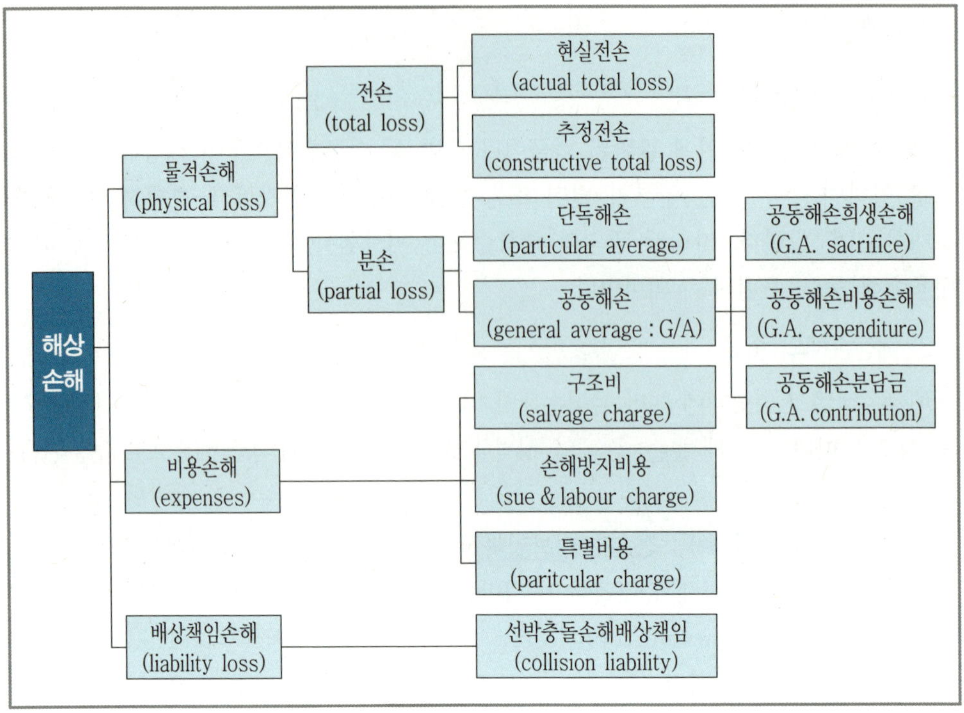

그림 9-1 해상손해의 종류

㈏ 분손(partial loss) : 분손은 피보험목적물의 일부가 멸실이나 손상된 경우를 말한다.

ⓐ 단독해손 손해(particular average) : 분손 중 공동해손이 아닌 손해로서 이것은 손해를 입은 자가 단독으로 부담하는 손해이다. 이러한 단독해손은 해손정산인협회에서 정해진 실무규칙에 따라 해손정산인들에 의해 그 손해액이 사정된다. 적하의 경우 단독해손으로 인정될 수 있는 손해는 i) 악천후에 의한 선박에 해수의 유입, ii) 선박의 장애물과 접촉, iii) 화재에 의한 화물의 분손, iv) 악천후에 의한 화물의 파손, 누손에 의한 손해 등이다. 한편, 피보험자가 단독해손에 의한 보상받기 위해서는 손해가 담보위험에 의해 우연적으로 발생하여야 하며, 인위적, 능동적인 손해라야 한다.

ⓑ 공동해손 손해(general average)

* 공동해손 손해의 의의 : 공동의 안전을 위하여 취해진 행위를 공동해손행위(general average act)라고 하며, 본선이 폭풍우로 좌초되어 침몰위기에 있을 때 공동의 위험을 제거하거나 경감시키기 위한 목적으로

선장이 선체·장비·화물 등의 일부를 고의로 투하시킴으로써 배를 가볍게 하거나 다른 위험탈출조치를 강구하는데 소요되는 비용을 지불함으로써 위험을 모면한 경우 그들이 받은 혜택의 정도에 따라 부담하는 공동해손 희생손해와 위험탈출조치에 소요된 공동해손 비용손해를 "공동해손"이라 한다.

* 공동해손 행위의 성립요건
  - 위험의 공동성이다. 공동해손이 성립되기 위한 요건은 항해단체 전원에게 위험이 존재하여야 한다. 따라서 한쪽 이해당사자의 안전을 위한 비용지출은 공동해손비용이 아니다.
  - 처분의 자발성 혹은 임의성이다. 즉, 공동해손으로 인정되기 위해서는 손해의 발생이 우연이 아닌 의도적, 고의적이어야 한다.
  - 처분의 합리성이다. 공동해손으로 인정되기 위해서는 그 처분이 적정헤야 함을 의미한다. 따라 선박이나 적하의 불합리한 희생이나 불합리한 과도한 경비지출은 공동해손으로 인정되지 않는다.
  - 이례적인 희생이나 비용이다. 즉, 공동해손의 행위는 재산손해나 비용지출에 있어 그 행위가 이례적이어야 한다.
* 공동해손 손해의 구성 : 공동해손은 공동해손 희생손해와 공동해손 비용손해로 구분된다. 전자는 적하의 경우, 투하, 선박의 소화주수시 물에 의한 손해, 임의좌초에 의한 손해, 좌초된 선박의 중량을 경감하기 위한 투하와 이로 인한 손해 등이 속한다. 후자는 현실적인 공동위험을 회피하기 위해 지출되는 제비용으로 여기에는 구조비용, 피난항비용, 대체비용, 자금조달비용, 정산비용 등이 있다.

② 비용손해 : 사선에 명시될 수 없는 손해로서 보험금액을 초과해도 보상이 된다.

㉮ 구조비(salvage charges) : 구조비는 해난에 봉착한 재산에 발생할 가능성 있는 손해를 방지하기 위하여 계약에 의하지 아니하고 구조한 자에게 해상법에 의하여 지불하는 보수로서 보험자가 피보험자를 대신하여 구조자에게 지불하게 된다.

㉯ 특별비용(particular charges) : 특별비용은 보험목적물의 안전 또는 보존을 위하여 피보험자에 의하여 또는 피보험자를 위하여 지출된 비용으로, 공동해손 비용 및 구조비용 이외의 비용을 말한다. 이는 손해방지비용과 거의 비슷한 성격을 띠고 있는데, 굳이 손해방지비용과 구분하는 것은 특별비용 중에서 양륙항에서 손해를 사정하기 위해 발생하는 검사비용(survey fee)

이나 화물판매비용 등과 같이 손해방지 비용에 포함될 수 없는 순수한 특별 비용이 포함되기 때문이다.

㉰ 손해방지비용(sue and labor charges) : 손해방지비용은 보험목적의 손해를 방지 또는 경감하기 위하여 피보험자 또는 그의 사용인 및 대리인이 적절하고 합리적으로 지출한 비용을 말한다. 이 비용은 보험금과 합하여 보험금액을 초과하더라도 보상되며, 당해 보험목적의 이익만을 위하여 소요된 비용이어야 한다.

㉱ 손해조사비용(loss survey charges) : 손해조사비용은 손해가 발생하였을 경우 손해액 사정인에 의해서 손해의 원인 및 정도를 조사하는데 소요되는 비용으로 당해 손해가 보험자에 의해 부담되어질 성질의 손해인 경우에 한하여 보험자가 보상한다.

(3) 위부(abandonment)

1) 보험위부의 의의

위부는 피보험자가 보험목적에 대해서 갖고 있는 일체의 권리(소유권 및 제3자에 대한 구상권)을 보험자에게 이전하고 보험금의 전액을 청구하는 제도로 해상보험특유의 제도이다. 그리고 위부는 추정전손의 경우에만 발생된다. 위부를 할 수 있는 경우는 ㉮ 선박이나 화물의 점유를 박탈당하여 회복할 가망이 없거나 회복하는 비용이 회복한 후의 가액을 초과할 것이 예상되는 경우, ㉯ 선박의 수리비가 수리 후의 선박가액을 초과할 것이 예상되는 경우, ㉰ 화물의 수리비와 목적지까지 운반비가 도착 후의 화물가액을 초과할 것이 예상되는 경우 등과 같이 추정전손이 성립되는 경우이다.

2) 위부의 통지와 효과

피보험자는 추정전손 보험금을 청구하기 위한 전제조건으로 보험자에게 위부를 통지하여야 한다. 위부통지는 피보험자가 보험자에게 자신의 재산권을 양도한다는 의미이다. 통지는 구두나 문서, 일부서면, 일부 구두로도 가능하며, 시기는 영법에서는 "손해사실을 안 후로 부터 지체없이"로 되어 있고, 우리나라 상법에서는 "위부발생사실을 안 날로부터 상당한 기간 내"로 되어 있다. 한편, 보험자는 위부를 승낙할 수도 있고 하지 않을 수도 있으며, 명시적, 묵시적으로도 가능하다. 다만, 침묵에 의한 승낙은 인정하지 않고 있다. 위부를 함으로써 피보험자는 보험금액 전부를 지급·청구할 수 있으며, 보험자는 피보험목적물에 잔존하는 이익과 소유권을 양도받을 수 있다. 한편, 영법에서는 위부는 단독행위 아니기 때문에 보험자의 승인이 필요하지만, 상법에서는 위부의 승인을 기다리지 않고 피보험자의 의사표시만으로 성립되는 단독행위로 규정하고 있기 때문에 보험자의 승낙없이도 위부통지시에 즉시 위부의 효력이 발생한다.

(4) 대위(subrogation)

1) 대위의 의의

대위는 보험자가 피보험자에게 보험금을 지급한 경우에, 피보험목적물에 대한 일체의 권리와 손해발생에 과실이 있는 제3자에 대한 구상권 등을 피보험자를 대신하여 보험자가 취득하는 일체의 권리행위이다. 대위는 손해를 입은 피보험자가 실손 이상의 보상을 받는 것을 방지하기 위함이다. 다만, 보험자가 가지는 대위권의 한계는 자신이 지급한 보험금 내에서 행사되어야 한다는 점이다. 따라서 대위를 통하여 자신이 지급한 보험금 이상을 회수하게 된다면 그 차액은 피보험자에게 반환할 의무가 있다.

2) 대위의 종류

대위는 보험자가 피보험자에게 보험금을 지급한 경우에 행사할 수 있는 권리로서, 잔존하는 피보험목적물에 대한 잔존물 대위권과 손해배상책임이 있는 제3자에 대한 손해배상청구권이 있다. 이들은 분손이나 전손의 어느 경우에도 행사할 수 있다.

3) 대위의 효과와 성립요건

보험자는 대위를 통하여 피보험자가 피보험목적물에 대해 취득한 이해관계인 피보험이익을 취득할 수 있다. 즉, 대위의 효과는 보험자가 대위권을 행사할 권리가 보장되어 있다. 대위의 성립은 보험자가 피보험자에게 보험금을 지급한 때 성립되므로 피보험자가 잔존하는 피보험이익을 보험자에게 양도하는 행위로 선박은 등기이전, 적화는 소유권 이전과 같은 절차를 필요로 하지 않는다.

5 신·구협회 적하약관

새로 개정된 ICC(A) : A Clause(구 A/R조건과 유사), ICC(B) : B Clause(구 WA 조건과 유사), ICC(C) : C Clause(구 FPA조건과 유사)는 8개의 그룹약관으로 구성되어 있다. 또한 신약관은 19개의 개별약관으로 구성되어 있고, 담보위험을 명기하는 제1조 위험약관(risks clause)만 다르고 기타 조항은 내용이 동일하다. 각 조항별 신·구협회약관 담보위험과 담보손해 내용을 비교하면 다음과 같다.

(1) 신·구약관상 담보위험과 담보손해 비교

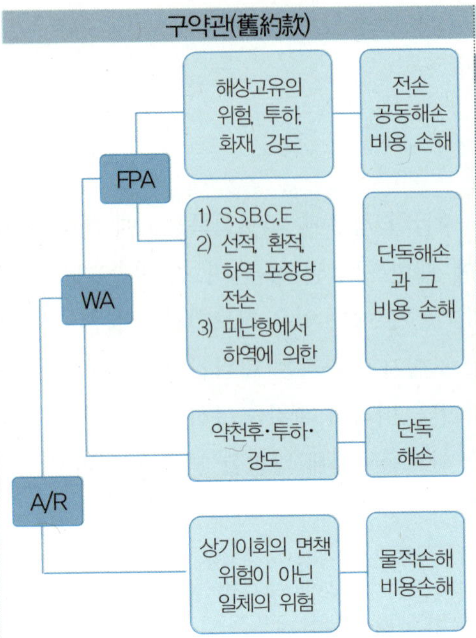

신약관(新約款)

	A	B	C
1. 화재 또는 폭발	O	O	O
2. 선박 또는 부선의 좌초교사, 침몰, 전복	O	O	O
3. 육상운송 용구의 전복 또는 탈선	O	O	O
4. 본선, 부선, 운송요구의 타물과의 충돌·접촉	O	O	O
5. 피난항에서의 화물의 하역	O	O	O
6. 지진, 화산의 분화, 낙뢰	O	O	X
7. 공동해손 희생	O	O	O
8. 투하로 인한 손해	O	O	O
9. 갑판유실	O	O	X
10. 본선, 부선 선창, 운송요구, 컨테이너, 지게차 또는 보관장소에 해수, 호수, 강물의 유입	O	O	X
11. 본선, 부선에 선적 또는 하역작업중 바다에 떨어지거나 갑판에 추락하여 발생한 포장 단위 당 전손	O	O	X
12. 상기 이외의 멸실·손상의 일체의 위험	O	X	X
13. 공동해손 구조비	O	O	O
14. 쌍방과실 출동	O	O	O

그림 9-2 신·구약관상 담보위험과 담보손해 비교

(2) 부가위험담보조건

피보험자는 화물의 종류, 성질, 포장상태, 기타 여러 가지를 고려하여 위험을 포괄적으로 담보받는 A/R조건으로 부보하거나 FPA 또는 WA조건 등의 제한된 담보조건으로 부보하게 되는데, FPA 또는 WA조건으로 부보할 경우 운송되는 화물의 특징에 따라 부가위험(extraneous risks)에 대하여는 특약담보를 하게 된다.

① 도난발하불착위험(Theft, Pilferage & Non-Delivery ; T.P.N.D.) : 보험가입 화물의 도난, 발하 또는 포장전체의 부도착으로 인한 손해를 담보하는 조건

② 우담수손(Rain and/or Fresh Water Damage ; R.F.W.D.) : 빗물, 담수로 인한 손해(W.A. 조건하에서 sea water damage는 보상이 되나 rain/fresh water damage는 보상되지 않음)를 담보하는 조건

③ 타 화물과의 접촉위험(Contact with Oil and/or Other Cargo ; C.O.O.C.) : 유류나 다른 화물과 접촉하여 발생된 손해를 담보하는 조건

④ 파손(Breakage) : 해상위험 이외의 위험으로 인한 파손으로 발생한 손해를 담보하는 조건(FPA, WA, ICC(B), ICC(C)에서도 해상위험으로 인한 파손은 담보됨)

⑤ 누손, 중량부족위험(leakage and/or shortage) : 보험가입 화물의 누손, 화물의 수량, 중량 부족으로 인한 손해를 담보하는 조건

⑥ 한습손, 열손위험(sweat and/or heating) : 선창, 컨테이너 내벽에 응결한 수분에 접촉함으로써 일어난 손해(ship's sweat), 직접 화물의 표면에 응결한 수분에 의한 손해(cargo sweat) 및 이상온도의 상승에 의하여 화물이 입은 손해(heat damage)를 담보하는 조건

⑦ 혼합위험(contamination) : 오염위험이라고도 하며 타 화물 및 잡물과의 혼입이나 타 화물과의 접촉으로 발생하는 외견상의 더러움, 흠 및 악취의 흡착으로 인한 손해를 담보하는 조건

(3) 확장담보조건

1) 내륙운송 확장담보조건(I.T.E. : Inland Transit Extension)

동 조건은 육상운송 중의 위험을 적하보험증권에서 추가로 담보하는 조건이다. 해상적하보험협회 적하약관(ICC)의 운송조항(transit clause)상 보험기간은 상기와 같이 창고간(warehouse to warehouse) 담보가 원칙이며, 우리 나라 해상적하보험 요율은 해상운송의 경우는 항구간(port to port), 항공운송의 경우는 공항간 담보조건의 요율이므로 내륙운송을 담보하려면 내륙운송확장담보조건을 추가로 하여 보험에 가입하지 않으면 내륙운송중의 위험에 대해서는 보험보호를 받을 수가 없다.

따라서 추가 보험료를 지불하고 ITE를 추가 부보하여야 하였지만, 1998년 창고간 요율체계로 변경됨으로 인하여 특약이 없이도 자동적으로 담보되게 되었다.

2) 내륙보관 확장담보조건(I.S.E : Inland Storage Extension)

동 조건은 통상적인 운송과정에서 중간창고나 보세창고 보관중의 위험을 적하보험증권에 명시된 기간(수출 : 본선으로부터 하역 후 60일, 수입 : 최종 도착항 하역 후 30일) 이상으로 연장할 경우 그 연장기간을 담보하는 조건이다.

화물이 통상의 운송과정에서 중간창고나 보세창고에서 보관 중에 최종 양륙항 외항본선에서 하역완료 후 60일이 경과하면 보험자의 책임은 종료하므로 추가보험료를 지불하고 ISE(30 days)를 부보하면 30일 더 연장 담보되어 본선하역 후 90일까지 담보 받을 수 있다. 이외에도 ISE(60 days), ISE(90 days) 등이 있는데, 동 조건은 장기간 장치가 필요하거나 원매자를 찾기 위해 보관해 두어야 할 경우에 발생하는 위험을 담보하기 위한 것이다.

Keys to the Lesson

1. ICC(Institute Cargo Clause) : 협회적하약관

1) Please insure against ICC(A) for US$100,000 value of one thousand sewing machines, shipped at San Francisco to Incheon.
   ➡ 샌프란시스코 선적 인천행의 재봉기계 천대를 협회적하약관(A)조건으로 10만 달러의 보험계약을 체결해 주십시오.
2) Please insure US$20,000 on the above goods at the rate of 8% for ICC(C).
   ➡ 상기 물품 20,000불에 대하여 협회적하약관 C조건 및 8%의 요율로 부보하여 주십시오.
3) All shipments should be covered on I.C.C.(B) including War Risks.
   ➡ 모든 선적화물은 전쟁위험 포함 협회화물약관(B) 조건으로 보험계약을 체결하여야 한다.
4) 당사는 협회화물약관(B) 조건으로 하여, 보험요율 10%로 해서 미화 50,000불에 대한 해상보험계약 신청서를 동봉하여 보내드립니다.
   ➡ We enclose an application Marine Insurance Contract US$50,000 the rate of 10 percent ICC(B).

주 ① insure(=cover) against : ~에 대해 보험에 들다.
② on(=on the basis of) : ~ 기준으로, 조건으로
③ cover : (물건, 위험에) 보험을 들다, ~ 조건으로(on) 보험에 들다.
④ at the rate of ~ : ~의 요율로 하여.
cf. IWC(Institute War Clause : 협회전쟁약관) ISC(Institute Strikes Clause : 협회파업약관)
WAIOP(With Average Irrespective of Percentage : 면책에 상관없이 전액보상조건)
SRCC(Risks of Strikes, Riots and Civil Commotions : 파업, 폭동 및 내란위험)
TPND(Risks of Theft, Pilferage and Non-delivery : 도난·발화 및 불착위험)

2. Insurance Document : 보험서류.

1) We enclose the Cover Note for US$51,000 on wheat, by your steamer from New York to London.
   ➡ 뉴욕으로부터 런던까지 귀사의 기선에 적재한 소맥에 대한 미화 오만 일천 달러의 부보각서를 동봉합니다.
2) Insurance documents must appear on their face to be issued and signed by insurance companies or underwriters or their agent.
   ➡ 보험서류는 문면상 보험회사, 보험자 또는 그 대리인이 발행하고 서명한 것으로 표시되어야 한다.
3) Unless otherwise stipulated in the credit, the insurance document must be expressed in the same currency as the credit.
   ➡ 신용장에 별도로 약정되지 않는 한, 보험서류는 신용장과 동일한 통화로 표시되어야 한다.
4) 귀사께서 보험증권을 작성하여 되도록 빨리 이를 당사에 보내 주시기 바랍니다.
   ➡ We hope that you will be good enough to make out the Insurance Policy and send it to us as soon as possible.

주 ① insurance document : 보험서류.
cf. insurance policy : 보험증권. insurance certificate : 보험증명서. cover note : 부보각서

사례 51 보험료 문의서신

Gentlemen :

We will ship 500pcs of cotton goods by the s.s "Arirang V-105" which is due to sail from Pusan on April 15 to Hong Kong.

We therefore ask you to quote us your lowest rate for Marine Insurance, ICC(B) including war risk on the shipment of the goods, valued at US$30,000 by the vessel referred to.

Your prompt reply to this letter would be highly appreciated.

Yours truly,

주
① be due to ~ : ~할 예정인.
② quote us your rate for ~ : ~ 대한 보험료를 알려주십시오.
③ value at : 가격에 대한.
④ marinc insurance : 해상보험.

사례 52 보험료 문의서신에 대한 회신

Gentlemen :

In response to your letter of April 10, we are glad to quote you the rate of Marine Insurance at 0.24 percent for a total cover of US$30,000 for cotton goods.

Considering the rates quoted by our competitors, you will find that the rate we are offering is exceptionally low.

All shipments are to be covered on ICC(B) including War Risks for the invoice amount plus ten percent, and the insurance policy is to be made out in U.S. Dollars and claims payable at Hong Kong.

We enclose a declaration form and look forward to receiving it filled out by you if this rate is satisfactory to you.

Yours truly,

주
① invoice amount : 송장금액.
② insurance policy : 보험증권.
③ make out : 기초하다, 작성하다(=write out).
④ claims : 배상청구액.
⑤ payable : 지급해야 되는(=must be paid).
⑥ claims payable at Hong Kong : 손해배상 청구액의 지급지는 홍콩으로 한다.
⑦ a declaration form : 확정통지서 양식.
⑧ in settlement of ~ : ~의 지급을 위하여.
⑨ it filled out = the declaration form which was filled out.

사례 53 보험계약 신청

Gentlemen :

As for the shipment of used furniture by the s.s "Arirang", due to leave for Darkar in Senegal on the 21st of May, Socida Ltd., our partner, has a right to effect insurance on the goods as the contract is based on FOB terms.

They instructed us to effect a Marine Insurance contract with you on WA including War Risks at the rate which was mutually agreed upon by both of you.

One copy of commercial invoice and packing list is attached for your information. Please effect an insurance for us$150,000 and send us the policy together with a note of the charges in due course.

Very truly yours,

주
① as for ~ : ~에 대해서.
② to effect an insurance on(=to cover an insurance on) : (보험을) 부보하다.
③ agreed upon by ~ : ~에 의해서 합의된.
④ in due course : 지체없이.

사례 54 해상보험계약 신청서 동봉 서신

Gentlemen :

In confirmation of our conversation by telephone this morning, we enclose an application for Marine Insurance contract for U.S. $82,500 on five thousand (5,000) pairs of our tennis shoes at the rate of 10 percent for ICC(B) including War Risk.

We hope that you will be good enough to make out the Insurance Policy and copies as mentioned in the Application, and send them to us as soon as possible.

Yours truly,

Inc. 1 Application for Marine Insurance.

주
① in confirmation of ~ : ~에 대한 확약으로, ~ 확인(확정)하고자.
② an application for Marine Insurance contract : 해상보험계약 신청서.
③ conversation by telephone : (전화) 통화내용.
④ ICC(B) = Institute Cargo Clause(B) : 협회화물(적하)약관(B) 조건.
⑤ we hope that you will be good enough to ~ : ~해 주시기 바랍니다.
⑥ be good enough to make out ~ : ~을 기꺼이 작성하다.

사례 55 **보험회사의 부보회신**

Gentlemen :

As you requested in your letter of October 22, we have effected an insurance for 200pcs of furniture, valued at US$120,000, at the rate of 0.21 percent quoted, from Pusan to Darkar, WA including War Risks.

We will let you have the policy with the statement of premium due in a few days, and please remit the amount to our accounting department as soon as possible.

Very truly yours,

주 ① the policy : 보험증권(= the insurance policy).
② in confirmation of ~ : ~에 대한 확약으로, ~ 확인(확정)하고자.
③ the statement of premium due : 보험료 명세서.
④ at the rate of ~ : ~의 요율(비율)로 하여.

사례 56 **보험회사에 대한 보험금 청구**

Gentlemen :

We would like to inform you that the consignment covering skin care cosmetics was delivered in bad condition as you see in the survey report attached.

Of course, we filed our claim with the shipping company concerned, but they rejected our claim by notifying us that they are not liable for this matter.

In accordance with the policy instructions, we don't have any choice but to ask you to indemnify for the sum of US$3,000 to compensate for the loss we have.

We enclose the following relative documents for your reference.

1. Marine Insurance Policy No. : 02-3-A-1003560
2. Ocean Bill of Lading No. : SEO/014455
3. Commercial Invoice No. : K5225F(02)
4. A Survey Report.

Yours truly,

주 ① skin care cosmetics : 기초화장품. cf. make-ups : 색조화장품.
② be liable for ~ : ~에 대한 책임이 있다.
③ do not have any choice but to ~ : ~하는 것을 제외하고는 다른 방법이 없다. ~하지 않을 수 없다.

Review Exercises

연습문제

1. 다음 문장의 ( ) 안에 들어갈 가장 알맞은 내용을 고르시오.

> Under a (㉮) the subject-matter is insured in transport from one point to another; under a (㉯) the subject-matter is insured for a fixed time. Under a (㉰) the subject-matter is insured both a particular journey and a certain period of time.

	㉮	㉯	㉰
①	voyage policy	time policy	mixed policy
②	voyage policy	trip policy	combined policy
③	floating policy	time policy	mixed policy
④	open cover policy	time policy	double insurance policy

해설 해상보험은 그 대상에 따라 항해보험과 기간보험 그리고 혼합보험으로 구분되며, 항해보험은 특정항구에서 특정항구까지, 기간보험은 특정 약정된 기간, 그리고 혼합보험은 특정항구와 기간이 혼합되어 있다.

정답 : ①

2. "Incoterms, 2010"에 의하면 CIF조건으로 계약을 체결했을 경우 당사자 사이에 보험에 대한 부보조건을 약정하지 않았다면 수출상은 기본적으로 어느 보험조건으로 부보를 해야 되는가?

① ICC(A) 또는 ICC(A/R)
② ICC(B) 또는 ICC(WA3%)
③ ICC(C) 또는 ICC(FPA)
④ ICC(B) 또는 ICC(WAIOP)

해설 Incoterms에 의하면 계약 당사자간에 특약이 없는 한, 매도인은 매수인을 위하여 부보조건은 ICC(C)/ICC(FPA)로 보험계약을 체결한다고 되어 있다. 이것은 INCOTERMS가 매도인의 최소 부담원칙에 입각하여 제정되었고, 특히 각 조건들의 계약가격은 매도인의 최소의무에 기본을 두고 산정되기 때문에 최소한의 담보범위를 나타내는 ICC(C)/ ICC(FPA)조건으로 규정되어 있다.

정답 ③

3. 다음에서 설명하고 있는 서류를 고르시오.

> This document is a broker's notice that an insurance has been placed pending the production of policy or certificate. This sometimes takes the form of a letter of insurance but does not contain any details of the insurance said to be effected.

① Insurance Policy
② Insurance Certificate
③ Cover Note
④ Inspection Certificate

해설 「이 서류는 보험증권(insurance policy)이나 보험증명서(insurance certificate)가 발행될 때까지 보험이 체결되었다는 중개인의 통지이다. 이 서류는 때때로 보험서신의 형태를 취하기는 하지만, 보험이 체결되었다고 언급되는 보험의 자세한 내용이 포함되어 있지 않다.」 Cover Note(보험승낙서)를 설명하는 내용이다.

보험증권(insurance policy)은 보험가입자가 보험목적물 매 건별로 보험회사 및 보험업자와 보험계약을 체결할 경우 보험회사 및 보험업자가 발급하는 보험계약증명서류를 보험증권이라 하며, 보험증명서(insurance certificate)는 수출업체가 매 수출시마다 보험계약을 체결해야 하는 번거로움을 피하고 보험비용도 절감하기 위하여 그 업체의 일정기간 동안(6개월 또는 1년 단위)의 보험가입 예상 물동량을 산출하여 보험회사와 포괄예정보험계약(open cover, open policy)을 체결한 후, 실제로 보험가입 필요가 발생할 때마다 보험회사로부터 그에 합당하는 보험서류를 받게 되는데 이것을 보험증권과 구별하여 보험증명서 또는 보험확인서(insurance declaration, 보험확정통지서)라 하며, 보험각서(insurance cover note)는 보험가입자가 직접 보험회사를 상대하지 않고 보험중개업자를 통하여 보험에 부보할 경우 보험중개업자(insurance broker)가 발급해 주는 보험서류(insurance documents)이다.

정답 : ③

4. 다음 중 FOB BUSAN 가격이 US$10,000이고 부대비용이 다음과 같을 때 CIF NEW YORK 조건의 <u>가격을 산정한 것으로 올바른 것은</u>?

○ 수출통관비 US$100	○ 뉴욕항까지의 해상운송비 US$1,000
○ 뉴욕항까지의 적하보험료 US$100	○ 수입통관비 US$1,000
○ 매수인 창고까지의 내륙운송비 US$400	

① US$11,000 ② US$11,100 ③ US$12,100 ④ US$12,5

해설 CIF NEW YORK 조건의 가격을 구하려면 FOB BUSAN가격(US$10,000) + NEW YORK항까지의 해상운송비(US$1,000) + NEW YORK항까지의 적하보험료(US$100)를 더해야 한다.

* CIF(운임·보험료포함인도) 조건이라 함은 매도인이 지정된 목적항까지 물품을 운송하는데 필요한 운임(freight)과 보험료(insurance premium)를 지급하되, 물품에 대한 모든 위험과 추가적인 비용은 물품이 선적항에서 본선의 난간을 통과한 때에 매수인에게 이전하는 거래조건을 말한다. CIF 조건에서 'C'는 Cost의 약자로서 Shipping Cost(선적원가)이며, 'I'는 Insurance의 약자로서 Insurance Premium(보험료)을, 'F'는 Freight의 약자로서 Ocean Freight(해상운임)을 의미한다.

정답 ②

5. 보험서류의 <u>일반적인 수리요건에 일치하지 않는 것은</u>?

① 보험증명서 또는 보험확인서는 포괄예정보험증권(open policy)에 의하여 발급된 것이므로 Open Policy가 선적일자 이전에 발급된 것이면 증명서가 늦은 일자에 발급되었더라도 수리가 가능하다.

② 보험서류는 문면상 반드시 보험회사(insurance companies) 또는 보험인수업자(underwriters) 또는 그들의 대리인에 의하여 발행되고 또한 서명된 것이어야 한다.
③ 신용장에서 특별히 보험증권을 요구하는 경우에도 보험증명서나 보험확인서는 수리가 가능하다.
④ 보험서류의 일자는 운송서류상의 본선 적재일, 발송일, 수탁일과 최소한 같거나 그 이전이어야 한다.

해설 정답 ③
신용장에서 특별히 보험증권을 요구하는 경우에는 보험증명서나 보험확인서는 수리되지 않는다. 그런 단순히 보험서류(insurance documents)를 요구하는 때에는 보험증권, 보험증명서 또는 보험확인서는 수리가능하고 보험증명서나 보험확인서를 요구하는 경우에도 보험증권은 수리가능하다.

6. 적하보험계약의 체결과 관련한 다음의 설명들 중 틀린 것은?

① 일반적으로 FOB 또는 CFR 무역조건의 경우에는 수입업자가 적하보험계약자임과 동시에 피보험자가 된다.
② 일반적으로 CIF 무역조건의 경우에 수출업자는 보험계약자일 뿐 화물의 선적 이전은 물론 선적 이후에도 적하보험계약의 피보험자는 수입업자가 된다.
③ 적하보험계약에 있어 보험금액의 설정은 일반적으로 상업송장 가액에 10%의 희망이익을 가산한 금액을 기준으로 한다.
④ 신용장에 의한 대금결제방식을 취하는 경우, 적하보험증권은 다른 선적서류들과 함께 은행 NEGO시 제출하여야 할 서류 중의 하나이므로, 보험증권의 내용은 신용장뿐만 아니라 다른 선적서류의 내용과도 일치해야 한다.

해설 CIF 무역조건의 수출의 경우에는 매수인에게 위험이 전가되는 시점인 선적 전까지는 수출업자(보험계약자)가 피보험자가 되며, 선적 후부터 수입업자나 이해당사자(피보험이익소유자)가 피보험자가 된다. ①, ③, ④의 내용은 모두 옳은 설명이다.
정답 ②

7. 신용장에서 보험서류에 대하여 보험비율에 대한 명시를 하지 않고 Insurance Certificate을 요구하였다. 상업송장의 CIF가격이 USD85,000인 경우 아래 제시된 서류 중 수리될 수 있는 보험서류를 모두 고른 것으로 옳은 것은?

A. Insurance Certificate, 보험금액 USD93,500
B. Insurance Policy, 보험금액 USD95,000
C. Insurance Declaration, 보험금액 USD85,000
D. Insurance Certificate, 보험금액 USD85,000

① A ② A, B ③ A, D ④ A, B, C, D

해설 UCP 600 제28조, 보험증권은 보험증서나 포괄보험의 확인서를 대신하여 수리 가능하다. 신용장에 부보금액이 물품의 가액, 송장가액 또는 그와 유사한 가액에 대한 백분율로 표시되어야 한다는 요건이 있는 경우, 이는 요구되는 부보액의 최소한으로 본다. 신용장에 부보금액에 대한 명시가 없는 경우, 부보금액은 최소한 물품의 CIF 또는 CIP 가액의 110%가 되어야 한다. 서류로부터 CIF 또는 CIP 가액을 결정할 수 없는 경우, 부보금액의 범위는 요구된 결제 또는 매입 금액 또는 송장에 나타난 물품에 대한 총 가액 중 더 큰 금액을 기준으로 산출되어야 한다.

정답 ②

8. 다음은 보험사고가 발생한 경우에 보험 계약자측과 보험회사 사이에 이루어지는 보험사고 처리절차를 설명한 것이다. 그 순서가 맞는 것은?

A. 보험계약자측은 사고발생 사실을 인지한 때 지체없이 보험회사나 그 대리점에 구두나 서면으로 통지한다.
B. 보험자는 보험사고 발생에 책임이 있는 자에 대하여 구상권을 행사한다.
C. 전문검정업체로 하여금 손해의 원인 및 손해액에 대한 검정을 실시하도록 한다.
D. 보험자는 보험계약자 측에게 보험금을 지급한다.
E. 보험자는 손해의 원인 및 손해액의 적정성에 관해 검토·확인한다.
F. 보험자는 보험계약자로부터 대위권을 취득한다.

① A B C E D F ② A B C E F D ③ A C E F D B ④ A C E D F B

해설 보험회사의 보험사고 처리절차는 화물인수 및 사고 확인 후 검정인을 선임하여 검정을 실시하고 그에 따라 검정보고서를 접수받으면 손해액과 손해원인을 검토한다. 그 결과 보험사의 면책으로 판단되면 보험처리 건은 종결되고 그렇지 않으면 보험금을 지급한 후 당해 물건에 대한 구상권을 행사한다.

정답 ④

9. 신용장거래에서 보험서류에 대한 다음의 설명 중 맞지 않는 것은?

① 신용장에서 보험증권(insurance policy)을 요구한 경우 보험증명서(insurance certificate)는 보험증권을 대신하여 수리가 가능하다.

② 신용장에서 'All Risks'에 대한 부보를 요구하고 제시된 보험서류에 'All Risks'의 문구가 표시되어 있는 경우 일부 특정 위험이 제외된다고 표시되어 있어도 수리가 가능하다.

③ 신용장에서 'All Risks'를 요구한 경우 보험서류 ICC(A)로 표시되어 있어도 수리가 가능하다.

④ 상업송장에 할인금액이 표시되어 있어 상업송장금액이 단지 물건 전체 금액의 일부분을 표시하고 있는 경우 전체 금액을 기준으로 부보하여야 한다.

해설 ① UCP 제28조 d항 : 보험증권은 보험증서(insurance certificate)나 포괄보험의 확인서(declaration under an open cover)를 대신하여 수리 가능하다.
반대로 보험증권을 요구하는 경우 보험증서를 대신 제시하는 경우에는 수리되지 않음. 이는 보험증권과 보험증서 또는 보험확인서 사이에 부보 범위가 차이가 나는 경우 보험증권을 기준으로 부보 범위를 결정학 때문임.
②, ③ ISBP 681 제173조 : 보험서류는 신용장에서 정의한 위험을 부보하여야 한다. 신용장에서 부보하여야 하는 위험에 대하여 구체적으로 표시하였다 해도 문서상 면책 조항에 대한 내용이 있을 수 있다. 만일 신용장에서 "모든 위험"에 대한 부보를 요구하고 제시된 보험서류에 "모든 위험"문구 또는 부기가 나타나면 일정한 위험이 제외되었다. 곧 표시되어 있어도 수리 가능하다. 보험서류에 표준화물 조항(ICC)(A)을 부보한다고 표시되어 있으면 신용장에서 "모든 위험" 문구 또는 부기를 요구하는 조건을 충족한다.
④ ISBP 681 제178조 : 만일 신용장에서 또는 서류상으로 최종 상업송장금액이 단지 물품의 전체금액의 일부분을 표시하고 있다면(예, 할인이 있었거나, 사전 지급 또는 유사한 경우, 또는 물품 대금의 일부분이 나중에 지급되기 때문에), 보험 부보 금액의 산정은 물품의 전체 금액을 기준으로 하여야 한다.

정답 ①

10. 해상보험의 피보험이익에 관련한 다음과 같은 보험계약과 또는 피보험자들이 생각하는 내용에 대한 것 중 가장 올바른 것은?

① 무역업자인 A는 밀무역을 하고 있으나 화물사고가 발생하여도 보험보상을 받을 수 있다고 생각한다.

② 무신론자인 B는 종교적인 이익과 같은 개인적인 특수가치는 피보험이익이 될 수 없다고 생각한다.

③ 수입업자인 C는 피보험이익이 존재해야 할 시기는 계약당시라야만 하므로, 보험목적물이 목적지에 무사히 도착함으로써 예상되는 이익 같은 부분은 피보험이익이 될 수 없다고 생각한다.

④ 수출업자인 D는 자신이 수출하는 텔레비전이 멸실 또는 손상됨으로써 수입업자가 입은 경제적 손실은 피보험이익과 관련이 있는 것으로 생각하고 있다.

해설 ① 피보험이익은 법률상 인정되는 합법성을 갖추어야 한다.
② 피보험이익은 금전으로 산정할 수 있는 경제적 이익이므로 비단 유형재산에 국한되는 것은 아니다.
③ 피보험이익은 반드시 현존해야 하는 것은 아니며, 피보험이익이 현재 확정되어 있지 않더라도 장래에 있어서 확정될 것이 확실한 것은 보험의 대상이 될 수 있다. 예를 들어 CIF가격에 희망이익을 추가로 하여 110%를 보험에 가입하는 것을 들 수 있다.
* 피보험이익(insurable interest) : 보험의 목적물이 멸실 또는 손상됨으로써 경제적 손실을 입는 특정인과 그 보험의 목적물 사이에 존재하는 이해관계(소유이익, 담보이익, 사용수익) = 보험계약의 목적(subject of insurance)
* 보험의 목적(subject-matter insured) = 화물
* 피보험이익의 요건 : ① 적법성 ② 경제성 ③ 확정성 ④ 손해 발생 가능성

정답 ④

Bill of Exchange & Settlement

▌Chapter 10

환어음과 대금결제

1 대금결제의 의의

쌍무계약(bilateral obligation contract)인 무역매매에서는 매도인의 물품인도와 매수인의 대금결제로 이루어지므로 수출입계약에서는 대금결제방식이 그 근간이며 핵심을 이룬다. 이러한 결제방식은 다음에 열거될 여러 가지 대금결제방식 가운데 어느 것에 의하도록 하는가의 문제로 귀착된다.

(1) 대금결제 시기에 의한 분류

상품의 선적(인도)과 대금지급과 시차에 의해 결제방식을 분류하면 다음과 같다.

1) 신지급(전지급, Advanced payment) 방식

첫째, 물품이 선적 또는 인도되기 전에 미리 그 대금을 지급하는 선지급 방식으로 상품의 구매를 위한 주문과 동시에 현금결제가 이루어지는 CWO(cash with order) 방식이 있으며, 둘째, 주문과 함께 T/T(telegraphic transfer) 등에 의해 송금하는 이른바 단순송금방식(remittance base)과 선대신용장(red clause L/C, packing L/C)에 의해 신용장통지 도착, 즉 수익자(beneficiary)인 매도인의 신용장 수취와 더불어 미리 대금부터 결제되는 선대신용장방식 등이 있다.

2) 동시지급(Concurrent Payment) 방식

물품의 선적 또는 인도나 물품을 화체한 선적서류의 인도와 동시에 대금결제가 이루어지는 동시지급방식에는 COD(Cash on Delivery : 현물상환지급), 즉 현물인도와 동시에 현금결제가 일어나는 결제방식과 선하증권을 위시한 보험증권, 상업송장 등의 선적서류 인도와 동시에 현금결제가 이루어지는 CAD(cash against documents : 선적서류상환지급) 조건이 있다.

또한 신용장에 의한 거래에서 어음발행인, 즉 매도인에 의해 발행된 어음이 어음지급인, 즉 매수인에게 제시되면 매수인이 이를 일람함과 동시에(at sight) 어음대금을 지급해야 하는 일람출급어음(sight bill, sight draft, demand draft)으로 결제되는 일람지급방식(at sight base)이 있다. 그리고 어음을 추심(collection)해서 대금을 회수하는 경우, 즉 무신용장거래에서 어음이 매수인(drawee)에게 제시되었을 때 어음의 대금지급이 있을 때에 선적서류가 그에게 인도되는 지급인도방식(D/P : Documents against Payment base) 등이 있다. 어음에 D/P나 D/A의 표시가 없으면 D/P로 본다는 점도 유의할 필요가 있다.

3) 후지급(연지급, Deferred Payment) 방식

동 방식은 물품의 선적 또는 인도나 선적서류의 인도가 있은 후 일정한 기간이 경과되어야 대금결제가 이루어지는 말하자면 외상거래방식이다. 후지급에는 단기연지급과 중장기연지급의 두 가지로 구분되는 바, 단기와 중장기의 구분기준이 일정하지 않아 통일적으로 말하기는 어려우나 통상 물품의 선적이나 인도 후 또는 선적서류의 인도 후 1년 이내에 결제되면 단기 연지급, 그 이상의 기간, 즉 1년 초과 10년 이내(때로는 20년까지)의 기간에 결제되면 중장기 연지급이라 할 수 있다.

단기 연지급조건에 속하는 것은, 신용장방식의 거래에서 어음이 매수인(drawee)에게 제시된 후 일정기간이 경과해야 어음대금이 지급되는 기한부어음(usance bill, time draft)에 의한 기한부방식(usance base)과 무신용장거래에서 어음을 추심할 때 어음제시가 있어도 매수인(drawee)은 대금지급을 하지 않고 어음상의 채무인수 즉 어음인수(acceptance)만을 하면 선적서류가 인도되어 어음만기일에 대금지급을 하게 되는 인수도 방식(D/A)이 있다. 이 가운데 전자, 즉 Usance방식은 일람 후 정기지급, 일부 후 정기지급 및 확정일 지급의 세 가지 형태로 구분할 수 있다.

첫째, 일람 후 정기지급방식(d/s base)은 어음이 매수인(drawee)에게 제시된 후 일정기간이 지나야 어음대금이 지급되는 조건으로, 예컨대 "90days after sight"라 했다면 일람 후 90일이 경과한 날에 결제가 이루어진다.

둘째, 일부 후 정기지급방식(d/d base)은 어음발행일로부터 일정기간이 지나야 지급이 되는 조건인 바, 예컨대 "90 days after(B/L) date"라 했다면 어음발행 후(선적 후) 90일이 경과한 날에 결제가 이루어진다. 첫째, 확정일 지급방식(on a fixed date base)은 장래의 어느 특정일(모월모일)에 결제가 이루어지도록 한 조건이다.

중장기 연불조건(deferred payment on long or mid-terms basis)은 물품의 선적이나 인도 후 대체로 1년 이상 10년 이내에 결제가 완료되는 조건으로 Plant, 선박, 철도, 차량 등 거래가 Lot가 큰 중공업제품의 거래에 쓰여진다.

이러한 중장기연불수출은 대금회수기간이 길기 때문에 Payment Risk가 크며, 그 가액도 몹시 거액으로 국책은행인 한국수출입은행이 주축이 되어 수출자금융자(중장기연불수출금융)가 이루어지고 있는 바, 그 절차가 품목별 융자기간, 융자한도 및 방식, 외국 원자재 의존률, 선수금비율 등 여러 가지 융자조건에 합당해야 하며 중장기연불수출보험에 부보해야 하는 것과 같은 여러 가지 융자조건상의 제약이 있으므로 그 활용에 유의해야 한다. 수출입대금을 매 회마다 직접 수수하지 않고 장부에 대차관계의 내용을 그때그때 기장해 두었다가 일정기말에 이를 마감하여 대차의 차액만으로 정산하는 청산결제(open account, current account)방법도 일종의 후지급조건이다.

표 10-1 대금지급조건

구 분	종 류	내 용
선 불	• 주문불(cash with order) • 송금방식(remittance basis) • 선대신용상(red clause L/C)	• 주문과 동시에 매수인이 매도인에 지급 • 선적전에 매수인이 매도인에게 대금송금 • 선적전에 신용장을 매입시킬 수 있는 조건
동시불	• 현금지급방식(COD) • 서류상환불(CAD) • 지급인도방식(D/P) • 일람불어음(at sight)	• 물품과 상환으로 대금지급 • 선적서류와 상환으로 대금지급 • 무신용장에 의하여 선적서류와 상환으로 어음대금지급 • 신용장에 의하여 선적서류와 상환으로 어음대금지급
후 불	• 기한부어음(usance) • 인수인도방식(D/A) • 중장기연불조건(deferred payment on long or medium term basis)	• 신용장에 의하여 일정기간 경과 후 어음대금 지급 • 무신용장에 의하여 일정기간 경과 후 어음대금 지급 • 설비 등의 수출입시 중장기로 연불하는 조건

4) 혼합결제방식

선지급, 동시지급 및 후지급방식을 혼합한 결제방식으로는 누진지급(progressive payment) 방식을 들 수 있다. 누진지급은 대금을 일시에 결제하지 않고 계약, 선적, 선착 시 등으로, 또는 공정에 따라 분할해서 지급하는 방식으로 분할지급(instalment payment)의 형태를 취하는 것이므로 앞서 말한 중장기 연불 방식은 분할지급을 택하므로 Progressive Payment의 일종이라 볼 수 있으나, 어디까지나 후지급(연불) 부분이 주이므로 연불수출로 분류하는 것이 일반적이다.

(2) 대금결제수단에 의한 분류

대금결제방식을 그 결제수단 여하에 따라 분류하면 어음결제, 현금결제, 송금환결제 및 물품결제 등이 있을 수 있다.

1) 현금결제방식

현금(Cash)으로 수출입대금을 직접 결제하는 방식으로는 CWO와 COD 및 CAD 등이 있고, 이 밖에 수취증 상환지급신용장(payment on receipt L/C)에 의한 결제에도 서로 어음의 발행 없이 바로 현금결제방식을 취한다. COD와 CAD는 동시지급 방식이므로 격지자간의 거래인 수출입거래에서는 매도인의 지점이나 출장소 또는 대리인이 수입국내에 있거나, 매수인의 지점이나 출장소 또는 대리인이 수출국내에 상주하고 있는 경우 등 제한된 범위 내에서만 이러한 결제조건이 채택될 수 있다.

2) 어음결제방식

국내거래에서는 보통 채무자인 매수인이 매입대금결제용 어음을 발행하지만 격지자간의 거래인 무역매매에서는 반대로 채권자인 매도인이 매수인을 지급인으로 하는 어음을 발행하여 이를 매각(negotiation) 또는 추심(collection)을 하여 수출대금을 회수하는 이른바 역환방식을 활용하며 때로는 신용장 발행은행(issuing bank)을 지급인으로 하는 어음을 발행하기도 한다. 무역거래에서 쓰여지는 어음은 화환어음이 원칙이지만 드물게는 무담보어음(clean bill/draft)에 의하는 경우도 있다.

전자는 어음에 선하증권이나 보험증권 등의 선적서류가 담보물로 첨부되어 은행에 매각, 즉 은행의 어음매입(negotiation)이 자유롭고 혹시 당해 어음의 지급불능(default)이나 지급거절(unpaid)과 같은 어음사고가 발생하였을 경우 선하증권으로 물품을 찾아 이를 매각하거나 보험증권으로 보험금을 찾아 전보를 받을 수 있는 안전한 어음이며, 후자는 선적서류를 첨부하지 않고 어음만 발행함으로써 담보물이 첨부되지 않아 은행이 어음매입에 선뜻 응하지 않기 때문에 불안전한 어음이라 유의할 필요가 있다.

한편, 무역거래에서 사용되는 어음을 신용장에 의한 어음과 무신용장거래에 의한 어음으로 대별할 수도 있다. 즉 신용장방식에 의한 거래에서 쓰여지는 어음은 기술한 바와 같이 일람지급어음(sight bill)과 기한부어음(usance bill)이며, 무신용장거래인 추심결제방법에 의한 수출입에서 발생되는 어음은 기술한 D/P어음과 D/A어음이다.

신용장방식의 거래가 훨씬 안전함은 물론이며, 화환어음이 발행되는 조건의 신용장을 화환신용장(documentary L/C)이라 부르고 그렇지 않은 것은 무화환신용장(clean L/C)이라 부르며 오늘날의 무역결제는 화환어음에 의하는 것이 가장 보편적이다.

3) 송금환결제방식

전신환(T/T : telegraphic transfer)이나 우편환(M/T : mail transfer)에 의하여 송금함으로써 대금결제하는 방식으로는 단순송금방식에 의한 수출입거래가 대표적이다.

4) 물품결제방식

수출입 대가로 다른 물품을 수입이나 수출하는 물물교환방식(barter trade system)은 구상무역(compensation trade), 대응구매(counter purchase), 산업협력(industrial cooperation)을 포함한 연계무역(counter trade) 형태로 이루어진다.

2 송금결제방식

(1) 송금결제방법의 의의

수입상이 상품의 인도 전·인도 후 또는 인도와 동시에 수출상에게 송금(remittance)을 하여 지불함으로써 결제를 완료하는 방법이다. 이 중에서 물품을 수출하기 전에 미리 대금전액을 외화로 지급하는 방식을 단순송금방식이라 하고, 수출상이 물품이나 서류를 인도할 때 또는 이를 인도한 후에 수입상이 대금을 외화로 지급하는 방식을 대금상환도방식(COD 및 CAD)이라 한다.

(2) 송금결제방법의 종류

1) 단순송금방식(Payment in Advance)

수입상이 대금의 전액을 상품선적 전에 외화·수표 등으로 수출상에게 미리 송금하여 지불하고 수출상은 일정기간 이내에 이에 상응하는 상품을 선적하는 방식이다.

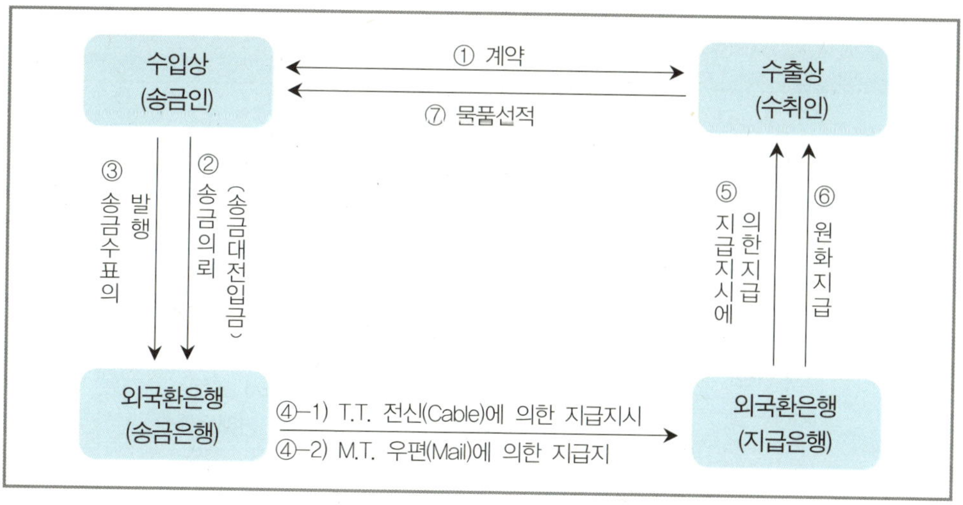

그림 10-1 우편송금(M/T)과 전신송금(T/T)의 결제과정

① 매매계약을 체결한다.
② 수입업자가 자기의 거래은행에 자국통화로 송금을 의뢰한다.
③ 수입업자의 거래은행이 수출업자의 거래은행으로 송금한다.
④ 수출업자의 거래은행이 수출업자에게 입금사실을 통지한다.
⑤ 수출업자가 자기의 거래은행에 외화를 자국통화로 매입시킨다.
⑥ 수출업자의 거래은행은 외국환거래 계산서를 발급하여 수출업자에게 교부한다.
⑦ 수출업자는 외국환거래 계산서를 첨부, 해당되는 경우 수출승인을 받는다.
⑧ 수출업자는 상품선적 및 수출통관을 이행한다.
⑨ 수출업자는 서류를 수입자에게 직송한다.

2) 상품인도결제방식(COD : Cash On Delivery)

주로 귀금속상품 등 소액거래에 해당되는 거래방식으로 수출상이 상품을 선적한 후 선적서류를 자신의 대리인(주로 수입상의 국가에 소재함) 또는 지사에게 발송하여 상품이 목적지에 도착하면 수입상이 검사 후 상품을 인도 받으면서 대금을 결제하는 방식이다.

① 매매계약을 체결한다.
② 수출업자는 상품선적 및 수출통관을 한다.
③ 수출업자는 자신의 대리인 등에게 서류를 발송한다.
④ 수출업자의 대리인 등은 상품을 수입 통관하여 창고에 입고시킨다.
⑤ 수입업자는 상품검사 후 인도받으면서 대금을 수출자의 대리인에게 결제한다.
⑥ 수출자의 대리인 등은 수출업자에게 송금한다.

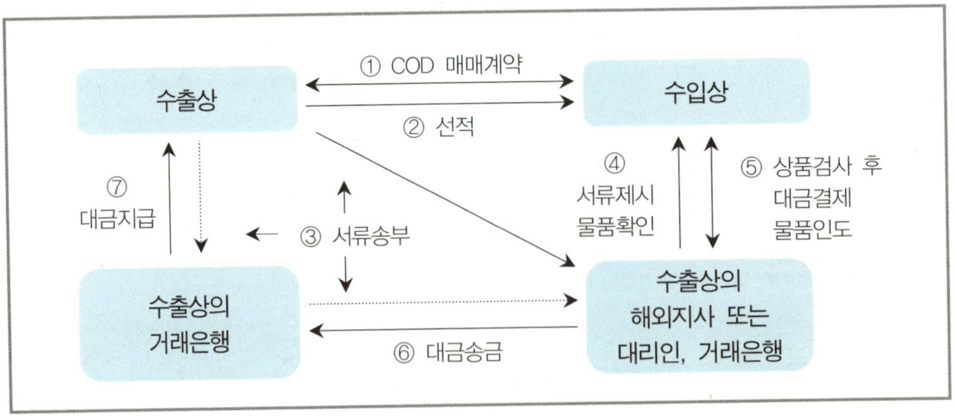

그림 10-2 COD의 거래절차

3) 서류인도방식(CAD : Cash Against Documents)

수출상이 상품을 선적 후 선적서류를 수입상의 대리인(주로 수출상의 국가에 소재) 또는 거래은행에 제시하여 서류와 상환으로 대금을 결제하는 방식이다. 동 방식에 의한 수출은 원칙적으로 수출국에 수입상을 대신하여 대금을 결제해 줄 대리인이나 은행이 있을 경우에만 가능하다. 한편, 은행을 통할 경우에는 추심결제방식인 D/P와 흡사하나, 이는 상대방의 신용상태를 충분히 고려해야 하는 점을 감안할 때 선하증권에 수하인(consignee)을 상대방의 은행이름으로 지명하여야 할 것이다.

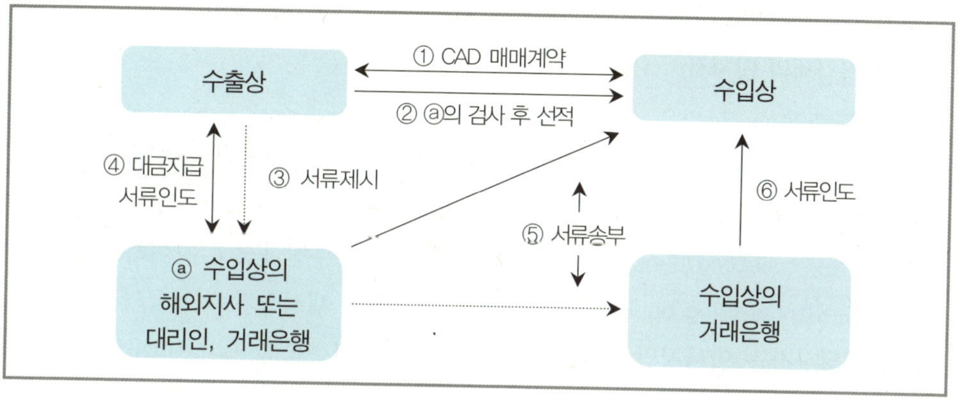

그림 10-3 CAD의 거래절차

① 매매계약을 체결한다.
② 수출업자는 상품선적 및 수출통관을 한다.
③ 수출업자는 수입자의 대리인 등에게 서류를 인도하면서 대금을 결제 받는다.
④ 수입업자의 대리인 등은 수입자에게 서류를 발송하여 수입 통관하도록 한다.

3 추심결제방식

(1) 추심결제방식의 의의

국제무역거래에서 수출상이 매매계약에 일치한 물품을 수입상 앞으로 선적한 후 계약서에 명시된 선적서류에 수입상을 지급인으로 하여 발행한 환어음(bill of exchange)을 첨부하여 이를 수출상의 거래은행에 추심(collection)을 의뢰하면 동 은행이 수입상의 거래은행에 다시 추심을 의뢰하여 대금을 결제하는 방식이다. 추심결제방식의 거래 중 가장 중요한 것이 D/P·D/A 거래방식이다.

(2) 추심결제방식의 특징

매매당사자간의 계약에 의거하여 수출상이 상품을 선적한 후 관련서류를 첨부한 화환어음을 수입상에게 제시하면 수입상이 그 어음에 대한 지급 또는 인수를 하여 결제하는 방법이다. 추심방식(collection)은 ㉮ 환어음의 사용, ㉯ 국제규칙인 "추심에 관한 통일규칙(URC 522)"의 적용, ㉰ 서류와 대금을 관계은행(추심은행, 추심의뢰은행, 제시은행)을 통하여 송부, ㉱ 본·지사간 거래, 신용이 두터운 거래선 사이에 사용되고 은행의 지급확약이 없으며, ㉲ 신용장거래보다 낮은 은행수수료 부담하고, ㉳ 환어음의 지급인(drawee)은 수입상이 되는 특징을 지니고 있다.

(3) 추심결제의 당사자

① 추심의뢰인(principal)은 수출상이다.

② 추심의뢰은행(remitting bank)은 수출상인 추심의뢰인으로부터 추심을 의뢰받은 수출국의 은행.

③ 추심은행(collecting bank)은 추심의뢰은행 이외에 추심과정에 참여하는 은행.

④ 제시은행(presenting bank)은 지급인에게 환어음을 제시하는 수입국의 추심은행. 관계당사자는 아니지만 지급인(drawee)이 있는데 이는 수입상(drawee)이다.

(4) 추심결제방식의 종류

1) 지급인도(D/P : Documents against Payment) 조건

수출상이 상품을 선적한 후, 관련서류가 첨부된 일람불 환어음(documentary sight bill)을 수입상을 지급인(drawee)으로 발행하여 자신의 거래은행(추심의뢰은행)에 추심을 의뢰하면, 수출상의 거래은행은 그러한 서류가 첨부된 환어음을 수입상의 거래은행(추심은행)으로 보내어 추심을 의뢰한다. 수입상의 거래은행은 그 환어음의 지급인(drawee)인 수입상으로부터 대금을 지급 받으며 서류를 인도하고 지급받은 대금은 추심을 의뢰하여 온 은행(추심의뢰은행)으로 송금하여 결제하는 방법이다.

2) 인수인도(D/A : Documents against Acceptance) 조건

수출상이 상품을 선적한 후, 관련서류가 첨부된 기한부환어음(documentary usance bill)을 수입상을 지급인(drawee)으로 발행하여 자신의 거래은행(추심의뢰은행)에 추심을 의뢰하면, 수출상의 거래은행은 그러한 서류가 첨부된 환어음을 수입상의 거래은행(추심은행)으로 보내어 추심을 의뢰한다. 수입상의 거래은행은 그 환어음의 지급인(drawee)인 수입상으로부터 어음의 인수를 받으며 서류를 인도하고 어음의 만기일(maturity date)에 대금을 지급받아 추심을 의뢰하여 온 은행(추심의뢰은행)으로 송금하여 결제하는 방법이다.

(5) 추심결제의 거래절차

1) D/P 거래절차

① 매매계약을 체결한다.
② 수출상은 상품선적 및 수출통관을 한다.
③ 수출상은 관련서류들이 첨부된 일람불(일람출급) 환어음(documentary sight bill)을 수입상을 지급인(drawee)으로 발행하여 거래은행인 추심의뢰은행(remitting bank)에 추심을 의뢰한다.
④ 수출상의 거래은행(추심의뢰은행 ; remitting bank)은 그 환어음 및 관련 서류들을 수입상의 거래은행인 추심은행(collecting bank)으로 추심을 위하여 송부한다.
⑤ 서류를 접수한 수입상의 거래은행(추심은행)은 수입상에게 서류내도 통지를 한다.
⑥ 수입상은 어음의 지급을 하면서 서류를 인도 받는다.
⑦ 수입상의 거래은행(추심은행)은 수출상의 거래은행(추심의뢰은행)으로 송금한다.
⑧ 수출상의 거래은행(추심의뢰은행)은 수출상에게 대금을 지급한다.

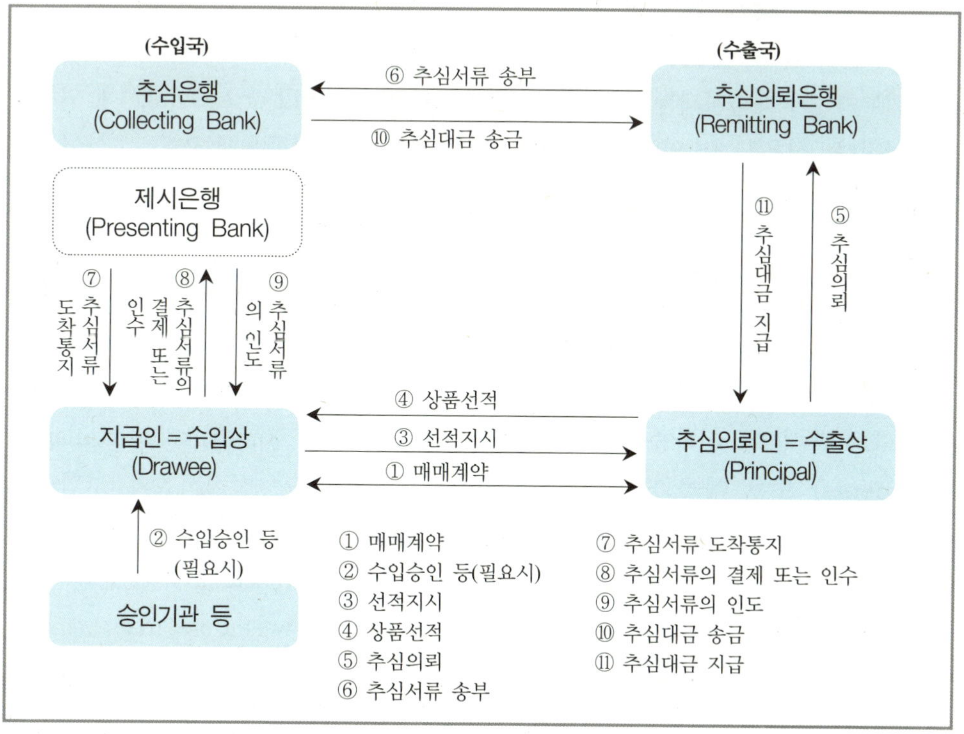

그림 10-4 D/P·D/A의 거래과정

2) D/A 거래절차

① 매매계약을 체결한다.
② 수출상은 상품선적 및 수출통관을 한다.
③ 수출상은 관련 서류들이 첨부된 기한부환어음(documentary usance bill)을 수입상을 지급인(drawee)으로 발행하여 거래은행인 추심의뢰은행(remitting bank)에 추심을 의뢰한다.
④ 수출상의 거래은행인 추심의뢰은행(remitting bank)은 그 환어음과 관련서류를 수입상의 거래은행인 추심은행(collecting bank)으로 추심을 위하여 송부한다.
⑤ 서류를 접수한 수입상의 거래은행(추심은행)은 수입상에게 서류내도 통지를 한다.
⑥ 수입상은 어음의 인수(acceptance)를 하면서 서류를 인도 받는다.
⑦ 수입상은 어음이 만기일(maturity date)이 되면 거래은행(추심은행)에 지급한다.
⑧ 수입상의 거래은행(추심은행)은 수출상의 거래은행(추심의뢰은행)으로 송금한다.
⑨ 수출상의 거래은행(추심의뢰은행)은 수출상에게 대금을 지급한다.

4 대금결제 및 환어음

국제무역에서 대금결제는 통상 화환어음(documentary bill of exchange)에 의하여 이루어진다. 신용장거래의 경우, 수출상이 수입상이나 발행은행 앞으로 환어음을 발행할 때 선적화물을 서류로 대표하게 하여 외국환은행 앞으로 환어음 발행시 담보가 된 선적서류를 첨부하게 된다.

(1) 서류의 종류

선적서류는 기본서류(basic documents)와 기타서류(other documents)로 나눌 수 있다. 기본서류는 선하증권(bills of lading), 복합운송증권(multimodal transport documents) 또는 항공화물운송(air waybill) 등과 같은 선적서류와 보험증권(insurance policy)이나 보험증명서(insurance Certificate) 등의 보험서류(insurance documents), 상업송장(commercial invoice)과 포장명세서(packing list) 등과 같은 상품매매서류가 있다. 기타서류는 용적중량증명서(certificate of weight and measurement), 영사송장(consular invoice), 세관송장(customs invoice), 원산지증명서(certificate of origin), 검사증명서(certificate of inspection), 위생증명서(certificate of health) 등이 있다.

(2) 환어음의 발행

1) 환어음의 의의

환어음(bill of exchange : B/E)은 어음의 작성자인 발행인이 제3자, 즉 지급인에게 증권상에 기재된 금액을 일정한 날짜에 증권상의 채권자(수령인 또는 그의 지시인)에게 지급할 것을 요구하는 무조건의 지급위탁서이다.

2) 환어음의 요건과 성질

① 발행인(서명자)은 채권자이다.

② 채무자가 실제로 지급을 이행할 상대방은 어음의 배서에 의하여 지정된 자나 어음의 소지인이 된다.

③ 환어음은 요식증권이므로 어음의 효력이 발생하기 위해서는 반드시 일정사항이 기재되어야 한다. 특히 어음문구, 어음금액, 지급인의 명칭, 만기의 표시, 시급시의 표시, 지급 빋을 자의 명칭, 이음발행일 및 발행지의 표시, 어음발행인의 기명날인, 무조건지급위탁문언(unconditional order in writing)인 "pay to xxx bank"는 필수기재 사항이므로 반드시 기재되어야 한다.

3) 환어음의 주요 관련 당사자

① 발행인(drawer) : 어음을 발행하고 서명하는 자, 채권자인 수출업자이다.

② 지급인(drawee) : 환어음의 지급을 위탁받은 자, 즉 신용장발행은행(issuing bank) 또는 상환·결제은행(reimbursing·settling bank)이 된다.

③ 수취인(payee) : 환어음의 지급을 받는 자로서 통상은 발행인, 수출국의 외국환은행이 된다.

4) 환어음의 작성요령

① 환어음 번호 : 특별한 의미는 없고 다만 후일 참조할 경우가 생길 경우 편리하기 위해서 기재하는 것으로 당위성은 없다. 이 서식에서는 12345이다.

② 발행일 : 어음발행일은 외국환은행이 어음과 함께 제시된 운송서류를 매입한 날짜이며 이는 신용장유효기일 이내이어야 한다.

③ 발행지 : 환어음의 효력은 행위지 법률에 의해 처리되므로 발행지를 꼭 표시하여야 한다. 발행지는 도시명만 표시해도 되므로 "Seoul Korea"라고 기재한다.

④ 금액 : 환어음의 금액은 상업송장금액과 서로 일치해야 한다. 그러나 상업송장 금액의 100% 이하로 어음을 발행하도록 신용장에 요구하는 경우에는 그 조건을 충족시켜야 한다.

⑤ 지급 만기일의 표시(결제조건) : 어음상의 문언 중 at ~ sight of의 at ~다음에 기재되는 것이 만기일(tenor of the draft)의 표시가 된다. 일람출급일 경우 "at x x sight of"로 표시되며, 기한부일 경우 "at x x days after sight" 또는 "at x x days after B/L date", "at x x days after date" 등의 형식으로 기재하면 된다.

⑥ 수취인 : 환어음 금액의 지급을 받는 자로서 발행인이 될 수도 있고 발행인이 지정하는 제3자가 될 수도 있다. 어음상의 문언 중 "pay to" 다음에 기재되는 것으로 통상 매입은행이 기재된다.

⑦ 문자금액 : 어음금액을 아라비아 숫자가 아닌 문자로 표시하는 곳으로, 예를 들어 100불 10센트일 경우 US DOLLARS ONE HUNDRED AND CENTS TEN CENTS ONLY라고 기재한다. 이것은 앞서 설명한 ④번 항의 금액과 같이 병기하게 되는데, 이 경우 양자간에 차이가 나면 문자로 표시한 금액을 어음금액으로 간주한다.

⑧ Charge to Account of ~ : 발행인이 지급인에게 지시하는 내용으로서, 당해 환어음이 지급인에 의하여 결제되면 그 자금은 "Account of ~" 이하에 기재되는 자로부터 차기하라는 의미이다. 따라서 "Account of ~" 이하는 신용장상의 Accountee가 기재된다.

⑨ 신용장 발행은행 : Drawn under ~ 이하에는 신용장 발행은행(issuing bank)을 기재한다.

⑩ 신용장 번호 : 신용장번호를 기재하는 곳으로 신용장에 요구가 있으면 T/S번호도 같이 기재하며, 또한 D/P·D/A인 경우에는 계약서 번호를 기재한다.

⑪ 신용장 발행일자 : 신용장의 발행일자를 기재하는 곳으로 신용장 발행은행이 신용장을 발행한 일자를 기재하면 된다.

⑫ 지급인과 지급지 : 지급지는 신용장에 별도 명시가 없는 한 도시명의 표시만으로 충분하며, 지급인은 신용장의 발행은행이나 제3의 은행인 상환(결제은행)이 된다. 신용장이 지급인을 지시하는 문구는 문구 중에서 "drawn on(42A) ~" 이하에 나타나는 것이 바로 지급인이 된다. "~ on issuing bank"인 경우 신용장 발행은행이 지급인, "~ on(42A) ~" 이하가 발행은행이 아닌 제3의 은행일 경우는 그곳이 Reimbursing·Settling Bank인 Drawee Bank가 된다.

⑬ 발행인의 기명·날인 : 환어음을 발행하는 자는 신용장상의 수익자 또는 양도받은 경우에는 양수인이 되며 반드시 기명·날인까지 해야 한다. 사용되는 발행인의 서명·날인은 화환어음약정시 은행에 제출된 서명·날인과 일치하여야 한다.

Model Form 21 환어음(Bill of Exchange)(신용장에 의거 발행된 환어음)

BILL OF EXCHANGE

NO. 12345 ①　　　　MAY. 28, 2019 ② SEOUL, KOREA

FOR US$112,614.80- ③

AT x x x SIGHT ④ OF FIRST BILL OF EXCHANGE (⑤ SECOND OF THE SAME TENOR AND DATE BEING UNPAID)

PAY TO KOOKMIN BANK KANGNAM BRANCH ⑥ OR ORDER

THE SUM OF SAY US DOLLARS ONE HUNDRED TWELVE SIX HUNDRED FOURTEEN AND EIGHTY ONLY ⑦

VALUE RECEIVED AND CHARGE THE SAME TO ACCOUNT OF SHENYANG LEATHER SHOES CORP. SHENYANG, CHINA ⑧

DRAWN UNDER BANK OF CHINA, SHENYANG, CHINA ⑨

L/C NO. LC82A90561 ⑩　　　　DATED APR 22, 2019 ⑪

TO BANK OF CHINA, SHEN YANG ⑫　　　　CHO KWANG LEATHER CO LTD

HEPING DAJIE 3 DUAN 5, EPING QU　　　　⑬

SHEN YANG CHINA

환어음(Bill of Exchange) 설명

① 환어음 번호
② 발행일 및 발행지
③ 환어음 금액(아라비아 숫자)
④ 환어음 지급기일
⑤ 환어음 Second Bill
⑥ 수취인(Negotiating Bank)
⑦ 환어음 문자금액
⑧ 발행의뢰인
⑨ 발행은행
⑩ 신용장 번호
⑪ 신용장 발행일자
⑫ 지급인과 지급지
⑬ 발행인 및 발행인의 기명·날인

환 어 음

번호 : 12345　　　　발행지 및 발행일자 : 대한민국 서울 2019. 5.28.

금액 : 미화 112,614.80 달러.

이 환어음의 제1권을 일람 후에 (만일 동일 지급기간 및 동일자의 제2권이 지급되지 않았다면) 아래 금액을 국민은행 강남지점 또는 그의 지시인에게 지급하여 주십시오.

미화 112,614.805 달러 정

대가 수령 및 이 대가는 중국 선양소재 선양피혁주식회사의 계정으로부터 청구하십시오.

이 환어음은 2019년 4월 22일자 중국 선양의 중국은행 발행, 신용장 번호 82A90561호에 의거하여 발행된 것입니다.

지급인 및 지급지 :　　　　발행인 및 서명 :

중국, 선양 중국은행　　　　조광피혁주식회사

5 서류심사와 운송서류인도

국제무역에서 대금결제는 통상 화환어음(documentary bill of exchange)을 서류로 대표하게 하여 외국환은행 앞으로 환취결시 담보가 된 선적서류를 첨부하게 된다.

(1) 발행은행의 서류심사

1) 서류심사의 의의

수출지에 있는 매입은행이 Nego절차를 마친 후, 신용장대금 수취를 위하여 발행은행으로 관련서류를 우송하면 이때부터 발행은행은 서류를 심사하게 된다. 이때 발행은행은 도착한 운송서류를 "상당한 주의"를 기울여 심사하여야 할 의무를 부담하게 되나, 상당한 주의의 구체적인 범위는 정해진 바가 없으므로 심사 당시의 정황에 따라 개별적으로 판단하거나 신용장통일규칙(UCP) 및 국제표준은행업무관행(ISBP)에 따라야 한다.

따라서 신용장의 발행은행은 상당한 주의를 기울여 서류를 검토하여야 하며, 그 문면의 내용이 신용장조건과 일치한다면 이를 수리하고 지급, 인수 또는 매입은행에게 대금을 보상하여야 한다. 발행은행이 서류를 심사하는 방법은 매입은행이 수익자의 서류를 매입할 때 심사하는 방법과 동일하다.

2) 서류심사의 절차

발행은행은 매입은행으로부터 운송서류의 Original Documents와 Duplicate Documents 중에서 먼저 도착한 것으로 내용을 심사하여야 한다. 즉, 발행은행은 매입은행이 발송한 Covering Letter 또는 Collection Letter상에 기입된 서류종류와 실제로 도착된 서류가 일치하는지를 확인한 다음 신용장발행 File을 찾아 해당된 신용장의 조건과 도착된 서류와 그 기재문언이 일치하는지를 확인한다.

동 절차를 구체적으로 설명하면, 첫째, 신용장철을 꺼내 내도된 서류와 대조 확인한다. 둘째, 수입상에게 운송서류의 도착통지(arrival notice of documents)를 발송한다. 셋째, 상당한 주의를 기울여 운송서류를 심사한다. 넷째, 서류심사결과 이상이 없으면 B/L원본에 배서하여 수입상에게 인도할 준비를 한다. 다섯째, 수입상에게 신용장대금을 청구하고 운송서류를 넘겨준다. 여섯째, 신용장에 정해진 방법에 따라 매입은행의 구좌에 입금이 되도록 조치를 취하면 당해 신용장과 관련된 제반 절차가 모두 종결된다.

(2) 운송서류의 인도

1) 서류인도의 의의

신용장의 발행은행은 매입은행으로부터 도착된 운송서류를 발행의뢰인에게 넘겨주어야 하는데, 이를 운송서류의 인도(delivery of shipping documents)라고 한다. 신용장의 발행의뢰인은 운송서류가 있어야 운송인으로부터 운송화물을 청구할 수 있으므로 화물을 대표하는 권리를 상징하는 운송서류를 수령하려면, 이와 상환으로 대금을 지급하여야 한다(절차 : 선적서류 접수 ⇒ Covering Letter의 검토 ⇒ 조건일치 검토 ⇒ 서류도착 통지 ⇒ 발행의뢰인이 수입대금결제(또는 인수) ⇒ 선적서류의 발행의뢰인에게 인도).

발행은행은 운송서류를 발행의뢰인에게 인도하기 전에 이것이 신용장의 제조건과 일치하는지를 심사하여야 한다. 그리고 운송서류를 인도할 때에는 발행은행은 이미 매입은행에 매입대금을 보상하여야 하기 때문에 다음 세 가지 방법으로 운송서류를 인도하는 것을 생각해 볼 수 있다.

첫째, 운송서류의 원본이 정시에 도착하여 발행은행이 담보권의 행사 없이 서류를 발행의뢰인에게 인도하는 경우이다.

둘째, 운송서류의 원본이 아직 도착하지 않았을 경우에는 수입상의 요청에 따라 은행이 발행하는 수입화물선취보증장(Letter of Guarantee : L/G)을 활용하여 수입화물을 먼저 인수토록 하고 서류원본은 나중에 인도하는 방법이다.

셋째, 신용장의 발행의뢰인이 수입대금의 일시지급이 어려울 경우에는 발행은행이 수입화물에 대하여 담보권을 확보하고 운송서류를 미리 수입상에게 인도해 주어 물품을 인수할 수 있도록 하는 수입화물 대도(Trust Receipt : T/R)에 의한 방법이다.

2) 운송서류의 인도

신용장의 발행은행은 운송서류를 수리한 후 발행의뢰인에게 운송서류의 도착을 통지한다. 발행의뢰인이 운송서류를 수령하면 화물의 청구권을 취득하게 되므로 먼저 수입대금의 결제가 이루어져야 한다. 여기서 환어음이 지급인을 누구 앞으로 하여 발행되었는가에 따라 결제과정이 달라진다.

첫째, 신용장상에 만약 환어음의 지급인이 발행은행으로 되어 있으면, 발행은행은 발행 시 보증금이나 수입금융으로 수입대금을 결제하고 운송서류의 도착통지(arrival notice of documents)를 하게 된다.

둘째, 신용장에 환어음의 지급인이 발행은행의 환거래은행으로 되어 있으면,

환어음은 환거래은행에게 송부되고 발행은행에는 운송서류만 내도한다. 이 경우에도 발행은행은 발행의뢰인에게 서류의 도착통지를 하고 환거래은행으로부터 도착한 차기 통지서에 따라 수입대금의 결제를 청구한다.

셋째, 환어음의 첨부없이 운송서류와 상환으로 직접 지급하도록 된 지급신용장인 경우에는 발행은행에 운송서류만 내도하며 이를 발행의뢰인에게 통지하고 수입대금의 결제를 요청하면 된다.

넷째, 연지급신용장인 경우, 기한부 환어음인 경우는 인수를 요청하게 되면 발행 의뢰인은 발행은행에 선적서류 인수증만 제시한 후 인수함으로써 운송서류를 인도 받게 된다. 이후 발행의뢰인은 연지급기간이 종료되는 환어음의 예정만기일에 전신환 매도율에 연지급기간에 해당하는 이자(Usance 이자)를 추가한 연지급어음 결제금액을 산출하여 결제한다.

(3) 수입업자의 수입대금결제

발행은행으로부터 운송서류 도착통지를 받으면 수입업자는 수입서류 도착일로부터 7일 이내에 신용장 대금을 결제하고 해당 운송서류를 인도받아야 한다. 만일 수입업자가 이 기간 내에 대금결제를 하지 못할 경우에는 지연이자도 함께 물어야 한다.

한편, 발행은행은 발행의뢰인이 운송서류를 수령한 때에는 반드시 운송서류 수령증을 받아 두어야 한다. 일반화물의 수입 시는 3일 이내에 서류를 수령하지 않으면 3~7일까지의 환가료(exchange commission, periodic interest)를 납부하여야 한다. 수출용 원자재의 수입 시는 7일 이내에 서류를 수령하면 된다. 만약 7일을 초과하여 이를 수령해 가지 않으면 연체료를 납부하여야 한다.

상환베이스(reimbursement base)의 일람지급신용장인 경우 발행은행은 매입은행이 상환은행 앞으로 자금을 청구하도록 지시하고, 상환은행에게는 매입은행의 요구에 따라 대금을 상환해 주도록 지시하게 된다. 발행은행의 예치금계정에서 선차기된 수입환어음의 결제시 다음과 같이 수입환어음결제 환가료를 징수한다

① 선적서류 도착일로부터 3일(도착일 포함) 이내에 결제하는 경우 : 표준추심일수에 해당하는 환가료

② 선적서류 도착일로부터 4일 이후 대지급전일 이내에 결제하는 경우 : 제①호의 환가료 + 4일째 되는 날(공휴일인 경우 그 날을 포함)로부터 결제일 전일까지의 기간에 대한 환가료

③ 수입환어음결제환가료는 상환베이스의 일람출급신용장하에서만 발생되며, 송금베이스의 신용장 및 기한부신용장에서는 발생하지 않음.

(4) 수입화물선취보증서와 수입화물대도

1) 수입화물선취보증서의 의의

본선이 입항하고 화물이 양육되었음에도 불구하고 환어음 및 운송서류가 아직 수입지의 은행에 도착되지 않는 경우가 있다. 이러한 경우에 선하증권과의 상환이 이루어지지 않아 화물의 인수가 불가능하다면 수입상은 입하 목전에 두고 화물을 인수하지 못하여 판매기회를 놓칠 우려가 있어, 화환화물의 보증인도란 편법이 국제관습으로서 인정되고 있다. 이 방법은 화환관계은행을 보증인으로 하고 선하증권은 도착 즉시로 선박회사에 인도하겠다는 것과, 이 보증인도에 의해서 발생한 모든 사고는 보증은행 및 수하인이 단독 또는 연대로 책임을 부담하겠다고 서약한 수입화물선취보증장(letter of guarantee : L/G)을 선박회사에 제출하고 물품의 인도를 받는다. 수입업자는 B/L 원본 없이 화물을 인수할 수 있는 편리한 제도이며, 'Shipside Bond(SSB)', 'Shipping L/G'라고도 한다.

수입화물선취보증장에는 주로 ① 선하증권이 도착하면 이를 지체없이 선박회사에 제출할 것을 명시하고, ② 이 선취보증장에 의하여 인도된 화물에 대하여 발생되는 모든 손해는 화주 및 보증은행이 책임을 지고, ③ 양육지에서 지급되는 추가운임 및 기타 비용과 선적지에 있어서의 미납선임 및 비용 일체를 부담할 것 등을 신용장 발행은행이 보증하는 내용으로 구성되어 있다.

2) 수입화물대도(trust receipt : T/R)

수입화물대도(Trust Receipt : T/R) 또는 운송서류대도란 발행은행이 수입화물에 대한 담보권과 소유권을 유지하면서 수입업자가 수입대금을 결제하기 전에 수입화물을 처분할 수 있도록 하는 제도다. 수입업자가 수입대금결제를 하지 않은 상태에서 발행은행이 수입화물을 인도하여 줌으로써 수입업자로 하여금 적기에 화물을 처분하여 약정기일에 수입대금을 결제할 수 있도록 편의를 제공하는 것이다.

수입화물의 대도는 신용장발행은행은 소위 자동결제기능에 따라 수입화물을 담보로 취급하게 되는 바, 은행은 소유권만 보유하고 수입업자가 본래의 목적을 달성할 수 있도록 수입물품을 통관하여 제조·가공·판매할 수 있도록 하고 동 물품의 수출 및 판매대금으로는 우선적으로 수입대금을 결제하도록 하는 대출행위이다.

수입상이 수입자금의 부족으로 은행에 수입화물대도를 신청할 때에는 ① 수입화물대도신청서, ② 수입담보화물보관 및 처분약정서, ③ 선하증권, 상업송장 및 포장명세서의 사본, ④ 수입신용장 및 수입승인신청서 등의 서류를 구비하여야 한다.

Model Form 22 수입화물선취보증서 신청서

담 당	책임자

수입화물선취보증신청서

(Application For Letter of Guarantee)

한국외환은행 앞 신청일자 :

	보증서 번 호 : 발 행 일 자 :	
선박회사명/항차번호	신용장번호	
선적항	송장금액	
양하항(또는 인도장소)	화물명세	
선하증권번호		
송하인	포장개수	하인 및 번호
수하인		
인수예정자		

본인은 위 신용장 등에 의한 관계 선적서류가 귀행에 도착하기 전에 수입화물을 인도받기 위해 수입화물 선취보증을 신청하며 본인이 따로 제출한 수입화물선취보증서(letter of guarantee)에 귀행이 서명함에 있어 다음 사항에 따를 것을 확약합니다.

1. 귀행이 수입화물 선취보증서에 서명함으로써 발생하는 위험과 책임 및 비용은 모두 본인이 부담하겠습니다.
2. 본인은 위 수입화물에 대하여는 귀행에 소유권이 있음을 확인하며 귀행이 수입화물 선취보증서에 따른 보증채무를 이행하여야 할 것이 예상될 경우 또는 본인에 대하여 은행여신거래 기본약관 제7조 제1항, 제2항 각호의 사유가 발생한 경우에는 귀행의 청구를 받는 즉시 위 수입화물을 귀행에 인도하겠으며, 수입화물의 인도가 불가능할 경우에는 위 수입화물에 상당하는 대금으로 상환하겠습니다.
3. 본인은 위 수입화물에 대한 관계 선적서류를 제3자에게 담보로 제공하지 않았음을 확인하며, 또한 귀행의 서면동의 없이 이를 담보로 제공하지 않겠습니다.
4. 본인은 위 수입화물에 관한 관계 선적서류가 도착할 때는 신용장 조건과의 불일치 등 어떠한 흠에도 불구하고 이들 서류를 반드시 인수하겠습니다.

20 년 월 일

신청인 (인)

인감대조

주 소

※ 첨부서류 명세

☐ 선하증권 ☐ 상업송장 ☐ 기타( )

Model Form 23 수입화물선취 보증서(영문)

LETTER OF GUARANTEE

TO
(Shipping Company)

L/C No.
Date

Vessel Name/Voyage No.	L/C No.	Date of Issuing
Port of Lading	Invoice Value	
Port of Discharge(or Place of Delivery)	Description Cargo	
Bill of Lading No. Date of Issue		
Shipper		
Consignee	No. of Packages	Marks & Nos.
Party to be Delivered		

Whereas you have issued a Bill of Lading covering the above shipment and the above cargo has been arrived at the above port of discharge(or the above place of delivery), we hereby request you to give delivery of the said cargo to the above mentioned party without production of the original Bill of Lading.

In consideration of your complying with our above request, we hereby agree as follows :

1. To indemnify you, our servants and agents and to hold all of you harmless in respect, of liability, loss, damage or expenses which you may sustain by reason of delivering the cargo in accordance with our request, provided that the undersigned Bank shall be exempt from liability for freight, demurrage or expenses in respect of the contract of carriage.
2. As soon as the original Bill of Lading corresponding to the above cargo comes into our possession, we shall surrender the same to you, whereupon our liability hereunder shall cease.
3. The liability of each and every person under this guarantee shall be joint and several and shal not be conditional upon your preceeding first against any person, whether or not such person is party to or liable under this guarantee.
4. This guarantee shall be governed by and construed in accordance with Korean law and jurisdiction of the competent court in Korea.

Should the Bill of Lading holder file a claim or bring a lawsuit against you, you shall notify the undersigned Bank as soon as possible

Yours faithfully,

For and on behalf of
[Name of Requestor]

Authorized Signature

For and on behalf of
[Name of Bank]

Authorized Signature

Model Form 24 수입화물선취 보증서(한글)

수입화물선취보증서

수신
(선박회사명)

L/G 번호
발행일자

<table>
<tr><td colspan="2">선명/항차번호</td><td>L/C 번호</td><td>발행일</td></tr>
<tr><td colspan="2">선적항</td><td colspan="2">송장금액</td></tr>
<tr><td colspan="2">양하항(또는 인도장소)</td><td colspan="2" rowspan="3">화물명세</td></tr>
<tr><td>선하증권번호</td><td>발행일</td></tr>
<tr><td colspan="2">송화인</td></tr>
<tr><td colspan="2">수화인</td><td rowspan="2">포장개수</td><td rowspan="2">하인 및 번호</td></tr>
<tr><td colspan="2">인수예정자</td></tr>
</table>

귀사가 상기 선적화물에 관한 선하증권을 발행하였고 상기화물이 상기 양하항(또는 인도장소)에 도착하였기에, 우리는 선하증권 원본을 제시함이 없이 상기 당사자에게 상기화물을 인도해 줄 것을 귀사에게 요청합니다.

귀사가 상기와 같이 당사의 요청에 따를 경우 우리는 아래와 같이 합의합니다.

1. 귀사와 귀사가 지정한 고용인, 대리점 모두는 당사의 요청에 의하여 화물을 인도함으로써 발행할 지도 모를 채무, 손실, 손해, 또는 비용에 대하여 면책한다. 다만, 은행은 운송계약과 관련하여 발생하는 채무, 운임, 체선료, 기타비용은 책임을 지지 않는다.
2. 상기화물의 선하증권 원본을 입수하는 대로 귀사에게 전달하겠으며, 이때 당사의 책임은 종료된다.
3. 본 보증서상 하기 서명자 각각 모두가 단독 및 연대책임이 있으며, 귀사가 하기 서명자 중 어떤 사람에게 먼저 소송을 제기하였을 때 해당인(피고인)이 당사이든 아니든 책임이 있는 없든 그것은 조건부가 아니다.
4. 이 보증서의 준거법 및 관할법원은 한국법 및 한국법원으로 한다.

선하증권 소지인이 분쟁 또는 소송을 제기하는 경우에는 가능한 빨리 은행에 통보하여야 한다.

화 주	은 행
______________________	______________________
(서 명)	(서 명)

Model Form 25 수입화물대도(Trust Receipt) 신청서

수 입 인 지

수입화물대도(T/R)신청서

담 당	대 리	차 장	부점장

한국외환은행 앞

본인은 아래 신용장 등에 의하여 도착된 수입화물을 대도 신청함에 있어서 은행여신거래기본약관, 따로 제출한 수입거래약정서 및 양도담보계약서의 모든 조항에 따를 것을 확약합니다.

선하증권 기 타	번 호: 발 행 일: 발 행 인:
대도(T/R) 금 액	금 액: (원 화: ₩)
신용장등	번 호: 발 행 일: 금 액:
물 품 명 세	물 품 명: 수 량: 단 가: 금 액: US$ 화물표시 및 번호: 선 적 항: 도 착 항: 도착(예정)일: 선 명:

선적서류	선 하 증 권	항공화물 운송장등	상 업 송 장	보 험 서 류	포 장 명세서	원산지 증명서	중 량 용 적 증명서	검 사 증명서	기 타
통 수									

년 월 일

신청인 ㉿

주 소

인감대조

Keys to the Lesson

1. be now overdue : 결제되지 않다. 잔액으로 남다.

1) Your account for US$30,000 is now overdue for three months.
   ➡ 미화 3,000,000달러에 대한 귀사의 계정이 지금 3개월 동안이나 결제되지 않고 있습니다.
2) The balance now standing to your credit amounts to US$1,000,000.
   ➡ 귀사의 현재의 대변 잔액(貸邊殘額)은 US$1,000,000에 달합니다.
3) This letter is request for overdue payment.
   ➡ 이 서신은 미결제 대금의 지급을 요청하기 위한 것입니다.
4) We hope to hear from you with a remittance against our invoice long overdue.
   ➡ 오랫동안 결제되지 않고 있는 당사 송장금액에 대한 송금소식을 듣고 싶습니다.
5) US$250,000원의 귀사의 계정이 오랫동안 결제되지 않고 있습니다.
   ➡ Your account for US$250,000 is long overdue.

주 ① standing to your credit : 귀 계정 대변에 남아 있는.
② amount to : ~에 달하다, (금액이) ~가 되다.
③ here from ~ with remittance : ~로부터 송금소식을 듣다.
④ balance : (대차) 잔액, 차액. 차감잔액.
⑤ overdue : 지급기한이 지난(beyond the time fixed for payment).

2. For these accounts : 이들 계산을 위해, 이 계정을 위해.

1) For these accounts, we have instructed our bank to transfer US$500.
   ➡ 이들 계산을 위해 당사는 거래은행에 미화 500달러를 송금하도록 지시하였다.
2) For this account, we are sending you our Debit Note No. 25.
   ➡ 이 계산을 위해서 당사는 당사의 차변표 제25호를 귀사에 발송합니다.
3) To balance your account up to May 30, Please send us a postal money order for US$500.
   ➡ 5월 30일까지의 귀사의 계정을 결제할 수 있도록 미화 500달러의 우편환을 당사로 보내 주시기 바랍니다.
4) For these acconts, we are enclosing our Debit Note No.007 for US$50,000.
   ➡ 이 계산을 위해서 미화 50,000달러에 대한 차변표 제007호를 동봉하여 보내드립니다.
5) 동 계정을 결제하기 위하여 미화 500달러에 해당하는 수표를 보내 주십시오.
   ➡ To settle this account, please send us a check for US$500.

주 ① our bank : 당사의 거래은행(=our banker's).
② postal money order : 우편환.
③ transfer : 송금하다, 옮기다, 이동하다.
④ to cover ourselves for this account : 본 계산을 결제하기 위해, 이 대금 회수를 위해.
⑤ debit note : 차변표(소액채권 통지서).
⑥ up to : ~까지의.
⑦ check : 수표(영 : cheque).
⑧ balance your account : 귀사의 계산을 차감하다, 결제하다.

3. To pay this account : 이 계정을 결제하기 위해.

1) To pay this account, we enclose a cheque for £500.00.
   ➡ 동 계정을 결제하기 위해 영화 500파운드의 수표를 동봉하여 보내드립니다.
2) In payment of these accounts, we have enclosed a check for £3,000.00 covering your invoice up to June 7.
   ➡ 동 계정을 결제하기 위해 6월 7일까지의 귀 송장금액에 대한 3,000파운드의 수표를 동봉하였습니다.
3) In settlement of your shipment, please draw a draft at 60 d/s on us.
   ➡ 귀사의 선적품 대금을 결제하기 위해 당사를 지급인으로 하여 일람 후 60일 출급 환어음을 발행하시기 바랍니다.
4) To cover ourselves for this account, we have enclosed our Debit Note No.17 for U.S.$3,000.00.
   ➡ 이 계정을 결제하기 위하여 미화 3,000달러에 대한 당사 차변표 제17호를 동봉하여 보내드립니다.
5) 동 계정을 결제하기 위하여 한국외환은행을 지급인으로 하는 환어음을 발행하였습니다.
   ➡ In settlement of this account, we have drawn a draft on Korea Exchange Bank.

주 ① in payment of(=in settlement of, to pay, to settle) : ~(대금)을 결제하기 위하여.
② account : 계정, 계산.
③ Debit Note : 차변표(소액채권통지서). cf. Credit Note : 대변표(소액채무통지서).
④ draw a draft at A(지급기일), on B(지급인), for C(금액), under D(근거)
: D에 의거하여, C금액에 대해, B를 지급인으로 하여, A지급방법(조건)으로 환어음을 발행하다.

4. credit this amount to one's account : 이 금액을 ~계정 대변에 기입하다.

1) We have duly credited this amount to your account.
   ➡ 이 금액을 귀사 계정 대변에 기입·정리하였습니다.
2) Please credit ¥4,000.00 to our account.
   ➡ 일화 4,000엔을 당사 계정 대변에 기입·정리해 주십시오.
3) We have duly credited US$3,000 to your account.
   ➡ 미화 3,000불을 귀사의 계정 대변에 정히 기입·정리하였습니다.
4) They have placed this amount to your credit.
   ➡ 동 상사는 동 금액을 귀사 계정의 대변에 기입·정리하였습니다.
5) 일화 4,000엔을 귀사의 계정 대변에 기입·정리하였습니다.
   ➡ We have credited ¥4,000 to your account.

주 ① credit(around) to one's account : (금액)을 ~의 계정 대변에 기입·정리하다.
② debit (금액) to one's account : (금액)을 누구의 계정 차변에 기입·정리하다.
cf. We have savings accounts, fixed time deposit accounts, and checking accounts.
(당행은 저축예금과 정기저축예금 및 당좌예금이 있습니다.)
We have duly credited this account to your account, and enclose our receipt for this.
(동 금액을 귀사 계정의 대변에 정히 기입·정리하였으며, 동 금액에 대한 영수증을 동봉하여 보내 드립니다.)

5. at the (buying) rate of 1,120 per~ : ~당 1,120원의 매입률로.

1) They have agreed to enter into the forward exchange contract at the buying rate of 1,120 per U.S. dollar for 30 d/s.
   ➡ 동 은행은 일람 후 30일 출금 환어음에 대해 미화 1달러 당 1,120원의 매입률로 선물환 계약을 체결할 것에 동의하였습니다.
2) Please insure US$2,000 on the above goods at the rate of 8% for ICC(C).
   ➡ 상기 물품 미화 2,000불에 대하여 협회적하약관 C조건 및 8%의 요율로 부보하여 주십시오.
3) We are grateful to you for giving us your usual rate of US$0.50 per CBM.
   ➡ 당사는 입방미터당 50센트의 통상요율을 적용시켜 주신데 대하여 귀사께 감사드립니다.
4) 입방미터 당 50센트의 요율로 당사의 인형 500상자를 선적하여 주시기 바랍니다.
   ➡ Please make shipment of 500 cases of our dolls at the rate of $0.50 per CBM.

주 ① at the rate of ~ : ~의 비율(요율)로 하여. cf. buying rate : 매입율.
② forward exchange rate : 선물환율.
③ usual rate of ~ : ~의 통상요율, 종전의 요율.
④ effect(=cover, open, provide, place, make) insurance : 보험계약을 체결하다.

6. Draw a draft : 환어음을 발행하다.

1) In accordance with the agreed terms, we have drawn a draft on The Bank of California at 30 d/s for US$5,000
   ➡ 합의 본 결제조건에 따라 5,000달러에 대해 캘리포니아 은행을 지급인으로 하여 일람 후 30일 출금 환어음을 발행하였습니다.
2) In confirmity with our agreement, we have drawn a draft on them at 60 days after sight for US$1,000.
   ➡ 협정에 따라서 1,000달러에 대해 동 상사 앞으로 일람 후 60일 출급환어음을 발행하였습니다.
3) In settlement of your order, we have drawn a draft on The Korea Exchange Bank at sight.
   ➡ 귀사의 주문품 대금을 결제하기 위하여 한국외환은행을 지급인으로 한 일람출급 환어음을 발행하였습니다.
4) 대금결제조건에 따라 1,000달러에 대한 일람 후 90일 지급환어음을 귀사를 지급인으로 하여 발행하였습니다.
   ➡ In accordance with the terms of settlement, we have drawn a draft on you at 90 d/s for US$1,000.

주 ① in compliance with(=in accordance with, in conformity with) : ~에 따라.
② draw a draft on 지급인(A) : A를 지급인으로 하여 환어음을 발행하다.
cf. In settlement of your invoice No.235, we enclose our bank check for US$20,000.
(귀사 제235 송장의 결제로서 당사는 U$20,000의 은행수표를 동봉합니다).
I really can't tell now, I also might draw some out from time to time.
(본인은 사실 지금 말씀드릴 수가 없습니다. 때때로 얼마씩 인출할런지도 모릅니다).

7. honor the draft : 어음을 인수/결제하다.

1) We wish you would honor this draft upon presentation.
   ➡ 환어음이 제시되면 즉시 어음을 인수(결제)하여 주시기 바랍니다.
2) We wish you will honor the draft upon presentation.
   ➡ 당사는 귀사께서 어음이 제시되면 즉시 결제해 주시기 바랍니다.
3) They have presented the draft with documents attached.
   ➡ 동 상사는 운송서류(선적서류)를 첨부하여 어음을 제시하였습니다.
4) We wish you would honor our draft upon presentation.
   ➡ 당사의 어음이 제시되면 즉시로 인수하여 주시기 바랍니다.
5) 서류를 첨부하여 동 어음을 한빛은행에서 결제하였습니다.
   ➡ We have negotiated the draft through Hanvit Bank with documents attached.

주 ① honor a draft : 환어음을 인수(결제)하다. dishonor a draft : 환어음을 부도내다.
present a draft : 환어음을 제시하다. negotiate a draft : 환어음을 매입하다.
② with documents attached : 선적(운송)서류를 첨부하여.
③ upon presentation(of draft) : (어음이) 제시되면 즉시로.
cf. We ask for your protection of our draft on presentation.
(당사 어음이 제시되는 즉시 결제할 것을 요청합니다.)
As your draft was dishonored, please negotiate for the matter with the drawee and let them protect it at once.
(귀사 어음이 부도났으므로 이에 대하여 어음지급인과 교섭하여 지불하여 주십시오.)
As agreed upon, we have drawn a draft on the bank of America for US$100,000 under L/C No. 345, and have sent it through Hanvit Bank.
(합의한 대로, 당사는 신용장 제345호에 의거하여 US$100,000에 대해 아메리카은행 앞으로 환어음을 발행하여 한빛은행을 통해 매도하였습니다.)

8. make out ~ : ~을 작성하다.

1) We shall be obliged if you will make out the Insurance Policy.
   ➡ 보험증권을 작성해 주시면 감사하겠습니다.
2) Please make out your contract note with your signature..
   ➡ 귀사의 서명으로 계약서를 작성하여 주시기 바납니나.
3) Would you please make out Bills of Lading in triplicate?
   ➡ 선하증권을 3통 작성하여 주시기 바랍니다.
4) We hope that you will be good enough to make out the Sales Note and send it to us as soon as possible.
   ➡ 귀사께서 매매계약서를 작성하시어 되도록 이면 빨리 이를 당사에 보내주시기 바랍니다.
5) 당사는 귀사의 신청서에서 언급하신 대로 보험증권을 작성하였습니다.
   ➡ We have made out the Insurance Policy as mentioned in your Application.

주 ① Insurance Policy : 보험증권. Insurance Certificate : 보험증명서. Policy Holder : 보험계약자.
Insurer : 보험자, 보험회사. Insurance Premium : 보험료.
the insured : 피보험자(=the assured), insurance value : 보험가액, Insurance Amount : 보험금액.
② with documents attached : 선적(운송)서류를 첨부하여.

사례 57 대금청구서 송부

Gentlemen :

We have been expecting to hear from you with a remittance against our invoices of 7th October and 3rd November both of them long overdue, and are surprised at being without your news in the matter, in spite of having sent you our statements regularly every month.

For these accounts, we are enclosing our Debit Note No. 007 for US$55,000.00.

We hope you will kindly settle them as soon as possible.

Very truly yours.

DEBIT NOTE

The Kangnam Trading Co., Ltd.
No. A-207 Seoul, 5th December, 2019

To Messrs. Sonic International Co., Ltd.
3/F, 75 Wyndhan Street, Hong Kong

PARTICULARS	AMOUNT
Dr. to Tennis Balls of 7th October Tennis Shoes of 3rd November	US Dollars30,000.00 US Dollars25,000.00
TOTAL :	US Dollars55,000.00

KANGNAM TRADING CO., LTD.
Kim Min Ho
Kim Min－ho
Export Manager

주 ① expect to～ : ~하기를 기대하다, We have been expecting of～ : ~하기를 기다리고 있다.
② remittance against invoice : 송장금액에 해당하는 송금.
③ both o them : 이 두 가지 모두
them = invoice of 7th October and 3rd November : 10월 7일 및 11월 3일자 송장
④ overdue(beyond the time fixed for arrival, payment, etc)
long overdue : 만기일이 지난지 오래된.
⑤ be surprised at ～ : ~을 보고(듣고) 놀라다(=be surprised to hear/learn ~).
⑥ statement : 계산(서), 진술(서), cf. financial statement : 재무제표.
⑦ for these accounts : 이 계산을 위해서.
⑧ we are enclosing ～ : ~을 동봉하다. ~을 동봉하여 보내주다.
we enclose = enclosed please find = enclosed you will fined
⑨ debit note : 차변표(소액채권 통지서)
⑩ we hope you will kindly ～ : ~해 주시기 바랍니다(please).

사례 58 **결제대금 수표 동봉**

Dear Sirs,

We have received your letter of 15th December enclosing your Debit Note No. A-207. We are very sorry not to have paid your accounts earlier by an oversight.

In settlement of these accounts, we enclose a cheque for US$55,000.00 covering your invoices up to 3rd November, 2019.

We shall be obliged if you will send us a receipt by return of post.

Yours faithfully,

ENGLAND EXCHANGE BANK

E-EB01475 New York, 15th December, 2019

Pay against this check
to the order of Kim Min-ho

US DOLLARS FIFTY FIVE THOUSAND ONLY

To KOREA EXCHANGE BANK
SEOUL, KOREA

ENGLAND EXCHANGE BANK
LONDON, ENGLAND
Henry Herman
Henry Herman
Manager

주 ① Debit Note : 차변표(소액채권 통지서), cf. Credit Note : 대변표(소액채무 통지서).
② we are sorry not to~ (=we are sorry for not ~ing) : ~하지 못해 죄송스럽게 생각하다.
③ oversight : 못보고 넘기기, 긴괴.
by an oversight : 잘못하여, 실수로.
④ settlement(=payment) : 결제, 대금지급.
in settlement of(account, draft) : (계정, 어음 등) 지급하기 위하여, 결제를 위해.
cf. in payment for(order, goods) : (주문, 상품 등) 대금지급을 위해.
⑤ we enclose : ~을 동봉하다, ~을 동봉하여 보내다.
=Enclosed please find = Enclosed you will find = Enclosed is
⑥ covering : ~에 대한(결제를 위한).
⑦ up to(=as far as) : ~까지의, ~이르기까지의
⑧ We shall be obliged for ~ing = We will appreciate it if you will ~
=We will appreciate(your) ~ing : ~해 주시면 감사하겠습니다.
⑨ receipt : 받음, 인수(증), 영수(증), 접수(증).
⑩ by return of post : 회신 편에, 지급회신으로, 즉시 [우편 : (영) post, (미) mail]
⑪ pay against : ~에 대해 지급하다.
⑫ to the order of : ~의 지시에 따라. 지시대로(to=according to).

사례 59 결제대금 영수증 동봉

30th December, 2019

Dear Sirs,

We wish to acknowledge receipt of your letter of 15th December together with a cheque for US$55,000.00 covering our Debit Note No..A-207

We have duly credited this amount to your account, and enclose our receipt for this.

We thank you for the past favors and solicit you for your further commands.

Yours faithfully,

RECEIPT

30th November, 2019

Received of Messrs. Sonic International Co., Ltd. Hong Kong
the sum of US DOLLARS FIFTY FIVE THOUSAND ONLY
in settlements of our accounts up to 3rd November, 2019.

KANGNAM TRADING CO., LTD.
Kim Min Ho
Kim Min Ho
Sales Manager.

US DOLLARS55,000.00.

주 ① acknowledge receipt of ~ : (편지전보)을 받았음을 알리다.
② together with(along with, with, enclosed) : ~와 함께 온, ~이 동봉된.
③ cheque for ~ : ~(상당의) 수표.
④ covering(= against, for, to cover) : ~에 대한(결제를 위해).
⑤ Debit Note : 차변표(= 소액채권 통지서) cf. Credit Note : 대변표(= 소액채무 통지서)
⑥ duly : 정당하게, 정식으로, 충분히, 정히
무역영어에서는 대금을 영수하거나 물품인수시에 「정히」 인수하다, 영수하다의 뜻으로 자주 사용된다.
⑦ credit(amount) to one's account : (금액을) ~의 계정 대변에 기입·정리하다.
cf. debit(amount) to one's account : (금액을) ~의 계정 차변에 기입·정리하다.
⑧ past favor : 지난번에 베풀어주신 호의.
⑨ solicit(ask, request) ~ for(to do) : ~에게 ~을(~할 것을) 요청·부탁하다.
⑩ sales manager : 영업부장.
⑪ in settlement of : (계정, 계산)을 결제하기 위해, ~에 대한 대금결제를 위하여.

사례 60 수출상의 환어음 발행통지

Gentlemen :

We are pleased to inform you that we have shipped Vegetable Wax, 3,000Lbs ordered by you under the sales contract No. 125 by M/S Cheju V-070 which left Pusan on April 6.

We have drawn a draft at sight for US$35,000 on the Bank of New York, N.Y. under the L/C No. 089925 and negotiated it through the Korea Exchange Bank, Seoul, Korea.

Please note that all documents required in the Letter of Credit were forwarded to our negotiating bank as you see their copies attached.

Therefore, we want you to protect the draft on presentation, and we really hope the goods will reach you to your satisfaction.

Yours very truly,

주 ① sailing from, leaving, due to sail from, due to leave, scheduled to sail from, schedule to leave : ~를 출항할 예정인
sailing for, leaving for, due to sail for, due to leave for, schedule to sail for, scheduled to leave for : ~로 출항할 예정인
② draw a draft ~ on : ~을 지급인으로 하는 어음을 발행하다.
③ be forwarded : 제시되다.
④ negotiating bank : 매입은행.
⑤ protect the draft(=honor the draft) : 어음을 결제하다.

사례 61 수입상의 환어음 수락통지

Gentlemen :

We duly have received your letter of April 13 asking us to honor the draft you have drawn on the issuing bank for the goods we need urgently.

Thank you for your prompt shipment of the goods. After the draft was presented together with other relevant documents by New York Bank, it was accepted by us directly.

We are waiting for the vessel which will reach here soon, and we will keep in touch with you as soon as we receive them in good condition.

Yours truly,

주 ① a declaration form : 확정통지서 양식.
② in settlement of ~ : ~의 지급을 위하여.
③ it filled out = the declaration form which was filled out.

사례 62 기한부 환어음 발행통지

Gentlemen :

We confirm our cable of the 12th of December informing you that 10 cases of Imitation Pearls were shipped by M/S Pacific Bear left Pusan on the same day.

As you requested, we enclosed two copies of non-negotiable bill of lading and two copies of commercial invoice.

To cover the shipment, we have drawn our draft 90 days after sight on Chemical Bank in Houston under the credit No. A-80807 for US$25,000.00.

The draft with other documents will be forwarded to the issuing bank through Korea Exchange Bank in Seoul, and we ask you kindly to protect the draft upon presentation by the issuing bank.

We hope that the goods will reach you in good condition and that we will receive your additional orders soon.

Yours very truly,

주 ① sailing from A for B, leaving A for B, due to sail from A for B, scheduled to sail from A for B, scheduled leave A for B : B항으로 A항을 출항할 예정인
② to cover the shipment : 선적분을 결제하기 위하여.
③ upon presentation : 제시되면, 제시되는 즉시로
④ additional order : 추가 주문.

사례 63 기한부 환어음 인수통지

Gentlemen :

Thank you for your letter dated December 12 informing us that you have negotiated your draft drawn 90 days after sight under the credit No. A-80807.

As for the draft presented by Chemical Bank on due date, we are glad to inform you that we accepted it accordingly, and we will pay discount charge on due date.

We express our thanks for your having effected shipment within the time stipulated in the letter of credit. We believe that the goods will reach safely and give a satisfaction to our customers.

Yours very truly,

주 ① as for the draft : 어음에 대해서는.
② discount charge : 기한부 이자, 할인료(=usance interest).
③ within the time stipulated in the letter of credit : 신용장에 기재된 기간 내에.

사례 64 **환어음 인수거절 통보**

Gentlemen :

We are afraid to say that we was surprised to find a draft in your letter dated March 12 asking us to clear the account with you for US$25,000, and we were at a loss to understand why you changed the method of payment.

For the past six years, we have not failed to settle our accounts with you by drafts drawn on the issuing bank, and of course you have satisfied with us for this payment conditions.

However, as we have not heard about it anything from you, and there are not any special reasons for the change, we do not have any choice but to return the draft with this letter.

We really want to do business with you as we have done so far, and there is no doubt that we will settle the account by banker's draft at maturity.

Yours very truly,

주 ① clear the account with you : 귀사와 계산을 결제하다.
② payment conditions : 결제조건.
③ have any choice but to ~ : ~할 수밖에 없다, ~하는 것 이외에는 다른 방법이 없다.

사례 65 **대금송금 요청**

Gentlemen :

We are sorry to trouble you again by reminding you of our repeated letters asking the payment of your account which is two months overdue.

Having waited for two weeks since we sent you our third letter on April 25, we couldn't help concluding that you were facing to meet your obligation in a correct manner.

We want you to ask lastly to settle your full account by the end of May. If we don't receive your remittance by that time, there is no choice but to take legal proceedings against you to protect ourselves even though we are reluctant to do so.

Yours very truly,

주 ① remind you of ~ : 귀사에게 ~를 상기시키다.
② payment of your account : 귀사계정에 대한 결제.
③ can not help ~ing(=can not but) : ~하지 않을 수 없다.
④ in a correct manner : 온당한 자세로, 온당한 태도로.
⑤ there is no choice but to ~ : ~하는 이외 다른 방법이 없다, ~할 수 밖에 없다.
⑥ be reluctant to ~ : 마지못해 ~하다.

Review Exercises

연습문제

1. 다음은 수출입절차(export and import procedure) 중 일부의 내용이다. ( ) 안에 들어갈 내용이 순서적으로 알맞은 것은?

> Against the presentation of the 'Documentary Drafts' to the '(㉮)', Exporter 'A' receives the proceeds, the net value of the bill of exchange from the 'Negotiating Bank'.
> The 'Negotiating Bank' dispatches the 'Documentary Drafts', enclosing full set of'Shipping Documents' to the '(㉯)'.
> Exporter 'A' dispatches to the Importer 'B' the 'Advice of Shipment', enclosing one complete set of (㉰) shipping documents.
> The 'L/C Issuing Bank' presents the draft to the Importer 'B'. Upon the presentation of the draft, Importer 'B' pays the bill if it is (㉱) under 'Sight L/C' or he accepts the bill if drawn under 'Usance L/C'.

	㉮	㉯	㉰	㉱
①	Negotiating Bank	Issuing Bank	negotiable	drawn
②	Issuing Bank	Negotiating Bank	non-negotiable	draw
③	Negotiating Bank	Issuing Bank	non-negotiable	drawn
④	Issuing Bank	Negotiating Bank	negotiable	drawn

해설
- proceeds(pl) : 대금, 수익, 수입, 매상금
- Negotiating Bank : 매입은행
- the 'Documentary Drafts', enclosing full set of → the 'Documentary Drafts', which enclosed full set of
- Importer 'B' the 'Advice of Shipment', enclosing one complete set of non-negotiable shipping documents. enclosing 앞에 which is가 생략됨.
- non-negotiable shipping documents : 비유통성 선적서류
- if drawn = if it is drawn/ if나 when 등이 시간이나 조건을 나타내는 부사절에서는 현재형이 미래를 대신한다. 그러나 명사절이나 형용사절에서는 미래를 쓴다.

정답 : ③

2. "Uniform Rules for Collection(URC 522)"의 당사자로 볼 수 없는 것은?

① Principal　　② Remitting bank
③ Accepting bank　　④ Presenting bank

해설 추심결제방식의 관계당사자는 다음과 같다(추심에 관한 통일규칙 : URC : Uniform Rules for Collections, 1995 Revision ICC Publication No. 522. 제3조).

① 추심의뢰인(principal) : 물품을 선적하고 거래은행에 추심을 지시하는 수출상(seller, exporter)을 말한다.

② 추심의뢰은행(remitting bank) : 추심의뢰인으로부터 추심을 지시받은 수출국의 은행이다.

③ 추심은행(collecting bank) : 추심의뢰은행이 요청한 추심의뢰서(collect order)에 따라 지급인에게 추심하여 대금을 송부하는 수입국의 은행을 의미한다.

④ 제시은행(presenting bank) : 지급인에게 제시를 하는 수입국의 은행을 의미한다. 추심의뢰은행으로부터 추심의뢰를 받은 추심은행은 수입자와의 거래관계 등으로 인하여 직접 수입자에 대한 서류의 제시가 곤란한 경우에는 다른 추심은행(제시은행)으로 추심서류를 송달하여 다시 추심의뢰하게 된다(대개의 경우는 추심은행이 수입상의 거래은행이 되도록 추심은행을 선정한다. 즉, 조속한 추심을 위하여 최초의 추심은행이 제시은행이 되도록 하는 것이다). 추심당사자는 아니지만 지급인(drawee)은 추심의뢰서에 따라 제시은행으로부터 지급(payment) 또는 인수(acceptance)를 위한 제시를 받고 만기일에 대금을 지급하는 자를 말하며 추심의뢰서에 따라 제시를 받아야 할 수입상(buyer, importer)을 의미한다.

정답 ③

3. 신용장관련 분쟁의 해석순위에서 신용장통일규칙(UCP), 각국의 신용장관계법률(Law), 국제표준은행관행(ISBP), 신용장상의 기재사항(L/C) 중 먼저 적용되는 우선 순위로부터 정확하게 나열하는 것은?

① Law → ISBP → UCP → L/C　　② Law → UCP → ISBP → L/C

③ Law → L/C → UCP → ISBP　　④ Law → UCP → L/C → ISBP

해설 해석순위에서 우선적으로 적용되는 순서는 ① 각국의 신용장 관계법률(Law) ② 신용장상에 기재되어 있는 내용 ③ 국제규칙(Rule)인 신용장통일규칙(UCP 600) ④ 국제표준은행관행(ISBP) 등이다. 당사자간의 합의(특약)에 따라 국제규범이나 관습은 배제할 수 있다. 그러나 당사자간에 합의한 사항이라 할지라도 국내 강행법규와 상치되면 이를 이행할 수 없다(국내 강행법규 ⇒ LC상의 특약 ⇒ UCP).

정답 ③

4. 다음은 무역거래에서 사용되는 서류에 대한 설명이다. 연결이 잘된 것을 고르시오.

(a) This is a document which is tendered by shipper to shipping company in order to get clean bill of lading.
(b) This is a itemized list issued by exporter showing quantity, description of goods, unit price, total amount, full name/address of importer, and dates.
(c) This is a document certified by an official of importing country in the exporting country showing information such as the consignor, consignee and value of the shipment.
(d) This document is an invitation to the buyer to place an order and often required by him so that authorities of the importer's country grant him an import licence and/or foreign exchange permit.

	(a)	(b)	(c)	(d)
①	commercial invoice	letter of indemnity	pro-forma invoice	consular invoice
②	commercial invoice	letter of indemnity	consular invoice	pro-forma invoice
③	letter of indemnity	commercial invoice	consular invoice	pro-forma invoice
④	letter of indemnity	consular invoice	commercial invoice	pro-forma invoice

해설 (a) 무사고 선하증권을 얻기 위해 화주가 선박회사에 제출하는 서류.

▸ 화주에 의해 서명된 파손화물보상장(Letter of Indemnity)이라고 불리는 서류는 불편을 만회하기 위하여 선사에게 제공될 수 있는데 결함상태인 선적품에 대하여 무사고 선하증권을 발행하는 것에 대하여 선사에게 해가 없도록 하는 것이다.

(b) 상품의 수량, 명세, 단가, 총액, 수입업자의 이름과 주소, 날자 등을 보여주는 수출업자에 의해 발행된 목록화된 명부.

▸ 선적된 물품과 지급해야 할 금액의 명세서인 무역서류. 그것은 선적된 물품을 기술하고 매수인과 매도인간에 합의된 것으로서 세목과 함께 가격을 열거하고 있다 → Commercial Invoice

(c) 송화인, 수화인, 선적품의 가액과 같은 자료를 보여주는, 수출국내의 수입국 관리에 의해 입증되는 서류.

▸ 영사송장(수입시 외화도피 및 관세포탈을 방지하기 위해 수출국 주재 수입국 영사의 확인을 목적으로 하는 송장 → Consular Invoice

(d) 수입자에게 주문을 유도하는 서류이면서, 수입국에서 수입승인 그리고/또는 외환거래 허가를 획득하기 위해 가끔은 수입업자가 요구하는 서류.

▸ 수입업자가 수입승인 또는 외환허가를 신청할 수 있도록 하기 위해 매수인에게 송부될 물품의 가격, 종류, 수량 그리고 중요한 명세들(중량, 규격, 유사한 특징)을 통지하고 상품의 매매나 선적이전에 수출업자에 의해 제공되는 상업송장 → Proforma Invoice.

정답 ③

5. 발행은행의 선적서류 심사기준에 대한 설명으로 틀린 것은?

① 발행은행은 상당한 주의를 기울여 신용장통일규칙에 반영된 국제표준은행관행에 따라 심사한다.

② 제시된 서류 상호간에 모순이 있는 경우 서류가 신용장조건과 불일치한 것으로 간주한다.

③ 신용장에서 요구하지 않은 서류(추가서류)를 제시한 경우 엄밀일치의 원칙에 따라 신용장조건과 불일치한 것으로 간주한다.

④ 수출자가 직접 작성한 서류에 대해서는 엄밀일치의 원칙을, 제3자가 작성한 서류에 대하여는 실질일치의 원칙을 적용한다.

해설 서류심사의 기준 <UCP 600 제14조>

① 은행은 신용장에 규정된 모든 서류를 상당한 주의를 기울여 심사함으로써, 그 서류가 문면상 신용장의 제조건과 일치하게 표시되어 있는가를 확인하여야 한다. 서류 상호간에 문면상으로 모순되게 표시된 서류는 신용장의 제조건과 문면상 불일치한 것으로 본다.

② 발행은행, 확인은행(있는 경우) 또는 이들을 대신하여 행동하는 지정은행은 각각 서류를 심사하여 그 서류를 수리 또는 거절할 것인가를 결정하고 이에 따라 서류를 송부해 온 당사자에게 통고하는데 있어서 서류의 수령익일로부터 제7은행영업일을 경과하지 아니한

범위 내에서 상당한 기간을 향유할 수 있다.

③ 신용장이 그와 일치하게 제시되어야 할 서류에 대한 언급 없이 조건만을 내포하고 있는 경우에는, 은행은 그러한 조건이 언급되지 아니한 것으로 보고 이를 무시한다.

④ UCP 37조 c항 "상업송장의 상품명세는 신용장상의 상품명세와 일치하여야 한다. 기타의 모든 서류상의 상품명세는 신용장상의 상품명세와 모순되지 아니하는 일반용어로 기술될 수 있다."

* 발행은행은 신용장에 명시되어 있지 않는 서류는 심사하지 않는다. 그리고 그러한 서류를 접수한 경우는 반려하거나 책임을 지지 않고 이첩시킨다.

정답 ③

6. 매입은행에서 서류심사 과정에 <u>선적서류상의 하자를 발견할 경우 처리방법</u>에 대한 설명이다. <u>틀린 것은?</u>

① Collection Basis로 전환 : 수출자의 신용이 비교적 양호한 경우에 채택하는 방법으로 전환과 동시에 '신용장통일규칙' 대신 '추심에 관한 통일규칙'이 적용된다.

② Cable Nego : 매입은행이 발행은행에 수리여부를 조회한 이후에 매입여부를 결정한다.

③ Amend 후 Nego : 수출업자가 수입업자에게 요청하여 하자서류에 일치하도록 신용장 조건을 변경한 후 매입을 실행한다.

④ L/G Nego : 수출업자는 수입업자로부터 하자사항에도 불구하고 수입대금을 결제한다는 확인을 받으며, 매입은행은 수출자로부터 보상장을 징구한 후 매입을 실행한다.

해설 하자서류의 처리방법

① 추심방식(collection basis) : 하자가 있는 서류를 매입하지 않고 환어음을 추심한 후 입금된 후에 대금을 지급하는 방식으로 신용장발행은행과 수익자의 신용도가 불확실하거나 부도가능성이 높은 경우에 취하는 방식이다. 하자내용 중에서 중대한 결함이 있거나 지급거절의 가능성이 많은 경우 또는 환거래은행이 아닌 은행이 발행한 신용장으로서 진정성을 확인하지 못하는 경우에는 추심방법을 이용하고 있다.

② 전신조회매입(cable negotiation) : 신용장의 개설은행 앞으로 서류의 하자내용을 통지한 후 매입의 허용 여부를 전신으로 조회한 후 승낙하는 경우에 매입하는 방식으로 이때 전신료는 수익자가 부담하며 가장 확실한 방법이다. 불일치하는 내용에도 불구하고 발행은행의 매입에 대한 동의는 신용상의 조건변경과 동일한 효과를 지니기 때문에 안전한 매입방법이 되지만 전신으로 매입여부를 조회하는 시점에서 불일치하는 하자사항을 철저하게 심사하여야 하는 부담도 있다.

③ 보증서부매입(Letter of Guarantee Negotiation : L/C Nego), 보상장 혹은 유보 조건부 매입(letter of indemnity or under reserve) : 신용장의 수익자가 신용장의 제조건과 불일치내용을 확인하고 그러한 불일치내용으로 인하여 매입한 환어음이 지급거절되어 반환되는 경우에 발생되는 비용 및 손해는 수출거래약정서에 따라서 부담한다는 내용의 확인서 또는 보상장(Letter of Guarantee)을 징구하고 매입하는 보증서부 매입방법이다. 불일치하는 내용이 비교적 경미하고 대금의 회수가 확실하다고 판단되는 경우와 매입한 서류가 하자로 인하여 부도 반환되었을 경우에 매입대전 및 부대비용의 상환청구에 문제가 없는 것으로 판단되는 경우에 이러한 방법을 이용한다.
수익자로부터 담보물을 확보한 후 부도 시 수익자에게 상환청구권을 행사한다는 조건으로 매입하는 것으로 가장 보편화된 방식이다. 유보조건부 지급은 발행은행이 자신의

판단으로 또는 매수인의 지시에 따라 서류를 거절하게 되면 요구되는대로 수익자가 대금을 상환하여야 한다는 조건부지급으로 수익자의 신용상태가 양호할 때 주로 이용된다.

④ 조건변경(Amendment)후 매입 : 신용장을 하자있는 서류에 맞도록 조건변경을 요청하여 조건변경한 후 매입하는 방법으로 안전한 방법이지만 유효기일이 경과할 수 있다는 단점이 있다. 즉, 발행은행은 하자있는 서류에 대하여 수익자가 교섭하여 이를 수령한 익일로부터 제7영업일 이내에 하자의 보완을 요구할 수 있다. 시간적으로 여유가 있는 경우에 활용하는 것으로 가장 안전한 방법이다.

* 추심결제방식으로 전환하는 방법은 서류상 중대한 하자가 발견되어 부도가 거의 확실하고, 수출자의 신용상태가 불량하여 부도시 어음 소구권을 행사하기 어렵다고 판단할 경우에 채택한다.

정답 ①

7. 발행은행의 서류심사에 대한 설명으로 틀린 것은?

① 상업송장은 엄밀일치의 원칙에 따라 심사한다.

② 서류 상호간에 기재사항이 모순된 경우 서류가 신용장조건과 일치하지 않는 것으로 본다.

③ 은행은 서류의 사기성에 대하여는 심사할 의무를 부담하지 않는다.

④ 서류심사기간은 서류의 수령일로부터 제7일까지이다.

해설 은행의 서류검토 기준(International Standard Banking Practice, 국제표준은행관행)과 그 개요를 설명하면 다음과 같다.

① 서류는 문면상으로만 검토한다.

② 서류검토의 국제표준은행관행이다(예를 들면 상업송장의 상품명세는 신용장상의 상품의 명세와 일치하여야 한다. 다른 모든 서류에 있어서 상품은 신용장상의 상품설명과 모순되지 않는 일반적인 용어로 설명할 수 있다).

③ 서류상호간 모순이 있으면 하자이다.

④ 신용장에서 요구하지 않는 서류는 반환한다.

⑤ 서류검토는 접수익일보터 최장 5 은행영업일 이내에 한다.

⑥ 서류의 요구가 없는 조건은 무시한다.

* 발행은행의 서류심사기간은 권리기간으로서, 발행은행이 수령한 날 다음부터 은행영업일 기준으로 5일을 경과하지 않는 범위에서 상당한 시간을 대금지급을 유예할 수 있는 권리기간으로 향유할 수 있다.

정답 ④

8. 신용장거래에서 다음의 운송서류에 대한 설명 중 적절하지 않은 것은?

① 선하증권은 전 운송이 하나의 동일한 선하증권에 의하여 포괄된다면 물품이 환적될 것이라거나 환적될 수 있다는 것을 표시할 수 있다.

② 운송인이 환적할 권리를 갖고 있음을 기재한 선하증권의 조항은 무시된다.

③ 신용장에서 하역항을 일정 범위의 항구들 또는 지리적 지역으로 표시한 경우 용선계약부 선하증권상의 하역항은 반드시 특정항구로 표시하여야 한다.

④ 신용장의조건이 용선계약의 제시를 요구하더라도 은행은 용선계약을 심사하지 않는다.

해설 UCP 제20조(선하증권) c항

- 선하증권은 전 운송이 하나의 동일한 선하증권에 의하여 포괄된다면 물품이 환적될 것이라거나 환적될 수 있다는 것을 표시해도 무방함
- 운송인이 환적할 권리를 갖고 있음을 기재한 선하증권의 조항은 무시됨

* UCP 제22조(용선계약부 선하증권)

- 신용장에 기재된 선적항으로부터 하역항까지 선적을 표시하여야 함.
  하역항은 또한 신용장에 기재된 바에 따라 일정 범위의 항구들(a range of ports) 또는 지리적 지역(a geographical area)으로 표시할 수 있음
- 신용장 조건이 용선계약의 제시를 요구하더라도 은행은 용선계약을 심사하지 않음.

정답 ③

9. 신용장의 발행의뢰인인 수입상이 수입 신용장 결제자금이 없을 때 필요한 서류와 가장 관계가 깊은 것은?

① Trust Receipt ② Letter of Guarantee
③ Letter of Indemnity ④ Credit Facility Agreement

해설 Trust Receipt(T/R)는 수입상이 결제자금이 없을 때에 발행은행에 제출하는 서류이다. T/R은 예컨대 일람불 신용장조건이나 D/P 조건으로 수입시, 결제자금이 없을 경우 수입상은 수입화물을 일정한 신탁적 목적에 한해 처분할 것을 명기한 수입담보물 보관증을 수입대금 결제은행에 차입하고, 선적서류를 교부받아 화물을 통관 후 판매하여 어음대전을 결제하게 되는 것을 대도(貸渡)라 한다. 이 제도의 목적은 은행이 수입상에 대해 화물의 점유를 허용하면서 수입화물에 대한 담보권을 계속 유지하고자 하는 데 있다. 대도는 수입상의 신용이 양호해야 하고, 통관된 물품을 타 대출의 담보로 사용이 불허됨을 물론 판매대금을 결제자금으로만 사용해야 한다.

정답 ①

10. 신용장거래에서 환어음에 대한 다음의 설명 중 틀린 것은?

① 만기일 산정과 관련하여 사용된 From과 After는 동일하게 해당일자 다음 날로부터 만기일을 산정한다.

② 신용장이 90 days from B/L date의 환어음을 요구하는 경우, 선적일자가 각각 다른 여러 통의 선하증권이 제시되면서 하나의 환어음이 제시되었다면 가장 늦은 선적일자가 만기일 계산에 사용된다.

③ 신용장에서 요구하는 서류의 하나로 발행의뢰인을 지급인으로 하는 환어음을 요구할 수 있다.

④ 연지급신용장과 같이 환어음을 제시할 필요가 없는 경우에는 지급은행이 제시인에게 만기일을 통보할 필요가 없다.

해설 ㉮ ISBP 681 제43-d조 : UCP600 제3조는 환어음의 만기일을 산정하는데 사용되는 from 및 after라는 단어에 대하여 설명하고 있고 만기일의 산정은 서류일자, 선적일자, 또는 다른 사건의 일자 다음날로부터 시작된다. 즉 3월 1일 후(after) 또는 부터(from) 10일은 모두 3월 11일이 된다.

㉯ ISBP 681 제43-f조 : 만일 신용장에서 환어음의 발행을 요구하고, 하나 이상의 선하증권 전통이 하나의 환어음과 함께 제시되면 선하증권 중 가장 늦게 발행된 것의 일자가 만기일 산정에 사용된다.

㉰ ISBP 681 제54조 : 신용장은 발행의뢰인을 지급인으로 하는 환어음을 요구되는 서류의 하나(one of the required documents)로 발행될 수 있으나, 발행의뢰인을 환어음의 지급인으로 하는 환어음을 발행해서는 안 된다.

㉱ ISBP 681 제47조 : 모든 경우에 있어서 지급은행은 제시인에게 만기일을 통보하여야 한다. ISBP43~47조에서 설명한 만기일을 산정하는 예는 연지급으로 지정된 신용장 즉 수익자가 환어음을 제시할 필요가 없는 경우에도 또한 똑같이 적용된다.

정답 ④

11. 다음의 표현이 신용장에서 사용된 경우 국제표준은행관행(ISBP)에 따른 의미에 대한 설명으로 맞지 않는 것은?

① Shipping documents : 신용장에서 요구하는 환어음을 포함한 모든 서류

② Stale documents acceptable : 선적일 후 21일이 경과해서 제시된 서류라 해도 신용장의 유효기간 이내에 제시되는 한 수리 가능함.

③ Third party documents acceptable : 환어음을 제외한 상업송장을 포함하는 모든 서류는 신용장의 수익자 이외의 사람에 의하여 발행될 수 있음.

④ Exporting Country : 수익자가 소재하고 있는 국가 또는 물품의 원산지 또는 운송인이 물품을 수령하는 국가 또는 발송이 이루어지는 국가

해설 선적서류(Shipping documents)는 신용장에서 요구하는 환어음을 제외한 모든 서류(운송서류(Transport documents)만이 아님)를 의미함.

"Shipping documents"	환어음을 제외한 신용장에서 요구하는 모든 서류
"Stale documents acceptable"	서류가 유효기일 내에 제시된다면 선적일자 후 21일이 경과되어 제시된 서류를 수리함
"Third party documents acceptable"	환어음을 제외한 모든 서류들(상업송장을 포함)이 수익자가 아닌 다른 자가 발행하여도 무방하다는 의미임
"Exporting country"	수익자가 소재한 국가/상품의 원산지 국가/운송인이 상품을 수취한 국가/선적이나 발송이 이루어진 국가 등 → 여러 가지 의미로 사용되므로 정확한 국가명을 명시하여 불필요한 분쟁을 사전에 예방하는 것이 바람직함

▸ ISBP 681 제21조 : "선적서류(shipping documents)", "기일경과서류 수리가능(stale documents acceptable)", "제3자 서류 수리가능(third party documents acceptable)", "수출국가(exporting country)" 등의 표현은 UCP 600에서 정의되지 아니한 것이므로 이를 사용하지 말아야 한다. 신용장에서 이를 사용하는 경우에는 그 의미가 명확하게 나타나 있어야 한다. 그렇지 아니한 경우, 이는 국제표준은행관행에 따라 위와 같은 의미를 갖는다.

정답 ①

12. 신용장거래에서 다음의 선하증권에 대한 설명으로 옳은 것은?

① 신용장에서 해성 선적을 요구하는 선하증권의 제시를 요구하는 경우 그 서류의 제목은 반드시 'Marine Bill of Lading', 'Ocean Bill of Lading', 'Port-to-Port Bill of Lading' 등으로 표시되어야 한다.

② 신용장에서 통지처(notify party)를 명시하지 않으면 선하증권의 해당 항목은 공란으로 남겨 놓거나 어떠한 방식으로 기입되어도 관계없다.

③ 선장이 선하증권에 서명하는 경우 선장은 이름을 명시하고 선장으로서 서명하여야 한다.

④ 선하증권 상의 상품 명세서는 신용장의 그것과 엄밀하게 일치하여야 한다.

해설 ① ISBP 681 제92조 : UCP600 제20조를 충족하기 위해 선하증권은 항구에서 항구로의 선적을 나타내야 하지만, "Marine Bill of Lading", "Ocean Bill of Lading", "Port- to-Port Bill of Lading" 또는 유사한 방식의 제목을 필요로 하지 않는다.
② ISBP 681 제103조 : 신용장에서 통지처를 명시하지 않으면 선하증권의 해당 항목은 공란으로 남겨 놓거나 어떠한 방식으로 기재되어도 관계없다.
③ ISBP 681 제94-b조 : 만일 선장이 선하증권을 서명하는 경우 선장의 서명은 "선장"의 서명으로 표시되어야 한다. 이 경우 선장의 이름은 명시할 필요가 없다.
④ ISBP 681 제108조 : 선하증권상의 상품명세는 신용장의 것과 불일치하지 않는 범위 내에서 일반적인 용어로 표기 가능하다.

정답 ②

13. 수입신용장을 발행한 후 하자있는 선적서류가 도착한 경우 발행은행의 업무처리에 대한 다음의 설명 중 적절하지 않은 것은?

① 발행은행이 제시된 서류가 일치하지 않는다고 판단하는 때에는 자신의 독자적인 판단으로 하자에 대한 권리포기(waiver)를 위하여 발행의뢰인과 교섭할 수 있다.

② 지급거절 통지서에는 매입을 거절한다는 사실과 매입을 거절하는 하자사유를 전부 표시하여야 하며 서류의 처분방법에 대하여 명시하여야 한다.

③ 발행은행이 대금 지급거절 통지를 한 경우로서 해당 신용장 대금이 이미 지급된 상환대금에 대지급거절 통지는 전신에 이해, 전신이 불가능한 경우에는 다른 신속한 수단으로, 제시일 의한 반환 청구권을 갖게 되나, 상환대금과 관련된 이자에 대해서는 청구할 수 없다.

④ 다음날로부터 기산하여 3영업일 이내에 이루어져야 한다.

해설 발행은행이 결제를 거절하고 거절통지를 한 때에는 그 은행은 이미 지급된 상환대금을 이자와 함께 반환 청구할 권리를 갖는다. 부도통보시 서류처분의 방법은 과거에는 ㉮ 제시자의 추가지시가 있을 때까지 은행이 서류를 보관(HOLD) ㉯ 은행이 서류를 반환할 것이라는 사실(RETURN) 등의 두 가지의 방법만 허용하였으나, 현재는 동두 가지 외에 ㉰ 은행이 사전에 제시자가 보내는 지시에 따라 행동할 것이라는 사실, ㉱ 발행의뢰인으로부터 권리포기를 받고 이를 받아들이기로 동의하거나, 또는 권리포기를 받아들이기로 동의하기 이전에 제시자로부터 추가지시를 받을 때까지, 발행은행이 서류를 보관할 것이라는 사실 등 두 가지 방법이 추가되었다.

정답 ③

Claim & Adjustment

Chapter 11

무역클레임과 상사중재

1 무역클레임의 의의

클레임(claim)이란 당사자간의 거래계약에 따라 이행하면서 그 계약의 일부 또는 전부의 불이행으로 인하여 발생되는 손해를 상대방에게 청구할 수 있는 권리를 포괄적으로 말한다. 클레임은 일상적인 무역용어로서 "상거래상의 트집(말썽)·불평·불만·항의", "손해배상청구" 또는 "배상청구의 액수" 등을 의미하기도 하지만, 넓게는 수출업자 및 수입업자의 일방이 계약의 내용에 따라 이행을 하지 않았을 때 그로 인하여 입은 손해를 상대방에게 청구하는 무역거래상의 클레임(business claim)을 의미한다. 즉 클레임이란 수출입거래의 당사자 또는 이해관계인에게 제기하는 거래상의 불만을 비롯하여 손해배상이나 기타의 의무이행을 청구하는 것을 말한다.

한편, 무역클레임은 수출업자나 수입업자 어느 당사자에게나 발생하지만, 수입업자로부터 수출업자에게 제기되는 경우가 압도적이므로 일반적으로 무역클레임이라 하면 수입업자가 수출업자에게 제기하는 객관적 손해배상청구를 말하게 되며, 이때 당사자 중 피해자를 Claimant(클레임 제기자), 손해책임자를 Claimee라고 한다.

2 무역클레임의 종류

(1) 계약자체에 관한 클레임

계약당사자의 일방이 계약을 일방적으로 파기하는 사례, 즉 매수인이 계약 당시에 비하여 물가가 하락하게 되는 경우에 계약의 취소를 통고하거나 신용장발행을 하지 않는 경우 또는 도착항에 도착한 상품의 인수를 거절하는 예도 있다. 또 반대로 계약 당시보다 물가가 급등한 경우에는 매도인이 계약의 취소를 원하게 된다.

(2) 상품에 관한 클레임

품질불량에 연관된 클레임이 대부분 이에 속한다고 보아도 과언이 아니다. 특히 견본을 보고 계약을 체결한 경우에 발생할 가능성이 많다. 왜냐하면 견본은 최상품을 채택하나 실제 거래상품은 이보다 열등품을 이용하기 때문이다.

① 품질불량(inferior quality), 품질상위(different quality), 이품혼입(different quality mixed in), 변질 및 변색(deterioration and discoloration), 규격상위 등의 품질에 대한 클레임

② 계약된 상품의 수량상위(diminution), 상품의 중량이 계약된 중량과 상이한 경우(light weight, short weight)등의 수량과 관련된 클레임이다.

③ 선적지연(delayed shipment), 선적불이행(non-delivery), 환적(transhipment), 취급 불량(bad handling), 분실(missing), 도난(pilferage) 등의 선적 및 운송에 대한 클레임이다.

④ 불량포장(wrong packing), 부정포장(false packing), 포장결함(defective package), 불완전포장(insufficient packing), 하인누락(no mark), 파손 등의 포장에 관한 클레임이다.

⑤ 대금미지급(non-payment)이나 부정송장(error in invoice) 등 결제에 대한 클레임이다.

3 무역클레임의 발생원인

(1) 간접적 요인

첫째, 청약(offer)과 승낙(acceptance) 즉, 무역계약의 성립요건에 대한 법리를 잘 알지 못하여 클레임이 발생하는 경우가 많다. 청약과 승낙은 각국이나 법규마다 그 법적 효력을 달리 하고 있을 뿐 아니라 문언을 잘못 해석하거나 승낙 및 유효기일을 착오함으로써 무역클레임이 발생하기도 한다.

둘째, 무역통신의 특유한 용어들은 오랜 실무상의 경험과 숙달이 필요하므로 당사자간에 의견의 차이가 발생할 수 있으며, 계약당사자가 각기 사용하는 언어가 상이함으로 클레임이 발생하기도 한다.

셋째, 각 국의 법과 상관습의 상이함으로 인하여 클레임이 발생하기도 한다. 즉, 무역거래에 적용되는 법과 규칙에는 INCOTERMS와 UCP, URC, URR, 뉴욕협약,

Vienna 협약 등이 있다. 이들을 준거법규로 채택하기로 당사자간에 약정되지 않으면 큰 혼란이 발생하므로 사전에 철저한 합의가 요구된다.

넷째, 거래 상대방의 신용조사(credit investigation)를 불철저하게 조사해서 클레임이 발생하기도 하므로 거래당사자들은 서로 상호간에 국내외 신용조사 기구나 국내외 공관들을 통하여 거래상대방의 신용을 철저히 조사해야 한다.

다섯째, 국가마다 서로 다르게 사용되고 있는 도량형 등으로 인하여 발생하기도 하며, 상대국의 식품위생법이나 독과점 법, 공업소유권 등에 정통하지 못하거나 저촉이 되어 발생하기도 한다.

여섯째, 무역실무 지식의 부족으로 무역클레임이 발생하며, 물품수송 중의 위험이 발생하여 클레임이 제기, 즉, 수송중의 사고는 해상보험제도로 커버되나 보험조건에 따라서는 커버되지 않음으로써 클레임이 발생하기도 한다.

(2) 직접적 요인

무역클레임의 발생은 위에서 설명한 간접적인 요인에 의해서도 발생하기만, 직접적인 요인에 의해서도 발생한다. 즉, 무역계약의 체결과정에서 과실, 오해, 착오, 부주의 등에 의하여 무역클레임이 발생할 수 있으므로 계약 체결시는 전문가의 자문을 얻어서 체결함이 분쟁을 예방하는데 좋다. 특히, 계약은 거래당사자를 직접 구속하므로 반드시 계약서에는 당사자명과 품명, 품목, 품종, 규격, 수량, 단가, 금액, 포장조건, 선적시기, 결제조건, 신용장조건(발행일자 등), 보험조건, 면책조항, 클레임 통지기한 등을 명확히 약정하여야 하며, 장래에 발생될지 모르는 분쟁의 해결을 위하여 중재조항 등을 삽입하고 당사자가 기명·날인하여 거래를 하여야 한다.

4 무역클레임의 제기

(1) 무역클레임의 제기절차

클레임의 당사자는 수출상의 입장에서는 상대 수입상, 신용장발행은행, 선박회사 또는 보험회사, 국내의 제조업체, 하역회사·포장회사·창고회사 등의 여러 관련자들 가운데서 정하게 되고, 수입업자의 입장에서는 상대 수출업자, 외국의 제조업자, 선박회사 또는 보험회사, 국내 매수인, 하역회사·창고회사·국내 운송업자 등의 여러 관련자들 가운데서 결정하게 된다.

클레임의 제기사유가 발생하면 먼저 누구를 상대로 클레임을 제기할 것인가를 결정하여야 한다. 이를 위해서는 클레임 사유의 발생원인과 책임소재가 누구에게 있는가를 잘 분석하여야 한다. 손해를 입은 당사자는 손해를 유발시킨 당사자에게 무역클레임을 제기하고 구상권을 행사하여야 한다. 그런데 클레임은 쌍무적이고 객관적 타당성과 그 진위로부터의 구상권을 행사함으로써 명백히 보장받을 수 있으므로 세심한 절차가 없는 무역클레임은 법률적 효력을 보장받을 수 없다.

(2) 물품의 검사와 통지의무

수입물품을 인도 받는 매수인은 이를 수령함에 있어 최우선적으로 그 물품이 계약목적에 합치되는지를 외견상으로 검사하여 만약 하자(흠)를 발견하였거나 수량이 부족하면 지체없이 매도인에게 통지하여야 한다. 이러한 검사와 통지는 매수인의 필수적인 권리이며 의무이므로, 이를 태만히 하면 법률적 청구권을 상실한다. 클레임의 사유를 발견하면 그 개요에 대하여 클레임통지서(claim notice)를 전신이나 FAX를 이용하여 발송한 후 곧이어 확정된 클레임 제기서장을 송부하여야 한다.

클레임제기서장에는 ㉮ 클레임 사실진술서(statement of claim), ㉯ 손해액과 기타 제비용을 명세별로 명확하게 기술된 청구액에 대한 손해명세서(particulars of loss sustained), ㉰ 국제적으로 권위가 있는 국제 공인검정기관의 검사보고서(survey report), ㉱ 청구서, ㉲ 기타 사실을 입증할 수 있는 서류를 첨부하여야 하며 클레임 사실진술서는 6하 원칙에 따라 간단하되 구체적으로 기술하여야 한다.

제기된 클레임을 상대방이 수락하는 경우 손해배상금을 받거나 대체품의 송부 등을 청구할 수 있다. 그러나 상대방이 이를 거절하면 상사중재기관 등 제3자에게 요청하여 이를 해결하여야 한다.

(3) 무역클레임의 제기기간

국제무역거래의 안전성과 신속성을 위하여 각종 무역계약서에 설정되고 있는 클레임 제기기한은 "클레임을 제기할 수 있는 권리의 행사예정기간"이므로 클레임의 제기는 무역계약서에 약정된 조건에 따라서 행한다.

클레임의 제기기간에 관한 약정은 일종의 면책조항으로 규정된 기간이 경과하면 법률적인 구상권(求償權)이 상실되므로 클레임 제기기간은 약정에 따라 결정될 사항이나 특별한 약정이 없으면 각국의 입법사항이 서로 다르므로 유의하여야 한다. 제기기간은 대개 거래되는 물품의 검사와 통지의 의무기간과 동일한 것으로 보며 물품의 검사와 통지의무는 국제협약과 각국의 입법에 따라 다소간 차이가 있다.

우리나라 상법의 경우는 매수인이 목적물을 수령한 때에는 지체없이 이를 검사하여야 하며, 하자(瑕疵) 또는 수량부족 등을 발견한 때에는 즉시 매도인에게 그 통지를 하여야 하고 이러한 통지를 발송하지 아니하면 이로 인한 계약해제, 대금감액 또는 손해배상을 청구하지 못하도록 하고 있다(상법 제69조). 다만, 매매의 목적물에 즉시 발견할 수 없는 하자가 있는 경우에는 매수인이 6개월 내에 이를 발견하면 즉시 통지하고 배상을 요구할 수 있다.

일본 상법(제526조)에서는 즉시 검사, 하자 발견 후 즉시 통지토록 규정하고 있고, 미국의 통일상법전에는 합리적인 기간내(within a reasonable time)에 이의를 제기하도록 규정하고 있다(UCC 제2-606조).

한편, 국제물품매매계약에 관한 UN협약(일명 비엔나 협약)에서는 실행 가능한 짧은 시간 내 물품의 검사, 합리적인 기간 내 통지 등을 규정(제38조, 제39조)하고 있으나 최대 소멸시효 기간이 최대 20년으로 되어 있다. CIF계약에 관한 Warsaw-Oxford 규칙 제19조에는 합리적인 검사와 검사완료 후 3일 이내에 통지할 것을 규정하고 있다.

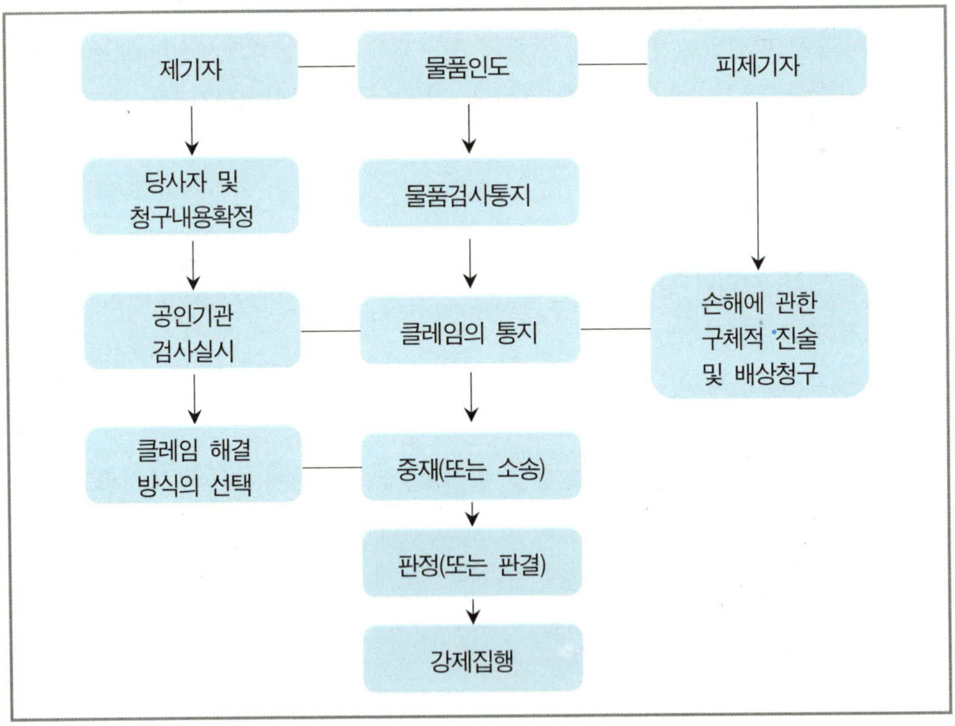

그림 11-1 무역클레임 제기의 절차도해

5 무역클레임의 해결방법

무역거래에서 최선의 방법은 클레임발생을 예방(prevention of legal disputes)하는 것이지만, 클레임이 발생하면 당사자가 서로 우호적으로 해결하는 것이 가장 바람직하다. 그렇지 못할 경우에는 제3자를 통하여 해결하게 된다. 그러므로 무역클레임의 해결방법은 예방 > 우호적 해결(타협과 화해, 청구권 포기) > 제3자를 통한 해결 혹은 예방 > 타협과 화해, 청구권 포기 > 알선 > 조정 > 중재 > 소송 순서로 된다.

(1) 매매당사자간의 해결

당사자간의 해결방법은 당사자간에 직접 교섭하여 우의적으로 해결하는 방법을 말하며, 무역클레임은 당사자간에 해결함이 가장 바람직하다.

1) 청구권의 포기(waiver of claim)

청구권의 포기는 경미한 클레임에 대해서는 클레임을 포기하고 단순경고(warning)를 함으로써 앞으로의 주의를 촉구하는 방법이다. 청구권 포기의 사유는 정신적, 육체적 에너지 낭비, 새로운 거래를 위해서 하는 경우가 많으나 ① 클레임의 구상금액이 너무 적은 경우, ② 상대방의 방어능력이 너무 강하거나 장차 거래가능 잠재력이 큰 경우, ③ 상대방의 재력이 너무 빈약하여 청구권을 행사하여도 이를 변제받을 가능성이 없는 경우에 이루어진다.

2) 타협이나 화해(compromise, accord, concord and amicable settlement)

동 방법은 당사자간의 직접교섭 즉, 쌍방의 타협으로 원만하게 클레임을 해결하는 방법으로서, 거의 대부분의 클레임은 이 방법에 의하여 해결되고 있다. 특히, 화해(amicable settlement)는 매매계약당사자간의 직접적인 교섭에 의하여 분생을 원만하게 해결하는 것으로서 가장 바람직한 해결방법이다.

(2) 제3자의 개입에 의한 해결

쌍방의 주장이 대립될 때, 쌍방 혹은 일방의 감정이 악화되어 제3자의 개입으로 냉정한 판단이 필요할 때 학식이나 경험이 많은 제3자를 개입하여 분쟁을 해결하는 방법인데, 분쟁당사자의 합의를 기초로 사인 또는 사적기관이 주체가 되어 분쟁을 처리하는 소송 이외의 분쟁처리제도(Alternative Dispute Resolution : ADR)가 있다. 국제거래에 대한 분쟁의 처리에 이용되는 ADR의 대표적인 것은 알선(intercession), 조정conciliation, 중재(arbitration) 등이 있다.

1) 알선(intercession : recommendation)

알선은 상공회의소나 상사중재원과 같은 공정한 제3자적 기관이 당사자의 일방 또는 쌍방의 요청에 의하여 사건에 개입, 원만한 타협이 이루어지도록 협조하는 방법이다. 알선은 쌍방의 협력이 없으면 실패로 돌아가며 강제력이 없는 점이 특이하다. 알선이 중재와 다른 점은 알선은 비형식적이며, 화해결과가 특별한 법적 보호를 받지 못한다는 점이다.

2) 조정(conciliation : mediation)

조정은 당사자쌍방이 타협에 의하여 완전하게 해결을 할 수 없는 경우에, 양당사자가 공정한 제3자를 조정인으로 선임하고 조정인(conciliator, reconciliator, mediator)이 제시하는 해결안(조정안)에 양 당사자가 자주적으로 합의함으로써 분쟁을 해결하는 방법이다. 한편, 알선은 조정보다 비형식적이며, 조정은 중재절차의 한 부분으로 취급되나, 알선은 권고의 성격을 가지며, 중재는 사법적이고 판정을 의미한다.

3) 중재(arbitration)

중재란 당사자간의 합의로 사법상의 법률관계를 법원의 소송절차에 의하지 아니하고 제3자인 중재인을 선임하여 그 분쟁을 중재인에게 맡겨 중재인의 판단에 양당사자가 절대 복종함으로써 최종적으로 해결하는 방법이다. 그러므로 중재는 당사자간 중재합의에 의하여야 하고 중재인의 판정에 절대 복종하여야 하며 그 결과는 강제성을 가질 뿐만 아니라 그 효력도 당사자간에는 법원의 확정판결과 동일하다. 또한 국제적 효력으로 「외국중재판정의 승인 및 집행에 관한 유엔협약」인 뉴욕협약에 가입한 외국에서도 그 집행을 보장해주고 승인해 주므로 소송보다도 더 큰 효력이 있다.

한편, 조정과 중재는 ① 제3자의 개입에 의한 해결, ② 소송보다 신속하고 비공식적인 해결방법, ③ 단심제로서 상소절차가 없다는 유사점을 가지고 있다. 그러나 조정과 다른 점은 조정의 경우는 조정안을 수락할 것인가의 여부는 당사자의 자유의사에 달려 있는 것이지만, 중재의 경우는 중재인이 제시한 중재판단을 당사자가 거부할 수 없다. 따라서 중재의 경우는 당사자의 일방이 중재의 판정에 따르지 않을 때에는 법원에 신청하여 상대방에 대하여 강제집행이 가능하다.

4) 소송(litigation : suit)

소송은 국가공권력 혹은 사법재판에 의한 클레임을 강제적으로 해결하는 분쟁해결 방법이다. 그러므로 외국과의 사법협정이 체결되어 있지 않기 때문에 그 판결은 외국에서 승인 및 집행이 보장되지 않는다. 동 해결방법은 무역클레임이 상호간의 대화로는 도저히 해결할 수 없는 경우에 이용되며, 중재와 비교하여 복잡한 소송절차, 3심제도, 비용의 과다, 공개주의 원칙의 단점을 가지고 있는 분쟁해결방법이다.

(3) ADR에 의한 해결

1) ADR의 개념

ADR(Alternative Dispute Resolution)은 재판 외의 대체적 분쟁해결제도를 말한다. 이는 무역거래를 비롯한 사적 거래에서 발생하는 분쟁을 재판에 의하지 않고 다른 방법으로 해결하는 제도인데 여기에는 대표적으로 알선, 조정, 중재 등이 있다.

일반적으로 분쟁을 사법적 절차에 의해 해결할 경우에는 시간, 비용 등이 많이 소요되고 재판과정에서 개인의 비밀이 누설된다. 따라서 개인들 간의 분쟁은 가능한 법정 밖에서 당사들 간에 우호적으로 해결하는 것이 바람직하다. ADR이 지니고 있는 장점은 일반 소송제도와 비교해 살펴보면 다음과 같다.

① 시간과 비용을 절약할 수 있다. 소송과 달리 ADR에서는 변호사를 반드시 대리해야 할 필요도 없으며, 또한 일심으로 해결되는 경우가 많기 때문에 시간과 비용을 절약할 수 있다.

② 개인의 비밀이 보장된다. ADR에서는 절차가 공개되지 않기 때문에 개인의 비밀, 영업상의 비밀 등이 유지된다.

③ 분쟁당사자간의 합의를 존중한다. ADR은 재판권을 인정하지 않고 당사자간의 합의에 의해 절차를 개시하고 분쟁해결을 유도한다.

④ 전문성이 보장된다. 법관에 의한 일률적인 판정이 아니라 분쟁의 내용에 따라 해당 분야의 전문가들이 판정을 함으로써 분쟁의 전문성이 보장된다.

2) On-Line ADR

On-Line ADR은 분쟁의 신청, 절차진행 등 모든 과정에서 인터넷, EDI와 같은 정보통신기술을 이용하여 신속히 분쟁을 해결하는 제도이다. ADR 그 자체로서도 소송에 비해 시간과 비용을 절약할 수 있지만 이를 온라인으로 처리함으로써 더욱더 신속히 분쟁을 해결할 수 있게 된다. 기존의 ADR 업무처리는 분쟁당사자들이 서면으로 신청서를 작성하여 이를 관련 기관에 우송하면 관련 기관은 그 내용에 따라 적합한 대응조치를 취하게 됨으로써 다소 시간이 소요되는 경향이 있다. 그러나 온라인으로 업무를 처리하게 되면 분쟁당사자들은 인터넷을 이용해 분쟁을 신청하고 답변서를 제출함으로써 분쟁해결이 신속히 진행될 수 있다. 그 동안 온라인 ADR은 소규모의 전자상거래분쟁 등에서 이용되었는데 오늘날에는 지적재산권의 분쟁, 명예

훼손, 프라이버시 분쟁, 국제상사분쟁 등에서 많이 이용되고 있어, 인터넷에 의해 시간과 국경을 초월하여 분쟁을 해결할 수 있는 무역거래에서도 유용하게 활용할 수 있다. 따라서 대한상사중재원에서도 기존의 업무를 온라인으로 처리할 수 있도록 사이버분쟁서비스체제를 구축하여 현재 사이버 알선, 상담의 신청, 사이버 조정, 사이버 중재 등 온라인 ADR 서비스가 실시되고 있다.

6 상사중재제도

(1) 상사중재제도의 의의

일반적으로 말하기를 중재는 재판보다 낫고, 알선은 중재보다 나으며, 분쟁의 예방은 알선보다 낫다고 한다. 무역업을 하는 사람으로서 분쟁에 당면한 경험이 있는 사람이라면 아마도 많은 비용과 장시간을 요하는 소송에 의해 분쟁을 해결하는 것보다 신속하고 비용이 적게 들며, 절차가 편리하고 기밀이 보장되면서도 공정한 분쟁 해결방법은 없는 것인가 하고 생각하게 되었으며, 이러한 소망의 결과로 탄생된 것이 바로 상사중재(commercial arbitration)이다.

즉, 중재는 사인간의 분쟁(또는 클레임)을 법원의 판결에 의하지 아니하고 당사자간의 합의로 사인인 제3자(즉 중재인)에게 부탁하여 구속력이 있는 판정을 구함으로써 최종적인 해결을 기하는 방법을 말한다. 상사중재는 계약당사자간에 자발적 중재합의에 의하여 당사자간에 현존하는 분쟁 또는 장차 발생 가능한 분쟁을 법원의 소송절차에 의하지 않고, 민간인인 제3자를 중재인으로 하여 그에게 분쟁의 공정한 해결을 부탁하기로 하는 합의가 있는 경우에만 중재인에게 제한적인 관할권을 줌으로써 그 위임된 분쟁에 한하여 중재인은 당사자들의 주장과 증거에 입각하여 최종적인 결정을 내리면서 당사자는 이에 구속을 받는 자주적 분쟁 해결방법이다.

(2) 상사중재제도의 특징

1) 자유합의에 의한 분쟁해결 부탁(voluntary reference)

중재는 분쟁의 양당사자가 그들의 자유의사에 의한 합의(중재계약)에 따라, 그들 자신이 선임하는 중재인에게 분쟁해결을 부탁하고 중재인이 내린 중재판정에 양당사자가 그러한 판정결과에 복종하기로 하는 제도인 것이다. 이에 반하여 소송은 일방의 당사자에 의하여 제기되고 국가가 임명하는 재판관에게 분쟁사건의 해결이 부탁되면 상대방은 피고의 입장에서 이에 대하여 항변하도록 강요를 당하게 되는 제도이다.

2) 평화적인 분위기에서 진행(peaceful atmosphere)

중재는 상호교섭과 호양의 수단에 의하여 평화로운 분위기 속에서 진행된다. 그러나 소송은 일방 당사자의 제소(complaint)나 소환(summons)의 수단에 의하여 억압적인 분위기 속에서 진행된다.

3) 중재절차의 비공개(closed procedures)

중재에 있어서의 중재절차는 당사자의 의사를 존중하여 비공개적으로 진행된다. 특히 국내외 상거래분쟁의 경우 거래의 비밀이 대외적으로 누설되는 폐단을 방지할 수 있고 그로써 대외신용의 계속유지가 보장된다. 그러나 소송에 있어서는 재판절차나 판결문이 공개되는 것이므로 기밀의 누설, 대외신용의 손상방지 등을 위한 보장이 유지될 수 없다.

4) 신속성(speediness)

중재판정은 중재계약에서 약정된 기간 내에, 중재규칙에 의해 정해신 득징기긴 내에 종결된다. 즉, 통상적인 기간은 최단기간은 1개월 최장기는 1년 이내에 이루어진다. 특히, 우리나라의 경우는 "중재가 개시된 날로부터 3개월 이내"로 규정되어 있어 신속성을 강조하고 있다. 그러나 소송에 의한 판결은 3심 제도를 채택하고 있기 때문에 중재에 비해 그 속도가 매우 느리다.

5) 저렴한 비용(low costs)

소송은 비용이 예측불가능하며 매우 비싸다. 왜냐 하면 그 절차가 높아질수록 위임변호사의 수나 소송기간이 연장되므로 총비용이 증가되기 때문이다. 그러나 중재는 신속성과 전문성 때문에 비용이 매우 저렴할 뿐 아니라 상설중재기관의 경우에는 미리 합리적으로 책정된 중재 요금표가 작성되고 공개되어 있기 때문에 매우 합리적이다.

6) 중재판정의 국제적 효력

중재판정은 국내에서는 법원의 확정판결 효력(중재법 제12조)이 있고, 국제적으로는 "외국중재판정의 승인 및 집행에 관한 UN협약(United Nations Convention on the Recognition and Enforcement of Foreign Arbitral Awards, 1958 : 일명 New York 협약)에 의하여 동 체약국간에는 타국의 중재판정은 호혜원칙에 의하여 승인하고 그 집행을 보장하고 있다.

(3) 중재계약

1) 중재계약의 법적 성질

중재는 중재 당사자간의 중재에 대한 합의가 그 본질이 되는 것으로 이때 당사자의 합의는 중재제도의 기초가 되는 것이며 또한 그것은 계약의 성질을 띠고 있다. 이러한 중재계약은 당사자가 중재를 합의한 서면에 기명날인 한 것이거나 계약 중에 중재조항이 기재되어 있거나, 교환된 서신 또는 전보에 중재조항이 기재된 것이어야 한다.

2) 중재계약의 요건

① 중재계약의 성립요건(전제요건) : 당사자가 능력이 있고 중재의사에 하자가 없고, 계약내용이 가능·확정·적법하고 사회적 타당성이 있어야 한다.

② 중재계약의 유효요건(기본요건) : 중재의 성립요건이 구비되었다 하더라도 중재의뢰를 원활하게 하기 위해서는 중재지, 중재기관, 적용할 중재법 등이 명시되어 있어야 한다.

③ 기타 절차진행요건 : 절차진행 요건으로 필요한 내용으로는 중재인수, 중재인, 중재비용 부담방법, 중재절차 진행시기, 심문방법 등이 있다.

3) 중재계약의 종류

중재계약은 체결시기에 따라 중재조항과 중재부탁계약으로 구분된다.

① 중재조항(arbitration clause) : 무역계약체결시 장차 발생할지 모르는 클레임에 대비하여 계약서상에 중재에 관한 조항을 설정해 둔 경우를 말한다. 무역거래에서 일단 분쟁이 발생하면 상대방으로부터 중재동의를 받는 것이 용이하지 않으므로 중재부탁계약(submission to arbitration)보다는 중재조항(arbitration clause)을 계약서에 계약조항으로 설정하여 두는 것이 바람직하다.

② 중재부탁계약(submission to arbitration) : 중재조항이 없는 상태에서 분쟁이 발생한 경우 당사자가 그 분쟁을 중재에 회부하여 해결하기로 합의한 것을 말한다.

4) 우리나라 중재절차의 일반적 진행과정

우리나라 중재절차의 일반적 진행과정 실무를 도해로 설명하면 다음과 같다.

① 사무국은 중재신청인으로부터 신청을 접수하면, 그 신청이 상사중재규칙에 적합한 것인지 여부를 확인하고 적합한 경우에는 쌍방 당사자에게 이를 접수하였음을 통지한다.

② 사무국은 접수통지와 함께 중재인 명부에서 중재인 후보자 10명을 선정하여 양당사자에게 보내면, 양당사자는 의장중재인과 기타 중재인에 대하여 선호순위를 표시하여 발송일로부터 국내중재의 경우 15일, 국제중재의 경우 30일 이내에 사무국에 제출하도록 한다(피신청인의 답변서를 15일 이내에 제출).

③ 사무국은 양당사자에 의해 제출된 중재인 후보자 선정명단 중에서 희망순위에 따라 선정된 중재인에게 수락서를 받아 중재판정부를 구성하고 심문기일을 정한다. 한편, 중재판정부 구성은 신청금액이 미화 3만 불 이하인 경우에는 1인, 이상인 경우에는 3인으로 구성된다.

④ 사무국은 양당사자에게 중재인 선정통지 및 심문기일을 통지한다.

⑤ 중재판정부, 당사자, 중재서기가 참석한 가운데 심문을 개시하여 진행한다.

⑥ 중재판정부는 사건내용에 따라 수차에 걸쳐 심문을 진행한 후, 당사자가 주장 및 입증을 다하였다고 인정할 때는 심문종결을 선언한다.

⑦ 중재판정부는 심문 종결일로부터 30일 이내에 중재판정을 내린다.

⑧ 중재판정문은 중재판정부의 서명날인을 받아 양당사자에게 송달하고, 예납된 중재비용은 정산한다.

※ 중재판정은 원칙적으로 중재가 개시된 날로부터 3개월 이내에 종결되나, 신청금액이 1,000만 원 이하의 국내 중재사건 혹은 당사자들이 신속절차에 따르기로 합의하는 경우에 중재인은 사무국이 지명하는 1인으로 구성되고 심문도 1회 개최를 원칙으로 하여 신속히 절차를 진행한다.

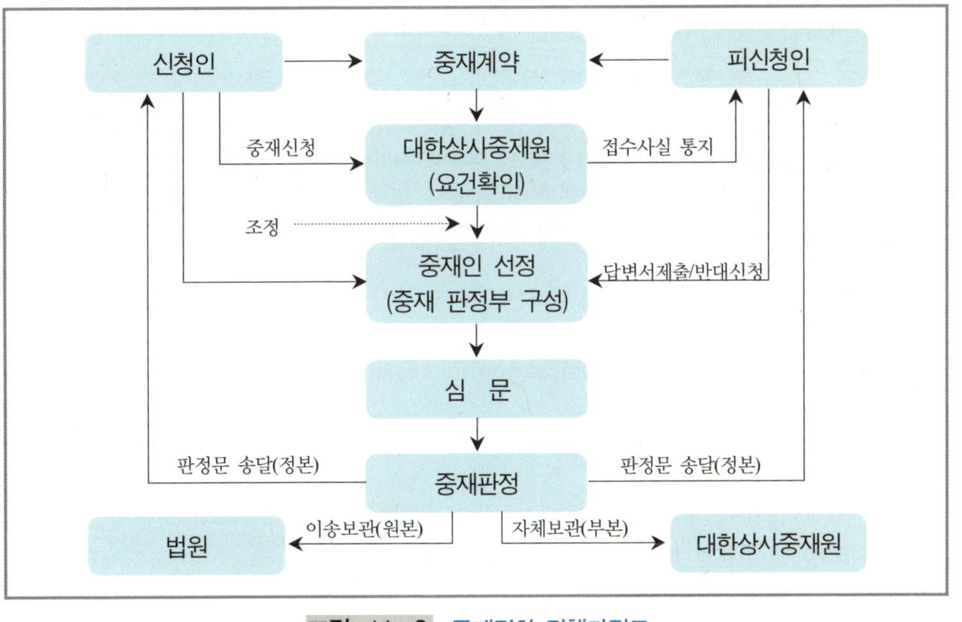

그림 11-2 중재절차 진행과정도

Keys to the Lesson

1. on examining the goods : 이 상품을 검사해 보았을 때, 검사해 본 결과.

1) On examining the goods, we learned that many of them were damaged.
   ➡ 그 상품을 검사해 본 결과, 그 중 많은 상품이 손상되었음을 알게 되었습니다.
2) When we examined your shipments, we were disappointed at their quality.
   ➡ 귀사의 선적물품을 점검해 보고서는 그 품질에 대해 실망하였습니다.
3) We are sorry to say that their quality is inferior to that of the original sample.
   ➡ 당사는 동 상품의 품질이 원 견본보다 못하다는 것을 알려드리게 되어 유감스럽게 생각합니다.
4) After carefully examining the shoes materials, we must express our surprise and disappointment at their quality.
   ➡ 신발의 자재를 면밀히 검토해 본 결과, 그 품질에 대하여 놀라움과 실망을 말씀드려야만 되겠습니다.
5) 귀사의 선적물품을 검사했을 때, 곧 그 품질이 원 견품보다 못하다는 것을 알다.
   ➡ When we examined your shipments, we found that their quality is inferior to the original sample.

주 ① On examining ~, On tracing~, when we examined ~ : ~을 검사해 본 결과
② be disappointed at ~ : ~에 실망하다.
③ be inferior to ~ : ~보다 못하다.
④ original sample : (원 견본, 매도인이 매수인에게 발송하는 견본)
Seller's Sample : 매도인이 매수인에게 보내는 견본
Buyer's Sample : 매수인이 매도인에게 공급 가능성을 묻는 견본
Counter Sample : 매도인이 매수인에게 또는 매수인이 매도인에게 원견본에 대한 대응견본

2. compensate ~ for ~ : ~에게 ~를 보상해 주다.

1) We are compelled to claim on you to compensate for US. $7,000.00.
   ➡ 당사는 미화 7,000달러에 대한 보상을 받기 위해 귀사에 청구할 수밖에 없다.
2) They will be obliged to claim on The Boston Company to make up for loss amounting to US$20,000.
   ➡ 동 상사는 미화 20,000달러에 달하는 손해를 보상받기 위해 보스톤 상사에 손해배상 청구를 할 수밖에 없을 것입니다.
3) We are compelled to claim against you to compensate for the loss amounting to US$50,000.
   ➡ 당사는 미화 50,000달러에 달하는 손실에 대한 보상을 귀사에 요청할 수밖에 없습니다.
4) 미화 30,000달러에 해당하는 손해를 보상받기 위하여 귀사를 대상으로 손해 배상청구를 하지 않을 수 없습니다.
   ➡ We are forced to claim on you to make up the loss amounting to US$30,000.

주 ① be compelled to(= be impelled to, be obliged to, be bound to, be driven to, be forced to) : 어쩔 수 없이 ~하다. ~할 수 밖에 없다.
② claim on (against) ~ : ~에게 손해배상을 청구하다.
claim on A for B : A에게 B를 청구하다, 요구하다.
③ compensate(= make up, make good, make amends, recover) A for B : A에게 B에 대해 보상하다.
④ amounting to ~ : ~에 달하는(= for, for the value of, for the amount of).

3. the goods you shipped per the s/s ~ : 선박 ~호에 선적한 상품

1) We have received the goods, you shipped per the s.s "ROYAL" on July 5.
➡ 7월 5일에 선박 "로얄"호에 선적한 상품을 받았습니다.
2) The above merchandise you shipped on the m.s. "VICTORIA" on May 25 arrived here yesterday.
➡ 5월 25일에 선박 "빅토리아"호에 선적한 위 상품이 어제 이곳에 도착하였습니다.
3) The captioned products by the s.s. "TIGERS" E.T.D. Pusan on the 10th of last month reached New York yesterday.
➡ 지난달 10일 부산항을 출항한 선박 "타이거스"호에 선적한 상품이 어제 뉴욕에 도착하였습니다.
4) It is regretful that there is no vessel sailing from Incheon on or about May 15.
➡ 5월 15일 경에 인천에서 출항할 선박이 없어 매우 유감스럽습니다.
5) 6월 20일 기선 아리랑 호에 선적한 하기 상품은 어제 이곳에 도착하였습니다.
➡ The following goods you shipped by the M/S "Arirang" on June 20 arrived here yesterday.

주 ① per(수송방법) : ~편에, ~에 (실은 = by, on)
② s.s.(= steam ship : 기선) m.s.(= motor ship : 동력선) m.v.(motor vessel : 동력선)
③ E.T.D.(= Estimated Time of Departure) : 출항 예정일, 출항 예정시간, 출항하는.
E.T.A.(= Estimated Time of Arrival) : 도착 예정일, 도착 예정시간, 도착하는.

4. to settle this claim : 이 클레임을 해결하기 위하여.

1) To settle this claim amicably, we are prepared to allow a reduction of 10%.
➡ 이번 배상청구를 원만하게 해결하기 위하여 10%의 할인을 해드릴 용의가 있습니다.
2) In order to adjust the matter, we are willing to grant you a 8% discount off the invoice.
➡ 이 문제를 해결하기 위하여 당사는 송장금액에서 8%를 할인해 드릴 용의가 있습니다.
3) So as to settle your claim, we are ready to reduce our price 3.5%.
➡ 귀사의 클레임을 해결하기 위하여 당사의 가격을 3.5.%까지 인하해 드릴 용의가 있습니다.
4) Thank you for your giving us the opportunity to rectify our fault.
➡ 당사의 잘못을 고칠 수 있는 기회를 주심을 감사드립니다.
5) 귀사의 손해배상청구 건을 원만히 해결하기 위하여 본 대금에서 3%를 할인해 드리겠습니다.
➡ In order to settle your claim amicably, we are willing to grant you a 3% discount off the invoice amount.

주 ① to settle : ~을 해결하기 위하여(=in order to adjust, so as to settle).
cf. in order to adjust ~(=to settle ~, so as to settle ~) : ~을 해결하기 위하여.
② grant ~ a ~% discount : ~%의 할인을 해주다(allow a reduction of ~%).
③ off the invoice(amount) : 송장금액에서 할인(공제).
cf. Should you insist a reduction of 5% for the damaged goods, we are ready to take this matter to the arbitration and get a fair adjustment.
(귀사께서 손상된 상품에 대해 5%의 할인을 고집하신다면, 당사는 이 문제를 중재에 회부하여 공정한 조정을 받을 각오입니다.)

5. Tracing our records~ : 기록을 조사해 본 결과.

1) Tracing our records, we find that our shipping clerk shipped the goods of item No.123 instead of No.125.
➡ 당사의 기록을 검사한 결과 당사의 선적사원이 품목 제125호의 상품 대신에 제123호의 품목을 선적하였음을 알게 되었습니다.
2) We have found on examination that seven cases were damaged in transit by sea water.
➡ 당사는 7상자가 수송 도중에 손상을 입었음을 검사과정에서 알게 되었습니다.
3) From what you say, it seems possible that some mistakes have been made in our selection of the materials.
➡ 귀사께서 말씀하신 것으로 보아, 자재의 선택과정에서 어떤 실수가 있었음이 틀림없는 것 같습니다.
4) Upon tracing we find that through the error of our shipping department you received the goods of pattern No. B instead of those of pattern No. A on which your order was placed.
➡ 조사해 본 결과, 당사 선적부의 실수로 귀사가 주문한 견본 A호의 상품 대신에 견본 B호의 상품을 귀사가 받게 되었음을 알게 되었습니다.
5) 당사의 기록을 검사한 결과 선적사원이 다른 품목을 선적하였음을 알게 되었습니다.
➡ Tracing our records, we have found our shipping clerk shipped wrong goods.
6) Thank you for calling our attention to the fact that the damage is attributable to the improper packing.
➡ 이번 손상을 부적합한 포장 탓이라는 사실에 당사의 주의를 환기시켜 주신데 대해 감사드립니다.
7) 포장 잘못으로 손상이 발생하였다는 점에 대하여 죄송하게 생각합니다.
➡ We feel sorry that this damage was attributable to the improper packing.

주 ① tracing our records, we find that ~ : 당사 기록을 조사한 결과 ~라는 사실을 알다.
② trouble : 근심 걱정, 불편,
③ inconvenience : 불편, 폐 trouble and inconvenience you : 귀사에 폐를 끼치다.
④ On examination : 검사해 본 결과로
⑤ in transit : 수송 도중에(=during voyage)
⑥ oversight : 실수, 잘못(=error, mistake)
⑦ call one's attention to : ~에 관심을 끌게 하다, 주의를 환기시키다.
⑧ feel sorry that : ~을 죄송하게 생각하다(=be sorry that, regret that).
⑨ be attributable to : ~탓으로 돌리다, ~ 때문이다(=be due to, be caused by).

사례 66 선적물품과 견본과의 상위로 인한 클레임 서신

Gentlemen :

Five Bales of Cotton Goods for our Order No. 100 per M/S "Island Container" V−823 have reached us, but we regret to have to inform you that their quality is inferior to the samples for which we placed the order.

Enclosed find sample from the goods we received. You will admit that your shipments do not come up to the quality of the sample.

We hope that you will correct the matter at once and let us know by return mail.

Yours truly,

주 ① inferior to ~ : ~보다 열등한(worse than), ~보다 (품질이) 좋지 않다.
② come up to ~(=be equal to~, be up to~) : ~와 일치하다.
correct the matter : 문제를 조정하다(=set the matter right, adjust the matter).
③ by return mail(=by return of mail, by return of post, by return : 회신 (우)편으로.

사례 67 클레임 해결 서신

Gentlemen :

We are very sorry to learn from your letter of October 5, that our shipment of your Order No.5 Cotton Goods instead of those of sample No.10 for which your order was given.

Upon tracing our records, we find that our shipping clerk shipped sample No.5 Cotton Goods instead of those of sample N0.10 for which your order was given.

We are very sorry for this carelessness on our part. In order to adjust your claim at this time, we would like either to send you the right goods as soon as possible or to give you a special allowance of 20% off the invoice amount.

Please accept our apologies for the inconvenience we have caused you and let us know which of above two adjustments is preferable to you.

Yours very truly,

주 ① upon tracing our record : 당사의 기록을 조사해 보고서.
② for which : for the sample No.10 cotton goods.
③ for which ~ given : 귀사가 주문하신.
④ a special allowance of 20% : 20%의·특별할인
⑤ off the invoice amount : 송장금액에서(송장금액에서 공제한다는 뜻).

사례 68 선적물품의 상위에 대한 클레임서신

Dear Sirs,

We take the occasion to inform you of the safe arrival of our order No. 275 by the M/S Arirang Ho. We, however, regret to have to express our strong disapproval of the unsatisfactory way in which you have executed our orders.

The moment our customer received the merchandise, it was opened and carefully examined. To our customer's dismay, C/10 and C/11 are packed wrong in type.

The type is model SIR-155 instead of model SIR-133 on which we placed the order with you.

We hope you will put the matter right at once, letting us know by return mail what you are going to help us out.

These errors make us inclined to give our future orders to another firm.

Your faithfully,

주 ① strong disapproval : 강력한 비난.
② to our customer's dismay : 당사의 고객을 놀라게 한 것은.
③ place the order with : ~에 발주하다.
④ make us inclined to : ~할 마음이 되게 하다.

사례 69 클레임의 해결서신

Dear Sirs,

We deeply regret to learn from your letter of the 2nd February that the wrong goods were shipped on your order No. 275.

Upon tracing we find that owing to the rush of business our shipping clerk shipped the goods of model SIR-155 instead of model SIR-133 on which your order was placed.

We sincerely regret that we have much troubled and inconvenienced you through our oversight, and we assure you that every effort will be made in future to prevent any repetition of such mistakes.

In order to settle the matter we have decided to ask you to accept the goods at an allowance of 30%, though we sustain a great loss, the price of model SIR-155 being lower by 10% than that of model SIR-133.

We regret the inconvenience you have experienced and appreciate your courtesy in accepting our proposal.

Faithfully yours,

주 ① upon tracing : (흔적을) 조사해보니.
② oversight : 부주의(error, mistake).
③ at an allowance of : ~(가격)을 인하하여.
④ shipping clerk : 발송계원(선적담당자).
⑤ rush of business : 거래(주문)의 쇄도.
⑥ sustain a great loss : 큰 손실을 입다.

사례 70 주문한 상품의 품질로 교체요구

Dear Sirs,

CONTRACT NO.125(TENNIS SHOES)

The captioned goods you shipped per the s.s. "Arirang" on the 20th of last month arrived here yesterday.

After carefully examining the shoes materials, we must express our surprise and disappointment at their quality. They certainly do not match the original samples you sent us. Some of them are so poor that we cannot help feeling there must have been some mistakes in making up the order.

The materials are quite unsuited to the needs of our customers and we have no choice but to ask you to take them back and replace them by materials of the quality ordered. If this is not possible, then we are afraid we shall have to ask you to cancel our order.

We have no wish to embarrass you. If you can replace the materials, we are prepared to arrange for one-month extension of shipping date and also of expiry date of the L/C.

Your prompt and careful attention to this matter will be appreciated.

Very truly yours,

주 ① On examining the goods, we found that your shipments were inferior to the samples. (동 상품을 검사한 결과, 귀사의 선적품이 견본보다 품질이 떨러진다는 것을 알게 되었습니다).
On examining the goods = When we examined the goods : 동 상품을 검사했을 때
② so poor that A cannot ~ : 너무 조잡하여 A가 ~할 수 없다.
③ cannot help ~ing(= have no choice but to) : ~할 수밖에 없다, 어쩔 수 없이 ~하다.
④ be unsuited for : ~에 적합하지 않다.
⑤ make up : 보충하다, 보상하다. 제조하다.
⑥ have no choice but to ask you to ~ : 꼭 ~해 주십시오. ~을 요청해야만 하다.
⑦ take back : 회수하다, 반품을 받다.
⑧ replace : 대체하다, 바꾸어 주다.
⑨ if this is not possible : 이것이 불가능하면(this = to take them back and replace)
⑩ we are afraid we shall ~ : ~해야 될 것 같다. ~할 것 같아 걱정이다.
⑪ have no wish to embarrass you : 귀사를 난처하게 하고 싶지 않다.
⑫ arrange for ~ extension of A : A기간을 ~동안 연장해 주다.
⑬ of last month : 지난 달의(ultimo).
⑭ ~ will be appreciated (by us) : ~해 주시면 감사하겠습니다.

사례 71 상품을 교체해 주겠다는 서신

Gentlemen :

We very much regret to learn from your letter of December 7 that you are not satisfied with the shoes materials supplied under your order No.270.

From what you say it seems possible that some mistakes have been made in our selection of the materials and we are arranging for Mr. Semir Haddad, our agent in London, to call on you later this week to compare the materials supplied with the samples from which you ordered them.

If it is found that our selection was faulty, then you can most certainly rely on us to replace the materials.

In any case, we are willing to take the merchandise back and, if we cannot provide what you want, to cancel your order, though we should do this reluctantly since we have no wish to lose your customers.

We are sorry to disappoint you of our shipment, but we will make up for the disappointment by delivering better goods in the future.

We solicit you for your kind understanding in this matter.

Very truly yours,

주 ① regret to ~ : ~하게 되어 유감스럽게 생각합니다.

② learn (from A that ~(=see, find, understand, notice) : A로부터 ~라는 것을) 알게 되다.

③ be satisfied with ~ : ~으로 만족해 하다.

④ material(which are) supplied : 보내어진 자재, 공급된 자재(재료).

⑤ from what you say it seems ~ : 귀사께서 말씀하시는 것으로 보아 ~인 것 같다.

⑥ arrange for A to ~ : A가 ~하도록 조치하다.

⑦ compare A with B : A를 B와 비교하다.

cf. Upon unpacking the cases, we find that the quality of goods is much interior to the samples on which we approved.(상자를 풀자마자 상품의 품질이 당사가 승인한 견품보다 훨씬 불량하다는 사실을 알았습니다.)

⑧ from which you ordered them : 귀사께서 주문하신 근거가 되는 견본.

⑨ you can most certainly rely on ~ : 귀사께서는 ~를 확실히 믿으셔도 됩니다.

⑩ in any case : 여하튼, 좌우지간.

⑪ take back : 되돌려 받다, 회수하다.

⑫ you can most certainly rely on ~ : 귀사께서는 ~를 확실히 믿으셔도 됩니다.

⑬ we should do this : 당사는 주문을 취소해 드려야만 합니다.

(do this =to cancel this order)

⑭ we have no wish to ~ : ~하고 싶지 않다

⑮ make up (A for B by C) : A에게 B에 대해 C로 보상해 주다.

cf. make a compensation, compensate, recover, make amend, make good, atone, indemnify, recompense : 보상해 주다.

⑯ solicit for(=ask, request, beg) : (누구에게 ~을) 부탁하다.

사례 72 할인가격으로 인수 요청

We thank you for calling our attention in your letter of December 8 to the fact that inferior goods were shipped on our contract No.127 of November 16.

Upon tracing we find that through the error of our shipping department you received the goods of pattern No. B 30 instead of those of pattern No. A 30 on which your order was placed.

We sincerely regret that we have much troubled and inconvenienced you through our oversight. In order to adjust the matter, we ask you, as you proposed, to accept the goods at a reduction of 20%, though it is a great loss to us, since the price of No. B 30 is lower by 10% than that of No. A 30.

Against we thank you for favor your having given us the opportunity to rectify our fault in this business and hope this will not influence you favorably in the matter of future orders.

주 ① call one's attention : ~의 관심을 가지게 하다, 관심을 끌다.
② inferior goods : 저질의 상품.
③ trouble and inconvenience you : 「귀사에 폐를 끼치다」를 강조한 표현.
④ at a reduction of 20% : 20% 할인한 가격으로.
⑤ though it is a great loss to us : 이것은 당사에 큰 손해가 되지만.

사례 73 수송도중의 파손임을 알리는 서신

We regret to learn from your letter of May 10 that our shipment by the s/s "President Wilson" arrived in a damaged condition.

As the goods were packed with great care, we can only conclude that our shipments were stored or handled carelessly in the course of transit.

We must, therefore, disclaim all liability in this case, and in support of this statement we would point out to you that we hold a copy of clean B/L.

Under the circumstances, we would suggest that you lodge your claim first with the steamship company involved, and, if not honored, with the Insurance Company there.

주 ① with greatest care(=very carefully) : 매우 조심스럽게, 아주 꼼꼼하게.
② we can only ~ : 당사는 ~라고 할 수밖에 없습니다.
③ disclaim(say that one has no connection with ~) : (관련을) 부인하다.
cf. disclaim liability(responsibility) for ~ : ~에 대한 책임(의무)을 부인하다.
④ in support of ~ : ~을 입증하기 위해, ~의 표시로.
⑤ point out to ~ that ~ : 누구에게 ~라는 사실을 지적하다.
⑥ lodge(=make, enter, lay) your claim with ~ : ~에게 손해배상을 요구하다.
⑦ if not honored : 만일 해결되지 않으면.

사례 74 **손해배상 청구**

Gentlemen :

The goods you shipped on the M/S "Pioneer Bay" on the 10th of last month reached New York yesterday.

However, on examining the goods we learn that many of them were severely damaged, though the cases themselves show no trace of damage.

Because we considered this damage was due to the rough handling by the steamship company, we claimed on them for the recovery of the loss, but an investigation made by the surveyor has revealed the fact that the damage is attributable to the improper packing. For further particulars, we refer you to the surveyor's report enclosed.

We are, therefore, compelled to claim on you to compensate for the loss amounting to US$5,000.00, which we have sustained by the damage to the goods.

We trust you will be kind enough to accept this claim and deduct the sum claimed from the amount of your next invoice to us.

It is the first time in all these years of business that we had to lodge our claim with you. We trust that you will give your immediate attention to this crucial matter. We hope you will put the matter right at once, and let us know by return mai what you can do about it.

Yours very truly,

주 ① on examining the goods(= when we examined the goods) : 상품을 검사해 보니,
② show no trace : 흔적이 전혀 없다.
③ rough handling : 난폭한 취급, 거칠게 다룸.
④ claim on A for B : A에게 B를 청구하다, 요구하다.
⑤ make investigation : 조사하다, 검사하다.
⑥ be attributable to : ~탓이다. ~의 탓으로 돌리다.
⑦ for further particulars : 좀 더 상세한 내용에 대해서는.
⑧ refer A to ~ : A에게 ~을 참조하게 하다.
⑨ be compelled to : ~할 수밖에 없다.
⑩ amounting to ~ : (금액이) ~에 달하는
⑪ be compelled to(= be impelled to, be obliged to, be bound to, be driven to, be forced to) : 어쩔 수 없이 ~하다. ~할 수 밖에 없다.
⑫ sustain(= suffer, undergo) : (손해를) 입다.
⑬ damage to the goods : 상품에 대한 손상.
⑭ deduct the sum claimed from : ~에서 요청한 금액을 공제해 주다.
⑮ lodge(= make, enter, lay) your claim with ~ : ~에게 손해배상을 요구하다.
⑯ put the matter right(= set, settle, adjust) the matter right : 이 문제를 해결(조정)하다.
⑰ what you can do about it : 이에 대해 귀사께서는 어떻게 하실 것인지(를).

Review Exercises

연습문제

1. 다음 빈 칸에 가장 적합한 것은?

All disputes, controversies or differences which may arise between the parties, out of or in relation to or in connection with this contract, or for the breach thereof, shall be finally settled by arbitration in Seoul, Korea Commercial Arbitration Board and under the Laws of Korea. The award rendered by the arbitrator(s) shall be final and __________ both parties concerned.

① binding against ② binding upon ③ binding with ④ binding in

해설 Arbitration Clause : "All disputes, controversies or differences which may arise between the parties, out of or in relation to or in connection with this contract, or for the breach thereof, shall be finally settled by arbitration in Korea(중재지), in accordance with The Commercial Arbitration Rules of the Korean Commercial Arbitration Board(중재기관) and under the Law of Korea(준거법). The award rendered by the arbitrator(s)(중재인) shall be final and binding upon both parties concerned."
「동 계약으로부터, 또는 동 계약과 관련하여 또는 동 계약의 불이행으로 말미암아 당사자간에 발생하는 모든 분쟁, 논쟁 또는 의견차이는 대한민국 서울특별시에서 대한상사중재원의 상사중재규칙에 따라 중재에 의하여 최종적으로 해결한다. 중재인(들)에 의하여 내려지는 판정은 최종적인 것으로 당사자 쌍방에 대하여 구속력을 가진다」는 국제매매계약서에 기재되는 표준중재조항으로 중재의 결과는 계약당사자를 구속하게 된다.

정답 ②

2. 다음 문장의 ( ) 안에 들어길 단어가 순서대로 배열된 것은?

All ( ) which can not be ( ) settled between Seller and Buyer shall be finally settle by ( ) in Seoul, Korea in accordance with the Rules of The Korean Commercial Arbitration ( ).

① claims- amicably - arbitration - Committee ② arbitration - amicably - claim - Board
③ claims - amicably - arbitration - Board ④ arbitration - amicably - claim - Committee

해설 매도인과 매수인 사이에 우호적으로(amicably) 해결되지 않는 모든 클레임은(claims)은 대한상사중재원(The Korean Commercial Arbitration Board)의 규칙에 따라 서울에서 중재(arbitration)에 의해 최종적으로 해결된다.

정답 ③

(3-4) 다음 문장을 읽고 답하시오.

All (㉠) which may arise between the parties, out of or in relation to or in connection with this contract, or for the breach thereof, shall be finally settled by (㉡) in Seoul.

3. ㉠의 ( ) 안에 적합한 말이 아닌 것은?

① controversies ② disputes ③ Injunctions ④ differences

해설 All ㉠ ( ) which may arise between the parties : 당사자 사이에 발생할 수 있는 모든 ( )에 적합한 것은 ① controversies : 논쟁, 논의 ② disputes : 논쟁, 논의, 분쟁, 쟁의 ④ differences : 다름, 상위, 차이, 차이점 등은 될 수 있다. ③ Injunctions : (법정의) 금지[강제] 명령.

정답 ③

4. ㉡의 ( ) 안에 적합한 단어는?

① arbitration ② claim ③ open account ④ Indent Invoice

해설 shall be finally settled by ㉡ ( ) in Seoul : 서울에서 ( )에 의하여 최종적으로 결정되어질. arbitration : 중재, Indent : 구매 위탁; 수탁(受託).

정답 ①

5. 다음 문장과 관련이 깊은 것은?

The award rendered by arbitrators shall be final and binding upon both parties concerned.

① ICC ② Marine Insurance Act

③ Abandonment ④ New York Convention

해설 ICC(International Chamber of Commerce : 국제상업회의소)

Marine Insurance Act : 해상보험법, Abandonment : 위부, New York Convention : 외국중재판정의 승인 및 집행에 관한 협약(Convention on the Recognition and Enforcement of Foreign Arbitral Awards 1958 : 뉴욕협약 : New York Convention). award : (중재)심판, 판정, render : (법정에서) <판결을> 언도하다 ; <평결을> 내리다. arbitrator : 중재인. binding upon : 구속하다. 법적 의무를 지우다.

* 중재에 관한 내용은 뉴욕협약(New York Convention)과 관계가 있다.

정답 ④

6. 다음 주어진 문장들을 순서대로 가장 적절하게 연결한 것은?

ⓐ Please accept our apologies for the inconvenience we have caused you and let us know which of the above two adjustments is preferable to you.
ⓑ Upon tracing our records, we find that our shipping clerk shipped sample No. 5 Cotton Goods instead of those of sample No. 10 for which your order was given.
ⓒ We are very sorry for this carelessness on our part. In order to adjust your claim at this time, we would like either to send you the right goods as soon as possible or to give you a special allowance of 20% off the invoice amount.
ⓓ We are very sorry to learn from your letter of October 5 that our shipment of your Order No. 100 was inferior in quality.

① ⓒ - ⓑ - ⓐ - ⓓ
② ⓓ - ⓑ - ⓒ - ⓐ
③ ⓑ - ⓓ - ⓒ - ⓐ
④ ⓐ - ⓓ - ⓑ - ⓒ

해설 동 서신은 클레임을 해결하기 위한 서신으로 매도인이 매수인에게 물품이 잘못 인도되었음을 정중히 사과하고 클레임을 해결하기 위한 두 가지 방법을 제안하는 서신이다.

* 일반적으로 서한문의 본문(Body of letter)은 작성한 이유와 문제에 대한 해결방안 등을 기재하며 일반적으로 다음과 같은 네 가지 부분(OPAP)을 중심으로 하여 순차적으로 구성되어 있다.

① Opening : 서한문을 작성하는 이유(the reason for writing)
→ ⓓ (선적물품의 품질이 열등하다는 것이 미안하다는 내용)
② Purpose : 서한문을 작성하는 자세한 내용을 설명(provide the details of writing)
→ ⓑ (선적물품이 다른 물품으로 잘못 선적되었다는 내용)
③ Action : 상황에 대한 조치, 행동, 결과를 설명(write what will happen next)
→ ⓒ (적합한 물품을 빨리 신직하겠으며 또는 특별할인 20%를 할인해 주겠다는 내용)
④ Polite Expression : 감사표현, 예의표현의 기재(thank the reader)
→ ⓐ (사과한다는 내용과 위의 두 가지 해결방안 중에서 선택해 달라는 정중한 표현)

정답 ②

7. 다음 표준중재조항(Standard Arbitration Clause)에서 ( ) 안에 들어가야 할 의미의 용어를 순서대로 바르게 나열한 것은?

"All disputes, controversies or differences which may arise between the parties, out of or in relation to or in connection with this contract, or for the breach thereof, shall be finally settled by arbitration in (　　　), in accordance with The Commercial Arbitration Rules of (　　　) and under (　　　). The award rendered by (　　　) shall be final and binding upon both parties concerned."

① Place of Arbitration - Mediator - Arbitration Proceedings - Arbitrator(s)
② Place of Arbitration - Governing Law - Arbitrator - Mediator
③ Place of Arbitration - Mediator - Governing Law - Arbitrator(s)
④ Place of Arbitration - Arbitrator(s) - Governing Law - Mediator

해설 중재판정의 결과는 뉴욕협약(New York Convention, 1958)에 의해 국제적으로 보장되며, 대한상사중재원에서는 표준중재조항을 제정하여 이를 계약서에 삽입하도록 권장하고 있는데 중재합의의 실효성을 확보하기 위해서는 일반적으로 ㉮ 중재장소, ㉯ 중재기관, ㉰ 준거법 등의 3요소가 포함되어야 한다. 그리고 ㉱ 중재인을 의미한다.

정답 ③

8. 아래 내용이 의미하는 것은 무엇인가?

> "The act of third person in intermediating between two contending parties with a view to persuading them to adjust or settle their dispute."

① compromise ② intercession ③ mediation ④ arbitration

해설 "분쟁 중인 두 당사자 사이에 제3자가 이들의 분쟁을 해결하거나 조정할 목적으로 설득하는 행위" ①은 타협, ②는 알선, ③은 조정, ④는 중재임.

* 타협(compromising)과 화해(amicable settlement) : 당사자간의 자주적인 교섭과 양보로 분쟁을 해결하는 방법
* 알선(intermediation) : 클레임 해결을 위하여 공정한 제3자적 기관이 당사자의 일방 또는 쌍방의 의뢰에 의해 사건에 개입하여 원만한 타협이 이루어지도록 협조하는 방법
* 조정(conciliation or mediation) : 양당사자가 공정한 제3자를 조정인으로 선정하고 이 조정인이 제시하는 구체적인 해결안, 즉 조정안을 수락함으로써 클레임을 해결하는 방법
* 중재(arbitration) : 분쟁당사자간의 합의(이를 중재합의라고 한다)에 의하여 사법상의 권리 또는 기타 법률관계에 관한 분쟁을 소송에 의하지 않고 제3자를 중재인으로 선정하여 그 중재인의 판정에 위임함으로써 분쟁을 최종적으로 해결하고자 하는 것을 말한다.

정답 ③

9. 다음 문장의 (　　) 안에 넣을 수 없는 것은?

> "All (　　) which may arise between the parties, out of or in connection with the contract, or for the breach thereof, shall be finally settled in Korea by the Korea Commercial Arbitration Board according to the arbitration rules of the said association."

① disputes ② controversies ③ strikes ④ differences

해설 국제매매계약서에 기재되는 표준중재조항으로 「이 계약으로부터 또는 이 계약과 관련하여 또는 이 계약의 불이행으로 말미암아 당사간에 발생하는 모든 분쟁(dispute), 논쟁(controversies) 또는 의견차이(differences)는 대한민국에서 대한상사중재원의 상사중재 규칙에 따라 최종적으로 해결한다.」는 내용이다.

정답 ③

10. 무역계약서의 중재조항에 따른 중재판정은 양쪽 당사자 간에 법원의 확정판결과 동일한 효력을 가진다. 따라서 중재판정결과에 불복하여 재중재를 신청하거나 소송을 제기할 수 없으나, 다만 일방 당사자에 의해 중재판정취소의 소를 법원에 제기할 수 있다. 다음 중 <u>당사자 일방의 소 제기에 의한 중재판정 취소의 사유에 해당하지 않는 것은?</u>

① 중재합의가 당사자들이 지정한 법에 따라 무효
② 중재판정이 중재합의의 대상이 아닌 분쟁을 다룬 사실
③ 중재판정의 취소를 구하는 당사자가 중재인의 선정 또는 중재절차에 관하여 적절한 통지를 받지 못한 경우
④ 중재판정의 승인 또는 집행이 대한민국의 선량한 풍속이나 그 밖의 사회질서에 위배되는 경우

해설 위 ④는 일방 당사자가 아닌 법원이 직권으로 중재판정취소의 소를 진행하는 경우에 해당한다(중재법 제36조 : 중재판정 취소의 소)
① 중재판정에 대한 불복은 법원에 중재판정 취소의 소를 제기하는 방법으로만 할 수 있다.
② 법원은중재판정의 취소를 구하는 당사자가 즉 중재합의의 당사자가 해당 준거법에 따라 중재합의 당시 무능력자였던 사실 또는 중재 합의가 당사자들이 지정한 법에 따라 무효이거나 그러한 지성이 없는 경우에는 대한민국의 법에 따라 무효인 사실 등을 증명하는 경우에만 중재판정을 취소할 수 있다.

정답: ④

11. 무역계약의 성립 및 분쟁해결과 관련한 설명 중 <u>가장 적절하지 못한 것은?</u>

① 선박, 항공기의 수출계약에는 국제물품매매계약에 관한 유엔협약이 적용되지 않지만 이들 물품의 부품에 대한 거래는 적용을 배제하고 있지 않다.
② 조정은 조정인이 제시하는 조정안에 당사자가 구속되지 않으므로 쌍방은 조정안의 수락 여부를 선택할 수 있다.
③ 국제물품매매계약에 관한 유엔협약은 계약의 자동해제를 인정하여 당사자들이 손쉽게 계약으로부터 벗어날 수 있도록 하고 있으므로 준거법으로 이 협약을 선택하는 것이 바람직하다.
④ 전화상담 등 구두협의를 통해서도 계약은 성립될 수 있다. 그러나 분쟁예방을 위하여 가급적 문서를 이용하여 근거를 남겨두는 것이 바람직하다.

해설 무역계약은 불요식의 낙성계약이므로 구두, 행동, 문서 어느 방식에 의해서건 성립될 수 있다. 따라서, 일부는 구두도, 일부는 문서를 이용하여 청약 또는 승낙의 의사표시를 하는 경우에도 계약은 성립될 수 있는 것이다. 국제물품매매계약에 관한 유엔협약은 국제물품매매에 적용되는데, 물품 중 선박과 항공기에 대한 매매에는 그 적용을 배제하고 있다. 한편, 선박과 항공기의 부분품에 대해서는 적용을 배제하고 있지 않고 있다. 국제물품매매계약에 관한 유엔협약은 계약의 유지이념을 간직하고 있다. 예를 들어, 계약위반을 중대한 경우와 경미한 것으로 구분하여 중대한 계약위반에 대해서만 계약을 해제할 수 있도록 규정하고 있으며, 또한 이 경우에도 계약의 자동해제를 규정하지 않고 계약의 해제권이 발생된다고 규정하고 있을 뿐이다.

정답 : ③

참고문헌

1. 국내문헌

강호경, 최신무역영어, 도서출판 두남, 1998.
김상만, 실무중심 무역영어, 도서출판 두남, 2018.
김행권, 무역영문통신연구, 무역경영사, 2000.
남풍우, 무역영어, 신성출판사, 1997.
박운성, 개정판 현대무역영어, 형설출판사, 1992.
박상필, 기본 무역영어, 범양출판사, 1992.
반석출판사 편집부, 무역영문서한 백과, 반석출판사, 2003.
선길균, 최신 무역영어, 도서출판 두남, 2010.
이신규, 무역영어, 도서출판 두남, 2017.
이원근, 신개념 무역영어, 도서출판 두남, 2013.
이헌영, 국제계약사례집, 바른지식, 2004.
유하상, 국제통상영어, 도서출판 두남, 2013.
윤희기, 무역영문통신문, 학일출판사, 1991.
전창원, 기본 무역영어, 무역연구원, 1996.
전창원, 도해 무역영어, 무역연구원, 1998.
최낙복·제정조, 국제통상영어, 도서출판 두남, 2012.
최봉혁·이강빈, 최신 무역영어, 국제무역연구원, 1995.
최상래·최병춘, 국제무역영어, 학문사, 1999.
한국무역협회 국제무역연수원, 무역통신문, 1998.
한국무역협회, 최신 비즈니스 영문서한사전, 1992.
한국무역협회 무역아카데미, 무역영어, 2007.
한국수출입은행, 영문국제계약해설, 한국수출입은행, 2004.
한주섭, 현대 무역영어, 동성사, 1992.
후지다 에이이찌 편저, 국제 비즈니스 영어문례사전, 평화출판사, 1996.

2. 국외문헌

絹巻康史, 貿易取引の契約と實務, 中央經濟社, 1993.
藤田榮一, 貿易英語セミナ, ~貿易業務の實踐~, 創元社, 1992.
梶原昭次, 入門入門 貿易のしくみ, 日本實業出版社, 1993.
石田貞夫, 體系 貿易英語, 東京 白桃書房, 1995.
中村 弘, 入門貿易英語, 第3版, 東洋經濟新報社, 1996.
片山立志, 圖解 貿易實務入門, 稅務經理協會, 1993.

찾아보기

ㅇ

ㅈ

ㅎ

기타

저자 약력

남 풍 우(南 豊 祐)

- 建國大學校 商經大學 貿易學科 卒業(商學士)
- 韓國外國語大學校 大學院 貿易學科 修了(經營學碩士)
- 建國大學校 大學院 貿易學科 修了(經濟學博士)
- 貿易士(商工部長官)
- 韓·우크라이나 經營·經濟研究會 常任理事
- 建國大學校 商經大學 및 社會科學大學 貿易學科 講師
- 建國大學校 一般大學院 및 經營大學院 貿易學科 講師
- 關稅公務員敎育院 講師
- 稅務公務員敎育院 講師
- 法務硏修院 講師
- 韓國貿易協會 貿易硏修院 講師
- 國稅公務員敎育院 講師
- 關稅國境硏修院 講師
- 關稅廳 施行 關稅廳專門技能 資格試驗 出題委員
- 關稅廳 施行 一般 및 特別 關稅士 資格試驗 銓衡委員
- 關稅廳 關稅職 轉換 經歷競爭採用試驗 貿易學 出題委員
- 韓國貿易協會 施行 國際貿易士 資格試驗 出題委員
- 大韓商工會議所 施行 貿易英語 資格試驗 出題委員
- 關稅廳 超一流稅關推進委員會 委員, 關稅廳 現代化推進委員會 委員
- 서울 本部稅關·水原稅關·仁川稅關·安養稅關 課稅前 適否審査委員會 委員
- 關稅廳 關稅國境管理硏修院 外來敎授
- 韓國關稅士會 諮問委員
- 韓國創業情報學會 會長, 韓國關稅學會 會長
- 韓國商務學會 副會長, 韓國貿易學會 副會長, 韓國商品學會 副會長
- 江南大學校 國際學大學 國際通商學科 敎授 歷任

〈著 書〉

- 貿易商務論, 圖書出版 斗南, 1998.
- 貿易英語, 圖書出版 斗南, 1998.
- 貿易決濟論, 圖書出版 斗南, 1998.
- 國際運送論, 圖書出版 斗南, 2004.
- 輸出入 SIMULATION, 圖書出版 斗南, 2005.
- 實用 貿易實務, 圖書出版 斗南, 2016.

무역영어 – 전정9판

초　판 1쇄 발행 —— 1998년 8월 30일
개 정 판 1쇄 발행 —— 1999년 2월 28일
개 정 판 2쇄 발행 —— 2000년 2월 25일
전정 1판 1쇄 발행 —— 2001년 2월 25일
전정 2판 1쇄 발행 —— 2003년 2월 26일
전정 3판 1쇄 발행 —— 2006년 8월 30일
전정 4판 1쇄 발행 —— 2008년 2월 25일
전정 5판 1쇄 발행 —— 2011년 2월 28일
전정 5판 2쇄 발행 —— 2011년 8월 10일
전정 6판 1쇄 발행 —— 2013년 2월 25일
전정 6판 2쇄 발행 —— 2014년 8월 10일
전정 7판 1쇄 발행 —— 2017년 8월 25일
전정 8판 1쇄 발행 —— 2019년 2월 1일
전정 9판 1쇄 발행 —— 2020년 1월 10일
전정 9판 2쇄 발행 —— 2021년 1월 15일

지은이 —— 南 豊 祐
펴낸이 —— 全 斗 杓
펴낸곳 —— 도서출판 **두남**
서울시 강동구 성내로6길 34-16 두남빌딩
신 고 : 제25100-1988-9호
TEL : 02) 478-2065~7, 2311
FAX : 02) 478-2068
E-mail : dunam1@unitel.co.kr
http://www.dunam.co.kr

정가 27,000원

ISBN 978-89-6414-858-7 93320